樟园百花论丛

百年中国影视文学改编研究书目引论

岳凯华 —◆— 编著

本书获湖南师范大学中国语言文学一流学科资助

湖南省财政资金项目「中国现当代文学研究」阶段性成果

中国文联文艺报刊精品工程项目「百年中国影视文学改编文献整理与研究」阶段性成果

湖南师范大学文学院「影戏」研究文丛

知识产权出版社

全国百佳图书出版单位

——北京——

图书在版编目（CIP）数据

百年中国影视文学改编研究书目引论/岳凯华编著. —北京：知识产权出版社，2019.11

（樟园百花论丛）

ISBN 978－7－5130－6559－7

Ⅰ.①百… Ⅱ.①岳… Ⅲ.①电影文学剧本—电影改编—图书目录—中国②电视文学剧本—改编—图书目录—中国 Ⅳ.①Z88：I207.35

中国版本图书馆 CIP 数据核字（2019）第 232888 号

内容提要

本著作将百年中国影视文学改编研究分为五个历史阶段，即尝试与摸索阶段（1949 年以前）、自觉与开创阶段（1949—1979 年）、主动与勃兴阶段（20 世纪 80 年代）、阵痛与突破阶段（20 世纪 90 年代）和复兴与繁盛阶段（21 世纪），将相关影视改编研究著作置于其中，以年代为经，以著作书目为纬，编排体例，相关著作书目内容包括作者、出版社及出版时间、字数、页码、目录和简评等要素，并配有每一部著作的书影。通过书影有利于读者身临其境，对该书目有直观的印象；通过其他要素尤其是目录，有利于把握该著作之内核，从而引导读者购买、查找、阅读和充分利用该著作，推进影视改编研究的科学性和学理性。

策划编辑：蔡　虹

责任编辑：程足芬　　　　　　　　　责任校对：谷　洋

封面设计：张　冀　　　　　　　　　责任印制：刘译文

百年中国影视文学改编研究书目引论

岳凯华　编著

出版发行：知识产权出版社有限责任公司	网　　址：http：//www.ipph.cn
社　　址：北京市海淀区气象路 50 号院	邮　　编：100081
责编电话：010－82000860 转 8390	责编邮箱：chengzufen@qq.com
发行电话：010－82000860 转 8101/8102	发行传真：010－82000893/82005070/82000270
印　　刷：北京嘉恒彩色印刷有限责任公司	经　　销：各大网上书店、新华书店及相关专业书店
开　　本：787mm×1092mm　1/16	印　　张：24.25
版　　次：2019 年 11 月第 1 版	印　　次：2019 年 11 月第 1 次印刷
字　　数：407 千字	定　　价：98.00 元

ISBN 978-7-5130-6559-7

🏵 目 录

目
录

渐与中国早期电影的跨文化改编（1913—1931），文学这根拐杖——中国当代文学的影视改编研究，达吉和她的父亲，从文学到舞台与镜像的路径——戏剧与影视叙事技巧的本体概述，小说与电影中的叙事，媒介变化与叙事转换——以陈凯歌电影改编为例

香港文学与电影，外国文学与电影鉴赏，从文学创作到视听表达：电视连续剧《借问英雄何处》导演阐述，重写"奥斯汀"——论《傲慢与偏见》的四次影视改编，摆渡的场景：从文学到电影，戏剧与客家：西方戏剧影视与客家戏曲文学，从镜之像到灯之影：中国代际导演文学改编史论，从文字书写到影像传播——台湾"文学电影"之跨媒介改编，名著影视作品欣赏，装点红楼梦：揭秘八七版电视剧《红楼梦》永恒之美，文学书写的影像转身——中国新时期电影改编研究

敢问路在何方：我的 30 年西游路，故事与话语：小说和电影的叙事结构，影像中国：赛珍珠作品的美国电影之旅，中国当代影视文学导论 1949—2012，中国现代电影与文学之关联研究——以历史与比较的视角，中国古典小说的视觉化再生产——从语言本位到影像本位，跨文化剧场：改编与再现，小时代全电影纪录，香港影像书写：作家、电影与改编，从文字到影像——好莱坞黄金时代编剧访谈录，电影编剧的秘密，网络母题——戏剧影视文学的网络小说改编研究，中国古代文学经典的数字影视媒介化，世界文学专题研究——文本与影像的相遇

鸳鸯蝴蝶派文学与早期中国电影的创作，《简·爱》的光影转世，《哈姆雷特》的影舞编年，中国电影文学改编史，编剧的内心游戏：成功影片的故事形式，从文学到视听——中国当代小说的影视改编与传播，刺金时代：小时代全电影纪录Ⅱ，接受、写作与传播的叠合——论现当代文学名著

国恐怖小说的影视改编研究，"剧"说网络小说（IP）：改编剧发展供给侧研究，"剧"说网络小说（IP）：改编剧对外传播研究，不必然的对等——文学改编电影，改编：中国当代电影与文学互动，不成问题的问题：从老舍小说到梅峰电影

绪　论

　　我们知道，作为最古老的艺术形式，中外文学走过了口头言说、书面表达、舞台展演、影视改编、网络呈现等多元的发展路径，而文学的影视改编在现代中国几乎与电影、电视剧的诞生同一步调。百年中国影视的发生，离不开对中外文学作品的改编。1905 年是中国电影的发端之年，第一部中国电影就是把谭鑫培表演的、根据中国古代长篇小说《三国演义》有关片段改编的京剧《定军山》（戏剧文学）搬上了银幕。从此，中国影视的生成与发展便与中外文学的生成与发展紧密相连。20 世纪 10 年代初，以周瘦鹃等为代表的鸳鸯蝴蝶派文人逐渐关注并介入中国早期电影的创作中，如根据外国电影改编的"影戏"为我国早期电影的发展提供了启发和借鉴。而根据中国本土文学尤其是古代文学改编形成的早期电影，则到 20 世纪 20 年代初才开始出现。20 世纪 30 年代前后，中国现代文人如鸳鸯蝴蝶派、左翼文人创作的现代文学作品，也开始成为中国电影改编选择的对象，20 世纪 40 年代中后期便进一步成熟并开启文学影视改编的第一个高潮。中华人民共和国成立后，古今中外文学的中国影视改编又开始进入一个新的发展阶段，不少创作于"十七年"时期的当代文学作品迅疾改编为影视剧，如 1958 年出现的作为中国第一部电视剧的《一口菜饼子》，即根据当时《新观察》杂志刊载的许可同名短篇小说改编。之后，文学作品的影视改编在多重挤压下犹如戴着沉重枷锁的"舞者"，在特殊的政治、文化、艺术形成的"舞台"上艰难曲折地前行。"文化大革命时期"上映的几部电影尤其是"样板戏电影"，几乎都是根据其时创作的戏剧、小说改编而成的。到了 20 世纪 80 年代，中外文学作品尤其是新时期文学作品中较有影响者大都搬上了银幕和荧屏。20 世纪 90 年代以后特别是进入 21 世纪以来，网络文学的影视改编纳入了人们的视野，中国影视创作的文学改编呈现出了全新、多元、别样的局面，中外文学的影视改编观念自觉、模式娴熟、佳作迭现，影视改编片（剧）成为中国影视文学的"最重要类型"。总而言之，百年中国影视与中外文学的结缘和联姻非常紧密，古今中外文学为中国影视的飞速发展提供了更多可能性，大量的古今中外文学作品搬上中国银幕和荧屏，至今依然是新时代中国影视创作的发展趋势。

其实，文学的影视改编是一个世界性课题，既能获得观众瞩目，又常成为学术话题。面对如此盛况，国内外学界也在理论层面上与时俱进地厘清中外文学与中国影视的联姻轨迹，总结文学与影视之间的互动规律，建立影视系统的生长谱系，探讨文学的影视改编策略，发现文学与影视之间在叙事、技巧、语言等层面的长短、优劣与异同，将影像性与文学性有机结合，涌现了不少有关现代中国文学影视改编的著述文献，取得了引人瞩目的研究成果。

事实上，在炙手可热、如火如荼的影视改编实践过程中，这类文献种类繁多、数量庞大、分布广泛，蕴含着丰富的历史文献价值。收集、整理和建构中国影视的文学改编文献史料，当是中国文学、中国影视研究亟须解决的一个重要论题。因为稳定的史料学基础是任何一门成熟的历史学科开展学术研究的前提，正如中国现代文学研究著名学者钱理群先生所说，"做现代文学研究，一定要从史料发掘入手"，并特别指出"亲自动手做过史料工作的学者和没做过的学者，做出来的研究是非常不一样的"，"好的研究是离不开史料工作的支撑与涵养的"。历史学家周传儒也曾说："近代治学，注重材料与方法，而前者较后者尤为重要。徒有方法，无材料以供凭借，似令巧妇为无米之炊也。果有完备与珍贵之材料，纵其方法较劣，结果仍忠实可据。且材料之搜集、鉴别、选择、整理，即方法之一部，兼为其重要之一部，故材料可以离方法而独立，此其所以可贵焉。"这均可谓真知灼见，对于百年中国影视文学改编文献整理与研究具有相当大的指导作用和引领价值。本书的一个重要目标就是力图改变当下中国影视和文学研究轻视史料、缺乏考证而注重价值判断、理论阐释、以论代史、以评代史、史论不分、臆断历史的浮躁现象。因此，特依循历史发展的线索，简要梳理和厘清近百年中国影视文学改编文献整理与研究的脉络和情状。

作为一部文献整理与研究引论著述，本著置身于百年中国影视的文学改编历史长河与文化境遇之中，广泛收集和精心整理学术界、出版界1924—2018年间已经出版和发行的有关影视（主要是电影）改编的研究成果，运用传播学、阐释学、美学、互文等理论，将百年中国影视的文学改编研究分为5个历史阶段，即尝试与摸索阶段（1949年以前）、自觉与开创阶段（1949—1979年）、主动与勃兴阶段（20世纪80年代）、突破与沉寂阶段（20 世纪 90 年代）、复兴与繁盛阶段（21 世纪以来）。在对上述 5 个阶段学术界、出版界出现的影视改编研究状况进行总体审视和评述的基础上，将百余年间出版的数部影视改编研究著作置于其中，以年代为经、以研究著作之书目为纬，同一年度出版的著作按出版月份先后，来设置和编排本著之体例，其中相关著作书目之内容包括作者及其简介（同一作者不重复介绍）、出版社及出版时间、版次、字数、页码、目录（照录于原著，因篇幅所限而各章节没有分行排列，一级标题用粗宋体，二级标题用楷体，括号内的内容多为论文作者，谨对原著作者、编辑致以谢意和歉意）和该著的简要评述等要素，并配有每一部著作的书影（多来自所购图书和孔夫子旧书网、当当网、亚马逊网等，在此谨对原著作者、编辑致以谢意），集资料性与学术性于一体。通过书影之配置，有利于读者身临其境，对该著作有直观之印象；通过其他要素尤其是目录之摘抄，有利于读者全面把握该著作之内核，从而引导读者快捷查找、精准阅读和充分利用该著作，继而明了百年中国影视文学改编研究的历史特性和进程，把握百年中国影视文学改编研究的嬗变规律，推进新时代学术界对于中国影视的文学改编研究达到科学性和学理性的新高度，为现代中国文学的影视改编提供可资借鉴的思路和启示。

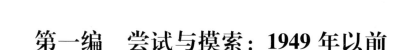

第一编 尝试与摸索：1949年以前

1949年之前，国内学界对于中外文学影视改编文献的收集整理和理论审视尚处于尝试和摸索阶段。事实上，国内学人对于影视改编文献的收集和理论思考，是伴随着中国电影的出现而出现的。回溯中国电影史研究各个时期重要的史学论著，注重史料的治史传统可以说是一脉相承，与中国影视的文学改编文献整理相关的成果主要有：

（1）电影年鉴的编撰

电影年鉴中有三本特别醒目，一是1927年1月3日由程树仁主编、中华影业年鉴社出版的《中华影业年鉴》，比较详细地列出了中国本土电影从业者及外国人所经营的影戏公司的名称、影业界组织、影戏学校、影业出版物、影戏院总表以及各公司出品电影一览表，这本年鉴几乎全部由客观统计资料构成，是一本1927年以前中国电影史的史料汇编，是研究早期上海电影产业中心形成过程的重要文献资料；二是1934年中国教育电影协会年鉴编纂委员会主编、中国教育电影协会出版的《中国电影年鉴》，该书编辑委员会主任为陈立夫，编委为潘公展、卢莳白、戴策、李景泌、王平陵，是一部官方的电影年鉴，内容分理论研究、史实编纂、行政管理和商业概况四大部分，选入文章为学术论文和专业译文两类，正式确立了电影史论、创作理论、电影管理和电影教育的学术研究构架，奠定了现代电影研究学科的分类，使得电影理论研究在学术上基本成型；三是1935年由联华影业公司编辑出版的《联华年鉴》，该年鉴介绍了20世纪30年代上海集制片、发行和放映为一体的联华影业公司从创办到繁荣的整个过程，并刊发了该公司的组织结构图和各分厂历年出品的影片目录，是研究上海本土的电影演员如何成为主流明星文化消费客体的重要参考文献。

（2）方志文献的出版

目前所见与早期中国电影改编相关的方志文献，主要有记录上海城市娱乐文化消费发展进程和租界内外城市居民生活统计等方面的重要材料，如商务印书馆编印的《上海指南》（1909年）、《上海风土杂记》（1932

年)、《上海鳞爪》(1933 年)、《上海市大观》(1933 年) 和《上海租界游戏场调查》(1943 年) 等，这些方志文献对于中国电影的文学改编研究来说都是不可忽视的重要史料补充。而收入上海良友图书印刷公司 1936 年版《近代中国艺术发展史》中的郑君里所著的《现代中国电影史略》，不仅具有"贯穿始终的电影观念"和"进步的史学观"，而且辑收了不少由作者亲自调查、收集和整理的"第一手材料"。

（3）期刊文献的众多

当然，中国早期电影的文学改编文献更不能忽视晚清到民国时期的报纸期刊，如《申报》《大公报》《民国日报》《中央日报》《华商报》等报纸和《明星特刊》《神州特刊》《影戏杂志》《中国电影杂志》《电影世界》《青青电影》《电影明星画刊》《银影》《电声》《良友》《现代电影》等千余种文学类（据不完全统计，《中国现代文学期刊目录新编》所收中国现代文学相关期刊数量为 657 种，其中含有电影类期刊）、电影类期刊（据不完全统计，从 1921 年到 1949 年由中国大陆、中国香港以及印度尼西亚、泰国、新加坡、马来西亚等地出版和发行的中文电影刊物有将近 400 种，其中上海就有 200 多种）上，也充斥着丰富的与电影的文学改编相关的信息，如论文、评论、新闻、影人趣事以及广告等，而且还存在着大量的与城市居民生活、文化、娱乐消费有关的内容。

（4）理论著作的出现

徐卓呆译著的《影戏学》（华先商业社图书部 1924 年版）是中国学界第一部关于电影的理论著作，在 8 章 6 万余字的篇幅里具体介绍了电影的有关知识，其中第三章"造意与原作者"和第四章"编剧法及编剧者"就简略论及了电影的改编问题。当然，这还不是早期学界关注的重点。随后，在业界一批人士围绕"影戏"这一中国早期电影关键词展开论说的视野中，电影改编的探讨依然还不是人们的兴趣中心，如朱双元的《新剧史》、侯曜的《影戏剧本作法》以及周剑云、陈醉云、汪旭昌等人的《昌明电影函授学校的讲义》（上述著作作为钟大丰、吴冠平主编的"中国电影史料影印本丛书"，后著改名为《电影讲义》，目前已由东方出版社于 2017 年、2018 年先后出版）都还没有集中于文学与电影关系的认知和阐释，但在周剑云的《编剧学——昌明电影函授学校的讲义之三》中对改编还是比较重视的，认为能否改编的首要一点是要"含有影戏的意味，及摄成影戏的可能"。不过，有些单篇文章如陈趾青的《编剧摭言》、李怀麟的

《怎样才可以做编剧家》在对于编剧的主观条件提出看法的同时，些微提到了改编的做法。

中国电影发展到 20 世纪二三十年代，电影编剧理论依然非常薄弱，但对于文学的电影改编有较为先进的认识。1932 年，夏衍翻译的普多夫金的论著《电影导演论》中的第二章"导演与剧本"，专门论述了与电影改编有关的编剧理论，而他在自己所写的《编剧与导演》《〈权势与荣誉〉的叙述法及其他》《〈铁骑红泪〉评》等文章中也对电影与文学的区别有较为自觉而清醒的认识，指出"将文学的作品译成电影，当然不需要将文学的作品所创造的一切加以机械的转化。电影艺术家所需要的，是要用电影所特有的手法，表现出文学作家用他文学上的手法所暴露出来的那种同样的'具体的现实'"，"比文学家更积极更明确地对观众指示出正当的途径"。这就是说，改编是要抓住原作精髓，用电影的手法变现文学的内容，见解颇为精当。

抗战时期，电影创作质量和产量都很低，虽然有关电影改编的观点相当稀缺，但一些著作如陈鲤庭的《电影轨范——电影艺术表现技巧概释》（1941）对于戏剧与电影之间关系的论述是相当敏锐的，认为二者根本不是两回事，实际上"戏剧和电影又常常交流着"，反对"一般的电影剧只是把平庸的戏剧搬上银幕"。抗战胜利以后，国民党当局对电影业控制趋紧，人心惶惶，完整的电影理论难以形成，与文学改编相关的电影理论自然也是停滞不前了。

本时期关于文学的电影改编研究著作主要有：

1924 年

徐卓呆：《影戏学》

徐卓呆编译，华先商业社图书部 1924 年第 1 版，东方出版社 2018 年 3 月影印版。

徐卓呆（1881—1958），江苏人，代表作有《小说材料批发所》《万能术》《影戏学》等。

全书约 80 千字，共 188 页，其目录如下：

第一章　影片剧的要素//一 舞台剧与影片剧的相异点/二 影片剧构成的素质/三 中国影片剧应注意的事项

第二章　影片剧的型式及分类//一 影片剧的一般形式/二 影片剧的构成种类/三 影片剧的分类

第三章　造意与原作者//一 影片剧原作者及募集造意/二 节略的写法

第四章　编著法及编著者//一 剧本及编著者/二 字幕/三 出场人名扮演人民表/四 场面及场面的结构/五 尺数决定法/六 动作及背景动作/七 摄影法式及舞台术语与他的应用/八 编著法及剧本

第五章　舞台监督//一 舞台监督的职务/二 影片剧舞台监督的性能/三 舞台监督方法的实施

第六章　俳优//一 影片剧与俳优的价值/二 俳优与舞台监督/三 俳优的动作/四 扮装与化妆

第七章　摄影场及舞台装置

第八章　摄影法及影片技术与技师

附录

该著内容包括影片剧的要素、影片剧的型式及分类、造意与原作者、编著法及编著者、舞台监督、俳优（含影片剧与俳优的价值、俳优与舞台监督、俳优的动作、扮装与化妆）、摄影场及舞台装置、摄影法及影片技术与技师共 8 章，开创性地论述了电影的摄制技术，强调电影与戏剧的区别，书末附有"译名对照表"，是中国第一部电影理论著作。

1926 年

（1）侯曜：《影戏剧本作法》

侯曜著，上海泰东书局 1926 年第 1 版，东方出版社 2018 年 3 月影印版。

侯曜（1903—1942），广东番禺人，主要电影作品有《弃妇》《伪君子》《春闺梦里人》《一串珍珠》等，理论著作有《影戏剧本作法》。

全书约 60 千字，共 192 页，其目录如下：

卷头言

第一章　绪论//1. 戏剧与人生//（a）戏剧是表现人生的/（b）戏剧是批评人生的/（c）戏剧是调和人生的/（d）戏剧是美化人生的//2. 影戏的价值//（a）影戏比较的逼真/（b）影戏比较的经济/（c）影戏比较的具有普通性与永久性/（d）影戏可作教育的工具

第二章　影戏剧本上常用的名词

第三章　影戏材料的收集和选择//（a）影戏材料当包含的要素/（b）影戏材料的范围/（c）搜集材料的方法/（d）影戏材料的选择

第四章　剧情的结构//（a）结构的形式/（b）怎样起头/（c）最高点/（d）结局

第五章　命名//（a）命名的方法/（b）点题的重要和方法

第六章　说明与对话//（a）说明与对话在影戏上所占的地位/（b）说明与对话上应注意之点

第七章　取景//（a）取景应注意之点/（b）景的叙述与分类

第八章　穿插//（a）什么叫做穿插/（b）为什么要穿插/（c）怎样穿插

第九章　作者的修养//（a）参加各种社会的活动/（b）多读各种与戏剧有关的书籍/（c）多到剧场及摄影场去/（d）多游玩名胜地方/（e）交结几个多才多艺的演剧者

第十章　零碎问答

第十一章　实例——弃妇

该著从戏剧与人生的关系讲起，引入戏剧价值，进而讲影戏剧本上需用的名词、材料的收集和选择、剧情的结构、命名、说明与对话、取景、穿插、作者的修养、零碎问答等。

（2）徐耻痕：《中国影戏大观》

徐耻痕著，上海合作出版社、大东书局1926年4月第1版，东方出版社2015年12月影印版。

徐耻痕，鸳鸯蝴蝶派作家，著有言情小说《红粉地狱》。

全书约94千字，共114页，其目录如下：

袁寒云先生题字

李浩然先生题诗

女明星之签字式

中国影戏之溯源//王汉伦辜负黑鼻子

沪上各制片公司之创立史集经过情形

导演员之略历

中央影戏公司组织之经过

男演员之略历

电影演员联合会之今昔

女演员之略历

六合影戏公司之概况

小说家与电影界之关系

海上各影戏院之内容一斑

各公司出品一览表

关于影戏出版物之调查

介绍影戏中之韵文种种

　　该著挖掘中国影戏渊源，介绍了影片公司创立经过、影人简历、发行机构和 8 家影戏院的情况，罗列影片目录和 1 本电影书刊，存有从业人员照片及签名，保存了中国无声片时期的很多史料。

（3）［苏］里斯加波拉、川添利基：《电影艺术》

　　［苏］里斯加波拉、川添利基著，郑心南译，上海商务印书馆 1926 年 7 月第 1 版，1930 年 4 月第 2 版，1933 年 4 月第 3 版。

　　全书约 30 千字，共 82 页，其目录如下：

牟言

　　第一章　电影戏的本质//一 电影戏的种类/二 电影戏和舞台剧/三 电影戏与色彩和音响

　　第二章　电影剧本//一 电影剧本的特点/二 剧本的略语/三 剧本的一例/四 电影剧本的作家

　　第三章　导演者//一 导演者的责任和地位/二 导演者的功用/三 导演者的一例/四 导演者的任务/五 大场面摄影的导演

　　第四章　摄影术//一 电影映射器的发明/二 摄影机/三 摄影技术/四 摄影巧术/五 实际上冒险的摄影/六 海底摄影/七 字幕摄影/八 现象和制片）

第五章　电影演员//一 电影演员和优伶/二 演员的表情/三 演员的化装/四 电影的明星

第六章　摄影所//一 世界最初的摄影所/二 摄影所的种类/三 光的种类/四 摄影所的面积

第七章　映演场//一 映演机和映演技师/二 映演场/三 影戏的解说问题

第八章　电影艺术的鉴赏法//一 对于全剧的鉴赏/二 对于剧本的鉴赏/三 对于演员的鉴赏/四 对于导演者的鉴赏/五 对于摄影技师的鉴赏

该著为"百科小丛书"之一，从电影戏的本质、电影剧本、导演者、摄影术、摄影巧术、电影演员、摄影所、映演场、电影艺术的鉴赏法等角度，全面阐释了电影艺术的特质和内容。

1927 年

（1）程树仁：《中华影业年鉴》

程树仁主干，甘亚子、陈定秀编，上海中华影业年鉴社1927 年 1 月第 1 版。

程树仁，福建闽侯（福州）人，中国第一代导演，作品有译制影片《莲花女》、改编拍摄《红楼梦》、编辑《中华影业年鉴》等。

全书约 320 千字，共 401 页，其目录如下：

（1）创刊词/（2）中华影业史/（3）国人所经营之影片公司/（4）国产庄剧总表/（5）国产笑剧总表/（6）外人经营之影片公司/（7）外人所制之中国影片/（8）制片总监及其作品/（9）编剧家及其作品/（10）分幕家及其作品/（11）华文说明者及其作品/（12）英文说明者及其作品/（13）剧务干事/（14）导演家及其作品/（15）副导演及其作品/（16）摄影师及其作品/（17）洗印制片者及其作品/（18）剪接影片者/（19）照相者/（20）置景者及其作品/（21）名胜背景表/（22）活动滑稽画家/（23）题绘者及其作品/（24）影业界之留学生/（25）化妆❶主任/（26）女主角及其作品/

---

❶ 原书为装。

该著内容丰富，从 47 个层面对 1927 年中国电影进行了全面而真实的记录，留下了珍贵的历史资料，是中国第一部电影年鉴，极具史料价值。

1928 年

（1）卢梦殊：《电影与文艺（银星号外）》

卢梦殊编，上海良友图书印刷有限公司 1928 年正月第 1 版。

卢梦殊，"鸳鸯蝴蝶派"代表人物之一，曾任良友图书公司《银星》月刊主编。

全书共 187 页，其目录如下：

图画//人像：李旦旦女士、杨爱立女士、严月间女士、毛剑佩女士、易小丹女士、吴素馨女士、谭剑霜女士、黄柳霜女士、粟岛澄子女士、丽琳甘许女士、罗拉拔兰女士、瑙玛塔尔玛治女士、桃尔赛甘许女士、梅麦爱慧女士、爱丽丝黛女士、坡莱尼格莱女士、格勒达卡波女士//剧照：庞贝依的末日、斩龙遇仙记、漫郎摄宝戈、浮士德、夏夜之梦、无名岛、复活、本赫尔、唐琼、万王之王、红字、耐尔关、茶花女

文字//编辑本书的经过/电影的文艺化/银幕上的文学/影剧与短篇小说/三 W 的人生观/影些什么/婆婆国土/电影与文艺的厄运与革命/电影的文艺化/影剧在文艺上之价值/我国最近之电影审查条例/电影与文学/腐化与恶化/新浪漫主义的电影/文艺与电影/文艺化的影剧/文艺的灵魂/电影文艺化与文艺电影化

该著在收有大量人物图画的基础上，论说了电影的文艺化、银幕上的

文学、电影与文学、文艺与电影、影剧与短篇小说等问题，是一部较早就电影与文艺关系展开阐释的珍贵文献。

1933 年

（1）［苏］普多夫金：《电影导演论 电影脚本论》

　　　　［苏］普多夫金著，黄子布、席耐芳编译，上海晨报社1933 年 2 月初版。

　　　　［苏］普多夫金，生于奔萨，卒于莫斯科，代表作有《圣彼得堡的末日》《成吉思汗的后代》《苏沃洛夫大元帅》等。

全书约 132 千字，共 199 页，其目录如下：

序/洪深

上编　电影导演论

第一章　电影材料的特性//一 电影与演剧/二 电影的手法/三 电影的真实性/四 电影的时间与空间/五 电影的材料/六 分析/七 织接是"电影的分析"的论理/八 对运动有干预的必要/九 摄影材料的组织/十 焦点距离的相互关系/十一 "偶然的材料"的组织/十二 电影的形态/十三 导演工作的技术

第二章　导演与剧本//一 导演与剧本作家/二 电影的环境/三 环境与人物

第三章　导演与演员//一 两种的导演/二 电影演员与电影模型/三 演员的指导/四 全般的构成/五 表演与运动/六 表演的事务/七 导演是全般的构成的创造者

第四章　画面上的演员//一 演员与电影的表演/二 演员与光线

第五章　导演与摄影技师//一 摄影技师与摄影机/二 摄影机与视点/三 运动的摄影/四 摄影机与观客/五 画面的形成/六 印片场/七 合作

下编　电影脚本论

序

第一章　电影脚本//一 什么是摄影台本/二 电影脚本的构成/三 题材的形成/四 素材的集中/五 场面的分写/六 实例

第二章　造型的材料//绪论/一 材料的选择/二 字幕

第三章　最简单的摄影方法//绪论/一 CACHETTE/二 淡入/三 回转/四 镜头的移动/透纱照相

第四章　材料的形成//一 MONTAGE/二 场面的 MONTAGE/三 插话的 MONTAGE/四 卷的 MONTAGE/五 脚本的 MONTAGE/六 作为吸引注意手段的 MONTAGE

附录//《狂流》剧本

该著为"晨报文艺丛书"之一，论说电影材料的特性，阐释导演与剧本、演员、画面上的演员、摄影技师的关系，介绍电影脚本、造型材料、摄影、材料等方面的知识。

1935 年

（1）洪深：《电影戏剧的编剧方法》

　　　　　　洪深著，正中书局 1935 年 9 月初版，1946 年再版，上海书店 1989 年 10 月影印版。

　　　　　　洪深，江苏武进（今属常州市）人，导演、剧作家、教育家、社会活动家，著有《洪深文集》《洪深选集》等。

　　　　　　全书共 312 页，其目录如下：

第一章　作者与观众

第二章　为什么写戏

第三章　故事说明（理论）

第四章　对于人物的认识

第五章　人物的描写

第六章　故事的讲出

第七章　清楚与动人

第八章　材料的收集

附录//一 编剧二十八问/二 劫后桃花（有声电影剧本）

该著从情节、材料、叙述、技巧、人物、背景、剧旨、发展、视觉化、镜头运动、画面组合、开场、收结、剧名、字幕、对话等方面，以问答形式说明了电影编剧的基本原则与方法。

1936 年

（1）谷剑尘：《电影剧本作法》

谷剑尘著，上海商务印书馆 1936 年初版。

谷剑尘，浙江上虞人，著有《剧本之登场》《民众戏剧概论》《现代戏剧作法》《甲寅新剧中兴运动》等。

全书共 179 页，其目录如下：

第一章　电影剧本和电影剧的特性//第一节 什么叫做电影剧/第二节 电影剧和舞台剧/第三节 电影剧和小说/第四节 电影造型记录是否叫做剧本

第二章　编写电影剧本应用的术语//第一节 电影剧本术语的讨论/第二节 电影编辑上的术语/第三节 换景及镜头/第四节 普通和重写之法的镜头/第五节 幻觉与迴想的镜头/第六节 镜头上的巧术/第七节 术语的缩写

第三章　电影剧本写出的理论//第一节 剧旨和意识/第二节 什么叫做剧情/第三节 故事和情节/第四节 兴味和观众/第五节 内容和技巧/第六节 悲剧与喜剧/第七节 闹剧与趣剧/第八节 佳制剧/第九节 教育剧和非教育剧/第十节 声片的歌剧

第四章　电影剧本写出的技巧//第一节 电影剧情的布置/第二节 技巧中的三个 S/第三节 人物与其写出的方法/第四节 穿插和穿描的方法/第五节 别种重要问题

第五章　电影剧本的材料问题//第一节 电影剧本材料的来源/第二节 电影剧本材料的种类/第三节 选择材料应注意的要点/第四节 整理材料的方法

第六章　电影剧本的分部研究//第一节 分部的功用/第二节 电影剧本的起因部分/第三节 电影剧本的本体/第四节 电影剧本的总结

第七章　电影剧本的写出步骤//第一节 规定写出步骤是否必要/第二节 步骤的规定

第八章　电影剧本的题名//第一节 电影剧本题名的方法/第二节 题名的要点/第三节 点题的方法

第九章　有声电影剧与剧本//第一节 什么叫做有声电影/第二节 声片

剧本和默片剧本的异点/第三节 声片中的平行法和对位法

第十章 电影剧本中的说明和对话//第一节 说明的种类/第二节 总说明的功用和戒条/第三节 对话的任务/第四节 对话的几个条件

第十一章 电影剧本中的 Montage 的讨论//第一节 什么叫做 Montage/第二节 Montage 的主要种类/第三节 一般专家对于 Montage 的见解

第十二章 电影剧本作者的修养//第一节 什么叫做修养/第二节 怎样修养

该著为王云五主编的"百科小丛书"之一，对普多夫金的《电影导演论 电影脚本论》一书多有借鉴。

（1）王平陵：《电影文学论》

王平陵著，长沙商务印书馆 1938 年 5 月初版。

王平陵，江苏溧阳市别桥镇樊庄村人，著有短篇小说集《残酷的爱》、长篇小说《茫茫夜》、散文集《副产品》等。

全书共 62 页，其目录如下：

短序/第一章 绪论/第二章 一个共同的使命/第三章 几种不同的倾向/第四章 趣味的高级与低级/第五章 光影与情愫/第六章 电影的 Montage 与文学的回忆/第七章 演技与符号/第八章 空间与时间/第九章 最高峰的位置/第十章 电影与小说/第十一章 电影与戏剧/第十二章 电影与诗歌/第十三章 电影与传记文学/第十四章 电影与报告文学/第十五章 结语

该著为"电影小丛书"之一，以电影艺术的发明成长、电影与文学的关系为基础，阐释了电影剧本的特质，对电影与小说、戏剧、诗歌、传记文学、报告文学等其他文学体裁进行了比较。

1949 年

（1）阮潜：《电影编导简论》

阮潜编著，长春东北书店 1949 年 3 月第 1 版，人民出版社 1951 年 12 月第 2 版。

阮潜，原名伊明，江苏苏州人，中共党员。

全书约 120 千字，共 184 页，其目录如下：

前记/一 概论（一部电影的制作过程）/二 镜头的表现与构成/三 声音与画面/四 文学剧本与导演剧本/附录：《生路》电影剧本

该著对电影镜头的表现与构成、声音与画面、文学剧本与导演剧本等展开了较为详细的介绍和论述，材料颇为丰富，书末所附的苏联耶奴叶克等著、李芒译的电影剧本《生路》具有示范价值。

（2）［苏］S·奥布拉茨特索夫：《剧场艺术和电影艺术的界线》

［苏］奥布拉茨特索夫著，芳信译，旅大中苏友好协会 1949 年 8 月第 1 版。

奥布拉茨特索夫，苏联电影理论家。

全书约 120 千字，共 116 页，其目录如下：

剧场艺术和电影艺术的界线（S·奥布拉茨特索夫）/舞台设计（A·巴色克希斯）/关于《宣誓》//《宣誓》的经过（佘勇）/我第一次做电影演员（苏菲亚·基阿特新托娃）/《青年警卫军》是怎样摄制的（S·基拉西摩夫）/搬上银幕的《青年警卫军》（A·塞尔可夫）/卡孟尼剧场上演的《广场上的狮子》（B·弗拉夫尼克）

该著为"友谊丛书"之三十二，分析了《宣誓》《青年警卫军》《广场上的狮子》三部作品搬上银幕和上演剧场的方法和技巧，区隔了剧场艺术和电影艺术的界限。

（3）鲁思：《戏剧电影问题》

鲁思著，世界译著出版社 1949 年 8 月第 1 版。

鲁思（1912—1984），江苏吴江人，著有《影评忆旧》《剧联影评战线的回忆片断》和《中国左翼电影运动回顾》等文章。

全书约 90 千字，共 128 页，其目录如下：

一 电影技术讲座//一 特谈写/二 蒙太奇论

二 戏剧两题//一 戏剧批评 ABC/二 舞台上的物体演剧术

三 磨炼问题与戏剧运动//一 磨炼问题/二 再谈磨炼问题（略论搬演世界名剧）/三 反"反磨炼"（谈普及与深入）/四 一个反响

四 论 AB 制//一 论 AB 制/二 "演员创造限度"与 AB 制/附：与石挥先生书

五 民间（故事）电影//一 民间电影/二 从"花魁女"说起

六 漫谈//一 儿童电影/二 爵士音乐/三 今非昔比/四 从拜师想到

七 影剧作品评价//一 推荐"李秀成殉国"/二 "孔夫子"评/三 看了"女壮士"后/四 "列宁在一九一八年"

该著为云荒主编的"文学丛书"之一，为戏剧与电影的理论文集，简略论及戏剧、民间故事与电影的关系。

第二编　自觉与开创：1949—1979 年

至于学界能够自觉而有意识地关注文学与电影的改编问题，是在中华人民共和国成立以后。不过，在 1979 年以前，学界关于中国影视的文学改编的文献整理与理论研究尚处于自觉与开创阶段。

1. 文献资料的注重

这一阶段的文献整理，是学界比较注重的。中华人民共和国成立后出版的第一部近百万字具有完整史学意义的电影通史为程季华主编，李少白、邢祖文等编著的《中国电影发展史》第一卷、第二卷，1963 年 2 月由中国电影出版社出版。《中国电影发展史》论述了中国电影从 1905 年至 1949 年的发展历程，其与改编相关的史料就非常翔实，在影片史料丰富广泛包容性方面至今仍无出其右者，目前仍是中国电影史研究者必备的参考书。事实上，当时的电影史料类型还比较单一，但也开创了不少文献资料类型的先河。

（1）回忆录的刊出。中华人民共和国成立后，早在《中国电影发展史》课题组大规模搜集电影史料的阶段，程季华等人在电影局艺术处和中国电影家协会的支持下，就开始尝试做一些类似于现在"口述历史"的采访工作，对许多当时还在世的中国电影早期的演员、导演进行采访，记述他们的从影生涯，并刊登在当时《中国电影》杂志的专栏"昨日银幕"上。此外，一些老艺术家撰写的回忆录也以单行本方式由中国电影出版社相继出版，例如王汉伦等著的《感慨话当年》（1961 年版）、鲁思的《影评忆旧》（1962 年版）、欧阳予倩的《电影半路出家记》（1962 年版）、梅兰芳的《我的电影生活》（1962 年版）、田汉的《影事追怀录》（本应1964 年出版，迟至 1981 年正式出版）等。这些口述记述和回忆录，不仅为当时《中国电影发展史》的写作提供了丰富的史料素材，也为之后中国电影史研究留下了珍贵的历史记忆。

（2）影视剧本文学选集的出版。不少出版社参与出版电影剧本文学选，包括总集或选集，这也是百年中国影视文学改编文献整理不可忽视的一支生力军，这种文献范式始于中华人民共和国成立后不久。据统计，中华人民共和国成立后较早的影视剧本文学选集是中国电影工作者联谊会编辑的《"五四"以来电影剧本选集》，该著由中国电影出版社先后于1959年、1961年出版，分上下两卷，选收了1931—1949年间的电影剧本16个，其中上卷收《春蚕》《渔光曲》《马路天使》《十字街头》等11个剧本，下卷收《一江春水向东流》《乌鸦与麻雀》等5个剧本，都是当时优秀的现实主义剧作，其中不少为根据文学作品改编的电影，据此摄制的影片在当时产生了很大影响，在中国电影史上占有一定的地位。该书从剧本角度反映了中国电影逐渐成熟的发展过程，为了解和研究中国电影史、中国电影剧作史、中国电影改编史提供了重要资料。

自1963年以来，中国电影出版社一直着力于编辑出版《中国电影剧本选集》，到1989年为止已出版14卷，共收剧本90部左右，第1卷收有《桥》《中华女儿》《白毛女》《赵一曼》《钢铁战士》《陕北牧歌》《翠岗红旗》《南征北战》《智取华山》，第2卷收有《鸡毛信》《伟大的起点》《祖国的花朵》《哈森与加米拉》《平原游击队》《董存瑞》《宋景诗》，第3卷收有《马兰花开》《为了和平》《祝福》《上甘岭》《母亲》《李时珍》《暴风里的雄鹰》《女篮五号》《寂静的山林》《海魂》，第4卷收有《党的女儿》《永不消逝的电波》《老兵新传》《林则徐》《回民支队》《黄宝妹》《新安江上》，第5卷收有《林家铺子》《我们村里的年轻人》《万水千山》《冰上姐妹》《风暴》《青春之歌》《黄河飞渡》，第6卷收有《春满人间》《绿洲凯歌》《五朵金花》《聂耳》《万紫千红总是春》《今天我休息》《战火中的青春》，第7卷收有《鸿雁》《红色娘子军》《革命家庭》《红旗谱》《暴风骤雨》《51号兵站》《枯木逢春》，第8卷收有《东进序曲》《南海潮》《李双双》《甲午风云》《槐树庄》《燎原》，第9卷收有《"独立"大队》《早春二月》《兵临城下》《阿诗玛》《舞台姐妹》《烈火中永生》《白求恩大夫》《大浪淘沙》《农奴》《小兵张嘎》《英雄儿女》，第10卷收有《闪闪的红星》《创业》《海霞》《难忘的战斗》《祖国啊，母亲!》，第11卷收有《保密局的枪声》《从奴隶到将军》《吉鸿昌》《小花》《新来的县委书记》《归心似箭》《啊! 摇篮》，第12卷收有《今夜星光灿烂》《巴山夜雨》《天云山传奇》《沙鸥》《乡情》《被爱情遗忘的角落》《西安事变》《子夜》《邻居》《阿Q正传》，第13卷收有《山菊花》《骆驼祥子》《城南旧事》《人到中年》《廖仲恺》《不该发生的故事》《阴转多云》《乡音》

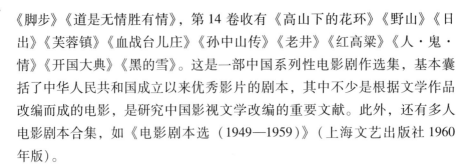

《脚步》《道是无情胜有情》，第 14 卷收有《高山下的花环》《野山》《日出》《芙蓉镇》《血战台儿庄》《孙中山传》《老井》《红高粱》《人·鬼·情》《开国大典》《黑的雪》。这是一部中国系列性电影剧作选集，基本囊括了中华人民共和国成立以来优秀影片的剧本，其中不少是根据文学作品改编而成的电影，是研究中国影视文学改编的重要文献。此外，还有多人电影剧本合集，如《电影剧本选（1949—1959）》（上海文艺出版社 1960年版）。

（3）从小说到电影、从剧本到影片系列文献的出版。期间一些根据文学作品改编、成功搬上银幕的电影，受到了业界、学界和出版社的热情瞩目和热烈探讨，使得"从小说到电影""从剧本到影片"之类的图书成为百年中国影视文学改编研究的一种重要文献整理。"从小说到电影"这种文献，主要集中在电影《祝福》《青春之歌》《李双双》资料的整理；"从剧本到影片"这类文献，主要集中在电影《林则徐》《红色娘子军》《聂耳》《农奴》文献的收集。此外，关于《林海雪原》《闪闪的红星》两部电影的文学改编，也留下了时代色彩非常浓厚的探讨文献，到了 20 世纪80 年代则分别隶属于"中国影片研究丛书""中国电影研究丛书"。

2. 改编理论的关注

而关于电影改编的理论思考和关注，主要体现在以下两个方面：

（1）域外理论著作的翻译。中华人民共和国成立后，有关电影改编的国外电影理论译著在这段时间内的出版呈逐年上升的趋势。1950—1979 年共出版电影译著 270 部，而来自苏联的电影著作占比重最大，达到了总数的 78%，既有爱森斯坦的《电影艺术四讲》、林格伦的《论电影艺术》、爱因汉姆的《电影作为艺术》、亨利阿杰尔的《电影美学概述》等经典的电影理论著作，也有《格拉西莫夫论文集》《普多夫金论文选集》《爱森斯坦论文选集》等电影理论家的论文选集，还有普多夫金的《苏联艺术电影发展的道路》、阿列依尼科夫的《苏联电影的道路与莫斯科艺术剧院》、山形雄策与山田和夫的《为了制定党对电影的政策和方针》等对于电影事业发展起启示作用的著作。而《计划、主题、作家》《论正面形象的突出刻划》《论电影与戏剧的冲突》《论电影剧作的几个问题》《高尔基和电影》《论电影剧作问题》《电影剧作讲话》《论电影剧作》《戏剧与电影的剧作理论技巧》《电影剧作问题论文集第一集》《电影剧作问题论文集第二集》《演员与电影剧作家》《电影剧本本性问题：讨论集》《从书到影片》

《银幕的剧作》《论导演剧本》16 部剧作理论方面的译著，从剧本特征、创作以及形式的角度涉及了电影剧作的改编问题。

而对百年中国影视文学改编文献整理与研究直接具有参考价值和指导意义的译著主要有［苏］罗姆编、富澜译的《文学与电影》（艺术出版社 1954 年版），该著作为"电影艺术丛书"之一，收集了《文学与电影》（M·罗姆）、《舞台剧本与电影剧本——谈〈钦差大臣〉的电影改编》（B·彼得罗夫）、《长篇小说与电影剧本〈收获〉》（A·马里亚莫夫）、《形象的简单化——论根据文学作品改编的两部影片》（A·塔拉先柯夫）、《人物的再生——简论文学作品改编电影》（H·格罗莫夫）。这 5 篇讨论文学与电影改编问题的文章，论述了电影剧作的特性、电影剧本与文学作品的关系，并举出若干通过检验的改编例证，说明了改编文学作品的原则、不同手法和应该加以注意的事项，这对于其时中国业界和学界是具有参考价值和指导意义的，因为该著随后以《论文学与电影》之名于 1958 年由中国电影出版社出版。而电影艺术编译社编辑的《文学遗产与电影》（艺术出版社 1956 年版）一书，以上述同样的方式，收集了《把古典文学作品搬上银幕》（H·马涅维奇）、《文学作品的改编》（R·罗沙里）、《伟大的文学遗产与电影》（R·罗沙里）、《创造性地改编文学作品》（B·史克洛夫斯基）、《文学与电影的关系》（H·列别杰夫）等苏联大师们论述文学遗产与电影关系的 5 篇论文，通过实际的例子论述了文学作品的改编问题，介绍了苏联电影艺术在这些方面的成功经验和失败教训，认为电影从它产生的时候起就充分利用了文学的宝藏，丰富了自己的题材，扩大了自己的范围，使电影艺术不断地产生新的光辉作品。上述苏联学者关于电影的文学改编经验，对于我国电影艺术工作无疑具有颇大的参考和学习价值。

匈牙利学者巴拉兹·贝拉的《电影美学》也有很重要的参考价值，论者总结了自己 30 多年来在电影艺术问题上的理论思想和实践经验，对无声时期形成的电影剧本、电影艺术、电影语言有许多细致的、深刻的观察，从改编的角度辨析了电影剧本与舞台剧本、小说的不同之处。该著在世界电影艺术理论发展史上占有很重要的地位，由何力翻译、中国电影出版社 1958 年出版以来至今仍被纳入"世界电影理论名著译丛"在中国发行，影响很大。

美国学者约翰·霍华德·劳逊的《戏剧与电影的剧作理论与技巧》由

邵牧君、齐宙译，中国电影出版社 1961 年出版，该著主要探讨了戏剧和电影的剧作理论与技巧，辨析了电影剧作理论与戏剧剧作理论的关系，探求了剧本创作与社会力量之间的关系，探求了戏剧和电影作品与现实生活的关系。此外，德国鲁道夫·爱因汉姆的《电影作为艺术》亦由杨跃译出，于 1962 年在中国电影出版社出版，该著从心理学角度细密分析并总结了无声电影的实践经验，对电影技巧分类研究的方法为后来的电影文法理论创立了一个先例，成为这个理论学派的一部奠基性著作。而苏联弗雷里赫的《银幕的剧作》（富澜译，中国电影出版社 1963 年版）则根据电影的美学特点和电影剧本的文学性与电影性的相互关系，对影片的成功与失败作了一定的探讨，论述了情节、戏剧冲突和语言等在创造银幕形象上的作用。

（2）国人理论著述的出现。这一阶段改编理论的探讨虽然主要依赖于译作，但是国内也开始有了自己的声音。中国影坛的前辈夏衍根据自己几十年来的从影经验所编撰的《写电影剧本的几个问题》，则在影视的文学改编文体上身体力行地从事着普及性工作。该著作为一部电影剧本写作常识的入门性读物，参考了大量中外优秀影片案例，内容涉及人物、结构、对话、艺术技巧等诸多最基本的常识性问题，为改革开放以后学界关于影视的文学改编的理论探讨奠定了基础。其他代表性论文主要有陈荒煤的《电影文学剧本创作的特征》、袁文殊的《生活、技巧、领导——关于艺术特征的问题电影》、柯灵的《电影剧本的特点》和于敏的《本末——文学创作的共同性和电影文学的特殊性》（上述文章均收入陈荒煤主编的《中国电影文学论文选》，北岳文艺出版社 1986 年版）、史东山的《电影艺术在表现形式上的几个特点》、张骏祥的《关于电影的特殊表现手段》（上述文章均收入罗艺军主编《20 世纪中国电影理论文选（上册）》，中国电影出版社 1993 年版）。

本时期关于文学的电影改编研究著作主要有：

1954 年

（1）［苏］H·包哥廷等：《论电影与戏剧中的冲突》

［苏］H·包哥廷等著，李纬武等译，艺术出版社 1954 年 2 月第 1 版。H·包哥廷，苏联电影学者。

全书约 92 千字，共 106 页，其目录如下：

克服剧作的落后现象（《真理报》专论）

论电影剧本中的冲突（H·克留切奇尼柯夫）

论冲突的体现（A·卡拉干诺夫）

思想与冲突（H·包哥廷）

冲突与性格（A·卡拉干诺夫）

在冲突中表现性格（A·扎尔赫依）

戏剧冲突与性格（B·屠尔金）

论冲突与情节（Γ·格立哥利也夫）

该著为"电影艺术丛书"之一，主要选辑了苏联大师们论述电影与戏剧中的冲突问题的论文 8 篇，具有参考价值和指导意义。

（2）［苏］罗姆等：《文学与电影》

［苏］罗姆（M. Pомм）等著，富澜等译，艺术出版社 1954 年 12 月第 1 版。

罗姆，苏联电影学者。

全书约 102 千字，共 139 页，其目录如下：

文学与电影（M·罗姆）

舞台剧本与电影剧本——谈《钦差大臣》的电影改编（B·彼得罗夫）

长篇小说与电影剧本《收获》（A·马里亚莫夫）

形象的简单化——论根据文学作品改编的两部影片（A·塔拉先柯夫）

人物的再生——简论文学作品改编电影（H·格罗莫夫）

该著为"电影艺术丛书"之一，主要选辑了苏联大师们论述文学与电影关系的论文 5 篇，具有参考价值和指导意义。

1956 年

（1）电影艺术编译社：《文学遗产与电影》

电影艺术编译社编辑，伍菡卿等译，艺术出版社 1956 年 11 月第 1 版。

全书约 50 千字，共 69 页，其目录如下：

把古典文学作品搬上银幕（И·马涅维奇）

文学作品的改编（Г·罗沙里）

伟大的文学遗产与电影（Г·罗沙里）

创造性地改编文学作品（В·史克洛夫斯基）

文学与电影的关系（Н·列别杰夫）

该著通过实际的例子论述了文学作品的改编问题，介绍了苏联电影艺术在这些方面成功的经验和失败的教训，探讨文学与电影的密切关系，指出电影从产生之际就充分利用了文学的宝藏。

（2）［苏］瓦依斯菲尔德：《高尔基和电影》

［苏］瓦依斯菲尔德等著，胡英远等译，艺术出版社1956年11月第1版。

瓦依斯菲尔德，苏联电影理论家，著有《破坏与创造》《电影艺术就这样开始》《论现代电影》《电影作为艺术》等。

全书约70千字，共96页，其目录如下：

高尔基论电影剧作和导演的技巧（И·瓦依斯菲尔德）

高尔基的电影剧本（И·瓦依斯菲尔德）

高尔基和电影（В·维什涅夫斯基）

高尔基与电影艺术（С·布列伊特布尔格）

高尔基与苏联电影艺术（В·万拉切夫）

高尔基的《母亲》在银幕上（И·乌拉基米尔契娃、А·别列涅兹）

该著收有6篇论文，从不同角度论述了苏联作家高尔基的作品与电影艺术的关系，具有针对性和时代性。

1958 年

（1）本社：《论惊险小说和惊险电影》

群众出版社编译，群众出版社1958年1月第1版。

全书约151千字，共224页，其目录如下：

苏联文学的警惕性主题

论惊险小说的样式

我们的惊险文学

论大胆幻想和英勇冒险的文学

谈惊险小说的创作问题

出版更多的惊险小说

论惊险片的样式

样式的要求

惊险片的人物

惊险片的情节和故事

评影片"山中防哨"

附录：侦探小说史话

该著是一本论述苏联惊险小说和惊险电影的论文集，结合小说和影片的创作，阐释了从惊险小说到惊险电影的方法和原则，颇有参考价值。

（2）张骏祥：《关于电影的特殊表现手段》

张骏祥著，中国电影出版社 1958 年 1 月第 1 版、1963 年第 2 版，人民文学出版社 1979 年 1 月第 1 版。

张骏祥，江苏镇江人，导演影片《翠岗红旗》《鸡毛信》《白求恩大夫》等，著有《关于电影的特殊表现手段》。

全书约 96 千字，共 137 页，其目录如下：

关于电影的特殊表现手段

电影剧本为什么会太长

关于展开戏剧冲突的一些问题

谈悬念/电影的对话

谈电影剧本创作中的三个问题/后记

该著为电影艺术理论文集，对电影艺术表现形式的基本规律、情节结构与突出人物之间的关系、如何创造性地发挥电影语言及运用电影手段等问题作了阐释和论述。

（3）［匈牙利］贝拉·巴拉兹：《电影美学》

［匈牙利］贝拉·巴拉兹著，何力译，中国电影出版社 1958 年 8 月第 1 版，1978 年 12 月第 2 版。

贝拉·巴拉兹，著有《可见的人》《影片的灵魂》《电影理论》（中译本名《电影美学》）。

全书约222千字，共202页，其目录如下：

第一部分//一、理论礼赞/二、古代史/三、一种新形式和新语言/四、视觉文化/五、"可见的人类"/六、创造性的摄影机/七、特写/八、人的脸/九、变化多端的方位/十、剪辑/十一、摇镜头/十二、摄影机的表现技巧

第二部分//十三、电影中的风格问题/十四、先锋派的形式主义/十五、光学特技、合成摄影与动画/十六、声音/十七、对白/十八、有声喜剧片问题/十九、对彩色片和立体片的意见/二十、电影剧本/二十一、艺术形式与素材/二十二、风格问题/二十三、音乐形式/二十四、英雄、美、电影明星及格丽泰·嘉宝

该著以作者30多年来的理论思想和实践经验为基础，对无声电影时期形成的电影艺术、电影语言进行了细致的分析和深刻的观察，在世界电影艺术理论发展史上占有重要地位。

（4）张骏祥、桑弧：《论戏曲电影》

张骏祥、桑弧等著，中国电影出版社1958年9月第1版。

桑弧，原名李培林，代表作有《肉》《教师万岁》《子夜》等。

全书约67千字，共119页，其目录如下：

谈舞台纪录电影（王逸）/谈戏曲纪录影片中的一些问题（韩尚义）/舞台艺术纪录片向什么方向发展？（张骏祥）/关于舞台艺术纪录片（阮潜）/试谈戏曲艺术片的一些问题（徐苏灵）/试谈戏曲片的剧本问题（桑弧）/摄制戏曲影片"十五贯"杂记（陶金）/戏曲影片的布景形式（韩尚义）/我对舞台艺术和电影艺术的一些感觉（马师曾）/"电影'花木兰'里的矛盾"由来已久（沈龙）/对两部戏曲影片的一些浅见（屠岸）

该著选辑了中国电影工作者张骏祥、桑弧等根据自己多年的工作经验所写的有关戏曲电影、纪录片问题的文章，以若干戏曲电影为例证，论述了戏剧电影剧作的特性。

（5）［苏］罗姆等：《论文学与电影》

［苏］罗姆等著，何力译，中国电影出版社 1958 年 12 月第 1 版。

全书约 81 千字，共 84 页，其目录如下：

文学与电影（M·罗姆）/伟大的文学遗产与电影（Г·罗沙里）/创造性地改编文学作品（B·史克洛夫斯基）/长篇小说与电影剧本（E·格布里罗维奇）/论古典戏剧的改编（B·彼得罗夫）

该著以若干通过检验的改编例证，论述了电影剧作的特性、电影剧本与文学作品的关系，说明了文学作品的电影改编的原则、不同手法和应该加以注意的事项。

1959 年

（1）夏衍：《写电影剧本的几个问题》

夏衍著，中国电影出版社 1959 年 4 月第 1 版。

夏衍，浙江杭州人，著有《上海屋檐下》《夏衍剧作选》《包身工》，改编《狂流》《春蚕》《祝福》《林家铺子》等。

全书约 79 千字，共 94 页，其目录如下：

序（欧阳予倩）

写电影剧本的几个问题//前言/一、电影的"第一本"/二、政治气氛和时代脉搏/三、人物出场/四、结构/五、脉络和"针线"/六、蒙太奇/七、对话/八、艺术性，技巧/九、重要的问题性在于学习

琐谈改编

与电影技术人员谈天

后记

该著为作者结合多年的电影工作经验、参考大量优秀影片案例而编写的一部有关电影剧本写作常识的入门性读物，内容涉及人物、结构、对话、艺术技巧等诸多最基本的常识性问题。

（2）中国电影出版社：《祝福——从小说到电影》

中国电影出版社编，中国电影出版社 1959 年 9 月第 1 版、1979 年 12 月第 2 版。

全书约 142 千字，共 188 页、240 页，其目录如下：

祝福（小说）（鲁迅）／祝福（文学剧本）（夏衍）／祝福（分镜头剧本）（桑弧）／杂谈改编（夏衍）／导演阐述（桑弧）／读《祝福》电影剧本（黄钢）／电影剧本好，影片也好（金草）／谈影片《祝福》的艺术成就（李承烈）／试论《祝福》的导演处理（阮潜）／关于祥林嫂砍门槛的细节（林志浩）／《祝福》是一部好影片（于伶）／《祝福》学习札记（章抒）／《祝福》画面选辑（洪扬）

该著为总结根据鲁迅先生原作改编、曾在国内外受到广泛重视和观众好评的影片《祝福》之成功与不足之处而编辑，对研究该小说的影视改编颇有参考价值。

1961 年

（1）北京出版社：《笔谈〈林海雪原〉》

北京出版社编，北京出版社 1961 年版 12 月第 1 版。

全书约 70 千字，共 109 页，其目录如下：

评影片《林海雪原》和同名小说（冯仲云）／历史事实不等于文学的真实——读《评影片〈林海雪原〉和同名小说》后的感想（王冰）／也谈文学的真实（金童）／缺点淹没不了成就——致金童同志（王冰）／辞藻堆不成"英雄"（章仲锷）／两种智慧——略谈杨子荣和少剑波（任大心）／我们的共同责任（丁林）／女英雄还是装饰品——从"小白鸽"谈到妇女英雄形象的创造（田禾）／不能要求千篇一律——也从"小白鸽"谈妇女形象的塑造和作品中的爱情描写（王克仲）／感人的力量从何而来？（李观鼎）／也谈"感人的力量从何而来"（卢义茂）／为什么反映会截然不同？（柳毅）／漫谈《林海雪原》——关于题材提炼和传奇性的手法（林涵表）／"太实则近腐"——关于《林海雪原》讨论的一点感想（罗苏）／我们公社也讨论得挺热闹——农

村来信/部队文艺工作者座谈《林海雪原》）/关于《林海雪原》评价问题（李希凡）/应该正确地估价《林海雪原》（孙佩珍）/笔谈《林海雪原》小结（北京日报《文化生活》编者）

该著为总结根据曲波原作改编、曾在国内外受到广泛重视和观众好评的影片《林海雪原》之成功与不足之处而编辑，对研究该小说的影视改编颇有参考价值。

（2）［美］约翰·霍华德·劳逊：《戏剧与电影的剧作理论与技巧》

［美］约翰·霍华德·劳逊著，赵齐译，中国电影出版社1961年12月第1版，1978年12月第2版。

约翰·霍华德·劳逊，美国作家，曾任西部美国作家协会第一任领导人。

全书约393千字，共523页，其目录如下：

上卷 戏剧的剧作理论与技巧

第一部　戏剧思想史//第一章　亚里士多德/第二章　文艺复兴时代/第三章　十八世纪/第四章　十九世纪/第五章　易卜生

第二部 现代戏剧//第一章　自觉意志和社会必然性/第二章　现代思想的二元论/第三章　肖伯纳/第四章　评论和技巧的趋向/第五章　奥尼尔/第六章　现代戏剧的技巧

第三部　剧本的结构//第一章　冲突律/第二章　戏剧性动作/第三章　从高潮看统一性/第四章　选择的过程/第五章　社会背景

第四部　剧本的组成//第一章　连贯性/第二章　说明/第三章　进展/第四章　必需场面/第五章　高潮/第六章　性格描写/第七章　对话/第八章　观众

下卷　电影的剧作理论与技巧

第一部　起始的五十年//第一章　镍币影院/第二章　维纳街与欧洲/第三章　世界市场/第四章 "电影宫"/第五章　有声片的出现/第六章 社会功能/第七章　危机

第二部　影片的结构//第一章　运动中的冲突/第二章　电影动作/第三章　声带/第四章　从高潮看统一性/第五章　社会背景

第三部　影片的组成//第一章　连贯性/第二章　说明/第三章　进展/第四章　必需场面/第五章　高潮/第六章　性格描写

附言

该著主要探讨了戏剧和电影的剧作理论与技巧，辨析了电影剧作理论与戏剧剧作理论的关系，论说了剧本创作与社会力量之间的关系，论说了戏剧和电影作品与现实生活的关系。

1962 年

（1）中国电影出版社：《青春之歌——从小说到电影》

中国电影出版社编，中国电影出版社 1962 年 7 月第 1 版、1964 年 2 印、1981 年 5 月重印。

全书约 287 千字，共 417 页，其目录如下：

青春之歌（电影文学剧本）（杨沫）/青春之歌（电影分镜头剧本）（崔嵬、陈怀皑）/林道静的道路——杂谈《青春之歌》的改编（杨沫）/《青春之歌》创作中的几点体会（崔嵬）/扮演林道静的体会（谢芳）/谈谈创造林红的点滴感受（秦怡）/创作卢嘉川心得（康泰）/《青春之歌》摄影手记（聂晶）/关于电影《青春之歌》的音乐（瞿希贤）/谈林道静的形象（陈默）/评《青春之歌》的改编（吴荫循）/余音绕梁——试论影片《青春之歌》导演艺术创作上的特色（张客）/评影片《青春之歌》的导演艺术（汪岁寒）/动人和完整——关于《青春之歌》的一场戏（章抒）/《青春之歌》的表演艺术座谈会

该著为便于研究我国根据杨沫同名长篇小说改编的优秀电影《青春之歌》而编辑，对研究该小说的影视改编颇有参考价值。

（2）中国电影出版社：《林则徐——从剧本到影片》

中国电影出版社编，中国电影出版社 1962 年 8 月第 1 版、1979 年 9 月第 2 版。

全书约 314 千字，共 411 页，其目录如下：

林则徐（文学剧本）（叶元、吕宕）/林则徐（分镜头剧本）（郑君里）/关于《林则徐》的主题、结构和人物（叶元）/将历史先进人物搬上银幕（郑君里）/林则徐形象的创造（赵丹）/影片《林则徐》布景设计一得（韩尚义）/从影片《林则徐》谈电

影音乐民族化问题（王云阶）/《林则徐》座谈会（阳翰笙等）/"傲霜花艳岭南枝"——评历史故事片《林则徐》（章开沅）/谈《林则徐》的艺术构思和形象创造（李洪辛）/《林则徐》的艺术概括和人物塑造（艺军）/《林则徐》的表演艺术（座谈会）（高博等）/国内重要报刊影评及论文索引/《林则徐》剧本版本一览/影片职演员表

　　该著为便于人们研究我国优秀故事片《林则徐》的艺术制作进而收集了有关作品和文章，对研究该剧本的影视改编颇有参考价值。

（3）凌子风：《红旗谱——电影分镜头剧本与完成台本》

　　凌子风编著，北京出版社 1962 年 10 月第 1 版。

　　凌子风，中国电影第三代导演，拍摄有《光荣人家》《陕北牧歌》《春风吹到诺敏河》《红旗谱》等。

　　全书约 120 千字，共 204 页，其目录如下：

　　红旗谱（电影分镜头剧本）

红旗谱（电影完成台本）

　　该著收有北京电影制片厂和天津电影制片厂根据梁斌同名小双改编摄制的彩色影片《红旗谱》的电影分镜头剧本、完成台本以及多幅剧照，形象再现了这部电影从文学剧本到完成影片的摄制过程，可帮助人们了解影片的艺术构思的形式与发展，为什么进行这样或那样的修改，提高电影技巧和阐释电影艺术的特性。

（4）中国作家协会四川分会、四川人民出版社：《达吉和她的父亲讨论集》

　　中国作家协会四川分会、四川人民出版社编，四川人民出版社 1962 年 10 月第 1 版。

　　全书约 235 千字，共 321 页，其目录如下：

　　前言/一篇引人入胜之作（樵渔）/更上一层楼（李厚基）/《达吉和她的父亲》——从小说到电影（冯牧）/小说——电影脚本——影片（李士文）/让形象发言（艾芦）/为什么缺乏艺术魅力？（张仁学）/大胆、成功的再创造（郑松元）/人物形象与时代精神（履冰）/性格、矛盾、典型及其他（何易）/谈小说《达吉和她的父亲》的思想内容（杨田村）/谈小说《达吉和她的父亲》（苏执）/典型和时代（陈朝红）/典型是历史的具体的（冬昕、卢炼）/应当是两种典型（苏恒）/典型性格的丰富性和典型环境的特殊性（陈书泉）/也谈"典型是历史的具体的"（李国炯）/典型与艺术规律（竹红）/性格冲突、思想意义及其他（谭霈生）/变化着的典型环境，发展着的典型性格（李国炯）/"争"与"让"（成角）/论小说《达吉和她的父亲》及其他（余青）/典型与本质（杨田村）/从马赫的形象谈起（谭兴国）/怎样"更上一层楼"？（谢晋）/谈谈我的直感（黄宗英）/是迷惑力，还是艺术说服力？（林志浩）/"时代精神"杂议（贾霁）/应当如此与实际如此（正谷）/影片缺乏戏剧冲突（张钟）/"拔高主题"的做法只能破坏创作规律（刘景清）/重庆市文艺界对《达吉和她的父亲》的讨论（丁东）/谈马赫的形象及有关问题（履冰）/典型·思想性·拔高主题（默之）/彝族同志谈《达吉和她的父亲》（《四川文学》记者）/［附录］达吉和她的父亲（高缨）

该著为讨论根据高缨同名小说改编的电影《达吉和她的父亲》提供讨论和研究资料而编成，对研究该小说的影视改编颇有参考价值。

（5）［德］鲁道夫·爱因汉姆：《电影作为艺术》

［德］鲁道夫·爱因汉姆著，杨跃译，中国电影出版社1962 年10 月第1 版，1981 年1 月、2003 年9 月多次印刷。

鲁道夫·爱因汉姆，德国电影理论家、心理学家、美学家。

全书约141 千字，共213 页，其目录如下：

1957 年//自序/1933 年//《电影》（修正稿）一书摘录/1. 电影与现实/2. 一部影片的摄制/3. 电影的内容/4. 完整的电影

1933 年//使画面活动起来的思想

1934 年//活动

1935 年//预测电视的前途

1938 年//新拉奥孔：艺术的组成部分和有声电影

附录//论爱因汉姆的《电影作为艺术》/［苏联］A·马契列特

校后记

该著以新现实主义导演或编剧为例，从心理学角度分析并总结了世界无声电影的实践经验，对电影技巧进行分类研究的方法为后来的电影文法理论创立了先例，是一部奠基性著作。

（6）［苏］波高热娃：《从书到影片》

波高热娃著，伍蔺卿、俞虹译，中国电影出版社1962年11月第1版。

波高热娃，苏联著名电影理论专家，主要著作有《从书到影片》。

全书约57千字，共85页，没有目录。

该著立足于根据俄罗斯作家作品改编的一系列电影《母亲》《夏伯阳》《大雷雨》《彼得大帝》《静静的顿河》《一个人的遭遇》等文本的深入解读，回顾了苏联和整个世界的电影艺术在其所有的发展阶段中与古典和现代小说、散文与戏剧的密切合作与相互影响的关系，指出杰出的电影作品都有着同样杰出的文学作品作为自己的基础。

（7）中国电影出版社：《红色娘子军——从剧本到影片》

中国电影出版社编，中国电影出版社1962年12月第1版、1979年12月第2版。

全书约316千字，共466页，其目录如下：

红色娘子军（电影文学剧本）（梁信）/红色娘子军（分镜头剧本）（谢晋）/从生活到创作（梁信）/人物、情节、爱情及其他（梁信）/导演阐述（谢晋）/《红色娘子军》导演创作札记（谢晋）/生活是创作的源泉（祝希娟）/从女奴到战士（祝希娟）/我怎样演南霸天（陈强）/扮演洪常青的一些感受（王心刚）/大管家形象的摸索过程（杨梦昶）/扮演红莲屑忆（向梅）/《红色娘子军》摄影工作一得（沈西林）/《红色娘子军》美术设计的体会（张汉臣）/为电影塑造鲜明的音乐形象（黄准）/评影片《红色娘子军》（袁文殊）/琼岛英雄花（马铁丁）/《红色娘子军》的奇、趣、真、美（贾霁）/眼神的魅力（汪岁寒）/评《红色娘子军》的美术设计（韩尚义）/《红色娘子军》中的音乐形象（潘霞）/附录//《红色娘子军》得奖资料选辑/周恩来总理陈毅副总理接见"百花奖"全体受奖人员/《红色娘子军》获最佳故事片奖

该著为便于研究优秀故事影片《红色娘子军》的艺术创作而收集了与

此有关的作品和文章，对研究该剧本的影视改编颇有参考价值。

1963 年

（1）中国电影出版社：《李双双——从小说到电影》

中国电影出版社编，中国电影出版社 1963 年 9 月第 1 版、1979 年 8 月第 2 版。

全书约 270 千字，共 429 页、449 页，其目录如下：

李双双（电影文学剧本）（李准）/李双双（分镜头剧本（鲁韧）/我喜爱农村新人——关于写《李双双》的几点感受（李准）/向新人物精神世界学习探索——《李双双》创作上的一些感想（李准）/《李双双》的导演分析和构思（鲁韧）/扮演李双双的几点体会（张瑞芳）/我怎样演孙喜旺（仲星火）/从想到做——《李双双》摄影工作杂记（朱静）/对民族风格的追求——关于《李双双》的音乐创作（向异）/《李双双》美术设计的点滴体会（仲永清）/一代新人——看电影《李双双》（方浦）/大公无私 见义勇为——从电影《李双双》谈起（马铁丁）/《李双双》的文学构思（石方禹）/谈《李双双》剧作的语言（许南明）/新题材、新人物、新成就（贾霁）/喜看《李双双》（黄宗英）/我爱《李双双》——学习札记（于蓝）/琐谈喜旺（李孟尧、张亮）/来自公社的反应（汪岁寒）/农村观众谈影片《李双双》/附：《李双双》获最佳故事片奖

该著为研究根据李准小说改编的优秀电影《李双双》而编辑，对研究该小说的影视改编颇有参考价值。

（2）［苏］C·弗雷里赫：《银幕的剧作》

［苏］C·弗雷里赫著，杨纳译（重印改名为富澜译），中国电影出版社 1963 年 10 月第 1 版、1979 年 6 月第 2 版。

［苏］弗雷里赫，苏联电影理论家，著有《银幕的剧作》等。

全书约 127 千字，共 190 页，其目录如下：

谈谈目前阻碍着电影剧作研究的一些偏见（绪论）

第一章 论电影的美学特点//电影与其他艺术/论银幕的真实性/电影蒙太奇/银幕上的戏剧动作

第二章 情节//情节与现实/故事与情节/一部改编影片失败的原因/文学隐喻的造型体现/把故事变为情节/为偶然的故事找到根据/情节与结构

第三章 剧作冲突//冲突的内容/戏剧形式/什么是影片的剧作？/动作的纠葛/"转折和认识"/结局

第四章 语言和画面//电影从何处来？/对话的艺术/潜台词/语言和蒙太奇/对话外的语言/电影向何处去？

该著立足于电影的美学特点、电影剧本的文学性与电影性的相互关系，对影片的成功与失败进行了探讨，着重论述了情节、戏剧冲突和语言等因素在创造银幕形象上的作用。

（3）中国电影出版社：《聂耳——从剧本到影片》

中国电影出版社编，中国电影出版社 1963 年 11 月第 1 版、1982 年 1 月重印本。

全书约 331 千字，共 478 页，其目录如下：

聂耳（电影文学剧本）（于伶、孟波、郑君里）/聂耳（分镜头剧本）（郑君里）/从创作《聂耳》剧本得到的启发（于伶）/影片《聂耳》导演后记（郑君里）/聂耳形象的创造及其他（赵丹）/扮演苏平的一些感受（江俊）/《聂耳》摄影创作的一些体会（黄绍芬）/《聂耳》布景设计一得——布景与场面调度（韩尚义）/影片《聂耳》音乐创作随感（葛炎）/祝故事片《聂耳》上映（上海《解放日报》社论）/从一个人表现一个时代——文艺报：座谈彩色故事片《聂耳》（田汉、严文井、陈荒煤、马可、刘白羽、张光年）/《电影艺术》杂志《聂耳》笔谈（吕骥、陈播、许幸之、吴天、王云阶、黄声孝、蒋桂英、李业道、许翰若、程季华）/欢呼聂耳在银幕上再生（蔡楚生）/风云雷电谱雄歌——评彩色故事片《聂耳》（陈默）/无产阶级音乐家的光辉道路——评电影《聂耳》的艺术成就（李洪辛）/影片《聂耳》的音乐处理（夏白）

该著为总结优秀故事片《聂耳》的经验和教训而编辑，对研究该剧本的影视改编颇有参考价值。

1964 年

（1）德·桑蒂斯：《罗马 11 时》

［意］德·桑蒂斯等著，蓝箫子译，中国电影出版社 1964 年 4 月初版，1979 年 9 月第 1 版，1983 年 12 月第 2 版。

德·桑蒂斯，意大利作家。

全书约 193 千字，其目录如下：

编者前言

序（德·桑蒂斯）

西柴烈·柴伐梯尼自古巴来信（片段）

材料//1. 事实/2. 四个月之后/3. 沙沃依大街/4. 朵娜泰拉和监制人物助理/5. 玛利亚/6. 郊区的姑娘/7. 苔莱莎/8. 西丽宛娜/9. 用速记法写下来的日记/10. 诺拉/11. 弗雅玛/12. 罗马法律与速记/13. 住在成托切赖的西西里人/14. 一颗纯朴的心/15. JOB/16. 卡尔拉/17. 人海中的天使/18. 修女和女占卜者/19. 安杰拉/20. 艾列藕诺拉/21. 二十三岁的姑娘/23. 坎波·帕里欧里/24. 矮子/25. 罗马公寓/26. 女香客/27. 将军的女儿/28. 丽杰塔/29. 女学生和飞行员/30. 市立医院

电影文学剧本

该著为"外国影片研究丛书"之一，收有小说原著和据此改编的同名电影剧本和若干剧照，由此可发现小说与剧本在主题、情节、人物和场景等方面的异同，可从实例中学习改编技巧。

（2）新华月报编辑部：《关于〈北国江南〉的问题（第一辑）》

新华月报编辑部编，生活·读书·新知三联书店 1964 年 9 月第 1 版。

全书约 165 千字，共 217 页，其目录如下：

不可忘记阶级斗争（晓立）/惊心动魄的两条道路的斗争（弋兵）/奋发图强北国变江南（潇河）/千万不要忘记阶级斗争（学步）/千里塞外变江南（马林）/喜见北国变江南（秦臻）/

反映农村火热斗争的真实画幅（王拯）/《北国江南》是部好影片（叶伯泉）/我不喜欢《北国江南》（陶文）/应当严肃认真地来评论影片《北国江南》（汪岁寒、黄式宪）/电影《北国江南》的错误倾向（张卉中）/两个失败的正面人物形象（江山）/眼泪不是特效药（王梦）/暴露矛盾比较成功 解决矛盾过于简单（向东）/艺术性比较令人满意（张清荣）/剧作家安排得合情合理（黄永贞）/如何看待《北国江南》所描写的阶级斗争？（厚昌）/党性还是人性？（于湘）/《北国江南》的人物及其他（刘大新、封秋昌、赵瀛振）/谈《北国江南》的人物塑造（高云）/吴大成是光辉形象吗？（上海永大染织一厂工人业余影剧评论小组）/对党和革命人民的严重歪曲（马金戈）/是宣扬阶级斗争？还是取消阶级斗争？（顾孟平）/贯穿影片的是一条阶级斗争的红线（杨文元）/被歪曲了的英雄形象（李厚基）/《北国江南》的矛盾观和文艺观（胡思升）/一部歪曲农村阶级斗争的影片（哲明）/揭开"眼瞎"的奥秘（清文）/这算什么阶级斗争！（钟雪声）/电影艺术应当正确地反映阶级斗争（李昭）/感情是与非（邵锡）/一部美化资产阶级人性论的影片（蔡葵）/实事求是地评论《北国江南》（江南）/农村党的干部对《北国江南》的意见（座谈记录）/应当怎样看《北国江南》所反映的阶级斗争（牧惠）/《北国江南》是一部很坏的影片（座谈会上的发言）/谈《北国江南》的错误倾向（赵大明）/吴大成和阶级斗争（王炼）/我不同意汪、黄二同志的观点（江林）/要正确地反映时代精神（史如璧）/《北国江南》的问题在哪里？（周申明、黄宗高）/一部富有教育意义的好影片（尤龙）/这是哪一个阶级的感情？（林志浩）/请看塞外农村的真实情况！（林尘）

该著为"学习讨论丛刊"之一，为专题讨论根据阳翰笙同名电影文学剧本拍摄的电影《北国江南》而编辑，对研究剧本的影视改编颇有参考价值。

1965 年

（1）中国电影出版社：《夺印——从舞台到银幕》

中国电影出版社编，中国电影出版社 1965 年 3 月第 1 版。

全书约 251 千字，共 400 页，其目录如下：

夺印（电影文学剧本）（王鸿、丁毅）／夺印（电影分镜头剧本）（王少岩）／《夺印》从舞台到银幕——学习札记（王鸿）／谈《夺印》改编中的几个问题（丁毅）／导演阐述（王少岩）／在银幕上展现现代农村的阶级斗争——导演手记四则（王少岩）／为塑造英雄形象而努力——演何文进的体会（李炎）／在阶级斗争的前列——扮演胡素芳手记（田华）／我这样理解陈广清（高加林）／对陈友才形象的探索（刘磊）／扮演陈瘸子的一点体会（刘季云）／我演蓝菜花（胡敏英）／《夺印》摄影一得（陈瑞俊）／影片《夺印》的美术设计（郑拓）／让红旗在绿野上迎风飘扬——推荐影片《夺印》（蔡楚生）／形象和整体（赵韫如）／谈《夺印》导演处理中的几个问题（徐幼之、万涤清）／喜见农村新图景——看影片《夺印》摄影有感（朱静）／谈《夺印》的音乐创作（黄准）／农村观众谈影片《夺印》

该著为研究根据丁毅同名舞台剧改编的优秀电影《夺印》而编辑，对研究该舞台剧的影视改编颇有参考价值。

（2）中国电影出版社：《农奴——从剧本到影片》

中国电影出版社编，中国电影出版社 1965 年 6 月第 1 版、1979 年 12 月第 2 版。

全书约 269 千字，共 395 页，其目录如下：

农奴（电影文学剧本）（黄宗江）／农奴（电影分镜头剧本）（李俊）／谈谈《农奴》（黄宗江）／探索与实践——影片《农奴》导演工作小结（李俊）／关于导演选择演员和处理演员的工作——坚持"四个第一"的初步体会（赵松）／西藏农奴的觉醒——扮演影片《农奴》中强巴的体会（[藏族]旺堆）／我和《农奴》中的小强巴（[藏族]小旺堆）／我就这样扮演了"奶奶"（[藏族]拾雀卓玛）／"阿妈"形象的塑造（[藏族]强巴）／一次深刻的阶级教育（[藏族]白玛央金）／扮演反面角色的一点体会（[藏族]穷达）／谈谈《农奴》的摄影（韦林岳）／《农奴》美术设计的几点体会（寇洪烈）／关于《农奴》电影音乐的创作（彦克）／影片《农奴》声音艺术处理二三事（侯申康）／《农奴》人物化妆的粗浅体会（《农奴》化妆小组讨论流虹执笔）／影片《农奴》特技创作札记（佟翔天、谢祀宗）／百万农奴的解放——欢迎影片《农奴》上映（中共西藏工委第二书记张国华）/为农奴解放欢呼——推荐影片《农奴》（陈其通）/心潮澎湃读《农奴》（陈默）/关于《农奴》的电影文学剧本及影片的主要成就和问题（夏川）/看影片《农奴》后学习琐记（严寄洲）/于无声处听惊雷——试谈影片《农奴》的导演处理（邱扬）/粗犷·浓郁·洗练·简洁——影片《农奴》镜头运用学习札记（罗静予）/彻底砸断农奴的锁链——评影片《农奴》（艺军）/《农奴》是一部富有现实意义的好影片（罗石生）/永远不忘阶级斗争——看影片《农奴》有感（青海省民族歌舞剧团副团长［藏族］华洛桑）/"红五星"的光辉（中国人民解放军某部宋振涛）/翻身农奴谈《农奴》（［藏族］拉巴次仁、多吉、土登、永珠、扎西泽仁、欧珠、索朗卓玛、泽仁拉姆、明玛昌决、边巴次仁、扎西诺布、德清卓玛、丹巴次仁、次仁朗加、小罗桑次仁、格桑次仁、政殿拉姆、旺杰、次登、琼沛）/黑暗、落后、残酷的西藏农奴制度（资料）（《人民日报》国内资料组）

该著为总结我国第一部反映西藏地区阶级斗争的故事片《农奴》的创作经验和成就以及提供一些必要的研究资料而编辑，对研究该剧本的影视改编颇有参考价值。

1967 年

(1) 中国京剧院：《革命现代京剧红灯记（根据同名沪剧改编)》

中国京剧院集体改编，北京出版社 1967 年 9 月第 1 版。全书约 150 千字，共 125 页，其目录如下：

毛主席看了《逼上梁山》以后写给延安平剧院的信/谈京剧革命——一九六四年七月在京剧现代戏观摩演出人员的座谈会上的讲话（江青）/为捍卫无产阶级专政而斗争——纪念《在延安文艺座谈会上的讲话》发表二十五周年（《红旗》杂志社论）/革命文艺的优秀样板（《人民日报》社论）（一九六七年五月三十一日）/红灯记（革命现代京剧）//剧本/选曲/编后记

该著为总结同名沪剧改编的革命现代京剧电影《红灯记》的经验和不足而编辑，对研究该京剧的影视改编颇有参考价值。

1975 年

（1）上海人民出版社：《〈闪闪的红星〉评论集》

上海人民出版社编，上海人民出版社 1975 年 1 月第 1 版。

全书约 108 千字，共 154 页，其目录如下：

在银幕上为无产阶级争光——影片《闪闪的红星》的一些创作体会（八一电影制片厂《闪闪的红星》创作组、摄制组）/演冬子，学冬子，做党的好孩子（姚新运）/一个可爱的小英雄——评电影《闪闪的红星》（方锷）/小冬子的成长道路（杜华章）/热情歌颂毛主席的革命路线——彩色故事片《闪闪的红星》观后（四八○○部队景延旌）/"得而复失"的历史教训——影片《闪闪的红星》的启示（柳万千）/满腔热情地为"儿童团"唱革命赞歌——电影《闪闪的红星》观后（初征）/小鹰在搏击风雨中飞翔——评彩色故事影片《闪闪的红星》（双平）/红星育英雄 光彩照万代——赞彩色故事片《闪闪的红星》（姜思慎）/光彩照人的小英雄形象——谈彩色故事片《闪闪的红星》中潘冬子形象的塑造（江兔生、谭炬华）/潘冬子——革命小英雄——评彩色故事影片《闪闪的红星》（杜仲华）/精心的再创作 可喜的新收获——试谈彩色影片《闪闪的红星》改编同名小说的成就（姚青新）/电影艺术的灿烂新花——谈彩色故事影片《闪闪的红星》的艺术处理（小峦）/一部细致动人的好电影——谈影片《闪闪的红星》的艺术成就（方泽生）/闪光的艺术形象——学习《闪闪的红星》电影艺术处理札记（都郁）/无产阶级革命激情的赞歌——学习《闪闪的红星》电影音乐创作经验的体会（黄淮）/要抒无产阶级革命之情——从彩色故事影片《闪闪的红星》谈起（伍松）/从"党的孩子"谈起（任大霖）/培养像❶冬子那样的革命接班人——彩色故事片《闪闪的红星》观后（魏铎）/影片《闪闪的红星》对我的教育（黄帅）

该著为总结根据李心田同名小说改编的电影《闪闪的红星》的创作经

---

❶ 原书为象。

验和成就以及提供一些必要的研究资料而编辑，对研究该小说的影视改编颇有参考价值。

（2）浙江人民出版社：《闪闪的红星：电影文学剧本·评论》

浙江人民出版社编，浙江人民出版社 1975 年 2 月第 1 版。

全书约 132 千字，共 172 页，其目录如下：

闪闪的红星（电影文学剧本）（根据李心田同名小说集体改编，王愿坚、陆柱国执笔）／在银幕上为无产阶级争光——影片《闪闪的红星》的一些创作体会（八一电影制片厂《闪闪的红星》创作组、摄制组）／一个可爱的小英雄——评电影《闪闪的红星》（方锷）／一部细致动人的好电影——谈影片《闪闪的红星》的艺术成就（方泽生）／典型环境中的典型人物——谈《闪闪的红星》中潘冬子形象的塑造（王晋民）／精心的再创作 可喜的新收获——谈谈彩色影片《闪闪的红星》对同名小说的改编成就（姚青新）／要抒无产阶级革命之情——从彩色故事影片《闪闪的红星》谈起（伍松）／电影艺术的灿烂新花——谈彩色故事影片《闪闪的红星》的艺术处理（小峦）／谈典型细节的艺术处理——彩色故事影片《闪闪的红星》学习札记（赵志强）／电影音乐创作的新收获——评《闪闪的红星》的音乐创作（穆静）／电影《闪闪的红星》插曲

该著为总结根据李心田同名小说改编的电影《闪闪的红星》的创作经验和成就以及提供一些必要的研究资料而编辑，对研究该小说的影视改编颇有参考价值。

（3）上海人民出版社：《红星照我去战斗——从〈闪闪的红星〉中学习些什么》

上海人民出版社编，上海人民出版社 1975 年 3 月第 1 版。

全书约 61 千字，共 90 页，其目录如下：

红星照我去战斗（代序）（晓音）／"我是党的孩子"（徐金海）／把"红星戴到了心头上！"（曹宪镛）／"记住：是党把你拉扯大的"（薛梁）／"空着手怎么去见毛主席"（刘元璋）／

"不能等"（潘益大）/谈"使劲儿长"（金一鸣）/"苦，可我不怕！"（石俊升）/鹰和鸡的联想（叶大）/发扬从不后退一步的精神（陈雪良）/"不能让群众吃亏"（南矢文）/赞"别谢我"（南矢文）/"留给最需要的同志"（予圻）/"在这里也是打仗"（肖栋全）/小冬子和《列宁小学课本》（俞天白）/谈"毕业"（希云）/从"我要当红军"谈起（王锦园）/要"消灭天下所有的白狗子"（方仁工）/前面的路还很长（徐立峰）

该著为总结根据李心田同名小说改编的电影《闪闪的红星》的创作经验和成就以及提供一些必要的研究资料而编辑，对研究该小说的影视改编颇有参考价值。

（4）八一电影制片厂《闪闪的红星》创作组、摄制组：《评电影〈闪闪的红星〉》

八一电影制片厂《闪闪的红星》创作组、摄制组编，山东人民出版社 1975 年 4 月第 1 版。

全书约 108 千字，共 201 页，其目录如下：

在银幕上为无产阶级争光——影片《闪闪的红星》的一些创作体会/八一电影制片厂《闪闪的红星》创作组、摄制组)/演冬子，学冬子，做党的好孩子（姚新运）/一个可爱的小英雄——评电影《闪闪的红星》（方锷）/红星育英雄 光彩照万代——赞彩色故事片《闪闪的红星》（姜思慎）/党的光辉照万代——评彩色故事影片《闪闪的红星》（和谷岩）/热情歌颂毛主席的革命路线——彩色散事影片《闪闪的红星》观后（四八〇〇部队景延旌）/小鹰在搏击风雨中飞翔——评彩色故事影片《闪闪的红星》（双平）/银幕上的一颗红星——谈彩色故事片《闪闪的红星》的思想艺术成就（宁涛）/一部细致动人的好电影——谈影片《闪闪的红星》的艺术成就（方泽生）/可贵的革命创造精神——谈影片《闪闪的红星》的创造成就（尹岩）/改编贵在创造——兼谈彩色故事影片《闪闪的红星》改编方面的成就（刘康润）/精心的再创作 可喜的新收获——谈谈彩色影片《闪闪的红星》对同名小说的改编成就（姚青新）/发扬革命的创造精神——影片《闪闪的红星》学习札记（初征）/从小鹰和鸡雏谈起——学习影片《闪闪的红星》塑造少年英雄形象的体会（上海美术电影制片厂王培智、潘国祥）/典型环境中的典型人物——谈《闪闪的红星》中潘冬子形象的塑造（王晋民）/电影艺术的灿烂新花——谈彩色故事影片《闪闪的红星》的艺术处理（小峦）/深入开掘　细致感人——学习影片《闪闪的红星》导演艺术处理（李歇浦、东进生）/谈典型细节的艺术处理——彩色故事影片《闪闪的红星》学习札记（赵志强）/党的光辉照万代——推荐彩色故事影片《闪闪的红星》（李荣德）/电影音乐创作的新收获——评《闪闪的红星》的音乐创作（穆静）/饱满的激情　独特的风格——学习彩色故事影片《闪闪的红星》的摄影艺术（晨林）/为孩子们多写好作品——看彩色影片《闪闪的红星》有感（洪祖年、俞达珍）/从"党的孩子"谈起（任大霖）

该著为总结根据李心田同名小说改编的电影《闪闪的红星》的创作经验和成就以及提供一些必要的研究资料而编辑，对研究该小说的影视改编颇有参考价值。

（5）吉林人民出版社：《闪闪的红星——电影〈闪闪的红星〉文学剧本、评论与插曲》

吉林人民出版社编，吉林人民出版社1975年4月第1版。

全书约86千字，共110页，其目录如下：

闪闪的红星（电影文学剧本）（根据李心田同名小说集体改编，王愿坚、陆柱国执笔）/在银幕上为无产阶级争光——影片《闪闪的红星》的一些创作体会（八一电影制片厂《闪闪的红星》创作组、摄制组）/电影艺术的灿烂新花——谈彩色故事影片《闪闪的红星》的艺术处理（小峦）/演冬子，学冬子，做党的好孩子（祝新运）/《闪闪的红星》电影插曲//红星歌/红星照我去战斗/映山红

该著为总结根据李心田同名小说改编的电影《闪闪的红星》的创作经验和成就以及提供一些必要的研究资料而编辑，对研究该小说的影视改编颇有参考价值。

（6）方耘：《〈闪闪的红星〉电影文学剧本与创作经验笔谈》

方耘编，广西人民出版社1975年5月第1版。

全书约162千字，共236页，其目录如下：

闪闪的红星（电影文学剧本）（根据李心田同名小说集体改编，王愿

坚、陆柱国执笔）/电影《闪闪的红星》主题歌与插曲//红星歌（一）（二）（三）/映山红（一）（二）/红星照我去战斗/在银幕上为无产阶级争光——影片《闪闪的红星》的一些创作体会（八一电影制片厂《闪闪的红星》创作组、摄制组）/演冬子，学冬子，做党的好孩子（祝新运）/一个可爱的小英雄——评电影《闪闪的红星》（方锷）/电影艺术的灿烂新花——谈彩色故事影片《闪闪的红星》的艺术处理（小峦）/党的光辉照万代——评彩色故事影片《闪闪的红星》（和谷岩）/小鹰在搏击风雨中飞翔——评彩色故事影片《闪闪的红星》（双平）/坚持"三突出"原则　为"儿童团"唱赞歌（方耘）/钢在火里炼 刀在石上磨——谈《闪闪的红星》中潘冬子形象的塑造（杨政、晓翟）/精心的再创作，可喜的新收获——试谈彩色影片《闪闪的红星》对同名小说的改编成就（姚青新）/无产阶级革命激情的赞歌——学习《闪闪的红星》电影音乐创作经验的体会（黄淮）/谈典型细节的艺术处理——彩色故事影片《闪闪的红星》学习札记（赵志强）

该著为总结根据李心田同名小说改编的电影《闪闪的红星》的创作经验和成就以及提供一些必要的研究资料而编辑，对研究该小说的影视改编颇有参考价值。

（7）人民文学出版社编辑部：《电影艺术的灿烂新花——〈闪闪的红星〉评论集》

人民文学出版社编辑部编，人民文学出版社1975年5月第1版。

全书约126千字，共179页，其目录如下：

在银幕上为无产阶级争光——影片《闪闪的红星》的一些创作体会（八一电影制片厂《闪闪的红星》创作组、摄制组）/一个可爱的小英雄——评电影《闪闪的红星》（方锷）/电影艺术的灿烂新花——谈彩色故事影片《闪闪的红星》的艺术处理（小峦）/演冬子，学冬子，做党的好孩子（祝新运）/一部细致动人的好电影——谈影片《闪闪的红星》的艺术成就（方泽生）/饱满的激情　独特的风格——学习彩色故事影片《闪闪的红星》的摄影艺术（晨林）/无产阶级革命激情的赞歌——学习《闪闪的红星》电影音乐创作经验的体会（黄淮）/电影音乐创作的新收获——评《闪闪的红星》的音乐创作（穆静）/改编贵在创造——兼谈彩色故事影片《闪闪的红星》改编方面的成就（刘康润）/精心的再创作，可喜的新收获——试谈彩色影片《闪闪的红星》的改编成就（姚青新）/红星育英雄　光彩照万代——赞彩色故事片"闪闪的红星"（姜思慎）/谈典型细节的艺术处理——彩色故事影片《闪闪的红星》学习札记（赵志强）/要抒无产阶级革命之情——从彩色故事影片《闪闪的红星》谈起（伍松）/热情歌颂毛主席的革命路线——彩色故事片《闪闪的红星》观后（四八〇〇部队延旌）/要善于从路线的高度立意（孟森辉）/敢于破　善于立（李愚）/培养像冬子那样的革命接班人——彩色故事片《闪闪的红星》观后（北京制药工业公司党委书记魏铎）/党叫我干什么，我就干什么（北京汽车制造厂工人评论组）/英雄年少　革命志高（上海第六电表厂工人钟晓阳）/学习潘冬子　做革命小闯将（北京西四北小学红小兵大队文艺评论组）/影片《闪闪的红星》对我的教育（黄帅）/小冬子的成长道路（杜华章）/可贵的革命创造精神——谈影片《闪闪的红星》的创作成就（尹岩）/坚持"三突出"原则为"儿童团"唱赞歌（方耘）

该著为总结根据李心田同名小说改编的电影《闪闪的红星》的创作经验和成就以及提供一些必要的研究资料而编辑，对研究该小说的影视改编颇有参考价值。

（8）湖北人民出版社：《闪闪红星照万代——故事影片〈闪闪的红星〉评论集》

湖北人民出版社编选，湖北人民出版社1975年6月第1版。

全书约86千字，共103页，其目录如下：

一个可爱的小英雄——评电影《闪闪的红星》（方锷）/在银幕上为无产阶级争光——影片《闪闪的红星》的一些创作体会（八一电影制片厂《闪闪的红星》创作组、摄制组）/电影艺术的灿烂新花——谈彩色故事影片《闪闪的红星》的艺术处理（小峃）/党的光辉照万代——评彩色故事影片《闪闪的红星》（和谷岩）/小鹰在搏击风雨中飞翔——评彩色故事影片《闪闪的红星》（双平）/热情歌颂毛主席的革命路线——彩色散事影片《闪闪的红星》观后（四八〇〇部队景延旌）/钢在火里炼 刀在石上磨——谈《闪闪的红星》中潘冬子形象的塑造（杨政、晓翟）/闪闪红星照万代——彩色故事影片《闪闪的红星》观后（北京空军杨福泉、法宝钧）/银幕上的一颗红星——谈彩色故事片《闪闪的红星》的思想艺术成就（宁涛）/电影音乐创作的新收获——评《闪闪的红星》的音乐创作（穆静）/"党叫我干什么，我就干什么"（北京汽车制造厂工人评论组）/此时无声胜有声（宗杰、宗群）/新颖独到的插叙（北京部队某部戚谭）/演冬子，学冬子，做党的好孩子（祝新运）/教育与启示——看《闪闪的红星》有感（北京市中关村第一小学教师齐鸿儒、赵振华）/学习冬子的革命自觉性（北京市六十二中学高一一班）/努力为孩子们创作更多的好作品——彩色故事影片《闪闪的红星》观后（春元、峻延）

该著为总结根据李心田同名小说改编的电影《闪闪的红星》的创作经验和成就以及提供一些必要的研究资料而编辑，对研究该小说的影视改编颇有参考价值。

1977 年

（1）广西人民出版社：《创业——电影文学剧本和围绕〈创业〉的严重斗争》

广西人民出版社编，广西人民出版社 1977 年 1 月第 1 版。

全书约 180 千字，共 208 页，其目录如下：

光辉的历史文件（任平）/围绕电影《创业》展开的一场严重斗争（杜书瀛、杨志杰、朱兵）/"四人帮"扼杀《创业》说明了什么（洪广思）/"四人帮"疯狂反对毛主席的铁证（中共长春电影制片厂委员会）/努力塑造当代中国工人阶级的英雄典型——访影片《创业》创作组、摄制组（《光明日报》记者）/绝不辜负毛主席的关怀和期望（长春电影制片厂张天明）/"四人帮"是摧残革命文艺的刽子手（北京电影制片厂谢铁骊、钱江、谢建松）/创业（大庆油田、长春电影制片厂《创业》创作组集体创作、张天明执笔）

该著收有剧本《创业》和围绕根据该剧本拍摄的同名电影的评论、访谈类文章，时代色彩浓厚，对研究该剧本的影视改编颇有参考价值。

1978 年

（1）夏衍：《写电影剧本的几个问题》

夏衍著，人民文学出版社 1978 年 7 月第 1 版、1979 年 12 月第 2 次印刷、2001 年 4 月再版，新疆人民出版社 1981 年 9 月维吾尔文版，复旦大学出版社 2004 年 7 月重版。

全书约 87 千字，共 120 页、200 页，其目录如下：

序/欧阳予倩

写电影剧本的几个问题//前言/电影的"第一本"/政治气氛和时代脉搏/人物出场/结构/脉络和"针线"/蒙太奇/对话/艺术性，技巧/重要的问题在于学习

琐谈改编

后记

该著为一部有关电影剧本写作常识的入门性读物，内容涉及人物、结构、对话、艺术技巧等诸多最基本的常识性问题，颇具参考价值。

1979 年

（1）朱玛：《电影艺术与电影文学基础》

朱玛著，四川大学学报丛刊 1979 年 6 月第 1 版。

朱玛，四川大学教授，著有《电影艺术概论》《电影剧作基础》《电影特技的秘密》等。

全书约 261 千字，共 417 页，其目录如下：

前言

上卷：电影艺术

第一章 电影艺术的社会教育作用//第一节 榜样的力量是无穷的/第二节 电影的历史教育和革命传统教育的特殊作用/第三节 电影艺术对支援世界革命的作用

第二章 电影艺术的一般知识//第一节 电影艺术的产生和发展/第二节

一部影片的时间和长度/第三节 电影拍摄的景别和电影镜头的划分//一、电影的景别及其作用/二、电影镜头的划分及其作用/第四节 电影分隔时间和空间的标/第五节 电影摄制的分工及其职责/第六节 一部影片制作的过程

第三章　电影艺术的特性//第一节 电影是综合艺术/第二节 电影的大众性/第三节 电影的具体性和真实性/第四节 电影主要是视觉艺术/第五节 电影的造型表现力//一、人物的造型/二、环境的造型/第六节 电影的音响和音乐//一、电影的音响/二、电影的音乐

第四章　电影语言//第一节 电影的"文字"——画面/第二节 电影的"用词"和"造句"//一、电影的"用词"/二、电影的"造句"/第三节 电影句子的种类及作用//一、前进式句子/二、后退式句子/三、环形句/四、切分句/五、同时句/第四节 电影语言

第五章　电影的蒙太奇//第一节 什么叫蒙太奇/第二节 蒙太奇产生的原理/第三节 蒙太奇句子组成及剪接/第四节 蒙太奇的特殊作用/第五节 电影连接的蒙太奇方法//一、叫板式连接/二、错觉式连接/三、对话式连接/四、平行式连接/五、相似式连接/六、物件式连接/七、音响式连接/八、画外音连接/九、人物式连接/十、细节式连接/十一、音乐式连接

下卷：电影文学

第六章　电影文学与小说、戏剧文学的异同//第一节 电影文学与小说、戏剧文学的相同处/第二节 电影文学与小说的区别/第三节 电影文学与戏剧文学的区别

第七章　电影文学的主题和题材//第一节 电影文学的主题/第二节 电影文学的题材/第三节 电影文学主题的体现

第八章　电影文学的情节和结构//第一节 电影文学的情节//一、电影情节来自生活/二、情节是突出主题的重要手段/三、情节为塑造人物服务/四、必须讲究情节，集中矛盾冲突/第二节 电影文学的结构/第三节 电影文学的序幕、开头和结尾//一、电影文学的序幕/二、电影文学的开头/三、电影文学的结尾/第四节 电影文学中字幕和画外音的运用//一、字幕的运用/二、画外音的运用

第九章　电影文学的叙述方式及作用//第一节 电影文学的顺叙及作用/第二节 电影文学的倒叙及作用/第三节 电影文学的插叙及作用/第四节 电影文学的分叙及作用/第五节 电影文学的复叙及作用

第十章　电影文学的描写//第一节 电影文学中的人物描写//一、肖像

描写/二、对话描写/三、行动描写/四、心理描写/第二节 电影文学中的场景描写//一、景物描写/二、环境描写/三、场面描写/第三节 电影文学中的细节描写

第十一章 电影文学的修辞手段//第一节 明喻和暗喻/第二节 比拟和夸张/第三节 双关和对比/第四节 省略和反复/第五节 排比和铺陈

第十二章 一个电影剧本的诞生//第一节 创作前的准备/第二节 电影剧作的构思/第三节 电影剧本的写作/第四节 电影剧作修改中的几个问题

后记

附：电影画面选辑

该著论说电影艺术和电影文学的发展历程、艺术特性、写作技巧，指出电影艺术迄今还是年轻而在发展中的艺术，它的语言、语法、特性、规律、表现手段等还处于不断创造和探索之中。

（2）中国电影出版社：《东方快车谋杀案》

中国电影出版社编，［英］阿加莎·克里斯蒂著，陈尧光译，中国电影出版社 1979 年 9 月第 1 版。

阿加莎·克里斯蒂，原名阿加莎·玛丽·克拉丽萨·米勒，英国著名女作家。

全书约 200 千字，共 310 页，其目录如下：

编辑例言/东方快车谋杀案（小说）（［英］阿加莎·克里斯蒂著，陈尧光译）

东方快车谋杀案（镜头记录本）（［英］保罗·丹改编，陈笃忱、李正伦译）

编者附记

该著为"外国影片研究丛书"之一，收有小说原著和据此改编的同名电影剧本和若干剧照，由此可发现小说与剧本在主题、情节、人物和场景等方面的异同，可从实例中学习改编技巧。

（3）中国电影出版社：《罗生门》

中国电影出版社编，［日］芥川龙之介、桥本忍等著，钱稻孙、李正伦译，中国电影出版社 1979 年 10 月第 1 版。

芥川龙之介（1892—1927），日本小说家，代表作有《罗生门》《竹林

中》《鼻子》《偷盗》《舞会》《阿富的贞操》《偶人》《橘子》《一块地》以及《秋》等。

全书约74千字，共109页，其目录如下：

编辑例言/筱竹丛中（芥川龙之介著，钱稻孙译）/罗生门——电影文学剧本（桥本忍、黑泽明改编，钱稻孙译）/罗生门——分镜头剧本（黑泽明著，李正伦译）/编者附记

该著为"外国影片研究丛书"之一，收有小说原著和据此改编的同名电影剧本和若干剧照，由此可发现小说与剧本在主题、情节、人物和场景等方面的异同，可从实例中学习改编技巧。

（4）柯灵：《电影文学丛谈》

柯灵著，中国电影出版社1979年10月第1版。

柯灵（1909—2000），原名高季琳，笔名朱梵、宋约，原籍浙江省绍兴市斗门镇，生于广州。

全书约145千字，共195页，其目录如下：

序/关于电影剧本的创作问题/电影剧本的特性——电影文学三讲之一//电影艺术的特性/电影与小说/电影与戏剧/视觉形象的表现——电影文学三讲之一//视觉形象的特点是什么？/关于人物塑造/关于环境描写/题材、样式、人物描写/编剧导演之间/一个剧本的诞生——《为了和平》创作手记/谈《春满人间》的创作/看银幕上姹紫嫣红开遍——庆祝建国十周年新片展览月观感/试论农村片——兼谈电影的民族化、群众化/《雁南飞》给了我们什么？/苏联电影的蜕变/关于《秋瑾传》/从《秋瑾传》到《赛金花》/在破立并举中大踏步前进/实践向我们提出了什么问题

该著作为电影理论论文集，总结了作者多年从事电影文学创作和理论研究的经验，对中国和苏联电影某些艺术倾向进行了专题研究和评论。

（5）中国电影出版社：《豺狼的日子》

中国电影出版社编，［英］弗雷德里克·福塞斯著，陈笃忱译，中国电影出版社1979年11月第1版。

弗雷德里克·福塞斯，英国作家。

全书约336千字，共430页，其目录如下：

编辑例言/豺狼的日子（小说）（［英］弗雷德里克·福塞斯著）//第一部 设谋篇/第二部 追捕篇/第三部 刺杀篇

豺狼的日子（电影文学剧本）（［英］K·罗斯著，陈笃枕译）

附录：弗雷德·齐纳曼谈《豺狼的日子》（浜田容子）

该著为"外国影片研究丛书"之一，收有小说原著和据此改编的同名电影剧本和若干剧照，由此可发现小说与剧本在主题、情节、人物和场景等方面的异同，可从实例中学习改编技巧。

第三编　主动与勃兴：20 世纪 80 年代

改革开放以来，电影创作成为推动中国社会现代化的重要力量，有关影视的文学改编研究成为学界的一个热点话题。

1. 文献整理力度加大

在 1990 年以前，百年中国影视文学改编文献整理的力度加大，除持续编辑出版《中国电影剧本选集》外，又接二连三地整理出版了一些新的史料丛书和文献，主要有：

（1）中国电影年鉴。目前，国内仍能见到的最早的一本电影年鉴当是中国教育电影协会编的 1934 年卷。这本官修的电影年鉴在内容上并不局限于 1934 年这一年中对于中国电影史实的记载，实际上是当时的一部关于电影的百科辞典。之后没有连续出版年鉴，直到 1981 年，由中国文学艺术界联合会主管的"中国电影家协会"才开始组织继续编撰，而且自 1981 卷一直连续分年度编辑到了 2010 卷截止，其中还有一部 2005 年出版的《中国电影年鉴·中国电影百年特刊》，总计 31 卷，分别由中国电影出版社、中国电影年鉴社于 1982 年至 2011 年间出版，它全面、系统、准确地记述了每年度中国的电影运动、发展状况，对百年中国影视文学改编文献整理与研究而言是一部提供 1980 年以来各年内中国电影全面、真实、系统资料的工具性期刊，便于了解中国电影的文学改编现状，有较大的总结、统计意义和比较系统的连续参考作用。

（2）"中国影片研究丛书""中国电影研究丛书"。中华人民共和国成立以来，中国电影出版社就致力于百年中国影视的文学改编文献整理工作，"中国电影研究丛书""中国影片研究丛书"这两套大型丛书是重要标志，而改革开放以来文献整理力度明显加大，这类丛书得以持续出版，一直延续到了 21 世纪还在零星发行。"中国电影研究丛书"包括《城南旧事——从小说到电影》《人到中年——从小说到电影》《红衣少女——从小说到电影》《黑炮事件——从小说到电影》《廊桥寻梦——从小说到电影》《男生贾里新传——从小说到电影》；"中国影片研究丛书"主要包括《大河奔流——

从剧本到影片》《乡音——从剧本到影片》《巴山夜雨——从剧本到影片》《沙鸥——从剧本到影片》《似水流年——从剧本到影片》《血，总是热的——从剧本到影片》《高山下的花环——从小说到电影》《周恩来——从剧本到影片》等。一般都收集了该改编影片的小说原著、电影文学剧本、分镜头剧本和剧作，还收集了导演、主要演员、美工师、作曲等人总结了剧作、导演、表演、美工、音乐等方面创作经验的文章，以及普通群众和电影学者讨论、评介作品的论文，还有按影片镜头顺序排列的影片画面、人物形象画面等选辑，展现了各自对小说和电影的不同见解，接触了影片选材、艺术构思、人物塑造等有关改编的多面问题，对于如何正确评价文学作品、理解历史真实与艺术真实以及文学的影视改编规律等颇有价值，体现了百花齐放、百家争鸣的精神，有利于促进影视创作和文艺评论的繁荣与提高。

（3）"外国影片研究丛书"。自1979年以来，中国电影出版社先后出版了16期《外国影片研究丛书》，第1期为《罗马11时》（文/桑蒂斯等，译/蓝箫子），第2期为《东方快车谋杀案》（文/克里斯蒂，译/陈尧光），第3期为《罗生门》（文/桥本忍、黑泽明、芥川龙之介，译/钱稻孙、李正伦），第4期为《豺狼的日子》（文/弗雷德里克·福塞斯，译/陈笃忱），第5期为《朱莉亚》（文/莉莲·海尔曼、阿尔文·萨金特，译/陈叙一），第6期为《生死恋》（文/山田太一、武者小路实笃，译/李正伦），第7期为《人性的证明》（文/森村诚一，译/陈笃忱），第8期为《克雷默夫妇》（文/艾弗里·柯尔曼，译/天民），第9期为《风雪黄昏》（文/堀辰雄），第10期为《普通人》（文/盖斯特，译/陈尧光），第11期为《音乐之声》（文/玛丽亚·奥古斯塔·特拉普，译/诸宁），第12期为《古都》（文/川端康成，译/李正伦），第13期为《丧失了名誉的卡塔琳娜·布卢姆》（文/伯尔，译/孙凤城、孙坤荣），第14期为《非洲女王号》（文/C·S·福雷斯特，译/李葆真），第15期为《裁决》（文/瑞德，译/孙建秋），第16期为《与狼共舞》（文/布莱克，译/朱仁、沈善），对于从事百年中国影视的文学改编文献整理与研究具有借鉴价值。

（4）"新片探索与争鸣丛书"。如《话说〈黄土地〉》（中国电影出版社1986年版）等，该著为丛书第一册，主要收集了关于影片《黄土地》的争论文章30余篇，并附有该片主创人员的创作体会和海外对影片的反映情况。

（5）各地、多人电影剧本合集。各地电影剧本选集主要有《安徽电影文学剧本选》（安徽人民出版社 1979 年版）、《山东三十年电影文学剧本选》（山东人民出版社 1979 年版）、《江西电影剧本新作选》（江西人民出版社 1982 年版）、《中国新文学大系·电影集》（上海文艺出版社 1984 年、1990 年版）、《浙江电影电视剧本选》（浙江文艺出版社 1985 年版）、《探索电影集》（上海文艺出版社 1987 年版）、《山西电影电视剧本选（1979—1989）》《内蒙古电影剧本选》（内蒙古人民出版社 1987 年版）。20 世纪 90 年代以后，这种趋势仍在持续，如《山西电影电视剧本选 1979—1989》（北岳文艺出版社 1991 年版）、《安徽电影文学剧本选 1949—1999》（安徽文艺出版社 2000 年版）、《文艺湘军百家文库（影视方阵地）》（湖南文艺出版社 2000 年版）、《八周岁：北京紫禁城影业公司优秀电影剧本选》（北京十月文艺出版社 2005 年版）、《电影剧本选》（中国文联出版社 2006 年版）、《山药蛋派作家电影剧作精选集》（北岳文艺出版社 2015 年版）。而个人电影剧本选集这一阶段主要有《李准电影剧本选》（北京出版社 1978 年版）、《海默电影剧本选》（中国电影出版社 1979 年版）、《孙瑜电影剧本选》（中国电影出版社 1981 年版）、《李准电影剧本近作选》（中国电影出版社 1984 年版）、《张弦电影文学剧本新作选》（中国文联出版公司 1987 年版）、《黄宗江电影剧本选》（中国电影出版社 1989 年版）等，也值得百年中国影视文学改编文献整理与研究参考。

（6）"外国电影研究资料丛书"。这套丛书由中国艺术研究院外国文艺研究所、外国电影研究资料丛书编辑委员会编，中国电影出版社先后出版，多收录西方电影理论经典文献，目前所见仅有《电影摄影创作问题》《电影改编理论问题》两本，其中《电影改编理论问题》直接与百年中国影视文学改编文献整理与研究关联，由陈犀禾选编，中国电影出版社 1988 年 8 月第 1 版，从"电影·文学·戏剧"（收有［苏联］C·弗雷里赫的《论电影美学的特性》、［美国］凯思·柯恩的《从电影技巧到小说技巧》、［美国］D·G·温斯顿的《小说和电影》、［日本］岩崎昶的《电影、文学、戏剧》、［美国］爱·茂莱的《电影、戏剧、文学》、［法国］克·麦茨的《电影、戏剧、文学》）"改编原理"（收有［匈牙利］贝拉·巴拉兹的《艺术形式和素材》、［英国］克莱·派克的《电影和文学》、［美国］乔治·布鲁斯东的《小说的界限和电影的界限》、［美国］杰·瓦格纳的《改编的三种方式》、［美国］约翰·劳逊的《电影与小说》、［法国］安德烈·巴赞的《非纯电影辨——为改编辩护》、[德国]齐·克拉考尔的《电影和小说》、[苏联]JI·波高热娃的《文学作品的改编》、[苏联]B·瓦西里耶夫的《作家和电影》、[美国]莫·贝加的《论改编》、[美国]杜德莱·安德鲁的《改编》、[法国]艾·菲兹利埃的《文学和电影的改编》、[美国]理·布鲁克斯的《小说不是电影》、[美国]萨伊德·菲尔德的《改编》、[苏联]E·格布里罗维奇的《长篇小说与电影剧本》、[苏联]H·列别杰夫的《文学与电影的关系》)、"改编实例"(收有[法国]安德烈·巴赞的《〈乡村牧师日记〉与罗贝尔·布莱松的风格化》、[美国]乔治·布鲁斯东的《呼啸山庄》、[苏联]JI·波高热娃的《论改编的艺术——陀思妥耶夫斯基小说的改编》、[美国]A·R·富尔顿的《从〈伟大的期望〉到〈孤星血泪〉》、[英国]罗·曼威尔的《黑泽明的〈麦克佩斯〉——〈蛛网宫堡〉》、[苏联]蒂·莎赫-阿兹卓娃的《契诃夫与电影——关于契诃夫作品的电影改编问题》、[美国]威·马格莱塔与琼·马格莱塔的《故事和论述——评〈丧失了名誉的卡塔琳娜·勃鲁姆〉的电影改编》、[苏联]莫·什维泽尔的《导演的学校》[美国]爱·茂莱的《阿瑟·密勒和电影(外一篇)》、[苏联]H,赫依费茨的《〈带叭儿狗的女人〉导演笔记》)三个方面,展示了国外理论家杰弗里·瓦格纳、安德烈·巴赞、贝拉·巴拉兹、乔治·布鲁斯东、波高热娃、富尔顿、罗·曼威尔等20世纪世界各国中外学者有关文学改编电影的研究成果,为中国第一本系统介绍研究电影改编的选集,具有奠基意义。

(7)"全国报刊电影文章目录索引"。该丛书是一套收录全国报纸、杂志有关电影文章篇目索引的文献汇编,目前已经出版《全国报刊电影文章目录索引 1949—1974》《全国报刊电影文章目录索引 1980—1989》《全国报刊电影文章目录索引 1990—1994》共 3 卷。虽然后两卷为 20 世纪 90 年代出版,但第 1 卷起步在 80 年代初期,由中国电影出版社于 1983 年出版,可见学界对于文学的影视改编文献的收集整理进入到了一个主动而自觉的阶段。

2. 理论研究的自觉

当然,20 世纪 80 年代学界对于文学改编的理论研究也是主动而自觉的。

(1)国外理论翻译的强化。对于域外电影改编理论的引进,学界不再如前一阶段那样零敲碎打,涉及影视改编问题的外国电影著作进入到了一个复苏期，给予了规模化、系统化的翻译和出版，如何力翻译的《论电影艺术》（林格伦）、何振涂翻译的《电影语言》（马尔丹）、邵牧君翻译的《电影的本性——物质现实的复原》（克拉考尔）、伍菡卿翻译的《电影的元素》（李·R·波布克）、富澜翻译的《电影导演的培养》、崔君衍翻译的《电影是什么》（巴赞）和《世俗神话：电影的野性思维》（伊芙特皮洛）、严敏翻译的《希区柯克论电影》（希区柯克）等相继出现，国人编选的理论选集如李幼蒸选编的《结构主义和符号学》、邵牧君等翻译的《电影理论文选》也先后出版，在论述电影特征时不同程度地涉及电影与文学、电影与小说的关系。而翻译出版的一些电影剧作理论，如理查德·沃尔特的《电影电视写作艺术、技巧和商业》、米歇尔·西翁的《影视剧作法》、沃尔夫·里拉《电影电视创作与技巧》、尤金·维尔的《影视编剧技巧》、依·瓦依斯菲尔德《电影剧作家的技巧》、茂莱的《电影化的想象——作家和电影》、菲尔德的《电影剧本写作基础：从构思到完成剧本的具体指南》、新藤兼人的《电影剧本的结构》、罗吉·曼威尔的《莎士比亚与电影》、温斯顿《作为文学的电影剧本》、赫尔曼的《电影电视编剧知识和技巧》、布鲁斯东的《从小说到电影》、弗雷里赫的《银幕的剧作（第二版）》、格里高利耶夫等的《苏联影片〈恋人曲〉影视文学剧本与评论》则直接触及电影改编话题，文学与电影的特性、小说的改编、戏剧的改编，并将文学作品与电影作品进行了细致的比较，其目的或是为编剧提供借鉴，或是为电影制作总结经验，对于百年中国影视文学改编文献整理与研究意义重大。特别是《从小说到电影》（高骏千译）一书对《告密者》《呼啸山庄》《傲慢与偏见》《包法利夫人》等6部作品从小说到电影的转化过程作了详尽的分析，证明电影与小说的共同点在于二者都是时间艺术，在流动的时间中描绘事件、塑造人物，是两种重要的艺术。而《作为文学的电影剧本》（周传基、梅文译）则结合作者自己的创作经验，从电影的语言剧作、叙事形式等诸方面，阐述并介绍了电影的起源、结构及其创作者，对电影剧作提出了精辟的见解，对小说改编电影的问题也在实例中提出了自己的看法，特别是对影片本身所特有的思想、技巧以及创新都做了具体的分析和深刻的探讨，在西方电影剧作研究领域中占有重要的地位。《莎士比亚与电影》（史正译）集中审视莎士比亚作品从戏剧从露天剧场走到光影银幕、从无声电影到有声影片、从苏联到意大利的电影改编历程，一一研讨了《驯悍记》《仲夏夜之梦》《罗密欧与朱丽叶》《皆大欢喜》

《亨利五世》《理查三世》《麦克佩斯》《午夜钟声》《奥瑟罗》《哈姆雷特》《李尔王》和《裘力斯·凯撒》《冬天的故事》等作品的改编，指出电影技巧成为表现莎士比亚的有效手段。《电影化的想象——作家和电影》（邵牧君译）列举了大量英美现代著名作家的作品，分析了戏剧与电影、小说与电影在创作与改编过程中的相互关系及成功和失败原因，以此阐述画面艺术与语言艺术的种种区别，对文学创作与改编电影的理论研究与艺术实践具有重要的参考价值。而陈犀禾主编的《电影改编理论问题》，当是首部以"电影改编"作为醒目标题出现的著作，该著为中国艺术研究院外国文艺研究所、外国电影研究资料丛书编辑委员会所编"外国电影研究资料丛书"之一，选编和汇集了杰弗里·瓦格纳、安德烈·巴赞、贝拉·巴拉兹、乔治·布鲁斯东、波高热娃、富尔顿、罗·曼威尔等20世纪世界各国中外学者有关文学改编电影的论文，从"电影·文学·戏剧""改编原理""改编实例"三个方面展示了国外理论家对电影改编理论的探索和研究成果，还详细解读了《乡村牧师日记》《呼啸山庄》《安娜·卡列尼娜》等经典文学作品的电影改编问题，为中国第一本系统介绍研究电影改编的选集，具有奠基意义。

（2）改编问题的集中讨论。一些论文集的收集和出版，彰显了学界在有意识地重视着文学的电影改编问题，如《儿童电影理论研究资料》《电影评论选（故事片·1981）》《电影评论选（故事片·1982）》《当代中国电影评论选》等书就遴选了《读新片〈伤逝〉和〈药〉并泛论电影》（钟惦棐）、《影片〈伤逝〉的艺术风格》（艺军）、《电影〈伤逝〉评析》（桑逢康）、《因〈药〉的改编而想到的》（王得后）、《电影〈阿Q正传〉观后》（吴中杰）、《这个阿Q的银幕形象——看上影拍摄的〈阿Q正传〉》（王得后）、《〈子夜〉从小说到电影》（李振潼）、《从几个次要人物的改动谈〈子夜〉的改编》（王志超）、《电影〈骆驼祥子〉改编得失谈》（王云缦）等不少根据具体影片言说文学改编的论文，掘幽发微，观点精警，从各个角度剖析、评论了一些优秀改编影片的思想艺术特色和存在的问题。最为突出的是中国电影艺术编辑室开始筹划出版"中国当代电影理论丛书"，最先推出的一种《电影的文学性讨论文选》由中国电影出版社1987年出版，近40篇选自1980年至1985年4月各种刊物的文章，从不同角度对什么是电影的文学性和文学价值、电影文学与电影又是怎样的关系等问题进行了争鸣探讨，对深入了解电影特性、掌握电影艺术规律颇有裨益。

（3）电影文学史著出现。第一部国人撰述的中国电影文学改编著作出现，这就是华中师范大学周晓明编写的两卷本《中国现代电影文学史》，由高等教育出版社于1985、1987年先后出版，这是我国第一部中国电影文学史，对中国电影文学的形成和发展、形式和内容以及重要流派、作家作品等予以了详尽论述，介绍了1949年以前中国的电影事业和电影思潮等情况，勾勒了一条清晰的中国电影文学的发展脉络，具有较高的史料价值和学术水准。

本时期关于文学的影视改编研究著作主要有：

1980 年

（1）中国电影出版社：《大河奔流——从剧本到影片》

中国电影出版社编，中国电影出版社1980年6月第1版。全书约440千字，共552页，其目录如下：

大河奔流（文学剧本）（李准）/大河奔流（分镜头剧本）（谢铁骊、陈怀皑）/《大河奔流》创作札记（李准）/《大河奔流》导演的几点体会（谢铁骊、陈怀皑）/学习与探索——在《大河奔流》中塑造周总理形象的体会（王铁成）/演海长松散记（赵联）/我和梁晴（张金玲）/略谈《大河奔流》的声音形象（陈燕嬉、桂枝林）/影片《大河奔流》美术设计的体会（陈翼云）/黄河的赞歌——简评影片《大河奔流》的文学剧本创作（叶丹）/黄河变迁的历史画卷——评影片《大河奔流》（艺军）/要真实地反映生活——谈谈《大河奔流》的某些得失（秦裕权）/满腔热情颂总理——赞彩色故事影片《大河奔流》中的周总理形象（翁睦瑞）/来自生活之川——试谈《大河奔流》的艺术成就和不足（黄式宪）/情思酣畅，大气磅礴——从电影《大河奔流》的艺术特色谈开去（徐庄）/富有魅力的表演——张瑞芳塑造李麦形象（德勒格尔玛）/新的高度——漫谈张瑞芳同志创造李麦的特点（赵韫如）/铁牛的生命力（卢刚）

该著为"中国影片研究丛书"之一，为总结据李准长篇小说《黄河东流去》改编的影片《大河奔流》的成就和不足而编辑，对研究该小说的影视改编颇有参考价值。

（2）中国电影出版社：《朱莉亚》

中国电影出版社编，［美］莉莲·海尔曼、阿尔文·萨金特著，陈叙一译，中国电影出版社 1980 年 6 月第 1 版。

莉莲·海尔曼，美国作家。阿尔文·萨金特，美国剧作家。

全书约 95 千字，共 117 页，其目录如下：

编辑例言/原画再现——人物描摹集（小说片断）（［美］莉莲·海尔曼著，陈叙一译）

朱莉亚（镜头记录本）（［美］阿尔文·萨金特著，陈叙一译）

该著为"外国影片研究丛书"之一，收有小说原著和据此改编的同名电影剧本和若干剧照，由此可发现小说与剧本在主题、情节、人物和场景等方面的异同，可从实例中学习改编技巧。

（3）中国电影出版社：《生死恋》

中国电影出版社编，［日］武者小路实笃、山田太一著，中国电影出版社 1980 年 12 月第 1 版。

武者小路实笃，日本小说家，剧作家、画家，著有小说《没见过世面的人》《幸福者》《友情》《爱和死》《幸福的家族》《真理先生》等，剧本《他的妹妹》《爱欲》《人类万岁》等。

全书约 160 千字，共 243 页，其目录如下：

编辑例言

友情（小说）/爱与死（小说）

生死恋（电影文学剧本）

编者附记

该著为"外国影片研究丛书"之一，收有小说原著和据此改编的同名电影剧本和若干剧照，由此可发现小说与剧本在主题、情节、人物和场景等方面的异同，可从实例中学习改编技巧。

1981 年

(1) 王墨林：《中国的电影与戏剧》

王墨林著，联亚出版社 1981 年 2 月第 1 版。

全书约 160 千字，共 243 页，其目录如下：

作者序

第一辑//当前中国电影的问题与发展方向/李翰祥的历史意识/悼红遗事/宋存寿的畸零世界/李行的文艺与乡土/从映像到文字/中国电影检查制度的弊病/江青与中国电影发展

第二辑//早期中国电影的拓荒者/发展中国教育电影的第一个人——陈果夫/台湾电影史的创造者——吕诉上/开拓中国电影历史的卜万仓/中国电影的问一答十——陶秦/从粤语片到国语片的秦剑/唐煌的喜剧电影/中国电影意识发展史

第三辑//说唱文学时代精神/这一代的国剧/梨园弟子/从国剧祖师爷谈起/红氍毹上的痕迹/新时代与新戏剧

该著为论文集，分为三辑，收有与电影有关的文章 17 篇和与戏剧有关的文章 6 篇，主要研究和评述中国电影的拓荒者对电影的贡献和成就。

(2) 中国电影出版社：《归心似箭——从剧本到影片》

中国电影出版社编，中国电影出版社 1981 年 6 月第 1 版。

全书约 234 千字，共 322 页，其目录如下：

归心似箭（电影文学剧本）（李克异）/归心似箭（分镜头剧本（李俊）/花香如故——为影片《归心似箭》公映而写（姚锦）/《归心似箭》导演创作中的几个问题（李俊）/动于衷而形于外——扮演魏得胜的体会（赵尔康）/学习 实践 探索（斯琴高娃）/《归心似箭》摄影创作体会（杨光远、陈振中）/谈《归心似箭》的音乐创作（李伟才）/声为情役——《归心似箭》录音工作的点滴体会（甄明哲）/《归心似箭》美术创作点滴（寇洪烈）/在探求中前进——《归心似箭》化妆造型的体会（易明慧）/文艺创作的新突破（史超）/着意描写人物的独特命运——评

《归心似箭》兼谈军事题材创作的一些问题（思忖）/《归心似箭》的民族风格（许南明）/讴歌人性和人情的美——《归心似箭》的爱情描写（陈剑雨）/《归心似箭》艺术特色及其它（夏川）/让形象说话——试谈影片《归心似箭》的艺术成就（林洪桐）/简练 朴素 民族色彩——从《归心似箭》看李俊的艺术风格（韦廉）/激情 含蓄 内在美——《归心似箭》中斯琴高娃的表演特色（刘恒君）/导演和演员二题（张明堂、卢章）/关于《归心似箭》的讨论

　　该著为总结电影《归心似箭》艺术成就而编辑，对研究该剧本的影视改编颇有参考价值。

（3）中国电影出版社：《克雷默夫妇》

　　中国电影出版社编，［美］艾弗里·柯尔曼原著，罗伯特·本顿改编，安可译，李正伦校，中国电影出版社1981年7月第1版。

　　艾弗里·柯尔曼，美国作家。

　　全书约163千字，共250页，其目录如下：

　　编辑例言/克雷默夫妇（小说）（［美］艾弗里·柯尔曼，天民译）

　　克雷默夫妇（电影文学剧本）（［美］罗伯特·本顿，安可译，李正伦校）

　　附录//评《克雷默夫妇》（［美］弗·里奇，谢榕津译）/法律专家谈《克雷默夫妇》（［美］乔·杜利，谢榕津译）/影片编导罗伯特·本顿（［美］乔·杜利，谢榕津译）/轰动西方影坛的美国影片《克雷默夫妇》（胡思旅）

　　该著为"外国影片研究丛书"之一，收有小说原著和据此改编的同名电影剧本和若干剧照，由此可发现小说与剧本在主题、情节、人物和场景等方面的异同，可从实例中学习改编技巧。

（4）中国电影出版社：《人的证明》

　　中国电影出版社编，［日］森村诚一著，陈笃忱译，中国电影出版社1981年7月第1版。

　　森村诚一，生于日本琦玉县，推理小说作家。

　　全书约280千字，共398页，其目录如下：

编辑例言/

人的证明（小说）（［日］森村诚一著，陈笃忱、李正伦、李克世译）//译者的话/外国人之死/仇恨的伤疤/谜一般的关键名词/对不道德行为的追踪/从底层逃出/失踪的血案/断崖上的狂奔/联结过去的桥/难忘的山间旅舍/工具造反/想象中的母亲/遥远的偏僻市镇/高明的盗窃/巨大的牢狱/不可饶恕的犯罪动机/破绽/人的证明

人的证明（电影文学剧本）（［日］森村诚一原作，松山善三改编，佐藤纯弥导演，李正伦译）

该著为"外国影片研究丛书"之一，收有小说原著和据此改编的同名电影剧本和若干剧照，由此可发现小说与剧本在主题、情节、人物和场景等方面的异同，可从实例中学习改编技巧。

（5）张瑶均、张磊：《电影文学剧本：伤逝》

张瑶均、张磊编剧，中国电影出版社 1981 年 5 月第 1 版。

张瑶均，编剧。张磊，编剧。

全书约 45 千字，共 101 页，其目录如下：

出版说明

伤逝（根据鲁迅同名小说改编）（张磊、张瑶均编剧）

伤逝（鲁迅）

该著为纪念鲁迅一百周年诞辰而编选，收有根据鲁迅小说《伤逝》改编的电影文学剧本和鲁迅小说的原著，为研究鲁迅小说《伤逝》的电影改编提供了重要文献资料。

（6）肖尹宪、吕绍连：《电影文学剧本：药》

肖尹宪、吕绍连编剧，中国电影出版社 1981 年 8 月第 1 版。

肖尹宪，长春电影制片厂编剧。吕绍连，电影导演、编剧，拍摄的电影有《药》《赵百万梦幻曲》《走入险区》等。

全书约 42 千字，共 61 页，其目录如下：

出版说明

药（根据鲁迅同名小说改编）（肖尹宪、吕绍连编剧）／药（鲁迅）

该著为纪念鲁迅一百周年诞辰而编选，收有根据鲁迅小说《药》改编的电影文学剧本和鲁迅小说原著。

（7）陈白尘：《电影文学剧本：阿Q正传》

陈白尘编剧，中国电影出版社1981年8月第1版。

陈白尘，江苏淮阴人，著有话剧《乱世男女》《岁寒图》《升官图》，电影剧本《宋景诗》《鲁迅传》等。

全书约60千字，共146页，其目录如下：

出版说明

阿Q正传（根据鲁迅同名小说改编）（陈白尘编剧）

阿Q正传（鲁迅）

该著为纪念鲁迅一百周年诞辰而编选，收有根据鲁迅小说《阿Q正传》改编的电影文学剧本和鲁迅小说原著。

（8）［美］乔治·布鲁斯东：《从小说到电影》

［美］乔治·布鲁斯东著，高骏千译，中国电影出版社1981年8月第1版。

乔治·布鲁斯东，美国电影学者。

全书约190千字，共236页，其目录如下：

序言

第一章　小说的界限和电影的界限／／Ⅰ 两种看见的方式／Ⅱ 关于电影和小说的源流／Ⅲ 两种手段的差别／Ⅳ 两种观众和两种神话／Ⅴ 关于时间和空间／Ⅵ 结语

第二章　告密者

第三章　呼啸山庄

第四章　傲慢与偏见

第五章　怒火之花

第六章　黄牛惨案

第七章　包法利夫人

后记

剧照

该著探讨了文学与电影的关系及其改编的问题，对小说和电影的相关美学原则予以了考察，分别指出了小说和电影的界限所在，指出了电影改编小说应注意的问题。

（9）刘思平、邢祖文：《鲁迅与电影（资料汇编)》

刘思平、邢祖文选编，中国电影出版社1981年9月第1版。

刘思平，中国电影电视艺术研究所研究员。邢祖文，浙江湖州人，中国电影电视艺术研究所研究员。

全书约150千字，共238页，其目录如下：

编选说明

鲁迅谈电影//杂文/书信/日记

鲁迅译文三篇//艺术论（摘录）（[苏联]卢那卡尔斯基作）/文艺与批评（摘录）（[苏联]卢那卡尔斯基作）/现代电影与有产阶级（[日本]岩崎昶作）/附：译者附记

鲁迅与电影//鲁迅怎样看电影（许广平）/鲁迅与电影（夏衍）/鲁迅与电影（阿英）/鲁迅和电影（洪道）/鲁迅与电影（古远清、高进贤）

鲁迅作品与电影改编//就《阿Q正传》改编为电影鲁迅书简三封/鲁迅作品故编为电影情况及其资科目录索//《祝福》/《阿Q正传》/《伤逝》/《药》

附表//鲁迅历年所看电影统计表/鲁迅历年所看电影题材分类表

该著汇集了鲁迅关于电影方面的言论，收有学界有关鲁迅与电影的回忆和研究性质的文章，对鲁迅小说的电影改编和鲁迅同电影有关的活动资料进行了记录和整理。

（10）夏衍、陈白尘等：《电影剧作集——根据鲁迅小说改编》

夏衍、陈白尘等编剧，中国电影出版社1981年9月第1版。

全书约200千字，共333页，其目录如下：

出版说明

祝福（夏衍编剧）

伤逝（张璐海、聂梅编剧）/药（肖尹宪、吕绍连编剧）

阿Q正传（陈白尘编剧）

鲁迅小说原著4篇//祝福/伤逝——涓生的手记/药/阿Q正传

该著收录了4篇根据鲁迅小说改编的电影文学剧本，是一部较为全面收集鲁迅小说的影视改编文集，对研究该小说的影视改编颇有参考价值。

(11)［德］齐格弗里德·克拉考尔：《电影的本性——物质现实的复原》

［德］齐格弗里德·克拉考尔著，邵牧君译，中国电影出版社1981年10月第1版、江苏教育出版社2006年6月底2版。

齐格弗里德·克拉考尔（1899—1966），德国著名电影理论家，著有《电影的本性》《宣传和纳粹战争片》《从卡里加利到希特勒》等。

全书约345千字，共437页，其目录如下：

自序

导论：1. 照相//历史概述（早期的观点和倾向/现代的观点和倾向）/系统的研究（基本的美学原则/照相的方法/近亲性/魅力/是不是艺术的问题）

Ⅰ一般特性：2. 基本概念//手段的特性/两个主要倾向（卢米埃尔和梅里爱/现实主义的倾向/造型的倾向/两个倾向之间的冲突）/电影的方法/是不是艺术的问题//3. 物质现实的再现//记录的功能（运动/静物）/揭示的功能（在正常条件下看不见的东西/触目惊心的现象/现实的特殊形式）//4. 固有的近亲性//未经搬演的事物/偶然的事物/无穷无尽（连续二十四小时/几条道路）/含义模糊的事物（心理—物理的对应/基本剪辑原则）/"生活流"（再谈街道/舞台演出穿插）

Ⅱ范围和元素：5. 历史和幻想//历史（苦难/妥协）/幻想（分析的方案/以舞台剧的方式再现的幻想/通过电影的手法来再现幻想/通过物质现实来再现的幻想）/6. 略论演员//技能（本色第一/随意性/外形）//职能（物象之一）/类型（非职业演员/好莱坞明星/职业演员）//7. 对话和声音//导论（早期的疑虑/基本要求）/对话（说白的作用/配音的方式）/四种配音方法（已有的各种理论/一个新的见解/以语言为主体将导致成问题配音方法/画面的优势有利于电影化的配音方法）/纯粹的声音

第三编 主动与勃兴：20世纪80年代

（关于声音的本性／依靠象征意义／作用／配音的方式）//8. 音乐//心理的职能（最早的时期／音乐、形象和观众）／美学的职能（解说的音乐／实际的音乐／音乐作为影片的核心）//9. 观众//效果（对感官的影响／自觉意识的削弱／题外语：宣传和电影／梦境）／满足（电影和电视／渴望接触生活／"生活的原貌"的概念／电影——"亮闪闪的生活之轮"／孩子般的全能状态／黄粱梦醒）

Ⅲ构成：10. 实验影片//导论：两大片种／来源（先锋运动／先锋派的示范性质）／先锋派意图（成了问题的故事／电影语言／物质现实／"最不现实主义的艺术"）／先锋派倾向（《休息节目》／强调节奏／强调内容／结论）//11. 纪实影片//导论（样式／特点／研究的范围）／艺术作品纪录片（增强立体的自然感／实验的倾向／纪录的倾向）／纪录片（关心物质现实／漠视物质现实／故事再度出现）//12. 舞台化的故事//导论（内容和形式／一种非电影的故事形式）／源流／特点（强调人与人的相互影响／复杂的单元／可以分离的含义／一个有目的的整体）／适应的努力（"最奇妙的东西"／两种可能情况）／结论（无法解脱的困境／格里菲斯的妙策：听其自然）//13. 穿插：电影和小说//相同之处（跟电影一样，小说也力求完整地表现生活／跟电影一样，小说希望表现人生之无涯）／不同之处（形式特征／两个世界）／关于改编小说的问题（电影化程度上的不同／小说的内容／电影化的改编／非电影化的改编）//14. 找到的故事和插曲//找到的故事（定义／类型）／插曲（定义／类型／结构／一个镶边的手法）//15. 内容问题//内容的三个方面／非电影的内容（概念上的推理／悲剧性的东西／题外话：非悲剧性的结尾）／电影的内容（材料／主题）//16. 我们时代的电影//内心生活第一？／思想状况（"古代信仰的废墟"／回顾／穿过无人地带的公路／挑战）／经验及其材料（"落日的余晖"／可以抓住的现实／物质现实作为电影的领域）／物质现实的复原（别具特色的艺术／日常生活的瞬间／物质的证据／由基础到上层／"人类大家庭"）

参考书目

片名索引

插图

该著从电影是"物质现实的还原"这一命题出发，阐明电影的全部功能是记录和提示周围的世界而不是讲述虚构的故事，指出只有拿着摄影机到现实生活中去才能拍出符合电影本性的影片。

（1） 上海文艺出版社：《舞台姐妹——从提纲到影片》

上海文艺出版社编，上海文艺出版社 1982 年 6 月第 1 版。

全书约 223 千字，共 309 页，其目录如下：

林谷、徐进、谢晋：//舞台姐妹（详细提纲）/舞台姐妹（电影文学剧本）/舞台姐妹（分镜头完成台本）

夏衍：对《舞台姐妹》（详细提纲）的意见

谢晋：导演阐述

周达明、陈震祥：《舞台姐妹》摄影创作浅谈

黄准：浅谈《舞台姐妹》的音乐创作

葛师承、吴本务：《舞台姐妹》美工设计札记

编后记

该著收有《舞台姐妹》的详细提纲、电影文学剧本、分镜头完成台本和影片导演、摄影、音乐、美工等创作人员的心得体会文章，颇有研究参考价值。

（2） 上海文艺出版社：《巴山夜雨——从剧本到影片》

上海文艺出版社编，中国电影出版社 1982 年 8 月第 1 版。

全书约 280 千字，共 345 页，其目录如下：

巴山夜雨电影文学剧本（叶楠）/巴山夜雨分镜头剧本（吴永刚、吴贻弓）/西窗剪烛话巴山（叶楠）/《巴山夜雨》为什么没写坏人（叶楠）/《巴山夜雨》导演阐述（《巴山夜雨》导演组）/巴山夜话（吴永刚）/回顾与思考——代"巴山夜雨"艺术总结（吴永刚、吴贻弓）/风雨同舟 灵犀相通——《巴山夜雨》导演札记（吴贻弓）/淡彩水墨画秋石（李志舆）/我演刘文英（张瑜）/我演《巴山夜雨》中的女教师（林彬）/《巴山夜雨》美术设计琐谈（薛健纳）/谈谈《巴山夜雨》的音乐创作（高田）/《巴山夜雨》剪辑体会（兰为洁）/

《巴山夜雨》特技工作点滴（周浩斐）/我爱《巴山夜雨》——给叶楠同志的一封信（陈荒煤）/一部颇有独特风格的好影片（夏衍）/诗人的眼睛——给《巴山夜雨》的作者（柯岩）/不灭的火焰——影片《巴山夜雨》观后漫笔（梅朵）/《巴山夜雨》的艺术特色（高歌今）/却话巴山夜雨时——评《巴山夜雨》的导演艺术（天刃）/《巴山夜雨》的表演特色（许还山）/希望它更完美（李兴叶）/附录//《巴山夜雨》得奖资料选辑/图片资料/人物形象/画面选辑/工作照/布景设计图

该著为"中国影片研究丛书"之一，为总结首届中国电影"金鸡奖"、最佳故事片奖影片《巴山夜雨》的经验和不足而编辑，对研究该剧本的影视改编颇有参考价值。

（3）中国电影出版社：《风雪黄昏》

中国电影出版社编，［日］堀辰雄著，李正伦译，中国电影出版社1982年12月第1版。

堀辰雄，日本作家。

全书约80千字，共126页，其目录如下：

编辑例言

风雪黄昏（短篇小说）（［日］堀辰雄著，李正伦译）

风雪黄昏（电影文学剧本）（［日］堀辰雄原作，宫内妇贵子改编，若杉光夫导演，李正伦译）

该著为"外国影片研究丛书"之一，收有小说原著和据此改编的同名电影剧本和若干剧照，由此可发现小说与剧本在主题、情节、人物和场景等方面的异同，可从实例中学习改编技巧。

1983 年

（1）［美］D·G·温斯顿：《作为文学的电影剧本》

［美］D·G·温斯顿著，周传基、梅文译，中国电影出版社1983年3月第1版。

D·G·温斯顿，美国电影学者。

本书约180千字，共178页，其目录如下：

前言/序/第一章　电影的语言/第二章　剧作/第三章 电影的叙事形式对小说的借鉴/第四章　美国的经典电影剧本/第五章　新现实主义和现实的性质/第六章　《一个乡村牧师的日记》：罗贝尔·布莱松和文学改编/第七章　《野草莓》：一出梦的戏/第八章　小说与电影中的意识流/第九章　电影中的存在主义和反英雄/第十章　费德里科·费里尼和影片中的心理分析技巧/第十一章　安东尼奥和无情节的电影剧本/第十二章　地下电影/总结　最近的一些创新和结论

该著从电影的语言、剧作、叙事等方面，阐述了电影的起源、结构及其创作者，特别是对影片特有的思想、技巧以及创新予以了具体分析，对小说改编电影的问题提出了看法。

（2）中国电影出版社：《天云山传奇——从小说到电影》

中国电影出版社编，中国电影出版社 1983 年 7 月第 1 版。

全书约399 千字，共569 页，其目录如下：

天云山传奇（电影文学剧本）（鲁彦周）/天云山传奇（分镜头剧本）（谢晋）/《天云山传奇》创作的前前后后（鲁彦周）/《天云山传奇》导演阐述（谢晋、黄蜀芹、廖瑞群）/心灵深处的呐喊——《天云山传奇》导演创作随想（谢晋）/我演罗群（石维坚）/严师教我演宋薇（王馥荔）/银幕生活第一课——扮演冯晴岚的体会（施建岚）/要拍出国画风格——《天云山传奇》摄影创作漫谈（许琦）/探索景的"这一个"——回顾《天云山传奇》的景物描写与处理（丁辰、陈绍勉）/探索——《天云山传奇》音乐创作中所想到的（葛炎）/《天云山传奇》录音工作的点滴体会（朱伟刚）/探索与实践——剪辑《天云山传奇》的一点感受（周鼎文）/预示着矫健发展的明天——《天云山传奇》随笔（钟惦棐）/胆识、勇气和责任感——评《天云山传奇》（梅朵）/评《天云山传奇》的人物塑造和艺术特色（王世桢、边善基）/冲破牢笼的银幕形象——评彩色宽银幕故事片《天云山传奇》（成谷）/论影片《天云山传奇》的艺术构思（黄式宪）/在"天云山"中开发哲理（周介人）/对一部好影片的批评——谈《天云山传奇》的不足（蔡权、林光）/宋薇这个形象给我们的启示（李振玉）/如何看待冯晴岚的银幕形象（陈剑雨）/吴遥及其上下级（任殷）/周瑜贞和"周瑜贞们"（吴小丽）/用镜头揭示人物的内心世界——《天云山传奇》的导演艺术特色（张明堂）/《天云山传奇》摄影艺术漫谈（郑国恩）/附录：《天云山传奇》获奖资料选辑

该著为总结根据鲁彦周同名小说改编的影片《天云山传奇》的成功与不足之处而编辑，对研究该小说的影视改编颇有参考价值。

（3）中国戏剧出版社：《凡人小事——从小说到电视剧》

中国戏剧出版社编，中国戏剧出版社 1983 年 8 月第 1 版。

全书约 97 千字，共 138 页，其目录如下：

绣花床单（短篇小说）（杜宝平）/略谈《绣花床单》的细节描写（王汪）/凡人小事（电视剧文学剧本）（于永和、陈文静）/凡人小事（电视剧分镜头剧本）（赖淑君）/引导人民提高精神境界——从电视剧《凡人小事》的创作谈起（梁光弟）/动人心弦的《凡人小事》（陈默）/以小见大 朴实动人（彭加瑾）/朴素真挚 深切感人（朱波）/它拨动了观众的心弦（群声）/《凡人小事》问世记（赵群）/成如容易却艰辛——访《凡人小事》导演赖淑君（黎民）/熟悉她们 热爱她们——记《凡人小事》的主演黄意璘（赵群）/翠翠和她的两个妈妈（凌霄）/扮演翠翠的小演员——罗焱（赖淑君）/从《凡人小事》谈电视剧导演问题（张客）

该著为总结根据作家杜宝平小说《绣花床单》改编的电视剧《凡人小事》的成功与不足而编辑，对研究该小说的影视改编颇有参考价值。

（4）叶元：《电影文学浅谈》

叶元著，河南人民出版社 1983 年 8 月第 1 版。

叶元，编剧，主要作品有电影《革命军种马前卒》《林则徐》《鸦片战争》。

全书约 99 千字，共 158 页，其目录如下：

一 电影和电影文学的诞生与发展/二 电影——胶片上的综合性艺术/三 视觉性·群众性·一次性/四 主题——目的性/五 结构·蒙太奇/六 人·事·物/七 字幕·声音/八 真实性/九 改编/十 历史片/十一 电视剧/十二 创作·评论

该著简略勾勒了电影与电影文学诞生与发展的历程，系统阐述了电影剧本的特点和电影电视的写作技巧。

（5）中国戏剧出版社：《新岸——从报告文学到电视剧》

中国戏剧出版社编，中国戏剧出版社 1983 年 8 月第 1 版。

全书约 135 千字，共 193 页，其目录如下：

走向新岸（报告文学）（李宏林）

新岸（电视剧文学剧本）（李宏林）

新岸（电视剧分镜头剧本）（王岚）

创作经验与评论//我写电视剧《新岸》（李宏林）/真实些，更真实些——《新岸》导演后记（王岚）/我演刘艳华（相虹）/答《新岸》观众（王岚）/朴实含蓄 真挚动人——记电视剧《新岸》座谈会（程世鉴）/新岸的灯火——电视剧《新岸》观后（梁光弟）/素净·朴实·凝练·传神——谈电视剧《新岸》剧本的艺术特色（于铁）/告别寒冬迎春回（龙炘成）/朴素真切之美（高松年）/情趣艺术两相谐（王永午）/《新岸》令人回味无穷（乔文等）/眼神传深情（杨文彬）/她走进"刘艳华"——记《新岸》中刘艳华扮演者相虹（高方正）/《新岸》主人看《新岸》（赵敏）

该著为总结根据作家李宏林报告文学《走向新岸》改编的电视剧《新岸》的成功与不足而编辑，对研究该报告文学的影视改编颇有参考价值。

（6）中国电影出版社：《普通人》

中国电影出版社编，［美］朱迪思·盖斯特著，陈尧光等译，中国电影出版社 1983 年 10 月第 1 版。

全书约 200 千字，共 343 页，其目录如下：

编辑例言

普通人（小说）（［美］朱迪思·盖斯特著，陈尧光、谢榕津、李森译）

普通人（电影剧本）（［美］阿尔文·萨金特改编，林思铮译）

附录//罗伯特·雷德福答记者问（唯非译）/《普通人》从小说到影片（胡思旅）/《普通人》剧照

该著为"外国影片研究丛书"之一，收有小说原著和据此改编的同名电影剧本和若干剧照，由此可发现小说与剧本在主题、情节、人物和场景等方面的异同，可从实例中学习改编技巧。

（7）中国电影出版社：《南昌起义——从剧本到影片》

中国电影出版社编，中国电影出版社1983年11月版。

全书约330千字，共469页，其目录如下：

南昌起义（电影文学剧本）（李洪辛、吴安萍、徐海秋、周太功）/南昌起义（分镜头剧本）（汤晓丹）/在银幕上展示历史的真面目（李洪辛）/满腔热情地追求真实——《南昌起义》导演创作的贯串思想（汤晓丹、姚寿康、金肇渠）/《南昌起义》创作中的几个问题（汤晓丹）/要严肃朴素地拍摄《南昌起义》（沈西林）/《南昌起义》美术设计一得（韩尚义）/《南昌起义》美术设计阐述（韩尚义）/《南昌起义》剪辑点的探索（蓝为洁）/《南昌起义》录音体会（周恒良）/紧扣主题　把握基调——影片《南昌起义》音乐创作札记（吕其明）/形神兼备——《南昌起义》化妆体会（杨龙生、沈克强、庄雅贞）/从生活出发（孔祥玉）/我演贺龙（高长利）/扮演汪精卫点滴体会（李宁）/畸形的女政客——扮演姚湘莲小感（詹萍萍）/大气磅礴的史诗式影片——评《南昌起义》（思忖）/为艺术创造而探索（贾霁）/一部忠于历史的文献片——评《南昌起义》（王纪人）/党领导武装革命的激越颂歌——评文献性故事片《南昌起义》（姚国华）/如实描写无讳饰——影片《南昌起义》的成就杂谈（史超）/壮丽、灿烂的历史画卷——评历史文献故事片《南昌起义》（边善基）/关于革命历史题材影片创作的两封信（王朝闻）/《南昌起义》创作座谈

该著从总结优秀影片《南昌起义》的创作经验出发，收有这部影片的文学剧本、分镜头剧本以及影片主要创作人员经验体会文章和数篇评论文章，对研究该剧本的影视改编颇有参考价值。

（8）中国电影出版社：《沙鸥——从剧本到影片》

中国电影出版社编，中国电影出版社1983年12月第1版。

全书约300千字，共429页，其目录如下：

沙鸥（电影文学剧本）（张暖忻、李陀）/沙鸥（分镜头剧本）（张暖

忻）/电影剧作中的电影美感——《沙鸥》剧本创作体会（李陀）/《沙鸥》导演阐述（张暖忻）/我们怎样拍《沙鸥》（张暖忻）/我演沙鸥（常珊珊）/扮演沙鸥母亲的几点体会（江韵辉）/《沙鸥》摄影的探求（萧然）/谈《沙鸥》的音乐——给友人的信（王酩）/于平凡真实中见人物——《沙鸥》美术创作回顾（王砚缙）/重视和发挥音响的艺术力量——《沙鸥》录音创作点滴（张瑞坤）/一次很有价值的探索——漫评影片《沙鸥》的编导艺术（蔡师勇）/新人、新作、新收获——谈影片《沙鸥》的艺术成就及其他（赵明）/英雄的乐章——评《沙鸥》（梅朵）/为中华民族的荣誉而搏——谈影片《沙鸥》的立意（张洁）/飞吧！《沙鸥》（洪洲）/《沙鸥》导演艺术的创造性（于勤、古朴）/新一代的闪光——漫谈影片《沙鸥》的导演艺术（韩小磊）/《沙鸥》对电影表演艺术的探索（林洪桐）/论《沙鸥》的录音创作（周传基）/从沙鸥和解净谈起（雷达）/搏之歌——影片《沙鸥》观后（章仲锷）/一代新人的形象——赞影片《沙鸥》（向梅）/《沙鸥》的美中不足（耀先）/典型应当是特定的——影片《沙鸥》异议（成无功）/为沙鸥形象的典型性一辩（刘士杰、刘叔明）/时代精神的热情颂歌——北京大学中文系七八级学生座谈会发言摘要/关于影片《沙鸥》的评论综述

　　该著为"中国影片研究丛书"之一，为总结在人物塑造和导演手法尤其在体育题材上作出新探索的影片《沙鸥》的成功和不足而编辑，对研究该剧本的影视改编颇有参考价值。

（9）中国电影出版社：《音乐之声》

中国电影出版社编，［美］玛丽亚·奥古斯塔·特拉普著，诸宁译，中国电影出版社1983年12月第1版。

全书约343千字，共439页，其目录如下：

编辑例言

音乐之声（小说）（［美］玛丽亚·奥古斯塔·特拉普著，诸宁译）//写在前面/第一部（第一章　只是借给他们/第二章　昔日的光荣/第三章"男爵不愿意……"/第四章　一个奥地利圣诞节/第五章"上帝的旨意毋庸置疑"/第六章　家庭的节日/第七章　音乐之夏和婴儿/第八章　彼得表叔和他的指南手册/第九章　一回手术，一只乌龟和一次

第三编　主动与勃兴：20世纪80年代

长途电话/第十章 焉知非福！/第十一章"永不再干"/第十二章 从爱好到职业/第十三章 耶和华对亚伯拉罕说)/第二部（第一章 在"美国农民号"上/第二章 万事开头难/第三章 安顿下来/第四章 巴巴拉的出世/第五章 下一步怎么办？/第六章 在看得见自由女神铜像的地方/第七章 学习新的方式/第八章 奇迹/第九章 莫尔林/第十章 苍蝇/第十一章 佛蒙特的斯陶威/第十二章 新的一员/第十三章 向美好的驻留地告别/第十四章 新居/第十五章 战争期间的音乐会/第十六章 特拉普家族音乐营/第十七章 营地掠影/第十八章 特拉普家族奥地利救济会/第十九章 一封信/第二十章 难忘的一年/第二十一章 同心同德）

音乐之声（镜头记录本）（［美］厄内斯特·勒曼编剧，陈叙一、杨仲文编译）

附录//《音乐之声》制片人兼导演鲍勃·怀斯（严敏摘译）/《音乐之声》女主角裘莉·安德鲁丝（晓兰、严敏摘译）/我是怎样拍摄《音乐之声》的（［美］特德·麦克柯德，朱角译，彬华校）/音乐片简史（刘明明编译）/《音乐之声》剧照

该著为"外国影片研究丛书"之一，收有小说原著和据此改编的同名电影剧本和若干剧照，由此可发现小说与剧本在主题、情节、人物和场景等方面的异同，可从实例中学习改编技巧。

1984 年

（1）中国电影出版社：《邻居——从剧本到影片》

中国电影出版社编，中国电影出版社1984年4月第1版。

全书约270千字，共385页，其目录如下：

邻居（电影文学剧本）（马林、达江复、朱枚）/邻居（分镜头剧本）（郑洞天 徐谷明）/遵循生活的启示——关于《邻居》的剧本创作（马林、达江复、朱枚）/用电影代人民立言——《邻居》导演艺术总结（郑洞天、徐谷明）/《邻居》二题（郑洞天）/我怎样扮演刘力行（冯汉元）/"袁亦方"创造断想——《邻居》拍摄札记（王培）/真情实感地在银幕上生活——喜凤年形象塑造的探索（许忠

全）/感觉—信念—创造——扮演明锦华的体会（郑振瑶）/《邻居》摄影谈（周坤、顾文恺）/《邻居》美术设计的两个课题（刘光恩、王洪海、尹力）/求声写情——《邻居》录音创作心得（张瑞坤）/《邻居》道具创作的点滴体会（刘清标）/《邻居》的胆识与诗情（许南明）/银幕的新生面 境界的新开拓——论影片《邻居》的美学意义（王忠全）/佳哉，《邻居》（成谷）/艺术地再现生活中的矛盾形态——评影片《邻居》（陈剑雨）/耳目一新，新在哪里？——漫谈《邻居》新意（赵明）/这里是现实生活的颤动——浅论《邻居》的美学追求（黄式宪）/《邻居》创作的启示（李陀）/画中有诗 淡中有旨——《邻居》艺术浅析

该著为"中国影片研究丛书"之一，为总结中国电影金鸡奖最佳故事片奖、反映现实社会生活问题颇有新意的影片《邻居》的成功与不足而编辑，对研究该剧本的影视改编颇有参考价值。

（2）中国电影出版社：《喜盈门——从剧本到影片》

中国电影出版社编，中国电影出版社 1984 年 4 月第 1 版。

全书约 200 千字，共 377 页，其目录如下：

喜盈门（电影文学剧本）（辛显令）/喜盈门（分镜头剧本）（赵焕章）/由生活走向创作——写《喜盈门》的感受（辛显令）/回顾——《喜盈门》导演艺术总结（赵焕章、武文璞）/我在《喜盈门》里演爷爷（于绍康）/生活 感情 勤奋——从扮演《喜盈门》中的仁武妈谈起（王玉梅）/只有真情实感才能动人——塑造强英的一点体会（王书勤）/情真意切 质朴无华——谈在《喜盈门》中扮演水莲的一点体会（温玉娟）/新课题 新收获——仁芳形象创造的回顾（洪学敏）/把文学形象化为银幕形象——编辑和导演《喜盈门》创作随感（赵焕章、刘福年）/实践与学习——《喜盈门》摄影琐谈（彭恩礼）/克服困难大胆实践——《喜盈门》照明工作的体会（《喜盈门》分摄制组照明小组）/为电影音乐民族化而努力——故事片《喜盈门》作曲体会（杨绍榴）/声情并茂——谈《喜盈门》录音的点滴体会（谢国杰）/探索生活出新意 概括生活传精神——《喜盈门》美术设计点滴谈（赵宜轩）/人物造型贵在真（糜子德、朱佩珍、金吉泰）/评影片《喜盈门》（袁文殊）/一部群众喜闻乐见的好影片——评《喜盈门》（蔡洪声、武兆强）/

喜看新风盈门——彩色故事片《喜盈门》观后（张明堂）/形象的力量 道德的力量——关于《喜盈门》（洁泯）/年画般的风格——浅谈《喜盈门》的艺术特色（鸣德）/窝窝头·水饺——《喜盈门》高潮赏析（高令）/电影《喜盈门》笔谈（四篇）（陈同艺等）/浅谈于绍康同志在影片《喜盈门》中的表演（李长乐）/乡味浓郁 喜气洋洋——评故事片《喜盈门》的音乐（张殿英）/摄影机的镜头这回对准我们农民了——北京地区观众喜看《喜盈门》/让新风盈门——农村观众赞《喜盈门》/《喜盈门》在美国（石方禹）/部分美国华侨对《喜盈门》的反映（梁学政）/外国朋友看《喜盈门》（春逊）/［附］//第二届中国电影"金鸡奖"评选揭晓/第二届"金鸡奖"评委会对影片《喜盈门》的评语/文化部举行一九八一年优秀影片授奖大会/电影"百花奖"和"金鸡奖"授奖大会在西安举行/祝贺，而后静思（《大众电影》编辑部）

该著为总结在观众中引起强烈反响、受到广泛好评的影片《喜盈门》的成功与不足之处而编辑，对研究该剧本的影视改编颇有参考价值。

（3）［英］罗吉·曼威尔：《莎士比亚与电影》

［英］罗吉·曼威尔著，史正译，中国电影出版社1984年4月第1版。

罗吉·曼威尔，英国学者。

全书约26千字，共166页，其目录如下：

插图目次

引言

1 莎士比亚：从露天剧场到银幕

2 莎士比亚和无声电影

3 有声片的出现：改编的第一阶段//《驯悍记》（1929，萨姆·泰勒）/《仲夏夜之梦》（1935，马克斯·莱因哈特和威廉·狄特尔）/《罗密欧与朱丽叶》（1936，乔治·顾柯）/《皆大欢喜》（1936，保罗·泰纳）

4 劳伦斯·奥利弗和莎士比亚影片的摄制//《亨利五世》（1944）/《哈姆雷特》（1948）/《理查三世》（191955）

5 奥逊·威尔斯的莎士比亚影片//《麦克佩斯》（1948）/《奥瑟罗》（1952）/《午夜钟声》（1965）

6 苏联改编本——尤特凯维奇和柯静采夫//《奥瑟罗》（1955，谢尔盖·尤特凯维奇）/《哈姆雷特》（1964，格里果利·柯静采夫）/《李尔王》（1970—1971，格里果利·柯静采夫）

7《裘力斯·凯撒》的改编//《裘力斯·凯撒》（1953，约瑟夫·门凯维支）/《裘力斯·凯撒》（1969，斯图尔特·伯尔吉）

8 意大利人和莎士比亚——卡斯戴拉尼和杰菲若里//《罗密欧与朱丽叶》（1954，雷那托·卡斯戴拉尼）/《罗密欧与朱丽叶》（1968，弗朗科·杰菲若里）/《驯悍记》（1966，弗朗科·杰菲若里）

9 黑泽明的《麦克佩斯》——《蛛网宫堡》

10 戏剧拍成影片//《麦克佩斯》（1960，乔治·谢弗尔）/《冬天的故事》（1966，弗兰克·邓洛普）/《奥瑟罗》（1965，斯图尔特·伯尔吉）/《仲夏夜之梦》（1969，彼得·豪尔）/《哈姆雷特》（1969，托尼·理查森）

11 彼得·布洛克的影片《李尔王》（1970）

12 退想

影片编目

该著论述了世界各国对莎士比亚剧作历次改编的经验和教训，就电影语言、现实主义、真实性、民族化、风格以及塑造典型形象等艺术规律方面的问题进行了理论探讨。

（4）中国电影出版社：《西安事变——从剧本到影片》

中国电影出版社编，中国电影出版社 1984 年 5 月第 1 版。

全书约 300 千字，共 496 页，其目录如下：

西安事变（电影文学剧本）（郑重、成荫）/西安事变（分镜头剧本）（成荫）/实践·认识——《西安事变》创作中的感受（郑重）/不是总结——有关影片《西安事变》的一点创作心得（成荫）/《西安事变》纵横谈——访成荫同志（徐虹）/我演张学良（金安歌）/学习和探索（辛静）/《西安事变》创作日记（王铁成）/孙飞虎谈蒋介石形象的塑造（徐静形）/"自我感觉"一得——我演杜重远（智一桐）/《西安事变》摄影体会（陈万才、杨宝石）/探索·求真——电影《西安事变》的音乐创作（李耀东）/电影《西安事变》的美术设计（张子恩、卢广才）/"真""象"——电影《西安事变》化妆造型追记

（王希钟、李恩德）/革命历史电影创作的新突破——评影片《西安事变》（许南明）/重大的突破和明显的局限——评影片《西安事变》（艺军）/唯物史观和历史题材创作——影片《西安事变》观后（薛赐夫）/矛盾中见性格——《西安事变》观后札记（陈剑雨）/魅力所在，令人信服——《西安事变》观后漫笔（刘心武）/简评《西安事变》（李俊）/《西安事变》的导演艺术特色（沈通）/新的开拓　新的突破——评《西安事变》中蒋介石的形象塑造（顾象贤）/创造反面形象的突破——谈孙飞虎在《西安事变》的表演（成荫）/妙笔点染更璀璨——评《西安事变》的肖像化装（颜碧君、易明慧）

该著为总结在革命历史题材创作方面取得了重大突破的优秀影片《西安事变》之成功与不足而编辑，对研究该剧本的影视改编颇有参考价值。

（5）中国电影出版社：《被爱情遗忘的角落——从小说到电影》

中国电影出版社编，中国电影出版社 1984 年 6 月第 1 版。

全书约 200 千字，共 367 页，其目录如下：

被爱情遗忘的角落（小说）（张弦）/被爱情遗忘的角落（电影文学剧本）（张弦）/被爱情遗忘的角落（分镜头剧本）（张其、李亚林）/《被爱情遗忘的角落》改编漫谈（张弦）/情投意合——我与导演张其、李亚林的合作（张弦）/感受和探索——《被爱情遗忘的角落》创作回顾（张弦）/导演阐述——影片《被爱情遗忘的角落》（张其、李亚林）/求真归朴——《被爱情遗忘的角落》导演札记（张其、李亚林）/让角色生活在规定情境中——我演菱花（贺小书）/我演荒妹的一点感受（沈丹萍）/《被爱情遗忘的角落》摄影创作回顾（麦淑焕）/立意·构思与电影美术——《被爱情遗忘的角落》美术设计心得（吴绪经、陈德生）/谈《被爱情遗忘的角落》的声音处理（申顾礼）/《被爱情遗忘的角落》剪辑札记（李玲）/一部革命现实主义的力作——评影片《被爱情遗忘的角落》（梅朵）/影片《被爱情遗忘的角落》的思想深度和艺术魅力（刘梦溪）/执着地探索生活的底蕴——略论影片《被爱情遗忘的角落》的文学价值（黄式宪）/不该"遗忘"的"角落"——看《被爱情遗忘的角落》有感（成谷）/用奋发向上的精神看待人生——从《被爱情遗忘的角落》的讨论谈起（徐俊西）/《被爱情遗忘的角落》四题

（邵牧君）/三个农村女性的美（刘帼君）/图片资料//工作照/人物形象/画面选辑/布景设计图

　　该著为总结在观众中引起强烈反响、受到广泛好评的影片《被爱情遗忘的角落》的成功与不足之处而编辑，对研究该小说的影视改编颇有参考价值。

（6）凌子风：《骆驼祥子——电影的设计施工和完成图谱》

　　凌子风著，上海文艺出版社 1984 年 10 月第 1 版。

　　全书约 278 千字，共 369 页，其目录如下：

　　序/钟惦棐

　　骆驼祥子（电影文学剧本）

骆驼祥子（分镜头剧本）

骆驼祥子（拍摄完成台本）

　　该著为导演凌子风根据老舍长篇小说《骆驼祥子》改编的同名电影剧本所拍摄的电影的设计施工和完成图谱，对研究该小说的影视改编颇有参考价值。

（7）中国电影出版社：《古都》

　　中国电影出版社编，〔日〕川端康成著，李正伦译，中国电影出版社 1984 年 11 月第 1 版、1986 年 12 月再版。

　　川端康成（1899—1972），日本著名小说家。代表作有《伊豆的舞女》《雪国》《千只鹤》《古都》《睡美人》等。

　　全书约 186 千字，共 237 页，其目录如下：

编辑例言

　　古都（中篇小说）（〔日〕川端康成著，李正伦译）//译者前言/春天的花/尼庵与格子门/和服街/北山的杉树/祇园节/秋色/松树的苍翠/深秋的姐妹/冬天的花

　　古都（电影文学剧本）（〔日〕川端康成著，日高真也改编，川市昆导演，李正伦译）

　　该著为"外国影片研究丛书"之一，收有小说原著和据此改编的同名电影剧本和若干剧照，由此可发现小说与剧本在主题、情节、人物和场景等方面的异同，可从实例中学习改编技巧。

1985 年

（1）中国电影出版社：《城南旧事——从小说到电影》

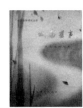

中国电影出版社编，中国电影出版社 1985 年 1 月第 1 版。

全书约 440 千字，共 542 页，其目录如下：

城南旧事（电影文学剧本）（伊明）/城南旧事（导演工作台本）（吴贻弓）/城南旧事（电影分镜头剧本）（吴贻弓）/让心灵的童年永存（伊明）/《城南旧事》导演阐述（吴贻弓）/《城南旧事》导演总结（吴贻弓）/我演宋妈（郑振瑶）/要给观众留下想像的余地（张闽）/《城南旧事》摄影创作设想与体会（曹威业）/谈谈《城南旧事》的美术设计（仲永清）/不断探索　不断前进——《城南旧事》音乐创作（吕其明）/《城南旧事》录音体会（谢国杰、钱守一）/《城南旧事》剪辑探索（蓝为洁）/谈谈《城南旧事》中的小演员（吴天忍）/优美的民族的银幕的艺术品——谈影片《城南旧事》（叶楠）/"乐音仍在记忆中萦回"——影片《城南旧事》欣赏（白桦）/读《城南旧事》的导演艺术（郑洞天）/我们收到的信息——简评《城南旧事》的导演艺术（李兴叶）/一部探索电影新观念的影片——浅谈《城南旧事》的导演艺术（于得水）/寄至味于淡泊——《城南旧事》学习笔记（王砚缙）/《城南旧事》四题（沈耀庭）/依依离情　沉沉乡愁——关于影片《城南旧事》的音乐（朱天纬）/《城南旧事》的插曲与作者（陈奎及）/一部引人注目的好影片——《城南旧事》在第三届金鸡奖评选会上（陈剑雨、张明堂）/人物形象/摄制组工作照/画面选辑/布景设计图/附录//《城南旧事》小说（林海音）/关于作者林海音/童年虽然"愚骏"，也永远存在——评影片《城南旧事》（李渝）

该著为"中国电影研究丛书"之一，为了总结根据中国台湾女作家林海音同名小说改编的散文诗式电影《城南旧事》的成功与不足而编辑，对研究该散文的影视改编颇有参考价值。

（2）中国戏剧出版社：《大地的深情——从小说到电视剧》

中国戏剧出版社编，中国戏剧出版社 1985 年 2 月第 1 版。

全书约 260 千字，共 294 页，其目录如下：

一座雕像的诞生（中篇小说）（孟伟哉）

大地的深情（电视剧文学剧本）（凌儿、晨原）

大地的深情（电视剧分镜头剧本）（蔡晓晴）

创作经验与评论//从《一座雕像的诞生》到《大地的深情》（孟伟哉）/让美好的心灵在荧光屏上闪烁光辉——《大地的深情》编剧体会（凌儿、晨原）/《大地的深情》导演阐述（蔡晓晴）/要塑造人——我演欧阳兰（肖雄）/《大地的深情》的美术设计体会（彭曼莉）/这里就是战场——《大地的深情》拍摄随记（陈明）/树在读者心里的雕像——评小说《一座雕像的诞生》（李炳银）/高尚心灵的颂歌——读中篇小说《一座雕像的诞生》（唐耀华）/略谈《大地的深情》的改编（陈子伶）/是真实的，也是美的——试谈《大地的深情》的艺术特色（朱以中）/我赞美革命者的人性——评电视剧《大地的深情》（李明）/幸存者的职责——《大地的深情》观后（华铭）/一片深情怀大地——访欧阳兰的扮演者肖雄（荣贵、佩弓）

该著为总结根据作家孟伟哉小说《一座雕像的诞生》改编的电视剧《大地的深情》的成功与不足而编辑，对研究该小说的影视改编颇有参考价值。

（3）周晓明：《中国现代电影文学史（上）》

周晓明著，高等教育出版社 1985 年 3 月第 1 版。

周晓明，湖北监利人，华中师范大学教授，著有《中国现代电影文学史》《多源与多元：从中国留学生族到新月派》等。

全书约 258 千字，共 327 页，其目录如下：

序

导言//一、中国现代电影文学的性质与特征/二、中国现代电影文学的发展分期/三、中国现代电影文学在现代文学史中的地位

第一编　萌芽·生长·成熟——中国电影文学体裁的形成和发展

第一章　一种新兴的文学样式//一、孕育·形成/二、艰难的成长

第二章　一个新兴的文学门类//一、开花结果的日子/二、从自发到自为/三、人们不再另眼相看（电影文学发展的内在动因/电影文学地位的确立）

第二编　旧派与新派（1921—1931）

第三章　电影创作中的旧派//一、旧派的形成/二、旧派创作及其现实主义特征

第四章　电影创作中的新派//一、新派概观/二、洪深对现实主义传统的继承/三、欧阳予倩向现实主义的转变

第三编　左翼创作群（1932—1937）

第五章　左翼电影的崛起//一、在潮流中/二、两种文化的合流与左翼创作群的形成/三、左翼创作群的电影思想

第六章　创作趋向——面对整个社会//一、农村与农民/二、都市——多层面的解剖/三、妇女与社会/四、知识分子——一个不断分化的阶层/五、在民族矛盾上升的年代

第七章　理性—社会性：左翼创作群的基本美学特征//一、"意识"在左翼电影中的位置/二、社会整体性——左翼创作群的美学追求/三、社会分析性——左翼创作群的现实主义发展/四、失去平衡：形象与观念；个性与共性

该著为"中国电影艺术丛书"之一，从时代背景、政治情况、阶级斗争形势等复杂因素和实际情况出发，论述了中国电影文学的成就及缺陷，是中国第一部电影文学史。

（4）翁世荣：《电影文学的技巧》

翁世荣著，花城出版社 1985 年 3 月第 1 版。

翁世荣，江苏人，复旦大学教师。

全书约 90 千字，共 158 页，其目录如下：

一、画面艺术——电影基本语汇概述/二、目睹为快——电影文学要适应视觉形象的要求/三、五彩缤纷——电影文学题材析疑/四、瓶酒之探——电影文学容量简析/五、一、三、五、七——电影文学的结构和节奏/六、文野粗细——电影文学性浅见/七、青蓝之术——电影文学的改编/八、可歌可泣——历史题材影片管见/九、寓教于乐——喜剧

影片漫笔/一〇、扣人心弦——惊险样式影片初探/一一、别开生面——有关系列片的一些想法/一二、叶落归根——电影文学的民族风格/一三、继往开来——向中国电影传统学习

该著为"写作自学丛书"之一，结合电影文学的特点要求阐述了电影文学的具体写作法则和技巧。

（5）翁慕、杨文虎：《电视剧编剧常识》

翁慕、杨文虎编著，花城出版社1985年5月第1版。

翁慕，大学教师。

全书约120千字，共190页，其目录如下：

前言　风靡世界的电视剧

第一章　电视剧——最年轻的艺术//电视艺术的物质基础/从丑小鸭成了一只白天鹅/方兴未艾的艺苑新花

第二章　电视文学的特性//电视文学和一般文学的区别/寸有所长 尺有所短/电视文学的电视性和文学性

第三章　电视文学的题材//适应于外和受制于内/这里有矿藏，请别忘记在这里开发/恒久如新的老调常谈：寓教于乐

第四章　电视文学的结构//各司其职，分工不分家/扣人心弦和浓淡相映

第五章　电视文学的语言//历历如在眼前/声口如闻 活现其人/由特短转化而来的特长

第六章　电视小品//电视屏幕上的"杂文"/启人以思，晓之以理/生活的"放大镜"

第七章　电视报道剧和电视报告文学//这里禁止虚构/在生活真实的土壤上深耕/对生活作出迅捷的反映

第八章　电视连续剧和电视系列剧//屏幕艺术的"巨人"/"金属锁链"和"冰糖葫芦"/他山之石，可以攻玉

第九章　电视文学的改编//电视文学的改编：无所不能/"门当户对"/立主脑 减头绪 再创造

该著为"写作自学丛书"之一，从特征、题材、结构、语言、类别和改编等维度全面探究了电视剧的发展规律，介绍了电视剧创作的基本常识。

（6）金山：《红色风暴——从舞台到银幕》

金山著，上海文艺出版社1985年12月第1版。

金山，生于江苏苏州，祖籍湖南沅陵，主演过《狂欢之夜》《夜半歌声》，导演了《松花江上》《文成公主》等电影。

全书约152千字，共208页，其目录如下：

红色风暴（话剧剧本）

生活·艺术·真实

风暴（电影文学剧本）

《红色风暴》从舞台到银幕

编后记/黄维钧

该著收有金山的话剧剧本、电影文学剧本以及相关表导演方面的经验文章，对研究该话剧的影视改编颇有参考价值。

1986 年

（1）高鑫：《电视剧创作概论》

高鑫著，北京十月文艺出版社1986年1月第1版。

高鑫，原籍河北高阳，中国传媒大学教授，著有《电视剧创作概论》《电视剧探索》《电视艺术学》等。

全书约195千字，共277页，其目录如下：

序/陈荒煤

第一章　电视剧的历程//第一节 什么是电视剧/第二节 电视剧对戏剧艺术的继承/第三节 电视剧对电影技术的借鉴/第四节 电视剧是独立的新兴艺术/第五节 我国电视剧的飞速崛起

第二章　电视剧的特征/第一节 电视剧的技术特征/第二节 电视剧的观赏特征/第三节 电视剧的艺术特征/第四节 电视剧的文学特征/第五节 电视剧特征的完善和发展

第三章　电视剧的类别//第一节 传播方式分类法/第二节 作品题材分类法

该著在勾勒电视剧发展历程的基础上，从特征、类别、题材、主题、人物、冲突、情节、结构、语言、风格等维度探究了电视剧的发展规律，总结了电视剧的创作经验。

（2）陕西人民出版社：《小说·诗·影视》

陕西人民出版社编，陕西人民出版社 1986 年 2 月第 1 版。

全书约 372 千字，共 550 页，其目录如下：

人生（路遥）/附：第二次征服（肖云儒）

五角树（王吉星、张子良、屈启法）/附：再创造（曹笛）

没有航标的河流（叶蔚林）/附：谈谈《航标》的改编（肖云儒）

哟，经理（滕文骥）/附：点燃人们心中改革之火（王愚）

一个和八个（张子良、王吉星）/附：忠实原作 有所创造（王忠全）

喜鹊泪（王吉星、王宝成、张子良）/附：漫谈《喜鹊泪》的电视剧改编（李星）

长城魂（张子良、王吉星）/附：绘战士形象 歌民族风骨（李健民）

该著收有根据当代小说、诗歌改编的影视文学剧本，对每部电影和电视剧均有一篇评论文章论及文学的影视改编问题，颇有参考价值。

（3）荒煤：《中国电影文学论文选（上）》

荒煤主编，北岳文艺出版社 1986 年 5 月第 1 版。

荒煤，湖北襄阳人，著有《忧郁的歌》《长江上》《在教学里唱歌》《解放集》《回顾与探索》《探索与创新》等。

全书约 260 千字，共 327 页，其目录如下：

序（荒煤）/体验生活、思想改造和创作实践（茅盾）/电影剧本为什么会太长（张骏祥）/电影剧本的创作问题（柯灵）/电影的特殊表现手段（张骏祥）/生活、技巧、领导——关于艺术特征的问题（袁文殊）/电影文学剧本创作的特征（荒煤）/写电影剧本的几个问题（夏衍）/电影剧本的特点（柯灵）/谈电影剧本创作中的三个问题（张骏祥）/在银幕上歌颂共产主义新人（林杉）/本末——文学创作的共同性和电影文学的特殊性（于敏）/关于创造人物的几个问题——《在延安文艺座谈会上的讲话》学习笔记（荒煤）

该著为"电影艺术丛书"之一，着重于研究电影文学特性，总结文学作品改编电影剧本有关的理论和经验、探讨电影观念本性，评价新时期电影文学创作。

（4）路海波：《电视剧编剧技巧》

路海波著，南开大学出版社 1986 年 7 月第 1 版。

路海波，祖籍江苏淮安，中央戏剧学院教授，著有《电视剧编剧技巧》《话剧艺术概论》《戏剧管理》等。

全书约 196 千字，共 236 页，其目录如下：

引言

第一章　电视剧与话剧、电影的关系//第一节 电视剧与话剧/第二节电视剧与电影/第三节 处于"边缘地位"的电视剧——"二十世纪最新的艺术体裁之一"

第二章　电视剧的基本表现手段与方法//第一节 电视摄像机镜头的基本功能/第二节 动作、运动的画面和剪辑/第三节 电视屏幕画面的可见元素/第四节 蒙太奇手法及其作用/第五节 电视剧的表现手段与剧本写作的关系

第三章　电视剧本的特点及其编剧技巧//第一节 为屏幕而写剧本/第二节 主题——应该知道自己"说的是什么"/第三节 电视剧的情节特点/第四节 写好电视剧的人物/第五节 场面转换的基本方法/第六节 写好电视剧的悬念/第七节 声音的独特作用

第四章　电视剧本中时空与色彩、音响的综合处理方式//第一节 时空——电视剧存在的基本形式/第二节 色彩与时空/第三节 音响与时空

第五章　电视剧本的不同风格类型及其特点/第一节 按结构形式划分/第二节 按表现内容划分

第六章　展望电影"新观念"对电视剧写作的影响/第一节电影"新观念"略说/第二节 展望电影"新观念"对电视剧写作的影响

该著在从探讨电视剧的一般特性和内部规律的基础上，比较分析电视剧与小说、诗歌、话剧、电影等在艺术特性方面的异同，论说电视剧的样式、类型及其特点外和具体剧作技巧。

（5）中国电视艺术家协会北京分会：《〈四世同堂〉电视剧讨论会文集》

中国电视艺术家协会北京分会编，中国文联出版公司1986年9月第1版。

全书约163千字，共257页，其目录如下：

出版说明/序（胡絜青）/从电视剧《四世同堂》热潮中想到的（赵寻、咸方）/民族灵魂的纪念碑——看电视剧和读小说《四世同堂》的札记（蓝翎）/雅俗共赏非小事——谈电视剧《四世同堂》的成就与不足（钟艺兵）/抗战时期沦陷区历史的一面明镜——谈电视剧《四世同堂》的时代精神（成志伟）/论《四世同堂》（绍武、会林）/思想深度、民族化与戏剧性——从电视剧《四世同堂》获得的几点启示

（谭霈生）/迷人之谜（舒乙）/论电视剧《四世同堂》艺术上的得失（蔡骧）/老舍风格的执著追求——评电视剧《四世同堂》（高鑫）/小胡同，大工程——电视剧《四世同堂》为什么能拨动亿万观众的心弦（王云缦）/改编应谨防政治功利主义——从电视剧《四世同堂》"加红线"谈起（沈卫星）/电视剧《四世同堂》改编中的人物形象结构分析（贺绍俊）/电视剧《四世同堂》中的祁老爷子——记邵华同志（辛述威）/心得与教训——改编《四世同堂》的体会（李翔）/深沉凝重的爱国篇章（张永经）/《四世同堂》播出的前前后（赵正晶）/综合艺术的光彩——电视连续剧《四世同堂》创作工作回顾（徐宏）/后记

　　该著从不同角度和侧面总结和评论了根据老舍长篇小说《四世同堂》改编的同名电视剧的创作经验和艺术得失，探讨了电视剧的民族化和文学名著如何改编的问题。

（6）中国电影艺术编辑室：《话说〈黄土地〉》

　　中国电影艺术编辑室选编，中国电影出版社 1986 年 10 月第 1 版。

　　全书约 255 千字，共 315 页，其目录如下：

　　第五届金鸡奖评委会部分评委关于影片《黄土地》的发言摘录/《黄土地》随想曲（郑洞天）/《黄土地》给我们带来什么？（李陀）/关于这个民族的诗——谈影片《黄土地》（赵园）/起跳的高度（倪震）/《黄土地》立意与内容表现的脱节（谭敏）/《黄土地》的情绪结构——兼议该片的现代民族意识（韩小磊）/黄土下面是清泉（叶言材）/谈《黄土地》的概括性电影形象——在"青年导演摄影影片研讨会"上的发言（孔都）/不要忘记电影特点和群众——观影片《黄土地》有感（成志伟）/一部新观念的电影——评影片《黄土地》（张成珊）/从蓝花花式的故事到对民族性的反思——《黄土地》审美价值浅探（李超）/《黄土地》直感与联想（罗卡[香港]）/出"手"不凡——《黄土地》感言（王忠明）/发现生活与发展艺术个性——在"青年导演摄影影片研讨会"上的发言（余倩）/把握与超越——看影片《黄土地》（彭加瑾）/沉沉的《黄土地》（王得后）/《黄土地》如是观（郝大铮）/电影探索中的形式美感问题——兼评影片《黄土地》（丁道希）/《黄土地》视觉造型语言的成败（郑国恩）/为我所用便是新——看影片《黄土

地》的一点感受（晋生）/走出理性化的美学圣殿——兼论《黄土地》（王石）/我看《黄土地》（童道明）/这里是新世界——《黄土地》之我见（陈迈平）/试论《黄土地》的创新得失与主客体的同一和差异（李光一、唐明生、顾云卿）/《黄土地》——成熟的标志（周传基）/意存笔先 画尽意在——《黄土地》写意得失谈（孟红梅）/三个层面——谈《黄土地》（叶小楠）/《黄土地》的艺术个性（黄健中）/《黄土地》——创新篇（章柏青）/中国电影的新视角——论《黄土地》及其他（陈犀禾）/话说《黄土地》（邵牧君）/附录//怀着深挚的赤子之爱——陈凯歌谈《黄土地》导演体会/我拍《黄土地》——张艺谋谈《黄土地》摄影体会/《黄土地》美术设计的设想（何群）/香港：《黄土地》冲击波

　　该著为"新片探索与争鸣丛书"之一，涉及影片的主题、立意、风格、电影语言的运用以及具体的艺术处理等各个方面，颇有参考价值。

（7）中国电影出版社：《似水流年——从剧本到影片》

　　中国电影出版社编，中国电影出版社 1986 年 10 月第 1 版。

　　全书约 200 千字，共 376 页，其目录如下：

似水流年（电影文学剧本）/似水流年（中英文对白本）/生活与技巧的体验（孔良）/举头望明月——读电影文学剧本《纸蝴蝶》（黎苍）/现代艺术和中国传统美学思想的接合——谈孔良剧作及影片《似水流年（周承人）/生命的组曲（严浩）/文章本来辛苦事——严浩谈《似水流年》（访问：李焯桃 整理：聂奔）/严浩接受港台访问谈《似水流年》——在生活中探索中国人的感情）/《似水流年》的意念和取向——与导演严浩一席谈（记录：钟吉照）/"生活，是怎样过的？"——与严浩谈《似水流年》（陈志城）/严浩谈《似水流年》（阿章）/淡妆浓抹总相宜——拟关于《似水流年》导演艺术风格的对话（郑洞天）/我扮演《似水流年》中的阿珍（斯琴高娃）/成熟、智慧、美的结晶（唐乙风）/有血有肉的演员（刘美梅）/"阿珍"获奖（刘志清）/姗姗来迟的"姗姗"——小记顾美华怎样踏足星河（辛亚旺）/从厨房里升起的新星——访《似水流年》女主角之一顾美华（陈诗信）/平淡如水 清新脱俗——谈香港女演员顾美华的表演（白如水）/行云流水 淡中见情——谈《似水流年》的演员表演（钱学格）/味道·富色彩——电影

《似水流年》座谈会/真实的生活组曲，淡雅的人生图画——杰出影片《似水流年》评介（余慕云）/死生忧患的交响乐章（罗健明）/似水流年（石琪）/沈鉴治看《似水流年》）/看《似水流年》随感（李翰祥）/《似水流年》契机（金炳兴）/从《似水流年》看严浩眼中的生命（梁冠丽）/值得细细咀嚼——《似水流年》观感（二城）/《似水流年》格调高尚，平实感人（西门逸）/《似水流年》艺术佳作（昆南）/《似水流年》和它的主题曲（梁安琪）/《似水流年》乡土之情难忘（辛竹）/爬老树儿时可再 放纸蝶似水流年（凡夫）/《似水流年》有不足处（白扉）/一首生活怨曲《似水流年》（安坦）/水性难移（昌明）/恬淡渐世情（陈辉扬）/一个艺术家的真正成长（黄苍）/《似水流年》严浩的无常观（王浩钧）/无可奈何谈生死（陈宛求）/《似水流年》观感（马诺林）/一首淡泊的故事诗（阿贤）/《似水流年》的手法与风格（有木）/渡口·老树·纸蝴蝶——再谈《似水流年》（白扉）/《似水流年》——一部难得的文艺片（李默）/重评《似水流年》（陈辉扬）/《似水流年》的淡淡情怀（韦一峰）/《似水流年》献上一份诚意，淡如喝开水却值得一喝！（郭如）/两点保留（林离）/《似水流年》的视点和意象（倪震）/淡而有味——影片《似水流年》观后（蔡师勇）/民族化与现代感——《似水流年》观后感（张奥列）/浅谈《似水流年》（肖尔斯）/悠悠思乡曲——评影片《似水流年》（沈欣）/空中飘飞的纸蝴蝶——《似水流年》的感叹（刘牛）/回味与思索——电影《似水流年》小议（潘伟民）/乡情·旧梦·纸蝴蝶——观香港影片《似水流年》（郭踪）/《似水流年》的诗情（王业群）/一部使人惊异的港片（李元华）/银幕上下皆生辉——访香港著名演员、制片家夏梦（陈诗信）/世界罕见的《似水流年》（［美］朱迪·斯通）/《似水流年》——标志严浩心在家乡而观察客观（［英］泰勒·博斯）

该著为"中国影片研究丛书"之一，为了总结电影《似水流年》的成功与不足而编辑，对研究该剧本的影视改编颇有参考价值。

(8) 中国电影出版社：《人到中年——从小说到电影》

中国电影出版社编，中国电影出版社 1986 年 10 月第 1 版。

全书约 368 千字，共 453 页，其目录如下：

人到中年（电影文学剧本）（谌容）/人到中年（电影分镜头剧本）

（孙羽）／"门外人"的心里话（谌容）／文章千秋事 得失寸心知——《人到中年》导演札记（孙羽）／陆文婷银幕形象的体现（潘虹）／我和傅家杰——一次创作的回顾（达式常）／扮演刘学尧的点滴体会（郑乾龙）／我演张大爷（张冲霄）／塑造典型环境 镂刻真实细节——《人到中年》美术设计得失谈（高廷伦）／从《人到中年》人物服装造型中得到的启示（曹旭华）／《人到中年》道具的处理（赵笑磊）／感谢生活的馈赠——剪辑《人到中年》的体会（杨幸媛）／为中年人谱写乐章（吴大明）／《人到中年》的文学形象与银幕形象（宋江波）／漫谈《人到中年》的悲剧美（薛纯华）／艺术对生活的思考——论陆文婷银幕形象的典型性及其审美价值（黄式宪）／从文学典型到银幕典型——陆文婷和"马列主义老太太"从小说到电影的比较研究（陈剑雨）／改编贵在创造——兼评影片《人到中年》的改编（王忠全）／深切动人的奋斗者之歌——影片《人到中年》观后（刘再复）／真切动人的影片《人到中年》（东进生）／艰难困苦，玉汝于成——漫谈影片《人到中年》（段更新）／一股活生生的激流——《人到中年》的艺术感染力量（王云缦）／潘虹的陆文婷（倪震）／她，就是陆文婷——谈影片《人到中年》里潘虹的表演（钱学格）／她安静得像一滴水——谈潘虹在影片《人到中年》里的人物塑造（珉江）／开放的、自发性的体验——《人到中年》表演艺术二题（张仲年）／潘虹的陆文婷形象创造——两个表演教师的对话（胡导、项奇）／音乐流自他的心灵深处——漫话《人到中年》的音乐（王静毅）／一部有严重缺陷的影片——评电影《人到中年》（许春樵）／为电影《人到中年》辩——对《一部有严重缺陷的影片》的反批评（阎纲／附录）／／《人到中年》异军突起（文摘）（陈剑雨、张明堂）／怎样评价电影《人到中年》

该著为"中国影片研究丛书"之一，为了总结根据当代女作家谌容同名小说改编的电影《人到中年》的成功与不足而编辑，对研究该小说的影视改编颇有参考价值。

（9）古华、陈敦德：《从小说到电影》

古华、陈敦德著，群众出版社1986年10月第1版。

古华，湖南嘉禾人，电影编剧、作家，原湖南作协副主席，著有《山川呼啸》《芙蓉镇》《爬满青藤的木屋》等。

全书约 381 千字，共 490 页，其目录如下：

从小说到电影的缘分谈起（代序）（冯牧）

蒲叶溪磨坊（古华）

老板哥和电妹子（陈敦德、古华）

爬满青藤的木屋（古华）

爬满青藤的木屋（陈敦德、古华）

芙蓉镇（古华）

芙蓉镇（陈敦德、古华）

该著为"啄木鸟文丛"之一，收有古华的小说原作与根据古华小说改编的电影文学剧本，对于研究古华小说创作及其电影改编具有重要的参考价值。

(10)［美］加尔文·斯卡格斯：《世界上最伟大的人——从小说到电视剧》

［美］加尔文·斯卡格斯编，中国戏剧出版社 1986 年 10 月第 1 版。

［美］加尔文·斯卡格斯，美国著名文学教授。

全书约 302 千字，共 523 页，其目录如下：

序言（加尔文·斯卡格斯）//拉帕其尼的女儿（电视剧选场）（赫伯特·哈蒂格改编）/拉帕其尼的女儿（小说）（纳撒尼尔·霍桑著）/败坏了赫德莱堡的人（电视剧）（马克·哈利斯改编）/败坏了赫德莱堡的人（小说）（马克·吐温著）

马克·哈利斯访问记//保罗事件（电视剧选场）（朗·考温改编）/保罗事件（小说）（薇拉·卡瑟著）/金婚蜜月（电视剧选场）（弗里德里克·亨特改编）/金婚蜜月（小说）（林·拉德纳著）/维瑟劳尔老奶奶惨遭遗弃（电视剧选场）（科林纳·杰克尔 改编）/维瑟劳尔老奶奶惨遭遗弃（小说）（凯瑟琳·安妮·波特著）

科林纳·杰克尔访问记//世界上最伟大的人（电视剧）（杰夫·旺谢尔 改编）/世界上最伟大的人（小说）（詹姆斯·瑟伯 著）/火烧牲口棚（电视剧选场）（赫登·福特 改编）/火烧牲口棚（小说）（威廉·福克纳著）/天是灰色的（电视剧选场）（查尔斯·富勒 改编）/天是灰色的（小说）（欧耐斯特·盖恩斯著）

查尔斯·富勒访问记

该著为"外国电视剧研究丛书"之一，收集了8部根据小说改编的电视剧及其小说作品，在构思处理上均有自己的特色，有利于对外国电视剧的小说改编予以深入研究。

（11）刘建勋、刘剑锋、鲁原：《中国当代影视文学》

刘建勋、刘剑锋、鲁原主编，广西人民出版社1986年11月第1版。

刘建勋，广西大学中文系教师。

全书约385千字，共542页，其目录如下：

第一部分 建国初期的电影文学//一、电影文学的历史回顾与电影工作者的会师/二、建国初期电影文学创作概述/三、《武训传》的讨论及对其他影片的批评/四、一九五六年的"电影锣鼓"/五、张骏祥的电影创作理论与批评/六、新中国电影文学的"片头"之作/七、《渡江侦察记》《平原游击队》等剧作/八、《董存瑞》《上甘岭》等剧作/九、历史题材和名著改编的电影剧作/十、风格多样化的电影剧本的产生

第二部分 探索中前进的电影文学//一、一九五七至一九六六年的电影文学概述/二、电影界反右和电影"大跃进"/三、提高艺术质量的要求和"新片展览月"/四、艰难探索中前进的电影理论批评/五、故事片创作会议和艺术创新的讨论/六、关于反映阶级斗争和电影界的大批判/七、夏衍的电影文学理论和实践/八、人民革命斗争的历史画卷/九、吴琼花等革命战士形象的成功塑造/十、民族风格的初步探索/十一、《林则徐》等历史题材作品的新突破/十二、农村题材的作品和李准的电影文学创作/十三、《农奴》等表现兄弟民族生活的作品/十四、《五朵金花》等喜剧性电影剧作/十五、题材风格多样化的新尝试

第三部分 "文艺凋零期"的电影文学//一、"凋零期"的电影界和电影文学创作/二、围绕《创业》《海霞》所展开的斗争/三、《闪闪的红星》等电影剧作

第四部分 新时期的电影文学//一、新时期电影文学概观/二、电影界的拨乱反正和第二次影代会/三、调整党的文艺政策，改善党对电影的领导/四、陈荒煤的电影文学理论著述/五、复苏期的电影文学创作/六、反映现实生活作品的新追求/七、展示历史风貌的电影文学作品/八、优秀小

说改编的电影文学剧本

第五部分 我国的电视文学//一、电视文学发展的历史概述/ 二、电视文学优秀作品分析/ 三、关于电视文学深度的几个问题

[附录一] //建国以来故事片编目

[附录二] //我国电视文学剧本目录

后记

该著对我国当代电影电视文学发展的历史进行了总结，理出其历史脉络，探究其发展规律，总结其创作经验，探索其成败得失，从中吸取经验和滋养，以促进电影文学创作的进一步繁荣。

（12）许南明：《电影艺术词典》

许南明主编，中国电影出版社 1986 年 12 月第 1 版，2005 年 12 月修订版。

许南明，广东普宁人，电影评论家，中国电影出版社社长兼总编辑，著有《影视偶记》，主编《电影艺术词典》。

全书约 800 千字，共 562 页，其目录如下：

总论

电影理论

类别与流派

电影编剧

电影导演

电影表演

电影摄影

电影美术

电影音乐

电影录音

电影剪辑

动画电影

电影管理

该著在总论的基础上，将电影艺术知识分为 12 类，以此结构框架设置词条和分目诠释，汇集了迄今为止电影艺术研究的成果，反映了电影艺术研究的理论水平。

1987 年

（1）周晓明：《中国现代电影文学史（下）》

周晓明著，高等教育出版社 1987 年 3 月第 1 版。

全书约 270 千字，共 340 页，其目录如下：

第四编　抗战电影流（1937—1945）

第八章　战时电影运动和思潮//一、从民主主义到民族主义/二、国统区的电影运动/三、重庆时期的电影理论和思潮/四、孤岛电影及批评

第九章　主流——向现实和历史延伸//一、民众与民族战争/二、历史与讽喻

第五编　战后现实主义新潮（1946—1949）

第十章　战后民主电影运动与现实主义新潮//一、影界的反动与逆境/二、"最艰险的一战"——新的奋斗和运动/三、新潮聚流

第十一章　电影思潮的新发展//一、《讲话》精神与"为人民"电影思想的勃兴/二、不断深化的现实主义要求/三、战斗与批判

第十二章　几个基本性主题//一、把善与恶罗列出来/二、战争与人/三、行将崩溃的社会/四、灵魂的痛苦和孤寂

第十三章　新潮电影的史诗风格//一、中国文学和电影中的史诗传统/二、战后现实主义的深化与史诗风格的形成/三、特征Ⅰ：外观世界的客观整一与完满生动/四、特征Ⅱ：内心世界的主观真实与心理深度

第十四章　战后电影的悲剧艺术//一、悲剧对象：历史巨变中普通人的生活和命运/二、历史的悲剧性与艺术的悲剧内容/三、战后电影悲剧的"性"与"型"/四、战后电影悲剧的结构/五、战后电影悲剧的进展方式

后记

该著为"中国电影艺术丛书"之一，从时代背景、政治情况、阶级斗争形势等复杂因素和实际情况出发，论述了中国电影文学的成就及缺陷，是中国第一部电影文学史。

百年中国影视文学改编研究书目引论

（2）中国电影出版社：《电影评论选（故事片·1981）》

中国电影出版社编，中国电影出版社 1987 年 3 月第 1 版。

全书约 310 千字，共 391 页，其目录如下：

出版说明／漫话 1981 年的电影创新（郑伯农）／读新片《伤逝》和《药》并泛论电影（钟惦棐）／影片《伤逝》的艺术风格（艺军）／电影《伤逝》评析（桑逢康）／因《药》的改编而想到的（王得后）／电影《阿 Q 正传》观后（吴中杰）／这个阿 Q 的银幕形象——看上影拍摄的《阿 Q 正传》（王得后）／《子夜》从小说到电影（李振潼）／从几个次要人物的改动谈《子夜》的改编（王志超）／大气磅礴的史诗式影片——评《南昌起义》（思忖）／影片《南昌起义》的探索和突破（阿过）／如实描写无讳饰——影片《南昌起义》的成就杂谈（史超）／重大的突破和明显的局限——评影片《西安事变》（艺军）／革命历史电影创作的新突破——评影片《西安事变》（许南明）／《西安事变》的明显不足（薛赐夫）／新的开拓　新的突破——评《西安事变》中蒋介石形象的塑造（顾象贤）／一部深刻的喜剧——评影片《月亮湾的笑声》（梅朵）／评影片《喜盈门》（袁文殊）／喜看新风盈门——彩色故事片《喜盈门》观后（张明堂）／喜听来自农村的笑声——评影片《月亮湾的笑声》《喜盈门》和《车水马龙》（王世桢）／一次很有价值的探索——漫评影片《沙鸥》的编导艺术（蔡师勇）／《沙鸥》的美中不足（耀先）／典型应当是特定的——影片《沙鸥》异议（成无功）／为沙鸥形象的典型性一辩（刘士杰、刘叔明）／乡情浓似桂花酒——影片《乡情》欣赏札记（高歌今）／诗情画意话《乡情》（许南明）／影片《乡情》得失谈（晓文）／一次值得研究的尝试——谈影片《许茂和他的女儿们》的改编（谭洛非）／评影片《陈毅市长》思想艺术上的成就（陈恭敏）／浓笔重彩塑陈总——评故事片《陈毅市长》（张仲年）／《邻居》的胆识与诗情（许南明）／银幕的新生面　境界的新开拓——论影片《邻居》的美学意义（王忠全）／不该"遗忘""角落"——看《被爱情遗忘的角落》有感（成谷）／《被爱情遗忘的角落》四题（邵牧君）／关于评论《知音》的评论（杜晓庄）／也谈《知音》（周骞）／小凤仙的风波（广冰）／罗婕的爱神及其社会命运——关于《潜网》的思考（富澜）／在感到"朦胧"之后——关于影片《苏醒》的一封信（丁言）/探索与迷惘——浅议《苏醒》（陈光忠）/通过动作刻划人物——谈影片《路漫漫》的人物塑造（金栋贤）/《小街》新在哪里？（老兵）/试论《小街》的艺术探索（张仲年）/历史的和艺术的要求——从《毕升》等三部影片谈起（裴龙）

该著系1981年部分国产故事片评论，探讨性地评析了几十部影片的思想艺术特色，既有纵览该年度影坛创新得失的综评专论，亦有横剖具体影片、掘幽发微的短议枝谈。

（3）中国电影出版社：《电影评论选（故事片·1982）》

中国电影出版社编，中国电影出版社1987年4月第1版。

全书约241千字，共308页，其目录如下：

出版说明/82年电影面面观（马德波）/试谈1982年故事片的缺点和不足（李兴叶）/儿童生活描绘的新进展——看1982年描绘儿童的影片（秦裕权）/与众不同——说说影片《骆驼祥子》的艺术得失（王行之）/略论虎妞形象的再创造——骆驼祥子观后（李希凡）/电影《骆驼祥子》改编得失谈（王云缦）/《骆驼祥子》从小说到银幕——小议"虎妞"形象的塑造（陈同方）/《茶馆》——从话剧到电影（钟灵）/银幕上的《茶馆》（叶家铮）/应该让《茶馆》的原结尾与观众见面（李振潼、冉忆桥）/眼泪化成彩虹和诗篇——评影片《牧马人》的思想意义（史中兴）/电影《牧马人》笔记（钟惦棐）/为什么感人不深——谈影片《牧马人》的不足（王忠全）/也谈《牧马人》的不足（许朋乐）/墨彩腾奋 意气骏爽——试论郭偏子的形象塑造（孟健）/寄至味于淡泊——《城南旧事》学习笔记（王砚缙）/"半片荷叶见真情"——《城南旧事》艺术谈（何孔周）/谈谈影片《城南旧事》的改编（陆士清）/"虚实相生，无画处皆成妙境"——《城南旧事》艺术特色枝谈（陈玉通）/《城南旧事》四题（沈耀庭）/关于《如意》的得失（郑伯农）/评影片《如意》（丹晨）/艺术对生活的思考——论陆文婷银幕形象的典型性及其审美价值（黄式宪）/从文学典型到银幕典型——陆文婷和"马列主义老太太"从小说到电影的比较研究（陈剑雨）/真切动人的影片《人到中年》（东进生）/漫谈《人到中年》的悲剧美（薛纯华）/历史见证 棋局未终（荒煤）/"一盘围棋"两种情绪（袁文殊）/中日友好之棋永不会终局——看影片《一盘没有下完的棋》（苏叔阳）/诗电影与《飞来的仙鹤》（武兆强）/母亲的呼唤——评《飞来的仙鹤》（赵葆华）/可喜的第一部——《陌生的朋友》观后简析（梁晓声）/道德的不灭光焰和美——评影片《勿忘我》（张万晨）/《勿忘我》质疑（思永）/天山一曲撼人心——评影片《天山行》（宋绍明）/赏心悦目的《笔中情》（吴祖光）/绚丽的花朵在我们眼前展现——喜看《泉水叮咚》（叶楠）/闪光的新一代——《闪光的彩球》观后（汤世英）/《泉水叮咚》欣赏二题（陈同艺）/闪光耀彩的当家人——评《内当家》中李秋兰形象的塑造（于勤）/略论《内当家》在艺术表现上的分寸（邹嘉仁）/知否，知否，美在心灵深处——影片《心灵深处》的启示（杨志杰）/劳动者历劫不磨的人情美——略谈电影《张铁匠的罗曼史》的艺术得失（黄式宪）/从《梨园传奇》谈"乡土电影"（季元龙）

该著选编了 1982 年部分国产故事片评论，剖析了一些优秀影片的思想艺术特色和存在的问题，有利于影视研究和欣赏能力的提升。

（4）荒煤：《中国电影文学论文选（下）》

荒煤主编，北岳文艺出版社 1987 年 5 月第 1 版。

全书约 327 千字，共 443 页，其目录如下：

在全国故事片创作会议上的讲话（周扬）/《1982 年电影美学》序（周扬）/尊重历史重视细节 用发展的观点表现革命历史（夏衍）/用电影表现手段完成的文学（张骏祥）/从电影的结构形式谈电影创作的借鉴与创新（林杉）/谈谈农村题材的创作（荒煤）/论感性（钟惦棐）/未完成的作业（于敏）/电影剧作与电影造型艺术（沈嵩生）/电影的诗魂（毛莉莲）/电影中的人性与人情（陈剑雨）/感情在电影创作中的意义和作用（赵成）/论电影人物形象的塑造（李少白）/谈电影中的性格塑造问题（谭霈生）/加强电影艺术的道德教育力量（荒煤）/以情动人 以情传神（鲁勒）/谈文艺的社会作用（李准）/人·命运·心灵（王愿坚）/人·人性·人情（王愿坚）/由衷的、有感而发的歌唱（白桦）/关于《天云山传奇》（鲁彦周）/由生活走向创作（辛显令）/感受和探索（张弦）/一管之见（陆柱国）/关于电影文学剧本的几个问题（苏叔阳）/我的电影文学观（叶楠）/我对电影的思考（黄宗江）/让生活的"天足"迈进银幕（张天民）/关于《寒夜》的

谈话（荒煤）/《被爱情遗忘的角落》改编漫谈（张弦）

该著为"电影艺术丛书"之一，着重于研究电影文学特性，总结文学作品改编电影剧本有关的理论和经验、探讨电影观念本性，评价新时期电影文学创作。

（5）大勤、晓颂：《荧屏红楼——电视连续剧〈红楼梦〉主要人物、演员及故事介绍》

大勤、晓颂编，华岳文艺出版社1987年6月第1版。
大勤，编辑；晓颂，编辑。
全书约103千字，共193页，其目录如下：
前言
电视连续剧《红楼梦》一二三（戴临风）
感谢你们，《红楼梦》的热心人（阮若琳）

电视连续剧《红楼梦》主要演员介绍

电视连续剧《红楼梦》故事介绍//第一集 林黛玉别父进京都/第二集 宝黛钗初会荣庆堂/第三集 刘姥姥一进荣国府/第四集 探宝钗黛玉半含酸/第五集 王熙凤毒设相思局/第六集 王熙凤协理宁国府/第七集 大观园试才题对额/第八集 荣国府归省庆元宵/第九集 意绵绵静日玉生香/第十集 听曲文宝玉悟禅机/第十一集 为争宠姐弟遭魔魇/第十二集 埋香冢飞燕泣残红/第十三集 享福人福深还祷福/第十四集 含耻辱情烈死金钏/第十五集 弄唇舌宝玉遭笞挞/第十六集 刘姥姥喜游大观园/第十七集 变生不测凤姐泼醋/第十八集 鸳鸯女誓绝鸳鸯偶/第十九集 琉璃世界白雪红梅/第二十集 勇晴雯病补雀金裘/第二十一集 荣国府元宵开夜宴/第二十二集 判冤决狱平儿行权/第二十三集 慧紫鹃情辞试莽玉/第二十四集 寿怡红群芳开夜宴/第二十五集 贾二舍偷娶尤二姐/第二十六集 酸凤姐大闹宁国府/第二十七集 嫌隙人有心生嫌隙/第二十八集 开夜宴异兆发悲音/第二十九集 痴公子杜撰芙蓉诔/第三十集 大观园诸芳流散/第三十一集 家宅乱误窃通灵/第三十二集 伤别离探春远嫁/第三十三集 惊噩耗黛玉归魂/第三十四集 强英雄凤姐知命/第三十五集 大厦倾公府末路/第三十六集 白茫茫厚地高天

后记（王扶林）

该著收集了根据曹雪芹长篇小说《红楼梦》改编的同名电视连续剧的故事，相关文章就电视连续剧《红楼梦》主要人物、演员予以了介绍，是研究小说《红楼梦》影视改编的重要资料汇编。

（6）周雷 刘耕路 周岭：《红楼入门——小说、电视剧〈红楼梦〉常识手册》

周雷、刘耕路、周岭编，中国电影出版社1987年6月第1版。

周雷，文化学者、剧作家。刘耕路，著有《韩愈及其作品》《中国的诗词曲赋》等。周岭，北京大学歌剧研究院特聘教授。

全书约30千字，共40页，其目录如下：

《红楼梦》四大家族关系表（周雷）

《红楼梦》宁荣二府奴仆表（刘耕路）

电视剧《红楼梦》主要人物简介（周岭）

《红楼梦》职官典制简释（周岭）

《红楼梦》联语集译（刘耕路）

《红楼梦》小说回目·电视文学剧本集名·电视剧集名对照表（周岭）

《红楼梦》版本简表（刘耕路）

曹雪芹简介（刘耕路）

正定荣国府彩色鸟瞰图、平面图（杨乃济供稿）

北京大观园彩色鸟瞰图、平面图（杨乃济供稿）

正定荣国府、北京大观园简介

该著对曹雪芹长篇小说《红楼梦》以及据此改编的同名电视连续剧有关的知识予以简要介绍，是研究小说《红楼梦》及其影视改编的重要资料汇编。

（7）中国电影出版社：《血，总是热的——从剧本到影片》

中国电影出版社编，中国电影出版社1987年6月第1版。

全书约185千字，共314页，其目录如下：

血，总是热的（电影文学剧本）（宗福先、贺国甫）/血，总是热的（电影分镜头剧本）（文彦）/血，是怎样热起来的（宗福先、贺国甫）/在理想与现实之间（宗福先、贺国甫)／寓阳刚之气，求性格之美（唐挚）／一次有成效的创作高潮：访影片导演文彦（张翎）／谈谈罗心刚形象的塑造（杨在葆）／我演方瑛（金康宁）／《血，总是热的》摄影创作的得与失（汝水仁）／为改革者塑造典型环境——《血，总是热的》美术设计班底（邵瑞刚）／在挣脱"席勒化"的路上——评影片《血，总是热的》（雷达）／改革家的鲜明形象——评影片《血，总是热的》（许南明）／一部成功的政治电影（小谈）／时代的生活与情绪的历史——浅谈《血，总是热的》等影片的社会意义和形象塑造（李兴叶）／燃烧感情的艺术——评《血，总是热的》导演创作（王心语）／你的血也是热的——评杨在葆在《血，总是热的》的表演（佳明）／水不在深，有龙则灵——电影《血，总是热的》彼此谈（钟惦棐）／改革的希望在哪里——评《血，总是热的》（周谔）／影片《血，总是热的》笔谈（四篇）／仁人志士的正气（孟伟哉）／新人的颂歌（王维超）／一首音调激越的政治诗（吴福辉）／时代呼唤着电影工作者（李德润）／首钢职工眼中的影片《血，总是热的》（柏荫萱）

该著为"中国影片研究丛书"之一，为总结根据宗福先当代改革题材的同名话剧改编的电影《血，总是热的》的成功与不足而编辑，对研究该话剧的影视改编颇有参考价值。

（8）中国电影出版社：《丧失了名誉的卡塔琳娜·布卢姆》

中国电影出版社编，［德］海因里希·伯尔著，孙凤城、孙坤荣译，中国电影出版社 1987 年 6 月第 1 版。

海因里希·伯尔，德国作家。

全书约 110 千字，共 155 页，其目录如下：

丧失了名誉的卡塔琳娜·布卢姆（小说）（［联邦德国］海因里希·伯尔著，孙凤城、孙坤荣译）

丧失了名誉的卡塔琳娜·布卢姆（电影文学剧本）（［联邦德国］福·施隆多夫、玛·冯·特洛塔改编，郑华汉译）

附录／／故事和论述（［美国］威·马格莱塔、琼·马格莱塔著，陈梅译）

该著为"外国影片研究丛书"之一，收有小说原著和据此改编的同名电影剧本和若干剧照，由此可发现小说与剧本在主题、情节、人物和场景等方面的异同，可从实例中学习改编技巧。

（9）中国电影出版社：《牧马人——从小说到电影》

中国电影出版社编，中国电影出版社 1987 年 8 月第 1 版。

全书约 400 千字，共 504 页，其目录如下：

灵与肉（小说）（张贤亮）/牧马人（电影文学剧本）（李准）/牧马人（完成台本）（谢晋）/从库图佐夫的独眼和纳尔逊的断臂想起——《灵与肉》之外的话（张贤亮）/从《牧马人》想到的（李准）/当我拿到文学剧本之后（谢晋）/探索和追求——影片《牧马人》导演总结（《牧马人》导演组）/和许灵均的相识（朱时茂）/我一步步地走向秀芝（丛珊）/藉其识而发其所受 知其受而发其所识——谈《牧马人》的摄影（朱永德）/一部电影音乐的诞生——谈《牧马人》的音乐创作（黄准）/努力更上一层楼——剪辑《牧马人》的体会（周鼎文）/浅谈《牧马人》的美工（陈绍勉）/电影《牧马人》笔记（钟惦棐）/了然于心——看《牧马人》有感（王朝闻）/牧马人的灵与肉（张贤亮）/眼泪化成彩虹和诗篇——评影片《牧马人》的思想意义（史中兴）/电影美感·浪漫主义·结构——《牧马人》观后余想（戴捷）/心之声（杨世铎）/艺术的说服力——彩色故事影片《牧马人》观后（陆柱国）/思想·感情·形象——看电影《牧马人》断想（唐小丁）/深入开掘 刻意求工——评影片《牧马人》的改编和艺术特色（边蓉基）/电影改编的新收获——浅谈影片《牧马人》的改编艺术（兆龙、怀舜）/影片《牧马人》文学审美特征（闻启鸣、满凤桐）/于细腻处见功力（沈耀庭）/主人公艺术形象的塑造（胡德培）/真挚自然 动人心扉——谈丛珊塑造的李秀芝形象（青云）/郭𪩘子总是贡献美（任殷）/清新淡雅 朴质无华——评故事片《牧马人》的音乐（王云阶）/电影镜头的剧作家——评《牧马人》的剪辑艺术（张明堂）/为什么感人不深——谈影片《牧马人》的不足（王忠全）/也谈《牧马人》的不足（许朋乐）

该著为"中国影片研究丛书"之一，为总结根据张贤亮小说改编的电影《牧马人》的成功与不足而编辑，对研究该小说的影视改编颇有参考价值。

（10）中国电影出版社：《红衣少女——从小说到电影》

中国电影出版社编，中国电影出版社 1987 年 9 月第 1 版。

全书约 300 千字，共 463 页，其目录如下：

没有纽扣的红衬衫（小说）（铁凝）/穿红衬衫的少女（电影之学剧本）（陆小雅）/红衣少女（分镜头剧本）（陆小雅）/《红衣少女》导演阐述（陆小雅）/珍视自己心灵的财富（摘要）——《红衣少女》创作后所思所想（陆小雅）/《红衣少女》摄影阐述（谢二祥）/探索场景空间的真实（陈若刚）/找到符合人物心理活动及观众欣赏要求的剪辑节奏——《红衣少女》剪辑体会（袁方）/联想到艺术观念的问题（朱旭）/理解她 塑造她——扮演安然母亲的一点体会（王频）/我演韦婉——扮演韦婉的点滴体会（李岚）/希望在人间——安然和她的观众（郑洞天）/诗情的真与画意的美——影片《红衣少女》漫评（郭踪）/缩短差距的重要一步——谈影片《红衣少女》（倪震）/一语天然万古新——影片《红衣少女》的艺术特色（彭加瑾）/用真诚去发现真诚——谈《红衣少女》的改编（杨应章）/贵有灵犀一点通——《红衣少女》从小说到电影（任殴）/电影语言的失足——评《红衣少女》并列镜头的运用（聂欣如）/当代意识与银幕的凝聚力——《红衣少女》艺术启示录（黄式宪）/我爱《红衣少女》这部影片（白桦）/她在新生活与旧观念的抗争之间（唐非）/她像一只白鹤飞向天空——评影片《红衣少女》（梅朵）/创作需要真诚（马识途）/"真诚"触发的思考——影片《红衣少女》漫笔（曹文裕）/"我谁也不像，我就是我"——议《红衣少女》中的安然形象（王云缦）/韦婉形象得失探（顾建新）/韦婉——一个失真的银幕形象（顾耀佐）/第五届金鸡奖评委会部分评委的评论摘要/《红衣少女》在京座谈会发言摘要

该著为"中国影片研究丛书"之一，为总结根据铁凝小说《没有纽扣的红衬衫》改编的电影《红衣少女》的成功与不足而编辑，对研究该小说的影视改编颇有参考价值。

（11）中国电影艺术编辑室：《电影的文学性讨论文选》

中国电影艺术编辑室编选，中国电影出版社 1987 年 10 月第 1 版。

全书约240千字，共280页，其目录如下：

用电影表现手段完成的文学——在一次导演总结会议上的发言（张骏祥）/不要忘了文学（荒煤）/再谈电影文学与电影的文学价值——在第三届金鸡奖发奖大会学术讨论会上的发言（张骏祥）/电影的文学性与特性（张成珊）/谈电影的文学价值（舒晓鸣、文伦）/电影文学、电影艺术及电影的文学性（萧草）/"电影的文学价值"质疑——与张骏祥同志商榷（张卫）/也谈电影的文学价值（陈同艺）/电影文学与电影特性问题——兼与张骏祥同志商榷（郑雪来）/需要强调电影的文学价值（成德）/电影性、综合性（孟森辉）/关于电影文学的浅见（翁世荣）/关于电影的文学价值的思索（宋江波）/电影文学之我见（袁文殊）/电影文学要改弦更张（钟惦棐）/电影文学性漫谈（邱明正）/谈"电影的文学性"（张成珊）/电影的文学性和文学的电影性（余倩）/在探索中演变的我国电影观——从关于"文学价值"的讨论说起（马德波）/"电影作为文学"异议（王忠全）/从镜头的视角看电影的"文学性"（王心语）/电影剧作理论探讨（郑雪来）/电影文学和电影的文学性（叶楠）/电影、文学和电影文学（邵牧君）/也谈电影和电影文学（鲁勒）/电影与文学的交叉点和分歧点（张卫）/辩证地历史地看待电影和电影文学（李少白）

该著为"中国当代电影理论丛书"之二，从不同角度对电影的文学性和文学价值、电影文学与电影的关系等进行了深入探讨，有助于了解电影文学特性和掌握电影艺术规律。

（12）王白石、王文和：《当代中国电影评论选（上）》

王白石、王文和编选，中国广播电视出版社1987年12月第1版。

王白石，原名戴碧湘，四川安岳人。王文和，广西艺术学院音乐系教师。

全书约589千字，共307页，其目录如下：

要有这样的影评（代序）（夏衍）/新中国电影的桥梁——推荐影片《桥》（陈荒煤）/评《中华女儿》（钟惦棐）/评《白毛女》影片（周巍峙）/电影《龙须沟》在艺术描写上的一个问题（钟惦棐）/电影《南征北战》所达到和没有达到的方面（钟惦棐）/影片《智取华山》的惊险样式和它的表演艺术

（钟惦棐）/评影片《渡江侦察记》（梅朵）/一个真正的战士——初谈影片《董存瑞》（钟惦棐）/《上甘岭》的艺术概括和人物创造（张立云）/《祝福》学习札记（章抒）/"他就是李侠……"——评《永不消失的电波》（马德波）/漫谈《战火中的青春》（陈荒煤）/重评影片《林家铺子》——浅谈电影创作中的现实主义和历史主义（周忠厚、刘燕光、杨力）/评彩色故事片《风暴》（风子）/余音绕梁——试论影片《青春之歌》导演艺本创作上的特色（张客）/无产阶级音乐家的光辉道路——评电影《聂耳》的艺术成就（李洪辛）/《林则徐》的艺术概括和人物塑造（罗艺军）/一员亲切可爱的"闯将"——《老兵新传》观后杂感（陈荒煤）/评影片《红旗谱》的成就与不足（袁文殊）/一部极不平常的影片——《革命家庭》赞（吴雪）/主题·真实性·传统——谈影片《枯木逢春》创作中的几个问题（袁文殊、罗艺军）/漫谈《红色娘子军》的艺术特色（谢逢松）/眼神的魅力——评祝希娟扮演的吴琼花（汪岁寒）/激励人心鼓舞斗志的《甲午风云》（罗艺军）/战争与和平的鲜明描绘——评电影《停战以后》（司徒慧敏）/新题材 新人物 新成就（贾霁）/影片《槐树庄》的导演特色（张伯海）/银幕上的徘徊者——重评影片《早春二月》（马德波）/探索的印迹——谈《早春二月》的导演艺术（文伦）/谈谈影片《小兵张嘎》的特色（沈基宇）/试谈《红日》的导演艺术处理（白景晟）/金环、银环及其他——漫谈影片《野火春风斗古城》（方明）/粗犷·浓郁·洗练·简洁——影片《农权》镜头运用学习札记（罗静予）/牙雕·明珠·匠心——赞《舞台姐妹》（成谷）

　　该著收入有关"文革"前17年电影的35篇影评，基本上以影片完成时间的先后为序，分析中肯，说理透彻，颇具见解，能够为研究新中国十七年时期电影提供有用的参考史料。

（13）王白石、王文和：《当代中国电影评论选（下）》

　　王白石、王文和编选，中国广播电视出版社1987年12月第1版。

　　全书约589千字，共411页，其目录如下：

　　电影剧本《大河奔流》的构思问题（全国）/精巧安排出奇制胜——《保密局的枪声》的情节与悬念（韦华）/谈谈影片《从奴隶到将军》（梅朵）/性格鲜明剧情感人——评影片《吉鸿

昌》（纪叶、金德顺）/寓教于乐——评喜剧影片《她俩和他俩》（郦苏元）/为《小花》叫好（宋崇）/悲涛的回声——试谈音乐抒情片《生活的颤音》（倪震）/可喜的尝试（张骏祥）/泪痕中的希望（鲁军）/评《啊！摇篮》的艺术成就（胡万春）/谈谈《归心似箭》的爱情描写（傅珏英）/我看电影《庐山恋》（徐庄）/评《巴山夜雨》的艺术魅力（翁睦瑞）/苗苗，明天就是大树——看影片《苗苗》（秦裕权）/用镜头揭示人物的内心世界——《天云山传奇》的导演艺术特色（张明堂）/试论《喜盈门》的成就与不足（张明堂）/新一代的闪光——漫谈影片《沙鸥》的导演艺术（韩小磊）/影片《南昌起义》的探索和突破（阿过）/历史悲剧的艺术再现——评彩色故事片《伤逝》（林志浩）/试论《小街》的艺术探索（张仲年）/追求"特别东方"的美——影片《乡情》艺术片谈（李以庄）/《被爱情遗忘的角落》四题（邵牧君）/重大的突破和明显的局限——评影片《西安事变》（罗艺军）/新的开拓　新的突破——评《西安事变》中蒋介石形象的塑造（顾象贤）/《子夜》从小说到电影（李振潼）/画中有诗淡中有旨——《邻居》艺术浅析（叶小楠）/这个阿Q的银幕形象——看上影拍摄的《阿Q正传》（王得后）/了然于心——看《牧马人》有感（王朝闻）/《茶馆》——从话剧到电影（钟灵）/主题人物艺术风格——对影片《骆驼祥子》改编的几点看法（李兴叶）/棋道艺术历史——影片《一盘没有下完的棋》漫评（刘梦溪）/《如意》导演艺术初析（牛一）/评《城南旧事》的导演风格（婴子）/"不断放出小型的霹雳"——从《都市里的村庄》的一组镜头谈起（张海旺）/《逆光》摄影的新探索（祁海）/真切动人的影片《人到中年》（东进生）/散发着生活淳香的艺术——评影片《夕照街》（婴子）/缓流的河　时而扬波——影片《没有航标的河流》的叙事特色（澍笙）/从《神秘的大佛》到《武林志》（奚姗姗）/一株根植华夏的奇葩——看《武林志》《武当》随感（陈光忠）/在挣脱"席勒化"的道路上——评影片《血，总是热的》（雷达）/朴素就是美——影片《青春万岁》导演艺术漫谈（蔡师勇）/一部有积极的现实意义的影片——评《不该发生的故事》（袁文殊）/于流动中徐徐浮现的——评《大桥下面》（成谷）/袅袅《乡音》——影片《乡音》观后（钟惦棐）/独特的构思　心理的深度——议影片《16号病房》的艺术特色（王云缦）/赵焕章的艺术追求——兼评影片《咱们的牛百岁》（成谷）/她像一只白鹤飞向天空——评影片《红衣少女》（梅朵）/谈

《寒夜》的导演艺术（汪岁寒）/"立体交叉桥上的立体交叉桥"——影片《人生》漫笔（王富仁）/巨大心灵震动的艺术——评电影《高山下的花环》（刘白羽）/后记

该著收入有关新时期电影的50篇影评，基本上以影片完成时间的先后为序，分析中肯，说理透彻，颇具见解，能够为研究新时期中国电影提供有用的参考史料。

（14）中国电影艺术编辑室：《电影观念讨论文选》

中国电影艺术编辑室编选，中国电影出版社1987年12月第1版。

全书约395千字，共527页，其目录如下：

谈电影语言的现代化（张暖忻、李陀）/现代化与现代派（邵牧君）/电影应该电影化（黄健中）/电影美学问题论辩（郑雪来）/电影语言创新浅议（郝大铮）/从西方电影史看电影语言的演进（徐昭）/谈电影的"语言"和新陈代谢（牛一）/更新与创新（杨岗）/电影应当反映社会矛盾——关于戏剧冲突与电影语言（余倩）/论电影艺术的"非戏剧化"（陈玉通）/"舞台化"与"戏剧性"——探讨电影与戏剧的同异性（谭霈生）/走向成熟与真实之路——从"电影和戏剧离婚"谈电影美学（张柔桑）/"非戏剧化"纵横论（马德波、戴光晰）/现代电影中的戏剧性问题（钟大丰）/现代电影观念探讨（郑雪来）/试论现代电影观的基本特征（罗慧生）/现代电影思维的美学特征（罗慧生）/电影美学随想纪要（邵牧君）/论社会观念与电影观念的更新——在中国电影评论学会首届年会上的引言（钟惦棐）/当前电影美学研究的若干问题——《电影美学随想纪要》读后随感（郑雪来）/电影观念我见——在"电影导演艺术学术讨论会"上的发言（谢飞）/电影新观念管窥（刘伯军）/新的电影观念和我国当代电影（孟建）/电影观念与当前创作（郝大铮）/不要束缚电影的手脚——关于电影观念的通信（余倩）/论电影观念的多样化（周忠厚）/现代电影观念与民族欣赏心理（张卫）

该著为"中国当代电影理论丛书"之一，是中华人民共和国成立以来第一本关于电影观念问题的文选性专著，对电影语言、"戏剧性"和"舞台化"、现代电影、现代电影观念等进行了深入探讨。

百年中国影视文学改编研究书目引论

1988 年

（1）中国电影出版社：《乡音——从剧本到影片》

中国电影出版社编，中国电影出版社 1983 年 12 月第 1 版。

全书约 200 千字，共 346 页，其目录如下：

乡音（电影文学剧本）（王一民）/乡音（完成台本）（胡炳榴）/《乡音》创作回顾（王一民）/《乡音》构想（胡炳榴）/《乡音》的摄影创作（梁雄伟）/源头活水（黎金）/扮演陶春的一点体会（张伟欣）/向生活寻求真实（刘延）/《乡音》·杏枝爷爷·我（位北原）/《乡音》体会点滴谈（陈锐）/袅袅《乡音》——影片《乡音》观后（钟惦棐）/看《乡音》时想到的（邵牧君）/电影观念的淡化——《乡音》观后记（余倩）/评《乡音》的时代感和伦理观（柏柳）/评《乡音》（蔡师勇）/《乡音》断想（黄式宪）/时代感和典型性不应该被淡化——《乡音》一辩（王心语）/深深的水 静静地流——《乡音》导演创作的启迪（钱学格）/日常生活元素的聚合体——影片《乡音》导演艺术初析（黄健中）/《乡音》：美的反思（郝大铮）/试论《乡音》的"二律背反"（马中）/说《乡音》（高玉琨）/《乡音》音响浅析（周传基）/为陶春一辩（吴希仁）/《乡音》编辑杂感（萧惠琴）/《乡音》何以夺魁——第四届电影"金鸡奖"故事片大奖评选侧记（夏虹、陈剑雨）

该著为"中国影片研究丛书"之一，为总结 1983 年优秀电影《乡音》的成功与不足而编辑，对研究该剧本的影视改编颇有参考价值。

（2）张仲春：《中国电影作家作品论》

张仲春著，同济大学出版社 1988 年 4 月第 1 版、1992 年 1 月修订版。

张仲春，同济大学教师。

全书约 192 千字，共 232 页，其目录如下：

序（楼栖）

夏衍的电影改编理论——简论中外电影改编/李准的电影创作道路/李准电影剧作的艺术风格/从《灵与肉》到《牧马人》——漫谈《牧马人》的编导演/白桦叶楠剧作艺术风格比较/《苦恋》艺术得失管见/鲁彦周的电影创作/试论梁信的电影剧作/再论梁信的电影剧作/梁信剧作的结构艺术/梁信剧作的对话艺术——简论电影对话存在的问题/梁信剧作的爱情描写/《最后的时光》主题和人物/论梁信新作《赤壁之战》/《白马红姑》艺术谈/附：梁信是怎样走上电影创作道路的

该著以夏衍、李准、白桦、叶楠、鲁彦周、梁信等人为个案，论析了文学影视改编的规律，揭示了影视改编的理论特质，阐释了电影剧作的艺术风格。

（3）冯际罡：《小说改编与影视编剧》

冯际罡著，台北书林书店 1988 年 4 月第 1 版。

冯际罡，台湾学者。

全书约 620 千字，共 679 页，其目录如下：

第一章　从短篇小说到电影脚本//第一节 编译动机/第二节 电影编剧术语解释/第三节 短篇小说的概念/第四节 短篇小说：蓝丝和宛丝黛/第五节 改变郭晨的理论与案例

第二章　从中篇小说到电视脚本//第一节《蓦然回首》（中篇小说）/第二节《蓦然回首》（故事大纲）/第三节《蓦然回首》（电视脚本）

第三章　电影编剧的理论与案例//第一节 故事大纲（案例《请各广播电台注意！》）/第二节 情节处理（案例《凯蒂的姑娘们！》）/第三节 分场脚本（案例《游戏规则》）/第四节 拍摄脚本

第四章　分析电影脚本

第五章　影视脚本佳作欣赏//第一节 电影部分（案例《风尘三侠》/《侠女》/《落鹰峡》/《英烈千秋》/《吾土吾民》/《爱情长跑》/《老莫的第二个春天》）/第二节 电影部分（案例《梨花泪》/《闲花传奇》/《几度夕阳红》）

附录//1 编剧·这一行/2 张键谈编剧/3 最佳编剧对最佳编剧：吴念真·张键一席谈/4 编剧谈编剧：四位法国名剧作家谈编剧/5 电影编剧要有银幕感/6 如何解决国片剧本缺乏：增列编剧费鼓励青年写作以提高水准/7 电影剧本的文学性/8 电影的思维与电影的美感/9 电影的特性与编接组合：

电影剧本写作浅谈/10 电影结构和分析研究/11 人物刻画/12 电影剧本的对话研究/13 电影与小说/14 改编贵在创造/15 小说·剧本与电影/16 小说与电影/17 小说原著与电影剧本之间/18 从书本到银幕：小说改编电影·缺少原著内核/19 再次融入小说情节中/20 由《大轮回》原著与电影的比较：谈小说改编电影亟待建立的新观念/21《金大班》的台前与幕后/22 电影与小说：评《看海的日子》

参考书目

该著为"电影丛书"之一，全面阐释和论述了短篇小说、中篇小说改编为影视作品的技法和策略，从多个角度辨析了小说改编与影视编剧之间的关系。

(4) 中国电影出版社：《黑炮事件——从小说到电影》

中国电影出版社编，中国电影出版社 1988 年 5 月第 1 版。

全书约 306 千字，共 462 页，其目录如下：

浪漫的黑炮（小说）（张贤亮）/关于"黑炮事件"的内参报告（电影文学剧本）（原著张贤亮、改编李唯）/黑炮事件（分镜头剧本）（黄建新）/《黑炮事件》导演阐述（黄建新）/《黑炮事件》摄影阐述（王新生、冯伟）/《黑炮事件》美工阐述（刘邑川）/《黑炮事件》录音阐述（李岚华）/《黑炮事件》化妆造型设想（杨怀玉）/《黑炮事件》服装阐述（张丽）/《黑炮事件》照明阐述（赵北光）/《黑炮事件》创作思考（黄建新）/强化造型的表现功能——《黑炮事件》摄影体会（王新生、冯伟）/《黑炮事件》声音运用的一点探索（李岚华）/从影片《黑炮事件》的结构形式看剪辑的任务与剪辑台上的创作（陈达力）/一个话剧演员对电影表演的追求（刘子枫）/《黑炮事件》创作总结（汪漪）/《黑炮事件》冲击下的李任重——表演札记（高明）/严肃的荒唐——看《黑炮事件》（罗艺军）/喜看《黑炮事件》（邵牧君）/《黑炮事件》随笔（李陀）/模糊表演与性格化的魅力——赵书信形象塑造三人谈（张仲年、刘子枫、任仲伦）/一种有意味的形式（远婴）/荒诞与幽默（孔都）/《黑炮事件》：反模式（郝大铮）/风格化的魅力——《黑炮事件》艺术风

格剖析（李超）/意象的引申❶与断裂——试谈《黑炮事件》的叙述性结构（胡伟跃）/《黑炮事件》读解（徐增敏）/赵书信性格论——与钟惦棐老师谈《黑炮事件》的典型创造（仲呈祥）［附录］//第六届金鸡奖评委会评委关于《黑炮事件》的评论/《黑炮事件》座谈会发言摘编/肩负起新一代的使命——黄建新谈《黑炮事件》的创作

该著为"中国影片研究丛书"之一，为总结根据张贤亮小说《浪漫的黑炮》改编的电影《黑炮事件》的成功与不足而编辑，对研究该小说的影视改编颇有参考价值。

（5）中国电影出版社：《非洲女皇号》

中国电影出版社编，［美］C·S·福雷斯特著，李葆真译，中国电影出版社1988年6月第1版。

福雷斯特，美国作家。

全书约200千字，共298页，其目录如下：

编辑例言

非洲女皇号（小说）（［美］C·S·福雷斯特著，李葆真译）

非洲女皇号（电影剧本）（［美］詹姆斯·艾奇、约翰·休斯顿改编，林瑞颐译）

该著为"外国影片研究丛书"之一，收有小说原著和据此改编的同名电影剧本和若干剧照，由此可发现小说与剧本在主题、情节、人物和场景等方面的异同，可从实例中学习改编技巧。

（6）陈犀禾：《电影改编理论问题》

陈犀禾主编，中国电影出版社1988年8月第1版。

陈犀禾，上海大学影视学院教授，著有《当代中国电影：1979—1989》等。

全书约400千字，共639页，其目录如下：

论改编（代序）（陈犀禾）

电影·文学·戏剧//论电影美学的特性（［苏联］C·弗雷里赫）/从

---

❶ 原书为伸。

电影技巧到小说技巧（［美国］凯思·柯恩）/小说和电影（［美国］D·G·温斯顿）/电影、文学、戏剧（［日本］岩崎昶）/电影、戏剧、文学（［美国］爱·茂莱）/电影、戏剧、文学（［法国］克·麦茨）

改编原理//艺术形式和素材（［匈牙利］贝拉·巴拉兹）电影和文学（［英国］克莱·派克）/小说的界限和电影的界限（［美国］乔治·布鲁斯东）/改编的三种方式（［美国］杰·瓦格纳）/电影与小说（［美国］约翰·劳逊）/非纯电影辩——为改编辩❶护（［法国］安德烈·巴赞）/电影和小说（［德国］齐·克拉考尔）/文学作品的改编（［苏联］Ji·波高热娃）/作家和电影（［苏联］B·瓦西里耶夫）/论改编（［美国］莫·贝加）/改编（［美国］杜德莱·安德鲁）/文学和电影的改编（［法国］艾·菲兹利埃）/小说不是电影（［美国］理·布鲁克斯）/改编（［美国］萨伊德·菲尔德）/长篇小说与电影剧本（［苏联］E·格布里罗维奇）/文学与电影的关系（［苏联］H·列别杰夫）

改编实例//《乡村牧师日记》与罗贝尔·布莱松的风格化（［法国］安德烈·巴赞）/呼啸山庄（［美国］乔治·布鲁斯东）/论改编的艺术——陀思妥耶夫斯基小说的改编（［苏联］Ji·波高热娃）/从《伟大的期望》到《孤星血泪》（［美国］A·R·富尔顿/黑泽明的《麦克佩斯》——《蛛网宫堡》（［英国］罗·曼威尔）/契诃夫与电影——关于契诃夫作品的电影改编问题（［苏联］蒂·莎赫－阿兹卓娃/故事和论述——评《丧失了名誉的卡塔琳娜·勃鲁姆》的电影改编（［美国］威·马格莱塔、琼·马格莱塔）/导演的学校（［苏联］莫·什维泽尔/阿瑟·密勒和电影（外一篇）（［美国］爱·茂莱）/《带叭儿狗的女人》导演笔记（［苏联］И·赫依费茨）

该著为"外国电影研究资料丛书"之一，从"电影·文学·戏剧""改编原理""改编实例"等方面汇集了国外理论家们对电影改编理论探索的成果，为中国第一本系统研究电影改编的选集。

（7）中国儿童电影制片厂：《儿童电影理论研究资料（第二集)》

中国儿童电影制片厂编，解婷执编，中国和平出版社1988年9月第1版。

---

❶ 原书为辨。

解婷，中国儿童电影制片厂工作人员。

全书约140千字，共232页，其目录如下：

理论·评论//让孩子们更喜欢——新时期儿童电影一瞥（秦裕权）/儿童片与导演（徐天侠）/电影中的声音与电影录音（郑春雨）/浅谈儿童影片的化妆造型艺术（胡纯美）/一部别具特色的美电影——《我和我的同学们》随感（邵牧君）/豆蔻年华——谈《我和我的同学们》的审美效应（石新生）/走出中学生电影的困惑——对影片《少男少女们》的思考（曹勃亚）/与"夸张"交朋友——从石晓华执导的《娃娃餐厅》谈起（石永午）/孩子心中的情感世界——影片《我只流三次泪》观后（曹勃亚）/儿童片《招财童子》的现实意义（倪震）/神圣忧思：瞩望孩子的未来——评"童影"新片《招财童子》（黄式宪）/不要让小主人公肩负过重社会任务——关于童影四部新片座谈发言（陈剑雨）

艺术总结//生活的探索 艺术的追求——《招财童子》艺术总结（刘国权）/谈《招财童子》的摄影造型（王久文）/我是这样抓出《招财童子》剧本的（郭玲玲）/这里也有一个观念更新的问题——由拍《娃娃餐厅》想到的（石晓华）/中国第一部现代童话电影的诞生——《霹雳贝贝》导演工作总结（宋崇）/摄影视点：自然光·变焦距——谈《霹雳贝贝》的摄影（王久文）/这块砖是面镜子——从《霹雳贝贝》的得失谈起（全砚）/《小骑兵历险记》导演阐述（卢刚）/实践·反思·更新——1987年拍摄影片有感（孙永田）

国际交流·国外动态//莫斯科的儿童观众（于蓝）/《小铃铛续集》在联邦德国（孙永田）/第五届印度国际儿童电影节参赛片（于蓝、宋玉武）/参加法国戈尔贝依第九届国际儿童电影节的汇报（中国儿童电影代表团）/格鲁勃维奇等看《我只流三次泪》/近年苏联儿童片的创作成就/东德国家儿童影视中心简介/埃及儿童片奇缺引起政府注意

电视剧探讨//儿童情趣·主流及其他——对儿童电视剧创作现象的几点思考（钟艺兵）/对儿童电视剧发展趋向的思考（徐宏）/美育——儿童电视剧的价值（蔡骧）/通向观众心灵的桥梁——电视剧《明天的太阳更美好》赏析（小妮）/对多梦年华的深深理解——电视剧《中学生变奏曲》观后（路易）

该著从理论·评论、艺术总结、国际交流·国外动态、电视剧探讨等

角度，对多部儿童电影予以了全面论述，有助于儿童电影研究水平的提高和深化，促进儿童电影的理论探讨和经验交流。

1989 年

（1）林杉：《一个电影编剧的探寻》

林杉著，中国电影出版社 1989 年 4 月第 1 版。

林杉，浙江慈溪人，中国电影剧作家。

全书约 300 千字，共 482 页，其目录如下：

未完成的愿望（自序）

上篇//试谈作品的主题/谈主题及电影描写方法上的虚与实/关于典型形象问题/诗与电影/从电影结构形式的变化谈电影创作的借鉴与创新/电影剧作的结构/在银幕上歌颂共产主义新人/深入向生活学习，忠实于生活——电影剧本《上甘岭》创作经过/生活与创作——为纪念《在延安文艺座谈会上的讲话》发表 20 周年而作/生活在召唤——关于在银幕上塑造社会主义新人问题/1980 年我国银幕一瞥/时代的脉搏在银幕上跳动——简评 1983 年故事片创作

中篇//上甘岭（林杉、曹欣、沙蒙、肖茅）/党的女儿/再生记/冬梅

下篇//少年纪事/西子湖畔共患难/我在第三故乡/忆沙蒙

该著为电影创作论和剧作集，主要论说有关电影的主题思想、结构和人物塑造，描述从事戏剧、电影生涯和艺术探寻的经历。

（2）谢铁骊、谢逢松：《电影文学红楼梦》

谢铁骊、谢逢松著，北岳文艺出版社 1989 年 4 月第 1 版。

谢铁骊，江苏淮阴人，著名导演，主要作品有《早春二月》《千万不要忘记》《智取威虎山》《海霞》《今夜星光灿烂》等。

全书约 300 千字，共 449 页，其目录如下：

红楼梦（第一部）

红楼梦（第二部）

红楼梦（第三部）

红楼梦（第四部）

红楼梦（第五部）

红楼梦（第六部）

该著为根据清代曹雪芹长篇小说《红楼梦》改编的系列电影文学剧本，书前附有系列电影《红楼梦》编、导、演的签名和责任编辑的编辑寄语，颇有史料价值。

（3）［美］爱德华·茂莱：《电影化的想象——作家和电影》

［美］爱德华·茂莱著，邵牧君译，中国电影出版社1989年7月第1版、1993年5月第2次印刷。

爱德华·茂莱，美国电影学者。

全书约220千字，共308页，其目录如下：

导论：戏剧作家、小说家和电影

上卷：戏剧作家和电影//小引：肖伯纳和路易奇·皮蓝德娄/第一章　舞台和银幕——若干根本差别/第二章　尤金·奥尼尔、表现主义和电影/第三章　混合手段——从贝托尔特·布莱希特到机遇剧/第四章　田纳西·威廉斯——"赛璐珞胸罩"之后/小引：盖特路德·斯坦因/第五章　阿瑟·米勒——《推销员之死》《不合时宜的人》和《堕落之后》/第六章　荒诞剧和电影——尤金·尤内斯库和塞缪尔·贝克特/第七章　电影化戏剧批判和当前的倾向

下卷：小说家和电影//小引：托马斯·曼和弗朗茨·卡夫卡/第八章　小说和电影——若干根本差别/第九章　西奥图·德莱塞在"骗人国"/第十章　意识流小说与电影：Ⅰ、詹姆斯·乔伊斯/第十一章　意识流小说与电影：Ⅱ、维吉尼亚·吴尔芙/第十二章　意识流小说与电影：Ⅲ、威廉·福克纳/第十三章　约翰·多斯·帕索斯和摄影机眼睛——《曼哈顿中转站》和《美国》/第十四章　司各特·菲茨杰拉尔德、好莱坞和《最后的一个巨头》/第十五章　纳撒尼尔·韦斯特——蝗虫国里的图像❶眼/小引：托马斯·沃尔夫和罗伯特·潘·沃伦/第十六章　欧内斯特·海明威——小说中的电影化结构和改编问题/第十七章　格雷厄姆·格林和

---

❶ 原书为象。

银幕/第十八章　约翰·斯坦贝克、视点和电影/小引：让－保罗·萨特和亨利·密勒/第十九章　阿仑·罗勃—格里叶、新小说和新电影/第二十章　电影化小说批判和当前的倾向

　　该著分析了戏剧与电影、小说与电影在创作与改编过程中的相互关系及成功和失败原因，阐述了画面艺术与语言艺术的区别，对文学创作与改编电影的理论研究与艺术实践具有重要的参考价值。

第四编　突破与沉寂：20 世纪 90 年代

进入 20 世纪 90 年代，中国社会经济逐渐转型，影视体制不断改革，中国影视创作进入改制的阵痛时期，但结合"中华人民共和国诞辰 50 周年""纪念左翼电影运动 60 周年"等几次重要的纪念活动，百年中国影视的文学改编文献整理与研究还是有重大突破，有关影视的文学改编文献资料与研究工作进入了沉寂但又有突破的阶段。

1. 文献整理的突破

20 世纪 90 年代，百年中国影视文学改编文献资料的收集有新的突破，主要表现如下：

（1）中国无声电影文献资料有了集大成之作。这些集大成之作既有电影剧本，又有研究资料，它们均属于中国电影资料馆编辑的"中国电影文献资料丛书"。中国无声电影剧本主要有两部，如《上海无声电影》（戴小兰编选，中国电影出版社 1996 年版）、《中国无声电影剧本》（郑培为、刘桂清编选，中国电影出版社 1996 年版），尤其是《中国无声电影剧本》这部 3 卷本大型剧作选集，收入了 1913—1936 年间的中国无声电影剧本 485 部集，并附有有关剧照 28 幅，按照年代编排，介绍了每部影片包括常规项目、本事、剧本等方面的内容，其中剧本则有字幕本、分镜头剧本、文学剧本等不同类型，对于早期中国电影的文学改编文献的整理和研究而言，是一部重要的无声电影史料选本。中国无声电影研究资料主要有一种，即大型文献资料图书《中国无声电影》，该著收录了有关中国无声电影的各类文献资料 509 篇，并附有近百幅有关人物照、剧照。这是一部专门研究中国无声电影的文献汇编，它对中国无声电影的发展作了历史性的描述，认为无声电影在中国经历了五个阶段，它孕育于 20 世纪 20 年代之前，繁荣发展于 20 年代和 30 年代前半期，其后逐渐为有声片所取代，对每一时期的发展情况和历史特点作了详细分析和介绍。全书史料翔实，分析具体，观点明确，评价客观。

（2）中国左翼电影文献资料得以收集和整理。为"纪念左翼电影运动

60 周年"，中国广播电影电视部电影局党史资料征集工作领导小组和中国电影艺术研究中心先后出版了《三十年代中国电影评论文选》（陈播主编，伊明编选，中国电影出版社 1993 年版）和《中国左翼电影运动》（陈播主编，朱天纬编选，中国电影出版社 1993 年版）。前著收文 179 篇，评论部分主要是对 30 位导演拍摄的影片的评论文章，电影理论部分主要涉及关于中国电影、电影批评、反对软性电影的斗争等理论问题的文章。后著收录了左翼电影运动的重要文献和史料，左翼电影运动中产生的 70 余部影片的本事、创作者自述和影评，对左翼电影运动的回忆文章和对左翼电影先驱者的追思与悼念文章。

（3）多种中国电影文选推出。较早重视中国电影理论文献收集的文献，当为罗艺军主编的上下两卷《中国电影理论文选（1920—1989）》，该著由中国电影出版社于 1993 年出版，所选资料始于 1920 年止于 1989 年，对于研究中国电影的文学改编而言当是一部重要的文献资料选编。此外，上海市电影局《上海电影志》编纂委员会陆续出版的《上海电影史料（1－7辑）》（上海市电影局史志办公室 1992—1995 年）等地方性电影史料也在此期间整理出版。

（4）中国影片大典得以整理和出版。其实，中国电影资料馆、中国艺术研究院电影研究所早就编撰了一部上下册的《中国艺术影片编目：1949—1979》（文化艺术出版社 1982 年版），不过那还只是搜集了中华人民共和国成立以来的艺术影片，并不齐全。因此，到了世界电影诞生 100 周年、中国电影诞生 90 周年的 20 世纪 90 年代之际，中国电影艺术研究中心、中国电影资料馆则下大气力编撰了《中国影片大典》（中国电影出版社 1996 年版），这是一部记载中国电影自 1905 年诞生以来各电影制片机构所出品的全部故事片、戏曲片、舞台纪录片创作状况的大型史料性工具书。全书共收录影片 4000 余部，依照年代分为 4 卷，第一卷即 1905—1930 年卷，共收录影片 650 部、剧照 80 余幅，基本反映了中国早期电影创作面貌及发展情况；第二卷即 1931—1949.9 卷，共收录影片 955 部、剧照 156 幅，全面反映了中国电影早期、中期制作和发展的面貌及轨迹；第三卷即 1949.10—1976 年卷，共收录 819 部故事片、纪录性艺术片、舞台艺术片以及 100 余幅剧照，不包括中国港台地区生产的影片，基本反映了中华人民共和国成立以来中国内地电影的创作面貌及发展情况；第四卷即 1977—1994 年卷，共收录 2121 部影片及多幅剧照，基本反映了中国新时期电影的创作面貌及发展情况。《中国影片大典》虽然没有囊括 1994 年之后的中国影片，但收存和保藏的史料相当丰富，它对所收影片的每个制片机构等方面的介绍非常精到，让人们看到了中国电影发展历史的原貌，从中了解中国电影的发展和演变过程。

而罗列所有香港影片背景资料的《香港影片大全》系列，在 1997 年香港电影资料馆开馆前就已启动，到 2010 年共出版 7 卷，分别是《香港影片大全第一卷：1913—1941》（余慕云编，香港电影资料馆 1996 年版）、《香港影片大全第二卷：1942—1949》（傅慧仪编，香港电影资料馆 1998 年版）、《香港影片大全第三卷：1950—1952》（傅慧仪编，香港电影资料馆 2000 年版）、《香港影片大全第四卷：1953—1959》（郭静宁编，香港电影资料馆 2003 年版）、《香港影片大全第五卷：1960—1964》（郭静宁编，香港电影资料馆 2005 年版）、《香港影片大全第六卷：1965—1969》（郭静宁编，香港电影资料馆 2007 年版）、《香港影片大全第七卷：1970—1974》（郭静宁、沈碧日编，香港电影资料馆 2010 年版）。已出版的 7 卷详录了 1913—1974 年间多部香港电影的相关资料，包括影片类型、语别、公映日期、出品公司、编/导/演名单、故事大纲及剧照，散佚与匮乏的香港电影资料在这里尽可搜罗得到，颇具历史价值。如果没能掌握比较完整的、详尽的香港影片目录，我们也不可能真正对百年中国电影的文学改编有深刻的了解和深入的研究。

（5）影视鉴赏工具书出现。李恒基、王汉川、岳晓湄、田川流任主编，赵培恭、陆孝修、李一鸣任副主编的《中外影视名作辞典》，于 1993 年由国际文化出版公司出版，其中电影名片中不少条目介绍了它的改编来源。郑雪莱主编的四卷本《世界电影鉴赏辞典（3 卷）》，由福建教育出版社于 1995 年出版（2013 年出版了 4 卷增订版、2014 年出版了 1 卷精编版），其中的增订版共收录了 1912 年到 2010 年近一百年的世界著名影片 926 部，每部影片均分"片头介绍""剧情简介""鉴赏"三个部分，其中"片头介绍"主要提供影片的基本信息，如国别、时长、制作方、演职人员及获奖情况等，"剧情简介"用文学性语言将影片主要情节交代清楚，"鉴赏"则运用各种方法，或侧重于影片本文分析、镜头分析，或侧重于各影片所属的思潮流派的评述，或侧重于影片主创人员艺术风格的介绍，或兼而有之，对影片进行多角度的品评鉴赏。总而言之，这部著作为百年中国影视的文学改编文献整理与研究提供了丰富的资料。

高峰、程树安主编的《中国电视剧名剧鉴赏辞典》由武汉出版社于2010年出版，这部工具书从1958年以来到改革开放三十年中约30万部（集）电视剧中精挑细选了325部（含中国港台地区的电视剧），按其摄录或首次播出的时间先后顺序，从片头介绍、故事梗概、赏析三个方面，为百年中国影视的文学改编文献整理与研究保存了必要的资料。

（6）"庆祝中华人民共和国诞辰50周年优秀影片丛书"出版。该丛书由中国电影出版社于2000年出版，主要包括《世纪之梦——从剧本到影片》《横空出世——从剧本到影片》《大战宁沪杭——从剧本到影片》《我的1919——从剧本到影片》和《文艺湘军百家文库（影视方阵）》。

2. 改编理论的突破

20世纪90年代，百年中国影视文学改编理论研究也有新的发展，主要表现如下：

（1）影视剧本创作教程特意设置专章论及文学的影视改编。如〔日〕舟桥和郎所著的《电视剧脚本作法四十八讲》（王秋妮译）第二讲、第三讲分别辨析了图像与文学、戏剧的不同，第四十一讲则专门归纳了文学作品改编剧本的基本要点，全面讲述了电视剧脚本的写作技巧。赵孝思的《影视剧本的创作与改编》主要包括电影剧本的任务、电影剧本的构思、电影剧本的编写、序幕及其他、电视剧本的写作和关于改编等内容，其中第七章的改编部分主要探讨了改编与原著的关系，介绍了改编的一般条件和方法，并谈论了历史片的具体编写技巧。

（2）影视改编文集着意强化文学改编意识和规律的探讨。如王云缦主编的《我的九月——从剧本到影片》为"影像文化丛书"之一，指出儿童故事片《我的九月》的成功改编，得益于该片原作儿童文学作家提供的一个良好的基础，而后编剧杜小鸥又以女性细腻的笔触描写了朴实的北京市井生活氛围，导演运用镜头语言生动自然地展开了孩子们生活的真实图景。解玺璋主编的《围城内外——从小说到电视剧》、白先勇等人的《最后的贵族——从小说到电影》、王健主编的《再现群雄——〈三国演义〉从原著到屏幕》和赵群主编的《电视连续剧〈三国演义〉艺术评论集》等著作，对改编的解读让人们了解荧屏背后创作者改编的艰辛，记述了《围城》《最后的贵族》《三国演义》等改编片从原著到拍成影视剧的艰苦历程，中国古今文学名著从改编到拍摄成影视剧提供了经验和教训，让人们从中得到启发。而张仲春所著的《中国电影作家作品论》，则是对夏衍、李准、白桦、叶楠、鲁彦周、梁信等一些著名作家电影剧作研究成果的结集，着重介绍了作家的生活道路、创作思想，分析作家怎样选样题材、提炼主题、塑造性格、安排情节等方面的特色。

（3）专论中国影视改编的著作出现。《再创作——电影改编问题讨论集》是《电影艺术》编辑部和中国电影出版社本国电影编辑部联合编撰的一部专论"电影改编问题"的论文集，作为20世纪80年代末策划出版的"中国当代电影理论丛书"之一，它收集了自1981年3月至1984年7月间发表在《电影艺术》及其他电影刊物上的30多位国内学者关于电影改编问题的文章，主要涉及电影改编理论，鲁迅小说《伤逝》《药》《阿Q正传》的改编，现代文学名著《子夜》《骆驼祥子》《月牙儿》《茶馆》《雷雨》《寒夜》《边城》《南行记》的改编，当代小说《人到中年》《被爱情遗忘的角落》《牧马人》《许茂和他的女儿们》《赤橙黄绿青蓝紫》《锅碗瓢盆交响曲》的改编等问题，或结合改编实践提出理论观点，围绕具体作品改编展开论说，认为文学的电影改编是一门学问，应以电影的方式忠实原作，但也要注入导演因素、给改编者以自由、贵在创造，同时呼吁电影改编理论也需要突破，非常具有学术价值。

《中国的电影改编》是北京电影学院教授汪流的著作，该著主要探讨了改编是电影的重要创作源泉之一、文字形象能否转变为银幕形象、电影与文学艺术形式的不同、电影改编的几种方式、中国的电影改编方式、电影改编者需要具备的条件，忠实于原著的改编电影中有争议和无争议的《祝福》《哦，香雪》《伤逝》等几个具体例证等问题，并呼吁电影改编理论需要突破。作为教材使用的这部著作，扩大了受众面和影响力，使得文学的影视改编意识更加深入人心，具有持续的教育价值和引领作用。

赵凤翔、房莉合著的《名著的影视改编》于1999年由北京广播学院出版社出版，至今仍是影视的文学改编领域最为重要的理论著作之一，该著在名著和改编概说的基础上，将研究的主要对象聚焦于文学名著改编成影视作品的方方面面，勾勒了改编观念的演变轨迹，探讨了名著改编的可行性，从本质因素、非本质因素层面分析了影响名著改编的因素，总结了名著影视改编的方法及名著改编的风格处理等文体，进而扫视了当代影视剧的改编状况，并介绍了影视作品如何鉴赏与评论的技巧。

（4）域外影视改编理论的继续译介。1992年以后，中国改革开放的步伐进一步加快，与影视改编相关的电影译著呈现了过渡性特征，《外国电影理论名著》《影视教程系列》《影视技术教程系列》《法国影视教材》《电影大师创作系列》《影视艺术技术丛书》《大型电影学文库·西方电影学》《电影学书系·中外影视研究系列丛书》等丛书陆续出版，尼克·布朗的《电影理论史评》、亨·阿杰尔的《电影美学概述》、爱森斯坦的《并非冷漠的大自然》和《蒙太奇论》、路易斯·贾内梯的《认识电影》、罗伯特·艾伦与道格拉斯·戈梅里的《电影史：理论与实践》等学术著作非常出色，W·舒里安的《影视心理学》、托马斯·R·阿特金斯的《西方电影中的性问题》、大卫·鲍德韦尔及诺埃尔卡罗尔主编的《后理论：重建电影研究》、保罗·霍金斯主编的《影视人类学原理》、克里斯·丁麦茨等的《电影与方法：符号学文选》等应运而生，戴维波德维尔和克里斯琴汤普森的《电影艺术导论》、艾伦·卡斯蒂的《电影的戏剧艺术》、弗兰克·毕佛的《电影术语词典》、热拉尔·贝东的《电影美学》、瓦尔特·本雅明的《机械复制时代的艺术作品》、金正日的《电影艺术论》、克里斯·托夫肯沃西编著的《电影世界的奥妙》、诺埃尔·伯奇的《电影实践理论》、日丹的《影片的美学》、基多·阿里斯泰戈的《电影理论史》、叶·魏茨曼的《电影哲学概说》、亨·阿杰尔的《电影美学概述》、巴拉兹·贝拉的《可见的人电影精神》等亦是经典，托马斯·沙兹的《旧好莱坞·新好莱坞仪式、艺术与工业》、达尼埃尔·鲁瓦约的《好莱坞》、大卫·普特南的《不宣而战——好莱坞 VS 全世界》则代表着好莱坞商业美学出现于人们的视野，而与电影改编直接联系的剧作理论译著则非常注重剧作的商业美学特点，如罗伯特·麦基的《故事：材质、结构、风格和银幕剧作的原理》、悉德·菲尔德的《电影剧本写作基础：从构思到完成剧本的具体指南》《电影剧作者疑难问题解决指南——如何去认识、鉴别和确定电影剧本写作中的问题》、让－克洛德·卡里叶尔与帕斯卡尔·博尼茨的《剧作练习》。值得关注的是英国艾伦·卡斯蒂所著郑志宁翻译的《电影的戏剧艺术》，该著篇幅不长，却匠心独具地认为电影的主要趋向和成就是一种戏剧艺术，并以若干章节分析了摄影、构图、剪辑、音响、色彩、照明等电影的各个元素，分析这些元素怎样由于电影的要求而对戏剧的元素有所改变，并反复列举一些影片的实例证明电影和戏剧的相似。将电影归入戏剧艺术的范畴，希冀的是人们更好地理解和评价电影艺术的本性和作用机制。

本时期关于文学的影视改编研究著作主要有：

（1）中国电影出版社：《野山——从小说到银幕》

中国电影出版社编，中国电影出版社 1990 年 2 月第 1 版。

全书约 235 千字，共 405 页，其目录如下：

野山（电影文学剧本）（雪村·竹子）/野山（电影完成台本）（颜学恕）/我看《野山》（贾平凹）/谈"看不到摄影的摄影"——《野山》摄影手记（米家庆）/《野山》的美术设计构想（李行霙）/一点尝试——《野山》的同期录音（李岚华）/心血凝成的血肉之躯（岳红）/创造一个西部农民形象——扮演灰灰的体会（辛明）/我演秋绒（徐守莉）/追求真实性与倾向性的完美统———颜学恕谈《野山》创作体会（罗雪莹整理）/关于影片《野山》的通信（倪震、颜学恕）/《野山》拾萃（郑洞天）/野性三题——看影片《野山》断想（王迪）/农村变革的银幕"心史"——论《野山》人物形象主体意识的强化（仲呈祥）/评《野山》（叶之素）/《野山》撷英（唐家仁）/如鸿鹄之鸣而入寥廓——看影片《野山》（彭加瑾）/意料之外　情理之中——看影片《野山》有意（燕云、方中）/《野山》探胜（陈剑雨）/一次挑战　一次征服——影片《野山》（梅朵）/也谈"改革，就得换老婆吗？"——影片《野山》观后（王富仁）/纪实美学与传统演技——谈《野山》中岳红和辛明的表演（钱学格）/形体造型的魅力——谈《野山》中岳红的表演（穆紫）/《野山》的社会学意义（田默）/在深层与表象之间徘徊——《野山》的一点遗憾（李一鸣）/何必把句号画得这么圆？——谈秋绒形象的不足（赵立培）/新颖，但未必深刻——也谈影片《野山》（梁永安）/《野山》获奖情况/金鸡奖第 6 届评选委员会对《野山》获奖项目的评语

该著为"中国影片研究丛书"之一，收有根据贾平凹小说《鸡窝洼人家》改编由颜学恕导演的影片《野山》的电影文学剧本、完成台本以及创作体会，对影片内容和形式作了多角度的分析。

（2） 林涵表：《电影电视文学创作》

林涵表著，文化艺术出版社 1990 年 3 月第 1 版。

林涵表，广东广州人，历任岭南大学文工团负责干部，中国戏曲研究院剧目组副组长、编辑室秘书，著有《戏曲创作教程》《戏曲剧作理论与实践》等。

全书约 92 千字，共 131 页，其目录如下：

前言

第一章 故事和形象//第一节 通过形象的活动讲故事/第二节 编好故事/第三节 先有形象还是先有故事/第四节 贯串动作

第二章 改编与创造//第一节 忠实于原著和独具慧眼/第二节 误入歧途/第三节 艺术气氛/第四节 为什么称改编为再创造

第三章 "主义"之于影视文学//第一节 现实主义和浪漫主义还是要讲/第二节 请影视作家选择运用

第四章 正确表现民族关系//第一节 正确理解我国历史上民族和国家的概念/第二节 正确表现我国民族之间"和亲"历史故事/第三节 正确描写民族英雄与爱国主义/第四节 实事求是地表现历史上的民族英雄

第五章 悬念的学问//第一节 悬念大师之手死死抓住观众/第二节 缓解与悬念的突进/第三节 引入迷宫/第四节 永留悬念

第六章 悲剧种种//第一节 作为戏剧的悲剧结构/第二节 传统悲剧举例/第三节 艺术视角之选择和悲剧之深刻性/第四节 悲剧的力量

第七章 严肃片、娱乐片和喜剧//第一节 "严肃"和"娱乐"的标尺放在哪里？/第二节 娱乐片的"花花点子"/第三节 喜剧冲突就有娱乐/第四节 喜剧手法

该著阐释了电影电视文学创作的方法和原则，认为影视作品的基础是文学脚本，大量影视作品通过改编取得了丰富的资源，应重视文学的影视改编。

（3） 刘金镛、宋家庚：《电影艺术与电影文学》

刘金镛、宋家庚著，山东文艺出版社 1990 年 7 月第 1 版。

刘金镛，山东师范大学教师。宋家庚，山东师范大学教师。

全书约 313 千字, 共 398 页, 其目录如下:

前言

第一章　电影的诞生与发展//第一节 电影的诞生/第二节 电影成为独立的艺术/第三节 苏联电影大师们的贡献/第四节 有声电影的兴起/第五节 第二次世界大战后电影艺术的新发展/第六节 中国电影发展概况

第二章　电影艺术的特性//第一节 视象性/第二节 综合性/第三节 逼真性

第三章　蒙太奇与长镜头//第一节 蒙太奇/第二节 长镜头

第四章　电影样式//第一节 喜剧片/第二节 惊险片/第三节 历史片/第四节 战争片/第五节 儿童片

第五章　电影剧作 (一): 素材·题材·主题//第一节 素材的搜集与积累/第二节 题材的选择与处理/第三节 主题的提炼与体现

第六章　电影剧作 (二): 人物性格的发现与创造//第一节 人物性格的构成/第二节 电影剧作的人物设置/第三节 刻画人物性格的艺术手法

第七章　电影剧作 (三): 情节与结构//第一节 故事和情节/第二节 情节构思/第三书 电影剧作结构的原则//第四节 电影剧作的主要结构形式

第八章　改编——文学作品的电影化//第一节 改编的意义/第二节 改编对象的选择和确定/第三节 小说改编的原则/第四节 小说改编的方法

第九章　电影欣赏与评论/第一节 电影欣赏/第二节 电影评论

附一: //电视剧概说 (一、电视剧的产生和发展/二、电视剧的特点与种类/三、我国电视剧发展概况)

附二: //城南旧事 (电影文学剧本) (伊明) /城南旧事 (导演工作台本) (吴贻弓)

该著勾勒了电影艺术诞生和发展的历程, 阐释了电影艺术的基本理论问题, 介绍了电影剧作和电影鉴赏与评论的技巧, 书末附录了影片《城南旧事》的文学剧本和导演工作台本。

(4) 尚弋昌:《上海的早晨——从小说到电视剧》

尚弋昌编, 生活·读书·新知三联书店上海分店 1990 年 8 月第 1 版。

尚弋昌, 知名编辑。

全书约 286 千字, 共 303 页, 其目录如下:

序/陈沂

剧本选载//电视文学剧本第一、八集（赵孝思、陈刚）/电视分镜头剧本第一、八集（张戈）

主创人员谈//在今天展现昨天的早晨——电视连续剧《上海的早晨》（导演张戈）/《上海的早晨》从小说到电视剧本（编剧赵孝思）/为上海立传（编剧陈刚）/摄像"马后炮"（摄像罗拯生）/电视连续剧《上海的早晨》美工谈（美工胡冠时）/谈谈《上海的早晨》的音乐构思（作曲陆在易）/化妆体现"海派风味"的尝试（化妆顾友芳）/我演徐义德（演员严翔）/塑造林宛芝形象点滴（演员李媛媛）

评论汇集//从一滴变化的水看到上升的太阳——电视连续剧《上海的早晨》意蕴结构简析（顾晓鸣）/电视长剧的审美特征和徐义德形象的艺术创造（王云缦）/色彩斑驳的人格形象——评电视连续剧《上海的早晨》（徐宏）/从一个家庭折射出一个时代——电视连续剧《上海的早晨》观后谈（钟艺兵）/艺术家的胆识（吴欢章）/电视连续剧《上海的早晨》导演艺术诠释（蓝凡）/海派艺术的一次成功尝试——《上海的早晨》导演特色谈（张弛）/改编的"通俗性"与人物的"主动性"——电视连续剧《上海的早晨》观后（彭加瑾）/《上海的早晨》改编得失谈（宫宇）

座谈记录//陈丕显等同志观看电视连续剧《上海的早晨》后的谈话)/电视连续剧《上海的早晨》座谈会

拍摄纪实//不同季节和早晨的不同太阳——电视连续剧《上海的早晨》拍摄纪实（伊创、允生）

剧照（张戈摄）

后记

附录//人生啊，是一个海——电视连续剧《上海的早晨》主题歌（赵丽宏词、陆在易曲）/关于电视连续剧《上海的早晨》两次修改情况/电视连续剧《上海的早晨》有关资料索引

该著收有根据周而复长篇小说《上海的早晨》改编的同名18集电视连续剧的节选电视文学剧本、分镜头剧本以及创作人员的创作体会，对电视剧的内容和形式作了多角度的分析。

（5）中国电影出版社：《裁决》

中国电影出版社编，［美］巴里·瑞德著，孙建秋、蔡英俊、王景源

译，中国电影出版社 1990 年 8 月第 1 版。

巴里·瑞德，美国小说家。

全书约 210 千字，共 302 页，其目录如下：

编辑例言

裁决（小说）（［美］巴里·瑞德著，孙建秋、蔡英俊、王景源译）

裁决（镜头记录本）（戴维·马麦特编剧，孙建秋、贾健编译）

该著为"外国影片研究丛书"之一，收有小说原著和据此改编的同名电影剧本和若干剧照，由此可发现小说与剧本在主题、情节、人物和场景等方面的异同，可从实例中学习改编技巧。

（6）［日］舟桥和郎：《电视剧脚本作法四十八讲》

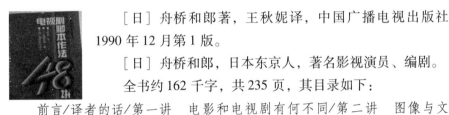

［日］舟桥和郎著，王秋妮译，中国广播电视出版社 1990 年 12 月第 1 版。

［日］舟桥和郎，日本东京人，著名影视演员、编剧。

全书约 162 千字，共 235 页，其目录如下：

前言/译者的话/第一讲　电影和电视剧有何不同/第二讲　图像与文学不同/第三讲　图像与戏剧的不同之处/第四讲　什么是"画面的形成"/第五讲　抓住旋律/第六讲　对素材要作详细调查/第七讲　主题要明确/第八讲　怎样制定有成功希望的创作计划/第九讲　选好出场人物/第十讲　人物要有鲜明的性格/第十一讲　创作生动有趣的故事情节/第十二讲　脚本的各种形式/第十三讲　用"段落"构成起承转合/第十四讲省略什么、发挥什么/第十五讲　分镜头尽可能做得详细/第十六讲　怎样写脚本原稿/第十七讲　怎样写戏/第十八讲　怎样写舞台提示/第十九讲怎样写台词/第二十讲　第一个镜头/第二十一讲　在导入部把观众吸引住/第二十二讲　介绍人物的各种手法/第二十三讲　介绍情况的各种手法/第二十四讲　处理时间的各种手法/第二十五讲　使用动作的各种手法/第二十六讲　怎样使用小道具/第二十七讲　运用解说词的各种手法/第二十八讲　怎样做预告、设伏笔/第二十九讲　怎用使用穿线人物/第三十讲　补叙的手法/第三十一讲　怎用使用回忆手法/第三十二讲　关于蒙太奇/第三十三讲　怎样讲故事/第三十四讲　心理描写/第三十五讲　把人物写活/第三十六讲　重视真实性/第三十七讲　Struggle 才是戏/第三十八讲　加深悬念/第三十九讲　一切为了最高峰/第四十讲　最高峰后的情绪感动/第四十一讲 文学作品改编剧本的要点/第四十二讲 家庭剧的关键何在/第四十三讲 推理剧的关键何在/第四十四讲 戏剧的关键何在/第四十五讲 写脚本切不可做的错事/第四十六讲 说明太多了不好/第四十七讲 没有戏的脚本不好/第四十八讲 没有高潮的脚本不好/结束语

该著为"广播电视文化丛书"之一，全面讲述了电视剧脚本的写作技巧，其中关于电影和电视剧、图像与文学、图像与戏剧有何不同以及文学作品改编剧本的要点的论述颇有见地。

1991 年

（1）杨文勇、解玺璋：《〈渴望〉冲击波》

杨文勇、解玺璋主编，光明日报出版社 1991 年 1 月第 1 版。

解玺璋，北京人，祖籍山东肥城，同心出版社常务副总编辑，著有《喧嚣与寂寞》《中国妇女向后转》《雅俗》等。

全书约 216 千字，共 299 页，其目录如下：

一 李瑞环等同《渴望》剧组座谈

二《渴望》纪实报告//《渴望》幕后（孟晓云）/《渴望》诞生经过（初小玲）/《渴望》的无名英雄们（骆玉兰）/《渴望》录音带争夺战（张兆南、骆玉兰）/《渴望》冲击波（张维国）

三《渴望》评论专辑//时代主旋律的广阔天地——赞《渴望》（王光）/《渴望》给人的启示（玛拉沁夫）/离合悲欢总关情——也谈《渴望》的诞生（张永经）/《渴望》的积极意义（聂大江）/《渴望》的文学品格（陈建功）/女人——家庭与社会的脊梁——《渴望》女性人物浅析（彭莱）/善良的魅力——我看《渴望》（赵大年）/《渴望》的轰动效应及其思考（周金华）/有戏，也有角——我说《渴望》（韩少华）/谈谈《渴望》中的表演（彭俐）/外柔内刚的"良家妇女"——我谈刘慧芳（王乾荣）/留下真情从头说（老义）/我看慧芳（田珍颖）/这个世界上还是好人多——《渴望》情结的启示（刘玉山）/《渴望》感言三题（王智华）/话说刘慧芳（昆平）/可喜的"《渴望》现象"（索俐）/寻常百姓金子的心（净言）/把神化的人物、语言驱出银屏——《渴望》轰动原因之我见（谭明）/《渴望》干嘛和王家过不去（夏天阳）/《渴望》人物质疑（戴言）/如此家庭——让人哀叹的《渴望》（任任）/一个不可取的人物——刘慧芳（白山）/为丑陋的"老九"——评《渴望》的"反智主义"倾向（薛涌）/《渴望》旋风——群体精神的一面镜子（解玺璋）

四《渴望》群众来信摘要

五《渴望》创作谈/《渴望》导演阐述（鲁晓威）/我写《渴望》（李晓明）/由吹兵、小女孩想到慧芳——关于一本书对我的启发（凯丽）

六《渴望》群星谱/想到慧芳说说凯丽（杨文勇）/幸福的妈妈——韩影（彭俐）/"宋大成"曾是"林彪"（何东）/乖孩子"王沪生"（彭俐）/黄梅莹演绝了"王亚茹"（陈戎）/爱笑的"田莉"（彭俐）/创造格调高尚的艺术境界——记王子涛的饰演者蓝天野（孙安堂）/戏里戏外的"徐月娟"（初海）/返朴归真有魅力——说说宗平演"刘国强"（曲静）/我所知道的"肖竹心"（汪望）/"罗冈"絮语（子敏）/可爱的"大燕子"（孙安堂）/人见人爱的"小燕子"邱英（张维国、张淑影）

七《渴望》故事梗概

八 渴望主题歌、插曲

九 后记

该著收有电视剧《渴望》的故事梗概，主要关涉该电视剧的论说文章，以及有关导演、演员等创作人员的纪实文章，从各个方面对电视剧的内容和形式作了多角度的分析。

（2）中国电影出版社：《孙中山——从剧本到影片》

中国电影出版社编，中国电影出版社 1991 年 5 月版。全书约 315 千字，共 412 页，其目录如下：

孙中山传（电影文学剧本）（贺梦凡、张磊）/孙中山（完成台本）（丁荫楠）/不畏险阻 奋力攀登——《孙中山传》创作谈（贺梦凡、张磊）/《孙中山》影片制作构想的美学原则（丁荫楠）/《孙中山》旁白/《孙中山》导演阐述（丁荫楠）/《孙中山》摄影造型构思的基本原则（王亨里）/电影声音美学功能的探索——《孙中山》录音总结（邓清举、黄明光）/影片《孙中山》的剪辑观念（冯慧琳、严秀英）/《孙中山》组服装总结（任奉仪）/美学空间与空间美学——论《孙中山》的空间探索与丁荫楠的电影观（吴侯信）/

百年中国影视文学改编研究书目引论

走向自觉与成熟——试评刘文治对孙中山形象的塑造及其意义（王家龙）/评《孙中山》的音乐（金湘）/中国电影金鸡奖第七届评委会评委关于《孙中山》的评论发言摘编

　　该著为"中国影片研究丛书"之一，为了总结大型传记电影《孙中山》的成功与不足而编辑，对研究剧本《孙中山》的影视改编颇有研究参考价值。

（3）王云缦：《我的九月——从剧本到影片》

　　王云缦主编，北京广播学院出版社1991年5月第1版。
　　王云缦，上海人，《大众电影》编辑部编辑，著有《中国电影艺术史略》、独幕剧剧本《扎紧篱笆》和《走上斗争的道路》等。
　　全书约240千字，共290页，其目录如下：

总序//"影像文化"的发展是世界文艺的潮流（王云缦）

前言//为青年的执着追求与勤奋工作欢呼（于兰）

剧本//《我的九月》电影文学剧本/《我的九月》电影完成台本

主创人员阐述//"九月"之后——和安建军谈心（杜小鸥）/发现生活的真善美——关于《我的九月》（尹力）/关于九月的梦想——代《我的九月》摄影阐述（李建国）/影片《我的九月》美术阐述（舒刚、孟纪元）/《我的九月》影片和音乐（刘为光）/《我的九月》录音工作断想（郑春雨）

座谈会//《我的九月》大家谈

评论//《我的九月》拍摄有感（谷守利）/《我的九月》——儿童电影的创新上乘之作（王云缦）/发现儿童——儿童故事片《我的九月》观后（蔡骧）/每个人的九月（郑洞天）/《我的九月》——个性的铭文（倪震）/洒脱·自在·崇高——《我的九月》艺术特色评（程式如）/返朴归真　风格即人——浅论影片《我的九月》摄影造型风格（郑国恩）/传统叙事与现代纪实的融合（杨田村）/尹力的"行板"（梁晓声）/《我的九月》，我们的九月（朱小鸥）/唯造平淡难（左舒拉）/编导痴心赞傻子——儿影《我的九月》启示录（宋大声）/"弱者"心中的时代强音（奚珊珊）

后记

　　该著为"影像文化丛书"之一，收录了儿童故事片《我的九月》的电影文学剧本、主创人员阐述、座谈会资料和相关评论，为该片的深入研究提供了良好的资料基础。

（4）李泱、孙志强：《电影文学引论》

李泱、孙志强主编，文化艺术出版社 1991 年 7 月第 1 版。

李泱，首都师范大学教师。孙志强，湖北大学教师。

全书约 285 千字，共 345 页，其目录如下：

前言

第一章 电影艺术与电影文学//第一节 电影是新型的综合艺术/第二节 电影文学是电影艺术的基础/第三节 重视电影文学是我国的优良传统

第二章 电影文学的形成与发展//第一节 电影文学的孕育/第二节 电影文学的形成/第三节 电影文学的发展

第三章 电影文学的特性//第一节 为什么要研究电影文学的特性/第二节 电影文学的特性/第三节 关于电影文学特性的理论探讨

第四章 电影文学的类型和文体//第一节 影片前文学与影片后文学的划分/第二节 影片前文学的几种文体/第三节 影片后文学的几种文体

第五章 电影文学的创作和技巧//第一节 电影文学创作的特殊过程/第二节 电影思维/第三节 电影文学的写作技巧

第六章 电影文学的风格//第一节 电影文学的类型风格/第二节 电影文学的民族风格/第三节 电影文学的个人风格

第七章 电影文学的读解和批评//第一节 电影文学的读解/第二节 电影文学评论/第三节 读解、鉴赏和评论的关系

第八章 中国的电影文学/第一节 现代电影文学/第二节 当代十七年的电影文学/第三节 当代新时期的电影文学

该著探讨了电影艺术与电影文学的关系，描述了电影文学形成与发展的历程，阐述了电影文学的特性、类型、风格和文体，介绍了电影文学的创作和技巧，对中国电影文学予以了整体论述。

（5）解玺璋：《围城内外——从小说到电视剧》

解玺璋主编，世界知识出版社 1991 年 8 月第 1 版。

全书约 166 千字，共 236 页，其目录如下：

"围城"中人谈《围城》//《围城》重印前记（钱钟书）/《围城》序（钱钟书）/《围城》日译本序（钱钟书）/《围城》德译本前言（钱钟书）/魔鬼夜访钱钟书先生（钱钟书）/记钱钟书与《围城》（杨绛）

闯进"围城"谈《围城》//钱钟书、杨绛谈《围城》改编（孙雄飞）/钱钟书、杨绛看电视剧《围城》（孙雄飞）/《围城》导演谈《围城》（包明廉）/我们选择了艰难——谈《围城》的改编（孙雄飞）/走进"围城"的人们——电视剧《围城》演员侧记（辛遂）/不愿逃出"围城"的女人——黄蜀芹印象（亦轩）/到"围城"去赌一赌——记《围城》中的陈道明（杨恩学）/关于一个女人的话题——记吕丽萍（毛玲玲）/情痴和政治家——记英达（陈戎）/"围城"中的出水芙蓉——记青年演员史兰芽（王涵咏）/葛优印象（彭俐）

"城外人"谈《围城》//促膝闲话中书君（柯灵）/钱钟书的风格与魅力（柯灵）/谈《围城》的电视剧改编（童道明）/人生困境中的"围城心态"（刘扬体）/两道难题——电视剧《围城》艺术再创作得失管见（纪新华）/《围城》的三层意蕴（温儒敏）/《围城》杂感（路海波）/知识阶层的没落——读《围城》（胡思）/《围城》的讽喻与掌故（赵一凡）/《围城》的隐喻及主题（赵一凡）/未甘术取任缘差——杨绛《记钱钟书与〈围城〉》读后（张明亮）

后记（解玺璋）

该著收有长篇小说《围城》各类版本的序言，主要关涉据此改编的同名电视剧的改编文章，以及主创人员的叙说文章，从各个方面对电视剧的内容和形式作了多角度的分析。

（6）王永宏：《戏曲艺术片的理论与实践》

王永宏著，中国电影出版社 1991 年 12 月第 1 版。

王永宏，安徽泗洪（今江苏）人，北京电影制片厂编辑、中央新闻纪录电影制片厂导演、副总编辑。

全书约 100 千字，共 122 页，其目录如下：

第一章　戏曲和戏曲电影的历史简况

第二章　新影拍摄戏曲片的情况

第三章　剧目的选择

该著结合实际工作积累的经验，对具有代表性的戏曲片予以了细致的剖析和解读，总结了拍摄戏曲艺术片的经验，具有理论指导价值。

（7）赵孝思：《影视剧本的创作与改编》

赵孝思著，学林出版社 1991 年 12 月第 1 版。

赵孝思，上海人，上海大学教师，著有《影视剧本的创作与改编》《徐玉兰传》《细说巩俐》等。

全书约 107 千字，共 183 页，其目录如下：

序（叶元）

一、电影剧本的任务//电影剧本的本质/电影剧本的任务

二、电影剧本创作的准备//素材的积累/语言的把握

三、电影剧本的构思//从选择题材到勾勒故事/从剪裁布局到理清流程/从充实血肉到分设轻重

四、电影剧本的编写//写好"第一本"/"捏戏"和"串戏"

五、序幕及其他//序幕——剧情和结构的有机部分/文字——可见性和可读性相结合

六、电视剧本的写作//电视剧和电影/电视剧本的写作

七、关于改编//改编与原著/改编的一般条件和方法/关于历史片的编写

附录//《上海的早晨》从小说到电视剧本/逻辑推断和电视剧语言——谈《舞后的归宿》的改编

后记（作者）

该著介绍了电影剧本的任务、构思、编写、序幕及其他以及电视剧本的写作和影视的改编等问题，探讨了改编与原著的关系，介绍了改编的条件和方法，谈论了历史片的具体编写技巧。

1992 年

（1）［英］艾伦·卡斯蒂：《电影的戏剧艺术》

［英］艾伦·卡斯蒂著，郑志宁译，中国电影出版社1992 年 1 月第 1 版。

艾伦·卡斯蒂，英国电影学者。

全书约 130 千字，共 197 页，其目录如下：

序言

第一章　作为戏剧艺术的电影

第二章　电影本身

第三章　视觉形象

第四章　摄影机眼睛：视点与透视

第五章　摄影机眼睛：距离

第六章　摄影机眼睛：运动

第七章　镜头的构图

第八章　镜头：象征和主题

第九章　剪辑

第十章　剪辑：片段和模式

第十一章　音响

第十二章　色彩和照明

第十三章　戏剧要素：冲突和角色

第十四章　戏剧要素：情节、结构、调子和主题

第十五章　电影风格：史诗性的

第十六章　电影风格：现实主义的

第十七章　电影风格：表现主义的

该著认为电影的主要趋向和成就是一种戏剧艺术，从摄影、构图、剪辑、音响、色彩、照明等层面分析了电影各个元素的特质，证明电影和戏

剧艺术的相似，认为电影当归入戏剧的范畴。

（2）中国电影出版社：《与狼共舞》

中国电影出版社编，［美］迈克尔·布莱克著，朱仁译，沈善校，中国电影出版社1992年2月第1版。

迈克尔·布莱克，美国小说家。

全书约342千字，共371页，其目录如下：

与狼共舞（小说）（［美］迈克尔·布莱克著，朱仁译，沈善校）

与狼共舞（电影剧本）（［美］迈克尔·布莱克编剧，沈善译）

附录一：//影片创作人员杂谈

附录二：//达科他，加入联邦之前的领土

该著为"外国影片研究丛书"之一，收有小说原著和据此改编的同名电影剧本和若干剧照，由此可发现小说与剧本在主题、情节、人物和场景等方面的异同，可从实例中学习改编技巧。

（3）中国电影出版社：《高山下的花环——从小说到电影》

中国电影出版社编，中国电影出版社1992年3月第1版。

全书约380千字，共562页，其目录如下：

高山下的花环（小说）（李存葆）/高山下的花环（电影文学剧本）（李准、李存葆）/高山下的花环（电影完成台本）（谢晋）/《高山下的花环》篇外缀语（李存葆）/《高山下的花环》改编杂谈（李准）/《高山下的花环》导演阐述（谢晋）/我演梁三喜（吕晓禾）/我演赵蒙生（唐国强）/扮演靳开来三题（何伟）/生活的体验与形象的创造（童超）/角色杂谈——梁大娘和我（王玉梅）/谈不上体会的体会（刘燕生）/关于《高山下的花环》多机拍摄的若干问题（朱永德）/《高山下的花环》美术设计点滴谈（仲永清、邱源）/电影剪辑的新生命——剪辑《高山下的花环》的体会（周鼎文）/力求真实、自然、生活——谈《高山下的花环》的化妆（沈克强）/我的探索——谈《高山下的花环》的音乐创作（葛炎）/巨大心灵震动的艺术——评电影《高山下的花环》（刘白羽）/人民的不朽形象——评影片《高山下的花环》（梅朵）/为有牺牲多壮志——谈电影《高山下的花环》的改编（李希凡）/"青出于蓝而胜于蓝"——谈《高山下的花环》从小说到电影（彭加瑾）/论《高山下的花环》从小说到电影的再创作（谢中征、邝邦洪）/太行自古天下脊——影片《高山下的花环》观后（范咏戈）/军事题材电影创作的佳品——写在影片《高山下的花环》上映时（韩瑞亭）/军事题材电影创作的新突破——看电影《高山下的花环》感言（张澄寰）/试论《高山下的花环》的悲剧美（汪天云）/略评《高山下的花环》的演员表演（徐如中）/除去斑瑕花更艳——浅谈《高山下的花环》的不足（宫宇、严寒）

该著为"中国影片研究丛书"之一，为了总结根据李存葆同名小说改编的电影《高山下的花环》的成功与不足而编辑，对小说的电影改编等颇有参考价值。

（4）《电影艺术》编辑部、中国电影出版社本国电影编辑部：《再创作——电影改编问题讨论集》

《电影艺术》编辑部、中国电影出版社本国电影编辑部编，中国电影出版社 1992 年 7 月第 1 版。

全书约 320 千字，共 401 页，其目录如下：

再创作（陆柱国）/电影改编之我见（蒋子龙）/改编应注入导演的因素（黄健中）/改编是一门学问（李玉铭）/以电影的方式忠实原作（张卫）/给改编者以自由（韦草）/论文学名著的电影改编（李振潼）/电影改编理论需要突破（汪流）/改编贵在创造——兼评影片《人到中年》的改编（王忠全）/鲁迅小说改编电影的几个问题（李玉铭、韩志君）/读新片《伤逝》和《药》并泛论电影（钟惦棐）/纪念鲁迅不能篡改他的作品（吴世昌）/因《药》的改编而想到的（王得后）/从《药》谈起——与李玉铭、韩志君、吴世昌同志商榷（肖尹宪）/电影《伤逝》评析（桑逢康）/影片《伤逝》的艺术风格（艺军）/学习与商榷——影片《伤逝》引起的思考（李振彤）/这个阿 Q 的银幕形象——从《阿 Q 正传》的拍摄谈改编（王得后）/从《阿 Q 正传》的拍摄谈改编（岑范）/《子夜》从小说到电影（李振潼）/从几个次要人物的改动谈《子夜》的改编（王志超）/"其人宛在"——老舍夫人胡絜青谈《骆驼祥子》和《月牙儿》（陈文静）/略论虎妞形象的再创造——《骆驼祥子》观后（李希凡）/与众不同——说说影片《骆驼祥子》的艺术得失（王行之）/银幕上的《茶馆》（叶家铮）/一次不成功的挑战——评影片《雷雨》（曹其敬）/巴金、陈荒煤谈小说《寒夜》的改编（涛锐）/边城改编漫谈（陈荒煤）/老干扶持新竹青——关于《边城》的改编及其他（赵绍义）/酌奇而不失其真——读《漂泊奇遇》（李明春）/奇而失真——谈《漂泊奇遇》的改编（黄侯兴、孙桂春）/看了《漂泊奇遇》的感想（艾芜）/甘苦寸心知——《角落》改编漫谈（张弦）/从文学典型到银幕典型——陆文婷和"马列主义老太太"从小说到电影的比较研究（陈剑雨）/了然于心——看《牧马人》有感（王朝闻）/为什么感人不深——谈影片《牧马人》的不足（王忠全）/一次值得研究的尝试——谈影片《许茂和他的女儿们》的改编（谭洛非）/杂谈《赤橙黄绿青蓝紫》的改编（雷达）/乐曲在哪里交响——《锅碗瓢盆交响曲》影片、小说比较谈（任殿）/忠于原著 有所创造——鲁迅作品电影改编座谈会纪实（《电影艺术》记者）/电影改编学术讨论会小记（《电影艺术》记者碧鸥）

该著为"中国当代电影理论丛书"之一，收集的文章涉及电影改编理论、鲁迅小说改编、现代文学名著改编、当代小说改编等，或结合改编实践提出观点，或围绕作品改编展开论说。

（5）中国电影出版社：《开国大典——从剧本到影片》

中国电影出版社编，中国电影出版社1992年10月第1版。

全书约350千字，共505页，其目录如下：

开国大典（电影文学剧本）（张天明、张笑天、刘星、郭晨）/开国大典（完成台本）（李前宽、肖桂云）/《开国大典》赘语（张笑天）/用心血在银幕上浇铸丰碑——影片《开国大典》导演艺术总结（李前宽、肖桂云）/参加影片《开国大典》摄影创作艺术总结（李力）/影片《开国大典》美术设计谈（王兴文）/选择独特角度——读影片《开国大典》肖像人物化妆造型中的审美意识（郭珍）/挥写历史长卷 重现伟大庆典——《开国大典》座谈会发言摘登/关于《开国大典》的通信（陈荒煤、李文斌）/《开国大典》的思辨色彩（蔡师勇）/虚实相生 小大由之——谈《开国大典》的艺术特点（王愿坚）/探求史诗的气度和力度（黄式宪）/回顾历史使我们明智和坚定——谈影片《开国大典》（陈昊苏）/《开国大典》：走向博大和自由（郭铁城）/贵在使人警醒——看影片《开国大典》（钟艺兵）/挟时代风

雷　谱艺术华章——评大型革命历史影片《开国大典》（陆建华）/《开国大典》："意义空白"的设置与填充（李超）/《开国大典》放谈（思忖）/毛泽东在《开国大典》（罗艺军）/观《开国大典》散论（于敏）/第十届金鸡奖评委发言摘编/图片

该著为"中国影片研究丛书"之一，为了总结重大革命历史题材电影《开国大典》的成功与不足而编辑，对关注剧本《开国大典》的影视改编等颇有研究参考价值。

（6）中国电影出版社：《周恩来——从剧本到影片》

中国电影出版社编，中国电影出版社 1992 年 11 月第 1 版。

全书约 465 千字，共 566 页，其目录如下：

周恩来（电影文学剧本）[宋家玲（执笔）、丁荫楠、刘斯民]/周恩来（完成台本）（丁荫楠）/中国幸有一个周恩来——电影《周恩来》开拍前的三段讲话（丁荫楠）/《周恩来》创作中的几点想法（丁荫楠）/《周恩来》导演丁荫楠访问记（倪震、丁荫楠）/表演创作启示录——关于周恩来形象塑造的对话（林洪桐 王铁成）/我给"周恩来"化装（王希钟）/觅——看似顺其自然 不被察觉的境界——影片《周恩来》剪辑谈（杨幸媛、陈穗生）/为了"国家感"的实现——影片《周恩来》的道具创作（郭大刀）/《周恩来》影片剧作谈（宋家玲）/《周恩来》摄影阐述（于小群）/光辉的形象 不朽的史诗（陈荒煤）/壮怀激烈的悲歌——看《周恩来》感言（苏叔阳）/论《周恩来》的叙事构建及其美学意义（黄式宪）/主旋律中的高音阶——《周恩来》与丁荫楠的新意（何振淦）/又见总理 又别总理（岳野）/再现人民心中的周恩来（倪震）/中央重大革命历史题材影视领导小组及电影审看《周恩来》双片讨论纪要/精神永恒 风范长存——电影《周恩来》座谈纪要/伟大人格的光辉艺术塑造——《周恩来》座谈会发言纪要/为历史作证——影片《周恩来》评论综述（俞小一）/附录//《周恩来》摄制组采访录（龙世祥）/影片《周恩来》大事记（姜友石）/图片

该著为"中国影片研究丛书"之一，为总结大型传记电影《周恩来》的成功与不足而编辑，对关注剧本《周恩来》的影视改编等颇有研究参考价值。

（1） 刘恒：《菊豆·秋菊打官司：刘恒影视作品集》

刘恒著，中国社会科学出版社 1993 年 1 月第 1 版。

刘恒，北京人，北京作家协会驻会作家，著有长篇小说《黑的雪》《逍遥颂》《苍河白日梦》《本命年》《菊豆》等。

全书约 379 千字，共 485 页，其目录如下：

刘恒影视作品//秋菊打官司/本命年/菊豆/大路朝天

刘恒创作资料//刘恒小传/刘恒作品年表/对话、电影、文学及其他（刘恒、王斌）

刘恒影视作品评论//重建理想和民族精神的呼唤——谢飞谈《本命年》（罗雪莹）/原生态与典型化的整合——看影片《秋菊打官司》（雷达）

该著为"海马文学丛书"之一，收有刘恒根据当代文学作品改编的 4 部电影文学剧本，以及有关刘恒研究的资料和评论文章，是一部全面、系统把握刘恒电影作品的资料文献。

（2） 王朔：《青春无悔：王朔影视作品集》

王朔著，中国社会科学出版社 1993 年 1 月第 1 版。

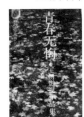

王朔，生于南京，作家、编剧，著有《王朔文集》《王朔自选集》等。

全书约 311 千字，共 399 页，其目录如下：

王朔影视作品//顽主/轮回/青春无悔/私人律师/编辑部的故事（娶个什么好）/爱你没商量（第一集/第二集）

王朔影视作品评论//王朔电影作品的意义（白烨）/亚文化：王朔的生命冲力（陈晓明）/王朔电影热缘何而起（邵牧君）/灰色诱惑：媚俗、浮躁的文化心态（黄式宪）/美丽的误区（吴斌）/编辑了什么故事（李一飞）

王朔创作资料（王朔）/经历简述（王朔）/创作答问（王朔）/致关心我的读者（王朔）/王朔作品目录

后记（王朔）

该著为"海马文学丛书"之一，收有王朔根据当代文学作品改编的王朔影视作品及王朔影视作品评论和创作资料，是一部全面、系统把握王朔电影作品的资料文献。

(3) 黄亚洲、汪天云、李歇浦：《开天辟地——电影文学剧本及导演完成台本》

黄亚洲、汪天云、李歇浦著，上海文艺出版社1993年2月第1版。

黄亚洲，生于浙江杭州，中国作家协会影视委员会副主任，著有《无病呻吟》《交叉口》《日出东方》等。

全书约273千字，共386页，其目录如下：

序（陈至立）

开天辟地（电影文学剧本）

开天辟地（导演完成台本）

该著收有革命历史巨片《开天辟地》的电影文学剧本、导演完成台本和多幅电影剧照，首次把中国共产党建立这一伟大历史事件搬上银幕，真实反映了中国共产党成立的全过程。

(4) 李明性：《巩俐、张艺谋电影杰作与小说》

李明性编，中原农民出版社1993年2月第1版。

李明性，编辑。

全书约160千字，共262页，其目录如下：

鬼才张艺谋（张小红）

巩俐旋风（陈宝光）

妻妾成群（苏童）

大红灯笼为谁挂？——兼析张艺谋的导演倾向（王干）

万家诉讼（陈源斌）

原生态与典型化的整合——看影片《秋菊打官司》（雷达）

伏羲伏羲（刘恒）

刘恒谈电影《菊豆》《秋菊打官司》的改编（晓蓉）

张艺谋谈银幕上的"性暴露"

关于巩俐的性感

该著收有 3 部巩俐主演、张艺谋导演的根据文学作品改编的电影剧本，以及相关电影评论文章，对于文学的影视改编研究具有参考价值。

（5）厉夏、方金：《古船·女人和网：剧照·剧本·评论·插曲》

厉夏、方金编，中国戏剧出版社 1993 年 3 月第 1 版。

厉夏，编辑。方金，编辑。

全书约 389 千字，共 555 页，其目录如下：

序（董志正）

电视文学剧本//古船·女人和网（韩志君、韩志晨）

评论//现代农村大变革生活的艺术长卷——赞《篱笆·女人和狗》《辘轳·女人和井》《古船·女人和网》这部"农村三部曲"所获得的成功和它在电视剧事业发展中所作的贡献（曹惠）/谱写中国当代农民的改革"心史"——长篇电视连续剧《古船·女人和网》笔记（仲呈祥）/再认识你自己（彭加瑾）/读片随记（童道明）/演员的形象创造（赵健）/导演阐述（陈雨田）/追求认识价值和审美价值的统一——我们组织创作《古船·女人和网》三部曲的一点体会（李宝侠）/把水分❶拧干 让精血充足——谈《古船·女人和网》的"三度创作"（金和智）

插曲//拖网的古船没快舟（张藜词、徐沛东曲）/不白活一回（张藜词、徐沛东曲）/麻辣苦涩甜酸咸（张藜词、徐沛东曲）/蛐蛐叫月（张藜词、徐沛东曲）/一年一度月中秋（张藜词、徐沛东曲）/啊，野甸子（张藜词、徐沛东曲）/我的吉他会说话（张藜词、徐沛东曲）

电视连续剧《古船·女人和网》演职员表

补：电视连续剧《辘轳·女人和井》演职员表

后记

该著收有根据韩志君、韩志晨同名长篇小说改编的 12 集电视剧《古船·女人和网》的剧照、剧本、评论、插曲等资料，颇有史料价值。

（6）大地文化社：《最后的贵族——从小说到电影》

大地文化社主编，白先勇、谢晋等著，大地文化社主编，上海百家出版社 1993 年 6 月第 1 版。

---

❶ 原书为份。

白先勇，台湾著名作家，著有《寂寞的十七岁》《台北人》《纽约客》《蓦然回首》《孽子》《姹紫嫣红开遍》等。

全书约 326 千字，共 380 页，其目录如下：

前言（冯英子）/形象大于思想——影片《最后的贵族》的艺术追求（谢晋）/谪仙记（小说）（白先勇）/最后的贵族（电影剧本改编提纲）（白先勇、谢晋）/最后的贵族（电影文学剧本）（白桦、段正国）/最后的贵族（完成台本）（谢晋）/未来银幕上的"谪仙"（白先勇、谢晋）/飞往纽约——跟谢晋拍片（潘虹）/奉献艺术的乐趣（卢玲）/最后的美国（李克纯）/悲壮的远征——影片《最后的贵族》摄制组赴美拍摄散记（武珍年）/我拍《最后的贵族》（卢俊福）/观谢导的新影片有感（黄蜀芹）/失落者的大悲痛——《最后的贵族》观影断想（李玲）/从合作、追求到友谊变迁——《最后的贵族》从小说到电影改编/论谢晋/风光容易使人愁——影片《最后的贵族》漫谈/历史在这里沉思——评谢晋影片《最后的贵族》/失落的灵魂——李彤赏析/论谢晋创作风格的变迁——兼评《最后的贵族》/《最后的贵族》横看成岭侧成峰——谈电影《最后的贵族》的艺术构思/忧郁的眼睛——潘虹艺术生活道路/白先勇简介/谢晋简介/卢燕简介/四位贵族小姐的肖像/谢晋电影年表/谢晋作品在国内外获奖及参展情况

该著为总结 1989 年导演谢晋根据短篇小说《谪仙记》所改编而成的电影《最后的贵族》的成功与不足而编辑，对关注白先勇、谢晋导演和文学的电影改编等均颇有研究参考价值。

（7）马奕：《中国戏剧电影辞典》

马奕主编，北京广播学院出版社 1993 年 9 月第 1 版。

马奕（1927—2014），回族，辽宁鞍山人，国家一级演员话剧、影视演员。

全书约 1001 千字，共 582 页，其目录如下：

前言

第一部分 总类//一、声腔剧种/二、戏剧名词/三、电影名词/四、影剧专著

第二部分 戏剧电影剧目//一画至十五画

第三部分 戏剧电影人物//一画至十五画以上

第四部分 戏剧电影资料//一画至十五画

该著是一部全面、系统介绍中国戏剧电影知识的大型综合性工具书，反映了截至 1992 年年底的中国戏剧、电影史的重要信息和最新成就，全面展现了中国戏剧、电影发展的历史过程。

（8）王富聪：《聊斋影视评论》

王富聪著，山东文艺出版社 1993 年 12 月第 1 版。

王富聪，任职于福建省文化局戏曲研究室。

全书约 226 千字，共 276 页，其目录如下：

卷首缀语（袁世硕）

聊斋电视系列剧评论//第一篇 评《贾奉雉》/第二篇 评《良琴知己》/第三篇 评《鲁公女》/第四篇 评《八大王》/第五篇 评《蛾眉一笑》/第六篇 评《狐侠》/第七篇 评《司文郎》/第八篇 评《陆判》/第九篇 评《书痴》/第十篇 评《真假阿绣》/第十一篇 评《地府娘娘》/第十二篇 评《荷花三娘子》/第十三篇 评《水莽草》/第十四篇 评《雨钱》/第十五篇 评《荒山狐女》/第十六篇 评《西湖主》/第十七篇 评《骂鸭》/第十八篇 评《花姑子》/第十九篇 评《窦女情仇》/第二十篇 评《云翠仙》/第二十一篇 评《翩翩》/第二十二篇 评《金钏奇情》/第二十三篇 评《公孙九娘》/第二十四篇 评《仙媒》/第二十五篇 评《生死情》/第二十六篇 评《鸦头》/第二十七篇 评《狐仙驯悍记》/第二十八篇 评《瑞云》/第二十九篇 评《娇娜》/第三十篇 评《婴宁》/第三十一篇 评《袖中奇缘》/第三十二篇 评《鹦鹉奇缘》/第三十三篇 评《田七郎》/第三十四篇 评《冥间酒友》/第三十五篇 评《阿宝》/第三十六篇 评《封三娘》/第三十七篇 评《佟客》/第三十八篇 评《莲香》/第三十九篇 评《乔女》/第四十篇 评《香玉》/第四十一篇 评《梅女》/第四十二篇 评《鬼宅》/第四十三篇 评《辛十四娘》/第四十四篇 评《无头案》/第四十五篇 评《细侯》/第四十六篇 评《连琐》

聊斋电视剧本评论//第一篇 评《杀阴曹》剧本/第二篇 评《青凤》剧本

聊斋电影（本）评论//第一篇 评《画皮》/第二篇 评《胭脂》/第三篇 评《精变》/第四篇 评《鬼妹》/第五篇 评《碧水双魂》/第六篇 评

百年中国影视文学改编研究书目引论

《狐缘》/第七篇 评《古庙倩魂》/第八篇 评《金鸳鸯》

　　附录//聊斋电视系列剧剧目简表/1979 年—1992 年拍摄的聊斋电影故事片简表/晓晴：后劲不足的《聊斋》系列片/白沙：从尧舜说到《恒娘》/马介甫本事/田七郎本事/莫负青春本事/恒娘本事/聊斋电视系列剧部分编剧简介

　　后记

　　该著包括聊斋电视系列剧评论、聊斋电视剧本评论、聊斋电影（本）评论及附录，从剧情、细节、人物塑造等方面就小说《聊斋志异》的影视改编予以了深入的分析。

1994 年

（1）四川电视台、中国电影出版社：《南行记——从小说到屏幕》

　　四川电视台、中国电影出版社编，中国电影出版社1994 年 10 月第 1 版。

　　全书约 200 千字，共 235 页，其目录如下：

　　序（仲呈祥）/南行记（完成台本）/人生的礼赞——《南行记》创作构想（潘小扬）/《南行记》制片阐述（张玉伟）/《南行记》摄影阐述（王小列）/我们也去南行——《南行记》人物造型设计阐述（周晓野）/《南行记》美术设计阐述（魏中华）/光线在影视艺术中的表现力——《南行记》照明设计阐述（嵇中传）/潘小扬速写（张鲁）/执著于电视剧的美文（郑洞天）/一流精品——评短篇电视剧《南行记·边寨人家的历史》（仲呈祥）/关于南行的现实、梦幻与回忆——小议电视剧《南行记·边寨人家的历史》的叙事结构（徐家康）/自然流动 魅力天成——《南行记》审美视点散谈（于晗）/再赋南行——《南行记》电视系列片析（陈庄）/不思量 自难忘——《南行记》座谈会追记（麦抒）/南行，南行……——电视系列剧《南行记》拍摄散记（陈华）

　　该著为"中国影片研究丛书"之一，为总结根据艾芜小说改编的电视剧《南行记》的成功与不足而编辑，对关注艾芜、潘小扬导演和文学的电视剧改编等均颇有研究参考价值。

（2）潘泰泉：《84集电视剧三国演义诞生记》

潘泰泉著，江苏古籍出版社1994年10月第1版。

潘泰泉，著名影视编剧。

全书约163千字，共226页，其目录如下：

序（冯其庸）

引子

我们这一代人应该拍"三国"

一个奇特的剧组//1.最早进剧组的是美术/2.王扶林说，我识抬举/3."一剧之本"在哪里/4.第一男主角是谁

总导演胸中的"三国图"

五虎上将

当家的原来是制片//1.他日后要自己办公司/2.他还要搞"回收"/3.大胡子怕是要回山西/4.他还得当导演，但不挂名

桃园三结义//1.刘关张/2.戴任黄/3.黄花道

农业部招待所里的"三国"总队

后长叶子先开花

话说戏中之戏//1.借东风/2.刘备招亲/3.七擒孟获/4.火烧赤壁

浪花淘尽英雄//1.一代"奸雄"的自述/2.两朝开济老臣心/3.一个马剧组

假作真时真亦假

无心插柳的谷建芬

他们无以为家

时间隧道：一千七百年前

无锡出了个"三国城"

艰难的铜雀台

低调的关机仪式

快刀未必能斩乱麻

别具一格的补拍队

是骡子是马，拉出来遛遛

海内外专家侃《三国》

等待：花开时节动京城

关于《诞生记》的诞生记

该著记述了《三国演义》从原著到拍成电视剧进程中的逸闻趣事，为研究中国古典名著《三国演义》的电视剧改编提供了原始的资料文献。

(3) 王健主编：《再塑群雄——〈三国演义〉从原著到屏幕》

王健主编，国际文化出版公司1994年10月第1版。

王健，歌词作家，著有《王健作词歌曲选集》《洒下一片深情》《历史的天空》等，主编《记得当时年纪小》《再塑群雄》等。

全书约285千字，共344页，其目录如下：

序言（李希凡）/前言（王扶林）/临江仙（戴临风）/为赋三绝（冯其庸）/"有大度，成大业"——访总导演王扶林/有容乃大，无欲则刚——访总制片人任大惠/他为《三国》写开篇——访编剧杜家福/秀才遭遇激情——访编剧叶式生/要对得起祖宗，也要留下戏——访编剧朱晓平/情系《三国》早生白发——访编剧刘树生/《三国》调动他的智慧——访编剧李一波/甘为《三国》压阵——访编剧周锴/《三国演义》——中华儿女共有的精神宝库——访《三国》学会会长、剧本参定之一刘世德/他将赢得举国的关注——访剧本参定之一孟繁树/把身心全抛进去了——访女导演蔡晓晴/历史精神与艺术精神——孙光明/寻找共有的激情——访导演沈好放/神圣的使命——访导演张绍林/只因为喜欢《三国》——访导演张中一/向黄河母亲倾诉——访制片主任尤世军/为名著无怨无悔——访制片主任郝恒民/精明·严谨·稳健——访制片主任单雨生/大胡子的新境界——访制片主任张纪中/空中缆车上的制片人——访制片主任张光前/都是奔这个戏来的！——访总美术设计何宝通/一腔热血献给《三国》——访服装设计赵庆霞/一片夕阳未了情，融于化妆设计中——谈化妆造型设计张立棠/我总想追求点东西——访灯光设计孙永福/这里边真有学问——访道具监制牛玉谦/谁知傅老爷子怎么剪呀——访总剪辑傅正义/最大幸福是得到观众的认同——访刘备扮演者孙彦军/多么希望再拍一回——访关羽扮演者陆树铭/豹头环眼好兄弟——访张飞扮演者李靖飞/精神支柱、创造历史——访曹操扮演者鲍国安/开一次顶风船——访诸葛亮扮演者唐国强/小小陈红，有大心胸——访貂蝉扮演者陈红/青山依旧在，几度夕阳红——访歌曲作曲谷建芬（香河芳草）/担当生前事，何计身后评——访作词王健（香河芳草）/王宪印象——访音乐创作王宪（香河芳草）/虽雌亦雄，乐坛一丁——访音乐创作李一丁（香河芳草）/他的身心只属于舞蹈——访舞蹈编导孙颖/三个庄严、沉重的字——访副导演陆涛/生龙活虎小任萌——访摄像任萌（王志勇）/八十四集电视剧故事梗概《三国演义》（袁枫、于永和）/后记（王健）

该著记述了《三国演义》从原著到拍成电视剧所走过的 5 年艰苦历程，提供了一部中国古典名著从改编到拍摄最后成为一部长达 84 集电视剧的经验和教训。

1995 年

（1）方位津：《海底石——外国文学与外国影视评价》

方位津著，外语教学与研究出版社 1995 年 5 月第 1 版。

方位津，首都师范大学教授，著有《海底石》《东西方跨世纪作家比较研究》《宗教 虚无 性爱 死亡及其他》。

全书约 265 千字，共 326 页，其目录如下：

天生我才必有用（序）/前言/光环下的阴影——简·爱叛逆性格质疑/爱的纵横——论《巴黎圣母院》中四个男人的爱/说不尽也要说的哈姆雷特——哈姆雷特性格综议/"使未来世纪获得丰收"的作家左拉——《左拉中短篇小说精选》代序/不同血缘的同宗兄弟——祥子与匹普形象之比较/灵的追求 肉的毁灭——克洛德与丁梅斯代代尔悲剧比较/爱情的祭奠——中西文学妓女爱情悲剧浅谈/伟人并不遥远——专业教学中德育思考之一/良师益友自我完善——专业教学中德育思考之二/德育促你自我完善——专业教学中德育思考之三/时代与时空的交错——《回到未来》简评//电影故事《回到未来》/人生戏剧 戏剧人生——《戏剧人生》简评//电影故事《戏剧人生》/从悬念的设置到情节的合理——《通天大盗》简评//电影故事《通天大盗》/历史的艺术——《丑闻》简评//电影故事《丑闻》/女人对男人的战争——《西尔玛与路易斯》简评//电影故事《西尔玛与路易斯》《末路狂花》/她让所有人着迷——《修女也疯狂》简评//电影故事《修女也疯狂》/犯罪意图的剖析——《本性》简评//电影故事《本性》/小论情节取舍——《逃亡者》简评//电影

故事《逃亡者》/英雄、真实及其他——《英雄》简评//电影故事《英雄》/谈鬼为人用——《幽灵》简评//电影故事《幽灵》/鬼的居住权——《鬼屋》简评//电影故事《鬼屋》/美国的梦魇——《半夜鬼敲门》简评//电影故事《半夜鬼敲门》

该著为作者多年关于外国文学和我国影视作品的论文集，对一些根据文学作品改编的电影进行了评论，具有参考价值。

（2）陈墨：《张艺谋电影论》

陈墨著，中国电影出版社1995年6月第1版。

陈墨，安徽望江人，中国电影评论学会理事、中国台港电影研究会副会长，著有"评金庸系列"以及《中国武侠电影史》等。

全书约210千字，共286页，其目录如下：

引言：有关张艺谋的"说法"/第五代导演与张艺谋/小说：张艺谋的"魔杖"/《红高粱》：小说与电影/《代号美洲豹》：局限于反证/《菊豆》与《伏羲伏羲》/《大红灯笼高高挂》与《妻妾成群》/《活着》：从小说到电影/综合艺术或"杂种电影"/"文化"：意念与造作/女性的观点与神化/戏剧性：新潮与传统/寓言的构成与"误读"/心路历程：从幻想到现实/艺术走向：反叛与回归/缀语：如何评价张艺谋/后记

该著既逐一解析张艺谋根据文学作品改编的影片，又从女性形象、寓言性、文化观点等层面探讨张艺谋电影，揭示张艺谋影片从幻想到现实、从反叛到回归的电影特质和创作趋向。

（3）汪流：《中国的电影改编》

汪流著，中国广播电视出版社1995年7月第1版。

汪流，浙江绍兴人，北京电影学院教授，著有《电影剧作概论》《电影剧作的结构形式》《电影艺术辞典》等。

全书约150千字，共179页，其目录如下：

第一章　改编是电影的重要创作源泉之一

第二章　文字形象能否转化为银幕形象？

第三章　电影和文学是两种不同的艺术形式

第四章　电影改编的几种方式

该著指出改编是电影的重要创作源泉之一，分析了文字形象转变为银幕形象的因素，阐释电影与文学的不同，总结电影改编的方式，叙说电影改编者需要具备的条件。

（4）戴锦华：《镜城突围——女性·电影·文学》

戴锦华著，作家出版社 1995 年 8 月第 1 版。

戴锦华，生于北京，北京大学教授，著有《浮出历史地表——现代中国妇女文学研究》《电影理论与批评手册》等。

全书约 170 千字，共 225 页，其目录如下：

絮语

断桥：子一代的艺术//1. 狂欢节之外/2. 历史与断桥/3. 英雄的出场与女性的衬底/4. 结语：迷惘、拯救与献祭

寂寂的喧嚣：在都市的表象下//1. 城市的天际线/2. 王朔的顽主们/3. 此岸

不可见的女性：女人和电影//1. 历史际遇与文化悖论/2. 电影中的女性/3. 女性的电影

《人·鬼·情》：一个女人的困境//1. 女性的主题/2. 自抉与缺失/3. 拯救的出演与失信

裂谷：辉煌与陷落//1. 前工业表象、后现代文化与后殖民现实/2. 历史与话语/3. 语义与裂隙

镜与民族寓言：后 89 文学//1. 话语乌托邦及其困顿/2. 寓言世界的倾

斜/3. 民族寓言

《霸王别姬》：历史的景片与镜中女//1. 历史写作/2. 男人、女人与人生故事/3. 暴力迷宫

涉渡之筏：由父子场景到性别场景//1. 书写他人的历史/2. 女性的"复现"/3. 性别的换位游戏

梅雨时节：电影的光斑与阴影//1. 众声喧哗/2. 屏壁内外/3. 时隐时现的城市/4. 现场与边缘写作

结语：镜城一隅//1. 市声之畔/2. 镜城突围/3. 边缘·中心

关于作者（代后记）

该著为"莱曼女性文化书系"之一，立足于女性文化立场，对一些根据文学作品改编的电影予以细读，描述女性在当代中国的文化境遇。

（5）萧朴：《廊桥寻梦——从小说到电影》

萧朴编，华东师范大学出版社 1995 年 12 月第 1 版。

萧朴，编辑。

全书约 140 千字，共 225 页，其目录如下：

廊桥寻梦（白桦）/疾进的东方与返回的西方——从《廊桥遗梦》的畅销说起（冯骥才）/他和她的故事（陈祖芬）/没有婚内情，哪有婚外情？——从《廊桥遗梦》说到大陆当代人的爱情观（陈村）/一次回到古典的旅行——美国小说《廊桥遗梦》何以风行中国大陆（蒋丽萍）/无奈中的美丽神话——《廊桥遗梦》与现代人的情感困境（许纪霖）/我们是否又要回到浪漫主义？（刘绪源）/美丽的陷阱❶——美国畅销小说《麦迪逊之桥》的文学与社会效应（陈清玉）/讴歌平淡的人生——电影《麦迪逊之桥》的启示（傅葆石）/给平凡的日子加点糖（王为松）/爱是不能忘记的（梁友）/今夜，廊桥无梦（林骧华）/我看廊桥亦有梦（明洁）/《廊桥遗梦》的梦（谭根雄）/铭心真情廊桥梦（张国功）/是古典浪漫的遗梦，还是爱情乌托邦？——《廊桥遗梦》火爆京华探因（丁达）/抓住梦的手——《廊桥遗梦》何以风靡中国（张福海）/守望幻境（晴圆）/《廊桥遗梦》，并非爱情（李佳）/中年人的童话（鲁强）/中年人的"魂断蓝桥"（云飞）/诗与理性的契合体（吴

---

❶ 原书为井。

正）/幸福与痛苦（吴君）/离火太近（苏敏）/主妇心（梅女）/不自觉的自恋倾向（简清）/另一种美国梦（李天纲）/从《廊桥遗梦》看美国人的牛仔情结（姜迎春）/牛仔裤、军刀和咔叽布衬衫（哈渤）/《廊桥遗梦》的风靡（王耀华）/触动了一根"人的神经"（沈敏特）/旁观《廊桥遗梦》——从海外热到中国（虹飞）/香港流行两本书（江迅）/廊桥遗下什么梦——关于现代都市人生命情怀的访谈（王雪瑛）/赚钱之桥（小航）/寻觅真爱，淡泊人生——罗伯特·唐姆斯·沃勒其人其事（张安平）/"桥"先生沃勒：最后的牛仔（王士刚）/《廊桥遗梦》之轰动效应（张安平）/爱情故事动人，廊桥生意红火（谷安民）/一部电影"吹热"一个小镇（严敏）/《麦迪逊郡桥》在美公演引起轰动（严敏）/电影《麦迪逊郡桥》追求更真实的情感（马军）/两位主演者，话说廊桥梦（燕君）/心灵之地：斯特里普如何演《麦迪逊之桥》（慕田玉）/纪实与虚构（贺小虎）/图像与真实（卡西·纽曼）/《廊桥遗梦》故事梗概（李东缩写）/编后记

该著为"中国电影研究丛书"之一，为总结根据《廊桥遗梦》所改编的同名电影《廊桥遗梦》的成功与不足而编辑，是一部探讨"廊桥热"的客观报道和文化分析资料集，颇有参考价值。

1996 年

（1）王晓玉、孟临、何平华：《影视文学创编引论》

王晓玉、孟临、何平华等著，重庆出版社 1996 年 7 月第 1 版。

王晓玉，祖籍山东，华东师范大学教授，著有《阿花》《紫藤花园》《台港文学概述》《儿童文学通论》等。

全书约 110 千字，共 216 页，其目录如下：

第一章　影视文学的特性//第一节 影视艺术的特性/第二节 影视文学的特性

第二章　影视创作论//第一节 影视剧本的基本要求/第二节 创作前的准备/第三节 创作流程

第三章　改编论/第一节 改编的条件/第二节 改编的原则/第三节 改编

的方法/第四节 从小说到影视的改编/第五节 从戏剧到影视的改编

第四章　影视文学的鉴赏和批评//第一节 影视文学的鉴赏/第二节 影视文学的批评

该著以大量中外影视文学名作为个案，概述了影视文学的特性，论述了影视文学创作的规律，勾勒了影视文学创作的流程，探究了影视文学改编的方法，介绍了影视文学鉴赏和批评的原则。

（2）赵群：《电视连续剧〈三国演义〉艺术评论集》

赵群主编，中国广播电视出版社 1996 年 7 月第 1 版。

赵群，中央电视台研究室主任。

全书约 334 千字，共 419 页，其目录如下：

前言（赵群）/谈《三国演义》电视剧的改编（谭洛非）/电视连续剧《三国演义》与曹操的形象（李希凡）/电视剧《三国演义》与文学原著之比较（陈辽）/从文学名著到屏幕形象——我对电视剧《三国演义》的一点思考（梅朵）/做了什么，还可能做什么？——电视剧《三国演义》改编有感（刘树生）/浩瀚的历史画卷，恢宏的战争景观——电视剧《三国演义》漫评（高鑫）/电视剧《三国演义》三题（仲呈祥）/大型电视剧《三国演义》的成就和意义（孟繁树）/不走形，不失神，追求电视剧艺术的真善美（曾庆瑞）/作为史诗的《三国演义》（崔卫平）/《三国演义》：电视时代的史诗——兼谈电视的文化使命（王纪言、刘春）/基本成功，不无遗憾（钟艺兵）/《三国演义》电视剧改编之我见（任公伟）/真实可信，栩栩如生——浅析电视剧《三国演义》的人物塑造（杨望金）/关于曹操的形象问题（杜景华）/原著·改编·接收方式——张飞形象简论（吴迪）/论电视剧《三国演义》中的诸葛亮形象（胡世厚）/《三国演义》电视剧面对的五大矛盾（沈伯俊）/历史剧改编的尺度（彭俐）/对《三国演义》电视剧改编的三点思考（康征）/辉煌的史诗，壮美的画卷——评电视连续剧《三国演义》（周金华）/在忠于原著基础上创新——观电视连续剧《三国演义》浅评（蔡勖平）/电视剧《三国演义》与原著在人才观上的继承与突破（孟德善、宋德明、马松甫）/论电视剧《三国演义》对原著主题的理解与把握（靳青万）/《三国演义》电视剧首集编导之创造性（黄华强）/就"隆中对"谈电视剧改编的得与失（孟聚）/谈电视剧《三国演义》主题歌及插曲（甄庆丰、寇鸿章）/三国鼎立话赤壁——谈赤壁的战略地位（冯金平）/鸿篇巨制 美玉微瑕（邓楚栋）/论电视剧《三国演义》的民族特色兼评主题歌（刘玉娥）/"三国"人才观的成功之作——电视连续剧《三国演义》观后（魏广智）/电视剧《三国演义》与许昌（史友仁）/道不尽的"三国"（李厚基）/《三国演义》纵横谈（李时人）/"三国"精彩在头尾（朱健国）/我看"三国"（秀峰）/关羽何曾约三事（唐风）/让观众过把瘾——字里行间说"三国"（宋安娜）/怎样观看《三国演义》（榆人）/遗憾与疏漏（舒张）/我拍《三国演义》电视连续剧（王扶林）/电视剧《三国演义》中的曹操——创作手记摘录（鲍国安）/塑一个血肉鲜活的诸葛亮——电视剧《三国演义》中"卧龙吊孝"一戏拍摄谈（张中一）/寻找风的形象，拍出火的气势——火烧赤壁摄影造型谈（刘书亮）/电视剧《三国演义》的音乐分析（何晓兵）/电视剧《三国演义》服装设计的思考（赵庆霞）/尊重艺术规律，圆满艺术构想——电视剧《三国演义》制片工作谈（单雨生）/拍"三国"兵分六路归一统——访电视剧《三国演义》总导演王扶林（铁铮）/回顾创作 总结得失（余韶文）/"群儒逐鹿"（炜琨、宝木）/心系"三国"写春秋——记电视剧《三国演义》的部分创作人员（凯悦）/"三国"群英谱（骆玉兰）/"刘玄德"从大庆走来（陈进）/"天助我也！"——记陆树铭（杜仲华）/同是燕赵人——记李靖飞（马明）/我想给人看另外一个诸葛亮——访唐国强（谈大庆）/他把曹操演活了——记鲍国安（周湘华）/艺苑敬业者——记张光北（李春利）/古代美女现代情——记陈红（石新生）/旌旗十万战"汉城"（陈进）/《三国演义》中的"解放军"（靳纪）/凭空造出个"三国城"——记无锡"三国城"设计师曹斌（马上）/"三国"开播影城热（黎瑞祥、朱国梁、马上）/"三国"细账算分明（虎生）/"三国热"在泰国（杜仲华）

该书汇集了电视剧《三国演义》座谈会上的评论和部分报刊发表的、部分创作人员所写的文章以及一些演职员的采访札记，对名著改编如何电视化以及该剧的成功经验和教训作了剖析。

1997 年

（1）宋家玲：《影视文学创作论》

宋家玲著，北京广播学院（现称为中国传媒大学）出版社 1997 年 9 月第 1 版。

宋家玲，中央人民广播电台文艺部编辑、北京广播学院教授，著有《电视剧艺术论》《影视文学创作论》《影视艺术比较论》等。

全书约 437 千字，共 538 页，其目录如下：

一、影视文学——影视艺术创作中的一个重要环节

二、影视剧作的创作特性

三、影视艺术的本性及对剧作的影响

四、影视艺术构成与剧作构成要素

五、剧作的主题与题材

六、论剧作结构

七、塑造人物形象

八、情节编织技巧

九、影视剧作样式及其发展趋势

十、文学体裁与影视手段的结合

十一、纪实美学对影视创作的影响

十二、影视艺术鉴赏与评论

后记

该著总结了影视剧作的创作特性，分析了影视艺术本性及对剧作的影响，归纳了影视艺术构成与剧作构成的要素，从剧作主题与题材、结构、人物形象、情节等方面阐释了影视文学创作的技巧。

1998 年

（1）王愿坚：《看得见的文学——影视创作漫谈》

王愿坚著，人民出版社 1998 年 6 月第 1 版。

王愿坚，山东诸城人，中国电影编剧、作家，著有《党费》《粮食的故事》《普通劳动者》《闪闪的红星》等。

全书约 186 千字，共 243 页，其目录如下：

序（翁亚尼）

人·人性·人情/人·命运·心灵/思想和思想力量/谜的启示/美的精神和美的电影/电影，看得见的文学/写透 写深 写活/电影创作需要理想之光的照耀/写出人物和党的精神联系/时代·崇高·艺术勇气——看 1983 年部分影片的几点感受/革命战争的银幕表现——军事题材影片创作断想/创作者的灵魂先要净化/漫谈电影文学的人物性格刻画/小说与电影的关系是怎样的/高唱革命军队和军人的歌/战争在心灵里打响/——电影剧本《远离战争的年代》欣赏随笔/给革命历史以艺术生命——革命历史题材电影创作断想/要从"史"里找到"诗"/史中寻诗——电视文学剧本《复归》欣赏随笔/史里寻诗——赞《让历史告诉未来》/为英雄时代传神——影片《梅岭星火》欣赏札记/革命历史的深情呼唤/人民呼唤我们归来——在电视连续剧《重返沂蒙山》研讨会上的发言/向着真实，向着伟大/从特殊里开掘——《这里通向天国》欣赏随笔/喜看电视剧《大学生和小篾匠》/勿忘文学性/再现革命的过去——《四渡赤水》编剧的心愿/改编电影文学剧本《闪闪的红星》的一些体会——在短篇小说创作学习班的发言/提高电视剧的文学价值——在陕西电视台的讲话/电影与文学——在北京电影学院的讲话

后记（王伟）

该著结合作者自己文学的电影改编经验，论及多部电影的文学改编技法和规律，重视电影的文学性和革命历史题材影视剧的创作，具有针对性和时代性。

第四编 突破与沉寂：20世纪90年代

155

（2）陈墨：《陈凯歌电影论》

陈墨著，中国电影出版社 1998 年 9 月第 1 版。

全书约 409 千字，共 575 页，其目录如下：

引言

第一章　精神凯歌：诗人与少年//一、"文革"之子/二、英雄之诗/三、少年之志

第二章　《黄土地》：自然与历史//一、人与大地/二、善与求真/三、苦与理想

第三章　《大阅兵》：反常与常规//一、剧情与人物/二、影像与音响/三、思想与对象

第四章　《孩子王》：歧义纷纭的呈现//一、叙事/二、表意/三、呈现

第五章　《边走边唱》：隐秘的精神自传//一、《命若琴弦》/二、《边走边唱》/三、《Life On A String》

第六章《霸王别姬》：人生与戏剧//一、人生故事/二、影戏形式/三、文化内涵/四、电影规范

第七章　《风月》：男女战争与游戏//一、真情与谎言/二、意念与虚饰/三、摹仿与编造

第八章　理想冲突：从自然到自我//一、理想的冲突/二、自我的演变/三、思想的尴尬

第九章　性爱表现：从压抑到变态//一、压抑/二、茫然/三、变态

第十章　传统与流行：从民歌到俗曲//一、"酸曲"与"进行曲"/二、复制与创作/三、传统戏曲与流行歌曲

第十一章　物象辞典：从写实到写意//一、碾盘/二、灵牌/三、孤树/四、月亮/五、鱼/六、镜子/七、风筝/八、石头/九、灯笼/十、空山

缀语

后记

该著为"20 世纪中国艺术文库·研究卷"之一，论说陈凯歌根据文学作品改编的影片在理想冲突、性爱表现、传统与流行、物象等方面的特性，揭示了陈凯歌影片的创作趋向。

（1）赵凤翔、房莉：《名著的影视改编》

赵凤翔、房莉著，北京广播学院出版社 1999 年 1 月第 1 版。

赵凤翔，笔名肖风，历任北京广播学院教师、中央人民广播电台文学编辑等，著有《萧红传》《庐隐传》《冰心传》《韩国之旅》等。房莉，现任中央电视台文艺部栏目编导。

全书约 224 千字，共 287 页，其目录如下：

前言

第一章　名著概说

第二章　改编概说

第三章　改编观念的演变

第四章　名著改编的可行性

第五章　影响名著改编的因素（一）：本质因素

第六章　影响名著改编的因素（二）：非本质因素

第七章　名著影视改编的方法

第八章　名著改编的风格处理

第九章　当代影视剧的改编一瞥

第十章　鉴赏与评论

后记

该著主要概说名著和改编的基本知识，分析影响名著改编的因素，勾勒改编观念的演变，探讨名著改编的可行性，总结改编的方法及风格处理，扫视改编状况，介绍鉴赏与评论的技巧。

（2）孟繁树：《戏曲电视剧艺术论》

孟繁树著，北京广播学院出版社 1999 年 11 月第 1 版。

孟繁树，辽宁沈阳人，著有电视剧《情洒云之南》等。

全书约 224 千字，共 346 页，其目录如下：

前言

一、戏曲电视剧的年轻身影与足迹

二、戏曲电视剧出现的必然性//1 伟大的联姻/2 可能与必然/3 外部形态与内在本质

三、双重文化背景//1 戏曲文化对戏曲电视剧的影响/2 电视文化对戏曲电视剧的影响

四、戏曲电视剧的美学特征//1 形态特征（①艺术形态的跨边缘性/②时空形态的多样性）/2 美学原则（①景物造型的写实性/②表演艺术的生活化/③戏曲音乐是灵魂）

五、创作论//1 戏曲电视剧创作的独立性/2 题材的选择/3 主题的深化/4 创作流派（①胡莲翠和黄梅戏音乐电视剧/②李希茂和太谷秧歌电视剧/③贾海泉与京剧电视剧）/5 作品分析（①《四川好人》/②《遥指杏花村》/③《貂蝉》/④《朱熹与丽娘》）

六、表演论//1 音乐的继承与创新/2 表演语汇的提炼与动作的协调/3 节奏的确立与调整

七、欣赏与批评//1 观赏方式的制约/2 审美心理定势的改变与培养/3 批评的任务/4 理论的建设

该著立足戏曲电视剧出现的必然性、双重文化背景、美学特征、创作论、表演论、未来走向等支点，全面论说电视剧与戏剧文学的关系。

第五编 复兴与繁盛：21世纪以来

进入21世纪以来，中国影视创作兴旺发达，而与文学影视改编相关的文献整理与研究自然进入了一个新阶段，研究人员众多，学术成果丰厚，呈现出有史以来最为繁盛的局面。

1. 文献整理品种多样

（1）影视同期书出现。虽然20世纪90年代以来就时有所谓的影视同期书零星出现，但真正滥觞并呈现气势是在21世纪，当时改编片（剧）播映前后大量推出了相关文学作品。1999年人民文学出版社推出的《牵手》开始风行，至2000年1月现代出版社和香港凤凰卫视合作推出的"凤凰"系列丛书，才使得影视同期书的出版有了规模化的趋势，这为中国影视的文学改编研究提供了重要的改编文献渠道。

21世纪以来百年中国影视的文学改编文献整理工作之主要标志就是文化产业语境中推出的"影视同期书"。当某一部电影、电视剧或动画片正在热映或热播时，出版社立即推出由电影、电视剧本或动画片改编整理的同名图书，这些书通常是小说，如人民文学出版社的《哈利·波特》《牵手》《大宅门》《橘子红了》《五星饭店》《猎豹出击》《江山》《亮相》《徽商》《与青春有关的日子》等，现代出版社的《刮痧》《大腕》《绝对感情》《贻笑大方》《背叛》《就那么回事儿》《寻枪》《吕布与貂蝉》《东北一家人》等，群众出版社的《黑洞》《黑冰》《清官于成龙》《重案六组》《大宋提刑官》等，作家出版社的《天下粮仓》《康熙王朝》《绝对权力》《中国制造》《至高利益》《一场风花雪月的事》《拿什么拯救你，我的爱人》《金婚》《暗算》《关中匪事》《贞观之治》《鉴真东渡》《似水年华》《宅门逆子》等，上海文艺出版社的《红色康乃馨》《十面埋伏》等，浙江文艺出版社的《天下粮仓》等，山东文艺出版社的《车间主任》《大法官》《誓言无声》《大染坊》《闯关东》等，中国少年儿童出版社的《家有儿女》系列等，解放军文艺出版社的《亮剑》等，陕西师范大学出版社的《粉红女郎》等，中国工人出版社的《大汉天子》等，花山文艺出版社的《士兵突击》《大敦煌》《心中有鬼》等，东方出版社的《武林外传》《生死十日》《再生缘之孟丽君传》等，中国戏剧出版社的《英雄》等，上海教育出版社的《长恨歌》等，中国对外翻译出版公司的《人间四月天》等，人民日报出版社的《笑傲江湖》等，漓江出版社的《戈壁母亲》《军歌嘹亮》等，团结出版社的《金粉世家》等，中国纺织出版社的《仁者无敌》等，中国青年出版社的《台北有多远》等，文化艺术出版社的《天仙配》《夜宴》等，湖南人民出版社的《恰同学少年》等，中国文联出版社的《沙场点兵》等，江苏文艺出版社的《叶问》《郑和》《结婚十年》《杀戒》等，上海辞书出版社的《乔家大院》《梅艳芳菲》《空巷子》等，中国社会科学出版社的《神探狄仁杰》等，长江文艺出版社的《动什么别动感情》《手机》《新守婚时代》等，朝华出版社的《最后的格格》等，中国友谊出版社的《芳香之旅》《狼毒花》等，接力出版社的《短信一月追》《不能说的秘密》等，北京出版社的《像雾像雨又像风》等，辽宁教育出版社的《浴火凤凰》等，中国广播电视出版社的《荣誉》《东京审判》等，中国文史出版社的《雪狼》等，中共党史出版社的《井冈山》等，天地出版社的《带我飞带我走》等，百花洲文艺出版社的《爱情呼叫转移》《爱情公寓 4 创作书》等，华艺出版社的《花样的年华》等，新华出版社的《铁面无私》等，广西师范大学出版社的《赤壁》等，安徽人民出版社的《第 601 个电话》等，国际文化出版公司的《风尘三侠之红拂女》等，中国民主法制出版社的《大国崛起》等，北京联合出版公司的《孔雀》《立春》《致我们终将逝去的青春》等，童趣出版有限公司的《宝莲灯》《哪吒传奇》《淘气包马小跳》等，安徽少年儿童出版社的《虹猫蓝兔七侠传》《虹猫仗剑走天涯》《奇奇颗颗历险记》等，浙江少年儿童出版社的《秦时明月》《福娃奥运漫游记》等，外语教学与研究出版社的《小鲤鱼历险记》《快乐星球》《魔盒与歌声》《美猴王》等，人民邮电出版社的《喜羊羊与灰太狼》等，新世纪出版社的《猪猪侠Ⅱ之武侠 2008》等，羊城晚报出版社的《风云决》等，延边教育出版社的《海洋朋友》等，春风文艺出版社的《福娃》等。

此外还有作为"现代影坊"丛书之一、美国小说家赛珍珠的以中国为题材的长篇小说《庭院里的女人》；刘志福主编的收有小说《白狗秋千架》、电影剧本《暖》以及《此时此地》《霍建起，正常人》《镜头中别样的风景》等文的《暖》；八一电影制片厂推出、解放军出版社 2005 年出版的"新世纪军事电影丛书"，包括了《冲出亚马逊——从剧本到影片》《惊涛骇浪——从剧本到影片》《枪手——从剧本到影片》《惊心动魄——从剧本到影片》《太行山上——从剧本到影片》等，主要收录电影文学剧本、创作手记、影片评论、演职员表和获奖情况。

人民文学出版社于 2013 年 1 月推出的"中国电视剧三十年优秀剧作丛书"，则集纳了《激情燃烧的岁月》《人间正道是沧桑》《贫嘴张大民的幸福生活》《士兵突击》《大明宫词》《大宅门》《闯关东》《渴望》《四世同堂》《围城》等众多优秀的电视剧剧本。李葭的《男生贾里新传 从小说到电影》为一直在出版的"中国电影研究丛书"之一，生动地展现了新世纪中国少年独立自主、积极向上的精神风貌。

《小说月报》编辑部也及时选萃、推介了 2 卷已改编为《妻妾成群》《贫嘴张大民的幸福生活》《天下无贼》《生活秀》等影视作品的文学作品选集《〈小说月报〉：从小说到影视》，第一卷收录了包括《妻妾成群》《埋伏》《贫嘴张大民的幸福生活》《父亲进城》《天下无贼》《周渔的喊叫》《空镜子》《青衣》《生活秀》《马文的战争》《官司》《婚姻穴位》《母亲和我们》等在内的 11 部中篇小说、2 篇短篇小说，第二卷收录了包括《没有纽扣的红衬衫》《伏羲伏羲》《凤凰琴》《晚报新闻》《八路牛的故事》《舅舅的一段革命经历》《一一之吻》《跟我的前妻谈恋爱》《嫁死》《潜伏》《双驴记》等在内的 9 部中篇小说、2 篇短篇小说，这些作品均改编成了影视剧，二者分别按照《小说月报》选载发表的先后次序排列，每篇作品附有作家创作小传、影视改编情况以及作者介绍影视改编过程或作品创作心得的文章。

高缨的《达吉和她的父亲》入选林贤治、高建国主编的"中篇小说金库"，以小说文本为主体，附有作者回忆录、自述或访谈，以及相关影视改编材料及重要评论。

王静的《从文学创作到视听表达——电视连续剧〈借问英雄何处〉导演阐述》作为"21 世纪影视创作解析丛书"之一，用文字记录了这部电视连续剧摄制前后的经历以及创作点滴，包括编剧、导演的相关阐述以及文学剧本中跌宕起伏的故事呈现和人物塑造，是一部非常难得的影视文献资料。

全荣哲的《狼图腾：视觉设计与叙事语言》全面记录了影片《狼图腾》从剧本解读、前期设计、实地拍摄到特效制作的过程，收录了《狼图

第五编 复兴与繁盛：21世纪以来

腾》幕后的创作方法、讨论记录及大量珍贵的图稿资料，使读者深入了解一部视觉大片的诞生过程。

李金辉的《视觉的故事：〈鬼吹灯之精绝古城〉大美术时代的视觉创作》，从小说《鬼吹灯》的部分章节入手，以实际视觉效果图和模型建构来呈现如何用视觉思维把小说变成剧本，用九个章节展示了一部网剧的视觉构思，是一部不可多得的影视改编文献资料。

电视剧《白鹿原》剧组编的《白鹿原—剧15年》生动讲述了伟大作家陈忠实先生的茅盾文学奖获奖小说《白鹿原》，从购买版权、报备、立项、剧本改编、确定主创、选定演员、建组、拍摄到杀青的漫漫15年的坚守和坚持，通过电视剧参演者、参与者的口述历史和亲身感受，再现了该剧从发轫到成型的漫漫15年长路中的难忘点滴，展示了一群对中华民族厚重文化抱持尊重与敬仰情怀的手艺人，是如何坚定信念，凝聚力量，历经坎坷，发挥匠人精神，讲好中国故事，以电视剧的艺术形式，完整而忠实地体现作家原著风貌，终为广大观众呈现出一部远高于"行货"的经典剧目。

梅峰的《不成问题的问题：从老舍小说到梅峰电影》是电影《不成问题的问题》工作版定稿剧本，根据老舍发表于1943年的同名小说改编，还收录了以人民文学出版社1956年首版、1981年第6次印刷的权威版本为底本的老舍原著小说，通过提供两种形态的文本对比，领略文学经典的改编之道；而导演、编剧、摄影、声音、美术、造型等电影主创成员的创作阐述，则详细记录了创作思路；书后附有的精选的幕后图稿、全片分镜头表、拍摄计划表、通告单等工作资料、服装造型设计图、影像参考、电影剧照等幕后图稿资料以及幕后花絮照，更能让人们揣摩文学经典的改编之道，了解影片的美学选择与创作思路，感受"新文人电影"对文学传统的继承、对现实的关照，全方位见证这部电影的诞生。总之，该著集合了小说原作、完成的影片剧本，以及各个创作部门创作过程中的艺术设计阐述等丰富的第一手艺术资料，又有深度访谈和艺术评论等相关内容，是对影片比较完整、深入的艺术研究资源的梳理与整合。

王超的《寻找罗麦——从小说到电影》与于2018年4月全国公映的电影《寻找罗麦》同时出版，电影改编自小说《去了西藏》，讲述了一个美丽而忧伤的爱情故事。包括：从小说到改编文学剧本，再到分镜头导演工作台本，还包括电影剧照、电影现场工作照、创作访谈等内容，是一本新型流行文艺图书文献资料。

（2）各类涉及文学改编的影视工具书和电影理论文献资料得以修订出版。如汪流主编的收词3千余条、反映中外影视文化全貌和影视艺术发展状况的《中外影视大辞典》（中国广播电视出版社），其中电影名片中不少条目介绍了它的改编来源。上海图书馆编写的《中国现代电影期刊全目书志1921—1949》执行主编为张伟，由上海科学技术文献出版社于2009年出版。

吴迪主编的《中国电影研究资料1949—1979（上中下）》，所选资料始于1949年止于1979年，以电影界政治运动、文艺/电影政策、电影题材规划、电影工作者在政治运动中的表现等方面为重点，对于研究这三十年电影的基本性质、发展变化及其与新时期电影的关系来说是一部重要的文献资料选编。

罗艺军主编的《20世纪中国电影理论文选》是中国第一部系统性的电影理论文选，始于中国电影理论发轫的20年代初，止于2000年，它是在《中国电影理论文选》的基础上修订出版的。影响很大、反响良好的当属丁亚平主编的《百年中国电影理论文选》，该著的修订版于2003年由文化艺术出版社出版，书前长篇编者序言对百年中国电影理论作出了全新的扫描与读解，每篇理论文选文章之前均写有有关作者与文章内容的导读，还对初版中一二处明显编校问题作了校订，同时增选了个别理论文章。后于2005年收入中国出版集团的"中国文库"，目前在该著的基础上修订的三卷本《百年中国电影理论文选》作为"中国艺术学文库·电影学文丛"又由中国文联出版社于2016年隆重推出，它较为全面地收入了1895—2015年共120年间有代表性的120多篇电影理论文章，每篇文章附有作者介绍及文章出处，基本勾勒出了百年来电影理论发展的知识谱系，能够为电影研究者提供有益的思维方式和理论武器。

《中国电影文献史料选编·电影评论卷1921—1949》（陈多绯编，中国电影出版社2014年版）是中国影协史料抢救工程的成果之一，收录了中华人民共和国成立前（1921—1949年）的300余篇影评文章，主要来源于当时出版的《影戏杂志》《剧影春秋》《影剧天地》《舞台与银幕》《电影杂志》《青青电影》等期刊，这些影评文章史料翔实、可读性强，较为全面、客观、真实地反映了中国早期电影的创作情况，在某种意义上也反映了我国电影、文化、观众以及知识分子思想、心态的演变。

此外，《中国电影，你不知道的那些事儿：中国早期电影高等教育史料文献拾穗》（孙健三著，北京联合出版公司 2010 年版）、《抗战时期北平电影活动史料集》（孙柏、苏涛编，中国戏剧出版社 2016 年版）、《虹口电影史料汇编》（虹口区图书馆编，上海科学技术文献出版社 2017 年版）等不同类型的电影文献也在陆续出版。

（3）指南类电影图书文献出现。指南类电影图书是百年中国影视文学改编文献整理中可信度比较高的资料来源，虽然这类文献一直在持续不断地出版，但真正有影响的不多，较为出色的有现代出版社 2000 年推出的"现代影音丛书"（后改名"梦工场"），如《大话西游宝典》等与网络论坛紧紧结合；生活·读书·新知三联书店的《20 世纪的电影》；花城出版社先后出版的周黎明、梁良主编的《西片碟中碟：非英语片》《西片碟中碟：英语片》，卫西谛主编的"电影＋X"系列（《电影＋2002》《电影＋2003》《电影＋2004》……）以每年一本的构想推出，以 100 部左右的电影评论为主要内容，而《后窗看电影》以同名电影论坛"后窗看电影"的精选文章为主；《南方都市报》编辑策划的《华语电影 2005》《华语电影 2006》将目光聚焦内地、台港华语电影，针对 40 余部华语电影进行批评；新世界出版社的《新青年 DVD 手册》系列，不断推出新的碟报、碟评，资讯相当丰富；南方出版社的《世界情色电影精品鉴赏》《世界恐怖电影精品鉴赏》，也有一定的号召力；中国社会科学出版社的《1993—2002 十年百部佳片》是法国《电影手册》杂志年度推荐的合集，参考资料的可信度比较高。

（4）与电视剧、电视台有关的文献史料或丛书的隆重出版。在中国电视诞生 60 周年、中国电视剧诞生 60 周年的 2018 年，中国广播影视出版社推出了全景记录了中国电视剧 60 年发展轨迹的《中国电视剧 60 年大系》丛书。该丛书包括《中国电视剧 60 年大系·编年史》《中国电视剧 60 年大系·法规卷》《中国电视剧 60 年大系·创作卷》《中国电视剧 60 年大系·产业卷》《中国电视剧 60 年大系·剧目卷》《中国电视剧 60 年大系·人物卷》等 6 卷 9 本，其中《中国电视剧 60 年大系·创作卷》结合各个时期的社会背景、文艺政策、文艺思潮等，对一些思想精深、艺术精湛、制作精良相统一的重要作品进行了较为详尽的评述，《中国电视剧 60 年大系·剧目卷》收录了 600 部剧目，全卷总字数近 60 万字，为优秀的中国电视剧树碑立传，是了解中国电视剧优秀宝库的指南。

此外，中国广播影视出版社 2015 年也出版了由李兴国、卢蓉主编的《中国广播电视文艺大系：电视剧卷》分为上下两册，上册包括 1979—1990 年的作品，下册收录了 1977—2000 年优秀电视剧作品的评论文章数十篇，是一部电视剧理论的盘点性著作，对百年中国影视文学改编文献整理与研究具有参考价值。

而关于电视台的文献资料和研究著作，如涉及中央电视台的资料较早的有《中央电视台建台 35 周年纪念活动文献资料汇编》（杨伟光主编，金城出版社 1995 年版），而关于湖南电视台等省级电视台的研究性文献，主要有《经视卷宗·湖南经济电视台台情汇编》（湖南人民出版社 2008 年版），周贝任主编，李清溪、刘正勇任执行主编，吕焕斌为编委会主任，陈大军、凌引迪、王泽勇、周雄、吴建辉、周俊、胡志丹、谷良、梅宏、陈扬、王艳忠、姚远、蒋子云为编委会成员，总共 12 卷。

《追梦·湖南电视 40 年》（湖南人民出版社 2010 年版），由魏文彬任总顾问，欧阳常林为总策划，欧阳常林、吕焕斌为编委会主任，杨金鸢、姜欣、谢跃进、蒋新建、黄河清、黄伟民、张华立、胡卫箭、刘一平、罗毅、陈大军、罗雄伟、刘向群、聂玫、周丕学、刘惠东、龙秋云、彭益为编委会副主任，王维、王小夫、盛伯骥、凌引迪、薛雨东、陈刚、谢方、汪炳文、曹树荣、梁瑞平、李浩、周雄、朱皓峰、陈扬、王鹏、穆勇、凌红江、雷瑛、傅湘宁、张旭、肖柳为编委会成员，主编刘一平，共 7 分册 12 卷，其中第一分册为《岁月》，主编钟镇藩、王云峰；第二分册为《志象》，主编王旭波、马容、蒋子云、张蓉辉；第三分册为《锋芒》，上卷主编吕雁、陈征宇、杨芳；第四分册为《语文》，主编陈耿农；第五分册为《记忆》，主编彭进忠；第六分册为《风行》，上卷主编梁彪、张婵、吴雄杰、宋波，下卷主编梁彪、罗耀霞、阳婷；第七分册为《我们》，上卷主编成娟、姚芳、李曾，下卷主编凌引迪、蒋子云、邓怡。

"走近电视湘军"丛书（湖南师范大学出版社 1999 年版），包括欧阳国忠编著的《流动的视点〈流动记者站〉》、杨智勇和潘艳编著的《青春万岁〈新青年〉》、彭国元等主编的《田野清风〈乡村发现〉》、魏剑美著的《我心依旧〈玫瑰之约〉》、迟峰等主编的《我们自己〈卫视新闻〉》、严立群编著的《聚焦有话好说〈有话好说〉》、蒋祖烜主编的《第二种表达〈经视新闻〉》、欧阳常林主编的《大潮涌动〈经济环线〉》。这些资料，对于电视剧的文学改编文献和研究颇有裨益。

（5）"中国电影人口述历史丛书"的集中整理与出版。2007 年，中国电影资料馆和电影频道节目中心合作成立了"中国电影人口述历史"项目组，由中国电影资料馆研究室承担开展专业性的口述历史采集工程，追踪于北京、上海、长春、成都、南京、广州、香港、台北等地，采访在世的影人或影人后代。历时 3 年多，对 207 个电影界老人进行了近 2000 个小时的访谈。他们一方面将受访人同意公开发表的部分整理成文字，在《当代电影》和《电影文学》等杂志上开辟专栏、陆续发表；另一方面根据专题汇编成书出版，2011 年出版了第一批学术成果《中国电影人口述历史丛书》共 4 本，包括《长春影事：东北卷》（张锦、陈墨、启之，民族出版社 2011 年版）、《海上影踪：上海卷》（周夏、陈墨、启之，民族出版社 2011 年版）、《银海浮槎：学人卷》（李镇、陈墨、启之，民族出版社 2011 年版）、《影业春秋：事业卷》（边静、陈墨、启之，民族出版社 2011 年版），由陈墨、启之担任主编。

目前，陆续推出的有《长春大业：东北电影人口述历史》（张锦主编，中国电影出版社 2015 年版）、《科影元老忆往录：上海卷》（黄德泉编，中国电影出版社 2016 年版）、《胡健访谈录》（胡健、陈墨、边静，中国电影出版社 2015 年版）等。对于中国电影史学研究来讲，"中国电影人口述历史"项目做了一件"功在当代，利在千秋"的好事，拯救了大量即将逝去的、直观的、珍贵的历史记忆，为我们还原了多方位的、逻辑清晰的、具有强烈时代氛围感的历史现场。

（6）影视纪事类、编年类文献得到重视。首先值得一提的是国家广电总局电影事业管理局党史资料征集领导小组主持编撰、陈播主编、中央文献出版社出版的《中国电影编年纪事》，该著历时 20 年之久，集上千人之劳，于 2005 年出版的皇皇巨著，包括《总纲卷》《综合卷》《制片卷》《发行放映卷》共 4 卷。《总纲卷》内容主要有中国电影的诞生、民族电影的兴起、左翼电影运动、抗日战争时期电影、解放战争时期电影、新中国成立后十七年电影、"文化大革命"时期电影、社会主义现代化建设新时期电影等 8 个时期电影的历史编年纪事，《综合卷》主要为新闻纪录片、美术片、科教片、儿童片、电影音乐、电影教育、电影艺术研究与电影资料馆、电影对外交流、电影技术与科研、电影洗印等各种专题的历史编年纪事。《制片卷》为各电影制片厂（含各省办电影制片厂）以创作故事片为主的电影制片的历史编年纪事，《发行放映卷》主要为中国电影发行放映公司以及各省、市、自治区（含单列市）电影发行放映公司的历史编年纪事。各卷之间既相互联系又相对独立，概要呈现和记载了中国电影发展进程中的重要史实，对百年中国影视文学改编文献整理与研究历史脉络的厘清尤其是百年中国影视的文学改编编年纪事的写作具有重要的指导价值。该纪事作为献给中国电影百年的厚礼，的确可喜可贺！

此外，杨远婴主编的《北影纪事》（中国电影出版社 2011 年版），梳理与描述了北京电影制片厂的 60 年历史：首先，把"北影"的具体考量对象设定为其具有标志性意义的作品、创作人员及决策领导者；其次，在北京电影制片厂的创建、发展、转制的历史过程中整理其实施过程；最后，将表述内容构建为两个部分，即产业、创作、人事变动的线性描述和代表性人物的访谈。

陈洁主编的《民国电影艺术编年》（江苏美术出版社 2014 年版）采用编年体例撰写，依时间为序，将 1912 年 1 月至 1949 年 9 月所发生的电影活动的各种大事尽量搜罗，逐一记述，分目收录，由此勾勒出民国电影发展的概貌。而陈洁与陈天白编著的《重拾历史的碎片：中国艺术界抗战备忘录（1931—1945）》（凤凰出版社 2015 年版）为"纪念中国人民抗日战争暨世界反法西斯战争胜利 70 周年重点出版物"，将"九一八"事变至 1945 年抗战胜利 14 年间音乐、美术、戏剧、电影、舞蹈、戏曲各艺术界的抗战历史事件及人物予以收集，书稿内容丰富翔实，集中反映了大时代背景下各个艺术团体、艺术家的个人事迹，并配有珍贵的图片资料，是一本不可多得的抗战艺术档案。

（7）珍稀资料以影印本的方式出版。目前可以见到的国内最早的一本电影年鉴是中国教育电影协会编的《中国电影年鉴1934》，2008 年北京市市属市管高校电影学研究创新团队整理、中国广播影视出版社出版了它的影印本。

《民国时期电影杂志汇编》由上海图书馆编，国家图书馆出版社 2013 年版。本书收有民国时期 20 年代至 40 年代在内的主流电影期刊 73 种，全 167 册，约 60000 页，是迄今为止汇集资料最全、印制最精美的民国时期的电影期刊，是研究中国乃至世界电影史不可或缺的一手文献，同时也是研究我国近现代艺术史、文化史重要的参考资料。从电影制作、发行、影人活动、理论探讨、外国影坛乃至趣闻轶事、花边新闻等方面，为百年中国影视文学改编文献整理与研究提供了大量珍贵的第一手民国时期电影的文学改编史料。

《中国电影史料影印本丛书》为钟大丰、吴冠平主编，由东方出版社2015 年、2018 年出版，属于中国电影史上的稀缺史料。该丛书目前陆续出版了第一辑，包括《新剧史》（朱双云）、《中国影戏大观》（徐耻痕）、《影戏年鉴》《影戏学》（徐卓呆）、《电影讲义》（周剑云、陈醉云、汪煦昌）、《影戏剧本作法》（侯曜）等 6 本，尊重史料的原始版本，还原和呈现电影史料原始的存在状态，涵盖了中国早期影剧从业者对电影本体的认知思考、电影创作的理论阐释以及对早期中国电影业态的细节描述，是研究中国无声片时期电影思想与创作的重要文献，具有珍贵的学术价值。

2. 改编研究积极主动

进入 21 世纪以来，与影视改编文献研究相关的科研成果，较以前几个阶段就显得更加扎实、厚重和突出了。

（1）作为多种教材系列丛书或学术会议成果，适应高校的专业教学、科研的需要。这些成果，或为教材，或为学术会议成果。

①张宗伟所著的《中外文学名著的影视改编》为北京广播学院"21世纪中国影视艺术系列丛书"之一，该著约 250 千字，分上下两篇，从理论和实践两方面探讨了中外文学名著的影视改编问题，梳理了改编观念的演化过程，阐述了改编对象和改编者，从情节结构、时空处理、视听造型三个方面重点分析了改编方法，分析了中国古代四大名著、中国现当代文学经典、外国文学经典的影视改编个案，至今仍是本研究领域最有代表性和开拓性的成果。

②汪流的《电影编剧学》为中国传媒大学"实用影视艺术丛书"之一，该著主要介绍写作影视剧本必须具备的一些知识，指出写影视剧本不同于写小说或写舞台剧本，因为影视剧本有它自身的特点，它要用镜头讲故事、用声画结合的方式讲故事、用时空的变化解构剧本，须具备"蒙太奇思维"的能力，而第七章"再创作"则专论电影改编，为作者所著《中国的电影改编》一书的内容。

作为"社科论丛"之一的《电影艺术的文学解读》，是北京市社会科学院文学研究所孟固的著作，该著用比较传统的方法解读电影艺术，重视电影与文学之间的内在渊源关系，考察电影对文学的依赖关系，阐述了电影艺术与文学叙事之间的异同。

③贺信民、魏玉川编著的《名著改编与影视剧创作》为陕西师范大学

"影视教科书系"之一，从当代影视改编热点透视、中国当代文学名作的影视改编、名著改编的几个问题、影视创作实践等维度，对名著改编、影视剧的创作规律进行了学理阐释。

④张冲、张琼合著的《视觉时代的莎士比亚：莎士比亚电影研究》，为"大学外国文化通识教育丛书"之一，该著从内容、思想、主题、技巧、艺术、社会等角度出发，对较有代表性的根据莎士比亚喜剧（如《无事生非》《威尼斯商人》《爱的徒劳》《仲夏夜之梦》《第十二夜》《皆大欢喜》等）、历史剧（如《理查二世》《理查三世》《寻找理查》《亨利五世》等）、悲剧（如《罗密欧与朱丽叶》《哈姆莱特》《奥赛罗》《麦克白》《泰特斯》等）及传奇剧（如《普洛斯佩罗之魔法书》《驯悍记》等）改编的电影进行了细致独到的释读与批评，阐释了在"视觉时代"的语境下作为人类文化和文学经典的莎士比亚与作为大众艺术传媒电影之间的互动关系，通过莎士比亚电影研究彰显文学作品的改编研究正在成为显著的发展趋势，有利于我国学者和学术界的积极应对和参与。

⑤王伯勇的《从文学到舞台与镜像的路径——戏剧与影视叙事技巧的本体概述》，是上海戏剧学院用于编剧教学的参考教材，全书立足于文学写作与影视编剧的对比，结合自己的创作心路，深入浅出地阐述了选材与角度、主题与立意、人物与性格、故事与叙述、声音与语言、样式与类型、原创与改编等7大编剧技巧。

⑥徐大宁等编著的《外国文学与电影鉴赏》为"'难忘教育'系列丛书"高校教材之一，以外国文学为线、作家作品为目，于每章设置一节鉴赏课，赏析根据两希文学、中世纪文学、文艺复兴文学、古典主义文学、启蒙主义文学、浪漫主义文学、批判现实主义文学、现代主义文学、诺贝尔文学奖作家作品等改编而成的经典电影，连缀起来就是一个较为完整的外国电影鉴赏知识系统。

⑦孙柏的《摆渡的场景：从文学到电影》作为中国人民大学文学院的上课讲义，以早期间谍故事、网络时代的《失恋33天》《龙文身的女孩》，根据莎士比亚作品改编的《一剪梅》《科利奥兰纳斯》和当代中国的《唐山大地震》《金陵十三钗》为例，以特定的问题导向勾勒从莎士比亚到希区柯克、从形式转现到跨界搬演、从性别修辞到语际实践、从历史叙述到个人书写等场景特质，指出从文学到电影的转换究竟是语境的变迁还是记着历史书写的印痕。

第五编　复兴与繁盛：21世纪以来

⑧周力源、冯梅主编的《名著影视作品欣赏》为"高职卷全国艺术职业教育系列教材"之一，它从中外名著中选取了《简·爱》《哈姆雷特》《傲慢与偏见》《红与黑》《巴黎圣母院》《安娜·卡列尼娜》《伊豆的舞女》《红楼梦》《祝福》《城南旧事》《边城》《半生缘》《围城》《雷雨》《骆驼祥子》《笑傲江湖》等具有典型意义且经典的改编影视作品，以文学名著为基础，以影视作品为依托，从作家、作品（文学作品与影视作品）人文鉴赏、艺术鉴赏、思维拓展等角度对作品进行深入细致全面的赏析。

⑨梁振华的《中国当代影视文学导论 1949—2012》作为在北京师范大学使用的一部教材，实际上是一部中国当代影视文学史论著作，它遵从影视艺术的本体规律，以文学的视角、文学的思维、文学的方法、文学的精神，透过对不同时期影视文学创作流派、思潮与现象的梳理，选择了大量代表性作品进行集中探讨与描述，对当代中国（包括台港地区）影视艺术进行了一次系统化的文学考察，建构起了影视文学在当代中国文化艺术版图中的一条生动而清晰的脉络。

⑩芦苇、王天兵的《电影编剧的秘密》收入了芦苇和王天兵的四次谈话，将芦苇的成长经历与电影编剧技巧的讲解融为一体，既有普适的编剧法则又有实战教训，还有对《秦颂》《霸王别姬》《活着》《李自成》《等待》《杜月笙》《白鹿原》《图雅的婚事》等电影经典的案例分析，是一部很有价值的编剧教程。

⑪张巍等著的《电视剧改编教程》为"当代中国电视剧叙事策略研究丛书"之一，为北京电影学院教材，该著从创作实际出发，以《杜拉拉升职记》《马文的战争》《梅兰芳》《神话》《铁梨花》《亮剑》为例，从写作到拍摄、选题到构思、素材到内容、原作到改编等角度，阐释半个多世纪中国电视剧的多样剧本创作形式，总结中国电视剧的制作规律、创作特色以及理论规则。

⑫吕哲的《源代码：从科幻小说到电影经典》是一部从科幻小说溯源来揭示科幻影像秘密的书，在对《时光机器》《我，机器人》《星船伞兵》《猿猴星球》《少数派报告》《猎杀红色十月号》《重返中世纪》《天使与魔鬼》《珊瑚岛上的死光》《日本沉没》《穿越时空的少女》等科幻电影经典的细读中，深入背后的小说原著，领略作家的生花妙笔，指出从科幻小说转换为科幻电影的策略和途径，希冀成为新世纪中国科幻强势发展的助推器，不失为一部重要的科幻文学读物。

⑬侯海涛的《电影节奏：从剧作到影像》，为黄会林、王宜文主编的"京师影视学术书系"之一，它认为电影的"剧作（叙事）节奏"和"影像（视听）节奏"占电影节奏的两大层面，指出电影节奏在剧作层面涉及叙事的时序、人物、悬念、视角等，在影像层面（含声音）涉及镜头时长及时间变形、画内空间和画外空间、剪接和构图、色彩、影调、音乐音响等视听元素，而剧作和影像中蕴含的情感结构和运动力量，是作品艺术感染力的根本来源，对剧作的电影改编具备借鉴意义。

⑭赵彬彬的《影视剧片段改编教程》是为高职、高专影视（戏剧）表演专业编写的实践教材，它结合横店影视职业学院的办学定位与高职院校的实际情况，为作者多年表演教学的经验总结，选取《夜店》《刀客家族的女人》《唐山大地震》《归来》《马文的战争》《半生缘》等根据文学改编的影视作品，分析剧本故事中的时代背景、人物性格、人物关系、事件起因等，对理解作品、塑造角色、编排创作等能力的提升有重要意义。

⑮田莹的《从文学到电影：改编的九种可能性》为西安外国语大学"文学名著改编"课程教材，它以中英双语方式，对《死亡与少女》的戏剧式改编、《色·戒》的全景式改编、《祝福》与《林家铺子》的通俗式改编、《表》的本土化改编、《腐蚀》的影像化改编进行了分析，对《在底层》《倩女幽魂》《悲情城市》《到自然去》的改编进行了比较研究，从而集中阐述了电影改编的内容与方法、形式与风格以及改编的文化价值，对当代中国影人和电影产业的发展有非常重要的作用和价值。

⑯张晓红、徐曼、孟冬梅编著的《名著赏析与影视改编》作为一部高校教材，主要着眼于提高综合类高校人才人文素质的学科教学需要，通过对中外文学名著及影视改编中的技巧解读，使读者在欣赏名著的同时，了解影视艺术的基本特征和发展概况，了解影视改编不能代替文学原著，从而提高文学阅读、写作素养和审美鉴赏能力。

⑰王欣编著的《外国文学名著改编电影欣赏》作为台州学院的教材，选择了《塔度夫》《金钱》《乡村一日》《简·爱》《江湖侠侣》《雾都孤儿》《朱丽小姐》《钦差大臣》《红与黑》《梅丽小姐》（1955）《白痴》《汤姆·琼斯》《贵族之家》《十日谈》《哈克贝利·费恩历险记》《铁皮鼓》《斯万的爱情》《亚伯拉罕山谷》《威尼斯商人》《别碰斧子》等20部外国文学名著和20部电影作为欣赏对象，以加深读者对电影的认识和对原著的兴趣，普及这些文学经典，提高人文素养、欣赏与阅读能力。

⑱尹邦满、王拉娣、张晶晶、赵静、贾云霞的《刚好遇见你——从小说到电影》，作为重庆邮电大学的教材，剖析了小说与电影的叙事区别，既涵盖了常见的改编理论，又囊括了一些有特色的案例分析，归纳和总结了影视改编的几种范式，介绍了影视剧本创作和视听语言基础。

⑲张冲主编的《文本与视觉的互动：英美文学电影改编的理论与应用》，是一部"以文学作品与银幕改编的理论及实际意义"为主题的学术会议论文集，25篇代表性论文从"文学作品的银幕改编个案研究""文学作品视觉产品的教学意义"和"改编研究的理论思考"三个角度，在既有和新开发的理论视阈内展开研究分析和做出判断评价，可以说是对英美文学电影改编理论和应用的集中审视和探讨。

⑳戴锦华、滕威的《〈简·爱〉的光影转世》为纪念戴锦华从教30周年的成果"对话戴锦华"系列之一，该著从2011版《简·爱》的观影体验谈起，引出对文学原著的阐释和对各个时期《简·爱》电影的分析，探讨"改编与原著""视觉文字"的相互关系，认为电影电视艺术更将跨媒体文化实践发展到了新的阶段。

㉑戴锦华、孙柏的《〈哈姆雷特〉的影舞编年》同为纪念戴锦华从教30周年的成果对话戴锦华系列之一，该著以对谈形式梳理了《哈姆雷特》电影改编的历史脉络，以莎士比亚戏剧等世界名著及其改编电影的文本内外、台前幕后故事，揭示和彰显了哈姆雷特银幕形象所获得的社会文化价值。

㉒周斌、厉震林主编的《中国影视文学发展的历史、现状与前景》为"电影学丛书"之一，是2014年11月中国电影文学学会剧作理论委员会成立大会暨首届学术研讨会论文集，从不同的角度表达了作者对于中国影视文学发展历史、现状与前景的一些新见解。其中"剧作理论研究"着重对剧作理论的一些重要问题进行了探讨，"剧作史研究""动画剧作研究"有助于进一步加深对当下国产动画片的创作现状的认识和理解，"剧作家研究"内容涵盖面较广，"类型电影剧作研究"主要论析体育片、武侠片等类型片的创作特点或历史沿革，"新媒体时代的剧作研究""域外剧作理论研究"论述了法国电影剧作的反情节和弱化逻辑倾向以及英语世界电影剧作研究的一些新动态。

（2）一大批聚焦中外文学影视改编论题的博士学位论文，经过答辩整理后予以定稿成书并纷纷出版。为适应20世纪社会发展的需求，高等教育招收的博士研究生数量越来越多，培养质量也越来越高，博士研究生毕业以后也非常重视自己博士毕业论文的修改和打磨，并交由相关出版机构出版发行。目前，正式出版发行、与影视的文学改编相关的博士论著主要有：

①刘彬彬的《中国电视剧改编的历史嬗变与文化审视》为原北京广播学院曾庆瑞指导的博士论文，结合当代中国文化格局的演变，把"改编"置放在宏观的历史、美学、文化语境中，以典型案例的深入分析作为论据，着重论述了20世纪80年代精英文化启蒙烛照时期的电视剧改编理念，重点阐述了20世纪90年代大众文化的滥觞中电视剧改编理念的深化和转型，深入探讨了21世纪初多元文化对话互动中电视剧改编观念的新变，对中国电视剧改编的历史文化脉络进行了简明而生动的扫描。

②李红秀的《新时期的影像阐释与小说传播》，这是四川大学赵毅衡、毛迅指导的博士论文，其研究范围限定于1977年至2005年创作的小说，研究对象是新时期以来改编成电影或者电视剧的小说文本和影像文本，立足于小说文本和影像文本之间的结构关系，全面论述了影像阐释对小说的再现、提升、融合、传播的功能。

③原小平的《接受、写作与传播的叠合——论现当代文学名著的改编》，为武汉大学金宏宇指导的博士论文，该著以《阿Q正传》《家》《日出》《林海雪原》《人生》《红高粱》《金陵十三钗》等中国现当代文学名著为个案，考察中国现当代文学名著的影视改编现象、传播规律与改编艺术，为中国现当代文学研究文学经典化、文学接受史等提供佐证材料。

④赵庆超的《文学书写的影像转身：中国新时期电影改编研究》，为山东师范大学李掖平指导的博士论文，该著对《盲井》《红高粱》《姐姐词典》《周渔的火车》《草房子》《顽主》《手机》《阳光灿烂的日子》《生活秀》《香魂女》《寻枪》《高兴》等诸多改编电影个案予以了精微独到的分析，梳理了现实主义、现代主义和后现代主义元素的影像改编与生成倾向，论述了新时期文学改编的文化主题和审美价值，凸显出了学术创新价值。

⑤孔小彬的《改编的逻辑：电影导演与1980年以来的中国文学》，是上海师范大学杨剑龙指导的博士论文，该著通过深入考察谢晋、张艺谋、陈凯歌、姜文、张元等十二位著名导演的改编经历，以丰富的个案研究致力于揭示改编的过程即作家的艺术与导演的艺术之间复杂的对话过程，试

图揭示电影改编的内在逻辑，揭示导演既是文学读者又是电影作者在改编中居于中心环节的地位，其思想观念、影像语言、个性风格、市场意识等因素在改编过程中发挥着重要作用。

⑥朱怡淼《改编：中国当代电影与文学互动》，为南京师范大学朱晓进指导的博士论文，该著以中国当代电影对中国现当代文学作品的改编为研究对象，从电影改编文学的理论前提、具体改编实践以及电影改编对中国当代文学的影响和反作用三个层面展开论述，认为中国当代电影对中国文学作品的改编是一个重要的文艺现象，指出中国当代电影对文学的改编实践，一方面不同以文学原著为基础，从题材内容、主题内涵、形象塑造、艺术结构等方面对文学作品进行艺术的选择与接受，以"重读"的方式阐释并传播中国现当代文学；另一方面对文学原著的选择和接受所凸显的审美倾向和价值取向又反过来影响中国文学的发展。

⑦唐锡光的《从电影的革命到革命的电影：20 世纪中国文学视野中的左翼电影》，为山东大学解洪祥老师指导的较早出版的一篇博士论文，该著将 30 年代中国电影纳入 20 世纪中国文学的框架，通过对电影创作包括剧本改编、电影故事和电影评论的历史考察，揭示电影与文学相互渗透、相互影响的事实，从政策和文化层面审视了左翼电影话语生成和实现的环境。

⑧盘剑的《选择、互动与整合：海派文化语境中的电影及其与文学的关系》，为浙江大学陈坚指导的博士论文，该著以海派文化语境中的电影和与电影有关的文学为研究对象，从文学、艺术学和文化学的角度展开有关理论、创作现象以及电影与文学关系的分析和探讨。

⑨龚金平的《开放视野下的多维对话关系的构建——作为历史与实践的中国当代电影改编》，列为"博士原创学术论丛"之一，为复旦大学周斌指导的博士论文，从一定的理论高度和社会、历史、文化的纵深度审视中国当代电影改编，论述了中国当代各个阶段电影改编的概貌和主要特点，深入分析了有代表性的改编电影作品，为中国当代电影改编建立了改编电影作品与原作之间、与特定社会历史文化语境之间、与国际化背景下各种现实情境社会思潮之间等三个对话层次。

⑩冯果的《当代中国电影艺术的困境——对电影与文学关系的一个考察》，为华东师范大学陈思和、王晓明指导的博士论文，该著对第三代、第四代、第五代、第六代电影人的改编创作进行了系统论述，彰显了各代

中国电影人文学改编的立场坚守，揭示了中国当代电影与文学改编的关系。

⑪申载春的《影视与小说》，为南京师范大学吴功正指导的博士论文，论述了影视艺术与小说生态、小说生产、小说技巧、小说结构以及与小说接受的关系问题，对古典小说、张艺谋电影、霍建起电影的文学改编文本予以了深度阐释，集中考察小说和影视的相互关系。

⑫杨世真的《重估线性叙事的价值——以小说与影视为例》，为浙江大学殷企平指导的博士论文，该著对20世纪西方诗学中线性叙事与反线性叙事之争这一重大现象进行了全面深入的探讨，对线性叙事在小说创作和批评中衰落，而在影视剧领域长盛不衰的原因做了细致的分析，指出线性叙事在我国影视剧创作中的重要作用和反线性叙事在小说与电影创作中的负面影响，对于提高我国影视产业竞争力具有专业指导价值。

⑬吴辉的《影像莎士比亚：文学名著的电影改编》列为"电影艺术学丛书"之一，是中国传媒大学郑洞天指导的博士论文，它以莎士比亚的影视改编为研究对象，从文化诗学切入文本研究，分析和探讨了不同时代、国家、文化、导演和风格的莎士比亚电影改编的利弊及其所包含的文化内容和艺术特征。

⑭张璟慧的《方式即意义：自〈黑暗之心〉到〈现代启示录〉改编的中国古典美学观照》，为河南大学高继海指导的博士论文，它借中国古典美学理论观照美国著名导演科波拉编导的《现代启示录》对英国文学名著《黑暗之心》的改编及审美过程，以期体现中国古典美学对作为新技术化媒体的电影所具有的独特的理论阐释意义，具有一定的学术价值。

⑮刘明银的《改编：从文学到影像的审美转换》，为北京大学博士论文，该著以艺术审美为立论支点，以世界文学和世界影视的改编为参照，结合鲁迅的《阿Q正传》、沈从文的《边城》、古华的《芙蓉镇》、阿城的《棋王》等中国现当代文学作品的影像转化，以中国第四代、第五代电影导演的艺术追求作为重点观照对象，探讨了从文学到影像的审美转换问题，勾勒出文学和电影的改编在审美观念上的变化，视角独特，观点新颖。

⑯毛凌滢的《从文字到影像：小说的电视改编研究》，为四川大学欧阳宏指导的博士论文，它将理论阐释与个案分析相结合，运用符号学、叙事学、接受美学、阐释学以及中国古典文论资源等多学科的理论，以《围

城》《西游记》《贫嘴张大民的幸福生活》等为例，研究小说的电视剧改编起点在于改编的认知与理念的嬗变，分析了从文字到影像转换生成的理据，指出了影像意义生成的外部制约元素，对小说的电视剧改编具有一定的指导价值。

⑰於曼的《红色经典：从小说到电视剧》，为中国传媒大学王伟国指导的博士论文，力求从丰富的经验材料中提取带有普遍性的理论问题，从学理层面对特定历史阶段出现的根据红色经典改编的电视剧进行深入探讨，勾勒了红色经典电视剧改编的生成路径，剖析了电视剧倾力改编的"传奇""史传""次生"等三种红色经典的类型，指出红色经典的电视剧改编大众文化"场域"中是一种别样的历史创造。

⑱程惠哲的《电影对小说的跨越：张艺谋影片研究》，为北京师范大学王一川指导的博士论文，该著考察了从《红高粱》《大红灯笼高高挂》《秋菊打官司》到《幸福时光》《英雄》《满城尽带黄金甲》等张艺谋影片与小说原作的关系及其演变，指出小说的电影改编之道在于抓魂、极致和关情，探讨了张艺谋影片赖以成功的独特艺术策略和艺术特征，由此就当代电影与文学之间的关系提出较为独到的见解。

⑲王礼岚的《文字书写与光影书写：英国小说与电影改编》，为四川大学靳明全指导的博士论文，全书选取《鲁滨逊漂流记》《雾都孤儿》《简·爱》《蝴蝶梦》《金银岛》《苔丝》等英国经典小说和对它们进行改编的电影作品，运用文学理论、影视理论进行相关的分析和比较，指出电影改编使用了色彩、空间造型、人物塑造和主题深化等来对小说原著进行加工。

⑳陈宁的《西班牙当代戏剧与影视改编之分析比较》为西班牙语读本，是作者就读西班牙马德里自治大学的博士论文，对西班牙当代戏剧与影视改编予以了比较分析。

㉑傅明根的《从文学到电影：第五代电影改编研究》，为暨南大学蒋述卓指导的博士论文，从电影改编的语境、模式以及叙事话语等层面，探讨了陈凯歌、张艺谋、田壮壮、吴子牛等第五代导演文学的电影改编价值和历程，总结了第五代导演电影改编形成的"反思型""民俗型""战争型"模式，分析了第五代导演的文学情结与文化背景对于其影片文学滋味和境界营造的缘由，从第五代导演电影的文学改编实践中总结出一些规律。

㉒陈由歆的《话语权力再生产——〈红岩〉的成型过程及改编研究》，为河南大学孙先科指导的博士论文，它以《红岩》及其改编文本为研究对象，围绕当代中国的文化机制特征，分析了20世纪50年代以来《红岩》先后被改编成话剧、地方戏、曲艺、电影、电视剧、歌剧、电子游戏等多种艺术形式的缘由，勾勒它的改编从十七年文艺的"英雄崇拜"到新世纪的"消费革命"的脉络，呈现出中国从"政治/文学一体化"到多元文化格局的变迁。

㉓陈林侠的《从小说到电影：影视改编的综合研究》，为浙江大学吴秀明指导的博士论文，着眼于影视改编的研究，分析了小说与影视叙事所具的物欲批判、权欲主题、情欲批判、地域空间、社会关系等文化意义，对情调与趣味、修辞与认知、人物与层次、叙述语言与时序、人物对话与文字、叙事节奏与韵律等改编问题展开了研究，重点阐释了张艺谋、陈凯歌、姜文以及怀旧电影、经典名著等电影改编的文化逻辑。

㉔马军英的《媒介变化与叙事转换：以陈凯歌电影改编为例》，为上海大学王鸿生、曲景春指导的博士论文，它以陈凯歌的电影与其据以改编的文学文本作为个案，从叙事客体、叙述、意义表达和媒体传播等方面，探讨了电影和文学文本之间的差异与表现形式。

㉕徐红的《西文东渐与中国早期电影的跨文化改编（1913—1931）》，为上海大学陈犀禾指导的博士论文，该著聚焦于中国早期电影改编外国文学作品的创作现象，探讨清末民初以来外国文学在中国的翻译、流行和接受状况，分析外国文学作品与中国早期电影创作之间的互文关系，指出外国文学作为一种文化资源对于中国早期电影的价值与意义。

㉖李青霜的《影像中国：赛珍珠作品的美国电影之旅（中国视角的美国电影分析）》，为苏州大学刘海平指导的博士论文，列为"高校社科文库"中的著作，它以美国著名女作家赛珍珠（Pearl S. Buck）的先后被好莱坞搬上银幕的4部中国题材小说《大地》《龙子》《中国天空》和《群芳亭》为研究对象，以改编的历程为线索，把电影改编放到历史语境中加以考察，探析小说向电影转换时所经历的复杂变化，勾勒出赛珍珠小说美国银幕之旅的历史轨迹，总结跨文化电影改编的一些规律。

㉗常芳的《中国古典小说的视觉化再生产——从语言本位到影像本位》，为山西大学曹顺庆指导的博士论文，指出电子技术出现之前古典小说的视觉化主要表现为刻绘和表演，而真正的古典小说视觉化再生产经历

了本体意识模糊、政治意识形态凸显、对经典的臣服、视觉本位的确立等阶段，认为当前古典小说的影视改编从直译式、重置式向变异式的模式更替，遵循着消费社会文化再循环的内在逻辑，决定着古典小说视觉化再生产的未来走向。

㉘贺昱的《文学与电影的上海时代（1905—1949）》，是复旦大学周斌指导的博士论文，其以中国早期电影为研究主体，时间上以1905—1949年为限，从文学、文化学、电影学及社会学等领域，研究上海这一独特的现代化、国际化都市空间中的早期中国知识分子以积极主动的姿态，采用理论译介、文学改编、剧本创作、导演和文化批评等方式融入电影领域，使电影的文化内涵得到了有力提升；而知识分子的历史使命感、"家国同构"观念、传统济世精神以及对西方现代思想的传递与借鉴，又通过电影得到了影像化、大众化实现，中国知识分子在冲突、对抗与认同的情感转变过程中，以其强烈的现代意识和批判精神，为中国早期电影顺利完成现代性转变做出了积极贡献。

㉙李燕的《跨文化视野下的严歌苓小说与影视作品研究》，为暨南大学饶芃子指导的博士论文，它以跨文化的研究视野，运用比较文学、文化研究、女性主义批评和精神分析等方法进行文本细读，梳理了严歌苓小说在创作题材、女性形象、叙述模式和美学意识等方面的演变和拓展，揭示了东西方文化碰撞下的严歌苓小说的影视改编作品大获成功的原因在于，严歌苓小说所独具的叙事手法、镜头语言等影视化特质，以及主流意识形态、媒介市场运作、影视资源的成功运作等，对多元视觉文化语境下影视文化对文学书写的建设性作用。

㉚周仲谋的《消费文化语境下的中国电影改编》，为复旦大学周斌指导的博士论文，该著结合《三毛从军记》《大话西游》《高兴》《色·戒》《画皮》《花木兰》《赵氏孤儿》《白鹿原》等系列具体改编影片，全面考察了20世纪90年代以来中国电影改编中的娱乐化、世俗化现象，探讨了消费文化语境下电影改编观念的嬗变及其误区，分析了娱乐化、世俗化改编中存在的问题，为当前电影改编尤其是文学名著的电影改编走出"过度娱乐化"困境提供借鉴。

㉛周舟的《从漫画书到大电影：美国漫画改编的真人实景电影研究》，为北京师范大学史可扬指导的博士论文，该著焦点集中锁定于"美国""漫画书"改编的"真人电影"，将漫画超级英雄电影与"少数派"非超

级英雄题材漫画改编电影纳入考察对象，在对美国漫画发展史和美国漫画改编电影史的梳理基础上，基于英雄史话、现代神话、少数派报告等超级英雄电影、非超级英雄电影的考察，从类型、意识形态、改编等维度分析美国漫画改编电影，多层面考察了美国漫画改编真人电影的历史、产业、美学、叙事、艺术呈现、意识形态的情状，能让人们准确全面了解美国的漫画改编电影，对于中国电影创作多有启发借鉴作用。

㉜庞红梅的《论文学与电影》是清华大学博士论文，该著关注从小说到电影的改编，把电影和小说放在平等的位置上，考察小说到电影的行走路线和改编图景，探讨跨文本语境下改编如何生产出自己的意义，认为电影改编作为一种文化和意识形态的传播载体在揭示世界的同时也在建构世界。

㉝阮青的《"十七年"文学经典的影视改编研究》，是北京师范大学黄会林指导的博士论文，该著以"十七年"文学经典及其当下影视改编为研究对象，让"十七年"文学经典重返特定历史现场，发掘这些经典的"原生性"特质；同时注重结合当下影视剧改编状况，从"十七年"文学经典与影视改编生产机制的比较出发，挖掘新世纪"十七年"文学影视改编热形成的原因，分析改编生产机制的形成、改编主体的价值诉求，探讨改编体现出的时代审美趣味和历史观念的演进，指出"十七年"文学经典影视改编的过程就是当代影视文化试图进行自身经典重建的过程，植根于中国民族土壤的影视类型化探索正是改编的新方向。

㉞章颜的《文学与电影改编研究》，为北京师范大学张智华指导的博士论文，该著分别从"原著与电影改编的多重关系""从文学叙事到电影叙事""改编：一种新的文学批评"及"文学与电影的跨文化对话"四个维度展开，主要目的是从跨文化的视野来探讨文学与电影在视觉文化与后现代文化相互裹挟的今天所呈现出的与以往不同的复杂关系，通过新材料和新方法的运用来推进对改编、文学叙事与电影叙事的差异、电影的文学批评功能、经典传承、历史反思和跨文化对话等问题的重新思考。

㉟张智华的《宋代笔记小说与戏剧影视》，为北京师范大学张俊指导的博士后报告，该著主要考察宋代笔记小说中的精灵形象及与其相关的戏剧影视、宋代文官政治与宋代笔记小说中的文士形象及与其相关的戏剧影视、宋代商业活动、市民意识与宋代笔记小说中的商人形象及与其相关的戏剧影视、宋代笔记小说中的妇女形象及与其相关的戏剧影视、宋代笔记

小说与"三言""二拍"及其戏剧影视、宋代笔记小说与《水浒传》系列戏曲、小说及其影视，从多方面审视了宋代笔记小说与戏剧影视之间的内在关系。

（3）各类探讨中国影视文学改编的科研课题的最终结题成果——出版。国家各级社科管理部门非常重视与影视改编有关的科研课题立项，这类成果目前也较多。

①岳凯华的《现代湖南文学的电影改编》为湖南省社科基金一般项目"现代湖南文学的电影改编"的结题成果，该著置身于现代湖南文学及其电影改编的文化境遇中，尊重和参照学界已有研究成果，运用传播学、阐释学、美学、互文等理论，以文本细读、比较研究为主要研究方法，对现代湖南影视作品、影视现象尤其是现代湖南文学成功改编为电影的作品进行了细致研究，其中不乏现象描述、个案细读，但更多文化分析和理论总结，在改编场域中，通过以小见大、管中窥豹的方式，对现代湖南文学的电影改编给予了理论归纳和科学阐释，在具体的论述中勾勒了现代湖南文学电影改编的历史特性，把握了现代湖南文学电影改编的观念技法，呈现出了现代湖南文学电影改编的嬗变规律，为现代中国文学的影视改编提供了可资借鉴的思路和启示。

②李清的《中国电影文学改编史》为国家社科基金一般项目"中国电影文学改编史"的结题成果，它以电影和文学关联作为切入点，系统梳理了电影从进入中国一直延续到21世纪这一百多年中国电影文学改编的脉络，对具体的文学改编电影作品、早期"鸳鸯蝴蝶派"社团、"左翼"文学团体、从事文学改编的导演和重要文本进行了全面分析，全面概括了对百余年中国电影文学改编的阶段性特征，是一部材料丰富、观点全面、史论结合的中国电影文学改编史。

③陈伟华的《中国现代电影与文学之关联研究：以历史与比较的视角》，为湖南省哲学社会科学基金一般项目"中国现代电影与文学叙事的交融与间离（编号08YBB308）"的最终研究成果和教育部人文社会科学青年基金项目"中国小说的当代电影改编研究（编号10YJC751006）"、国家社会科学基金青年项目"中国小说的电影改编研究（编号11CZW071）"的阶段性成果，运用了文学、影视学、文化学、叙事学、跨学科研究等多种理论和方法，以1905—1949年间的中国电影与文学为研究对象，以实证研究为主，以中国现代电影与文学自身的发展为脉络，深入挖掘老报纸杂

志中的原始史料，紧密结合电影、文学具体作品和导演、作家相关资料，全面展现了中国现代电影与文学的关系，具有一定的理论价值和现实意义。他的另一部专著《中国现当代小说的电影改编与电影新类型的诞生》系国家社会科学基金项目"中国小说的电影改编研究（1905—2010）"及相关项目研究成果，全书以历史年代为线索，通过详细的个案分析，以小说原著与电影新类型的关联为视角，运用了文学、电影学、文化学等多种理论和方法，结合了文字、视频等多种类型的材料，探讨了小说原著对不同时期电影新类型的产生的影响，回顾了电影改编对小说原著的传播的影响，总结了小说的电影改编的典型模式及改编规律。全书全面展示了中国现当代小说的电影改编对中国电影发展的重大影响，具有较好的理论价值和实践价值。

④李红秀的《新时期小说与影视传媒》为国家社科基金项目"新时期小说与影视传媒关系研究（编号10XZW004）"的结题成果，其立足于小说文本和影像文本之间的结构关系，从反思小说与影视传媒的关系、改革小说与影视传媒的关系、知识分子小说与影视传媒的关系、知青小说与影视传媒的关系、文化寻根小说与影视传媒的关系、先锋小说与影视传媒的关系、婚恋小说与影视传媒的关系、新写实小说与影视传媒的关系、主旋律小说与影视传媒的关系等方面，对新时期小说与影视传媒的关系进行了系统全面的研究。

⑤赵庆超、霍巧莲的《聊斋小说的当代电影改编研究》为井冈山大学立项课题"聊斋鬼狐小说的电影改编研究"的结题成果，该著以《聊斋志异》这部奇书的影视改编为基础，探讨传统鬼狐文化的原型意象经过不断书写以及从文字到影像的表意符号的转换，认为不同的社会背景与文化语境直接影响了电影改编的思维方式与表现手法。

⑥姚晓鸥主编的《古典名著的电视剧改编》为教育部人文社科专项任务项目（编号98J0760003）的结项成果，从版本论、情节论、人物论、结构论、接受论、传统戏曲与名著改编、名著改编中的性问题、《西游记》的影视改编等方面，系统介绍了四大名著的主要版本，全面论说了名著改编版本选择的制约因素、注意问题和美学原则，科学分析了接受主体的接受图式、文化因素与视听心理。

⑦薛颖的《文学经典〈红楼梦〉的影视剧传播研究》为2011年天津市高等学校人文社会科学规划项目"文学经典《红楼梦》的影视剧传播研

究"的结题成果，它在大量红楼影视剧改编实践的基础上建构起《红楼梦》影视剧传播的分析方法，通过对《红楼梦》影视剧改编的历时性梳理，择取中国大陆版电影、越剧电影、电视剧几部有代表性的红楼影视剧为个案，分析了贾宝玉、袭人、晴雯、王熙凤、刘姥姥等主要红楼人物的荧屏形象，阐释了宝黛初会、秦可卿之丧、元妃省亲、黛玉葬花、探春远嫁、宝钗大婚、黛玉魂归、宝玉哭灵、宝玉出家等小说经典片段的影视剧成功转译，进一步巩固红楼梦影视剧传播学建构的理论基石，具有一定的学术参考价值。

⑧张巍的《鸳鸯蝴蝶派文学与早期中国电影的创作》为北京电影学院院级课题结题成果，主要研究鸳鸯蝴蝶派文学及其创作者们于1921年前后大量进入电影界时对中国早期电影创作尤其是剧本创作所产生的重大而深远的影响，透析了鸳鸯蝴蝶派文人在1949年之前的中国电影界掀起的两次商业化电影创作高潮对中国电影创作所具有的借鉴意义。

⑨李勇强的《荧屏之戏：中国戏剧与电视剧改编研究》为浙江省哲学社会科学规划项目"中国戏剧与电视剧改编实践及互动发展研究（编号11JCWH04YB)"、第50批中国博士后科学基金面上资助（编号2011M500258）结题成果，主要比较电视剧与戏剧两种艺术形式的本质与特性，采用个案与整体、比较与文献、实践与理论阐释相结合的方式，对已有改编作品进行经验总结与理论归纳，为中国戏剧与中国电视剧两者在全球化思潮背景中的互动发展、提升文化竞争力提供参考策略。

⑩邱瑾的《重写"奥斯汀"——论〈傲慢与偏见〉的四次影视改编》为北京外国语大学211工程建设学术成果系列之一，该著运用改编"互文对话"理论，从改编背景、时空转换和镜语重构等视点，以简·奥斯汀的小说《傲慢与偏见》先后于1940年、1980年、1995年、2005年的四次影视改编为线，讨论了经典文学与大众文化"相遇"的方式和过程，阐明了影视改编的本质是在互文语境中对原著等前文本的重写，在深层次批评性解读中展示每部改编电影的特色，勾勒了"奥斯汀"在以影视为代表的大众文化里意义演变的轨迹，揭示影视改编在继承文化遗产、传播经典、阐释名著的价值和意义。

⑪刘琼的《世界文学专题研究——文本与影像的相遇》为暨南大学访学课题"视觉时代的文学图景"结题课题，其选取了英国文学中的 E. M. 福斯特、弗吉尼亚·伍尔夫、石黑一雄，美国文学中的亨利·詹姆斯、菲

茨杰拉德、海明威，法国文学中的玛格丽特·杜拉斯，日本文学中的村上春树等不同国家的代表性作家为分析对象，从作者生平、小说艺术分析、改编影片分析、影响与地位、延伸阅读五个方面对每一位作家进行分析，着眼考察影像成为文学经典传播方式后世界文学批评与研究所呈现出的新面貌，开启了文学作品影像化阐释的无限可能。

⑫管恩森的《文学的视觉：欧美文学与电影分析》，为山东省文化厅重点项目"中外文学名著电影改编研究"的阶段性成果，它在大量介绍欧美文学名著的电影改编基础上，重点论述了根据荷马史诗、中世纪英雄史诗、《圣经》改编的电影，集中分析了莎士比亚、雨果、海明威、大仲马、夏洛蒂·勃朗特、狄更斯、玛格丽特·米切尔、纳博科夫8个欧美作者作品改编电影的思想特质和艺术技巧，论说了欧美文学名著与电影改编共生双赢的关系。

⑬汪坚强的《从文学到影视：中国现代文学经典的影视改编研究》《文学这根拐杖——中国当代文学的影视改编研究》等著作，均为四川教育学院"通识性公选课"课程"中国现当代文学经典的影视改编"成果之一，前作以鲁迅的《祝福》《阿Q正传》《伤逝》《药》《铸剑》，茅盾的《春蚕》《腐蚀》《林家铺子》《子夜》，巴金的《家》，曹禺的《雷雨》，沈从文的《边城》，钱钟书的《围城》，张爱玲的《倾城之恋》等现代名家名作的影视改编为个案，集中剖析了中国现代文学与影视的关联，认为中国现代文学在题材、结构、叙事、人物塑造等方面一直是影视剧的主要来源，共同构建了中国影视文化的独特景观。后著主要对当代影视与文学改编，文学·影视·改编，改编：叙事手段的转换及可能，"主旋律"与红色消费，"城市叙事"与《大生活》，"网络文学"与影视的"亲密接触"等进行了探讨，对中国当代影视从建立到新世纪十年的改编历程、改编理论、经典作品进行了梳理和论述。

⑭贺红英的《文学语境中的苏联电影》，为北京市教育委员会人文社会科学研究计划面上项目"苏联电影发展史研究（编号SM200410050001）"结题成果，对苏联电影发展进程与俄苏文学关系进行了宏观考察，对某些俄苏经典文学作品的银幕改编以及苏联电影创作中出现的与文学密切相关的现象予以了具体分析，总结其所代表的特定历史时期艺术创作和艺术接受的经验和教训。

⑮张玉霞的《从镜之像到灯之影——中国代际导演文学改编史论》为

山东省社会科学规划项目"影视艺术与文学比较研究"的结题成果，它针对文学与电影密切互动的改编现状与理论研究的偏颇缺失，以文学（小说）电影改编为研究对象，从历史的角度对中国五代导演文学改编予以纵向梳理和个案分析，历时态地观照和论说了文学作品影视改编的文化意义，从立体的角度对改编作品在理论和实践上的意义生成机制进行了科学考察。

⑯段文昌的《赵树理小说的改编与传播》为山西晋城市赵树理研究会课题"赵树理小说的改编与传播"的结题成果，该著系统梳理了《小二黑结婚》《李家庄的变迁》《李有才板话》《三里湾》等赵树理主要小说的改编与传播情况，对文学经典《小二黑结婚》在新时期的再次走红进行了重点分析，从戏剧性因素、可说性文本、名著需要及其他角度，分析了赵树理小说被改编为电影等艺术形式的原因，阐释了赵树理小说改编所具有的影响。

⑰陈墨的《改编金庸》为海豚出版社"陈墨评金庸系列"选题之成果，是一部专门谈论《碧血剑》《神雕侠侣》《鹿鼎记》《倚天屠龙记》等根据金庸小说改编的电影和电视剧的备忘录，有对作为改编对象的金庸小说的主题、情节、人物性格等方面的理解，有对金庸小说改编基本原则和思路的探索，有对一些改编难点的梳理和分析，既扫视了金庸小说由小说到剧本的改编情状，又分析了金庸小说和影视剧主人公的性格及其演变，揭示出金庸小说作为武侠小说、通俗文学、娱乐游戏的特质，为编剧、导演、制片人和其他策划人的讨论提供了一份讨论草案。

⑱刘英昕的《斯蒂芬·金的恐怖小说与影视改编研究》为黑龙江省哲学社会科学研究规划项目（15WWB02）、黑龙江省文化厅艺术课徐规划重点项目（215A015）和哈尔滨师范大学人文社科培育基金项目（SX02014－06）结题成果，它以斯蒂芬·金的《魔女嘉莉》《闪灵》《肖申克的救赎》《黑暗塔》《宠物公墓》《瘦到死》《头号书迷》《惊鸟》《绿里奇迹》《尸骨袋》《1408》《手机》《丽赛的故事》等20世纪70年代以来恐怖小说发展为切入点，对重要的影视改编作品进行了梳理和研究，旨在展现美国通俗文学对于影视改编所具有的魅力。

⑲王晓平的《艺术影像：22部中国新生代导演电影的文学阐释》为华侨大学特聘教授课题科研成果之一，它用西方历史阐释学细微剖析和深入阐释了20年来中国新生代导演的《头发乱了》《阳光灿烂的日子》《周末

情人》《巫山云雨》《长大成人》《月蚀》《十七岁的单车》《绿茶》《世界》《日日夜夜》《孔雀》《青红》《三峡好人》《江城夏日》《租期》《芳香之旅》《左右》《两个人的房间》《二十四城记》《立春》《纺织姑娘》《我11》等22部艺术电影的美学特点和观念内涵，为一些电影的文学改编策略提供了不可或缺的详尽材料和辩证认识。

⑳史烨婷的《法国喜剧的电影改编》为法语读本，指出法国有着悠久的戏剧传统，又是电影的诞生地，主要探讨了戏剧与电影两种艺术相互交融、互相借鉴、互相影响的过程，认为法国喜剧的电影改编经历不同发展阶段，每一次发展和改变都会分别给两种艺术带来新的惊喜，且在审美理论层面丰富彼此。

㉑高艺的《从文字到影像——解码〈大师和玛格丽特〉》在梳理洛特曼艺术符号学基本理论和阐释洛特曼艺术模式化思想的基础上，借此以《大师和玛格丽特》的小说文本及改编的电影为例，对文学和影视文本进行了系统的模式化分析，对艺术文本的普遍规律进行了探索性研究，重点剖析不同类型的艺术文本之间符号的转换以及编码和解码的过程，对艺术文本的意义与符号结构的关系、艺术符号体系的本质特点和普遍规律做了一定的探索性研究，解析不同艺术符号体系之间意义的转换、生成过程和由此带来的意义变化，属于文化符号学视域内的文学与影视符号的跨界研究，对当下的翻拍、改编原创文本作品的形势具有指导意义。

㉒徐兆寿、刘京祥主编的《中国现当代文学电影改编概论》是徐兆寿主持的甘肃省高等学校基本科研业务费项目结题成果，主要探讨自电影兴起之后中国文学改编为电影的问题和中国文学与电影的相互影响，辨析文学会在影视、网络、手机等新媒体的发展中会消亡、影视发展能离开文学、如何提高电影质量、如何处理文学与电影的关系、如何建立起高水平的电影剧本创作队伍等文学界和电影界面临的一系列长期争执的问题，以史的方式对百年中国文学改编电影史进行了梳理。

㉓何卫国的《〈红楼梦〉影视文化论稿》分上、下两编，把红楼影视改编置于《红楼梦》在现当代的传播与时代文化的背景之中，对红楼梦影视改编现象做了全面、系统的理论性梳理。上编从文学与艺术学的角度，分别从版本、主题、人物、结构与美学风格入手，对红楼影视改编的具体问题进行探讨；下编从文化学的角度，分别从地域文化、时代文化思潮、红学研究与选秀文化入手，探寻文化因素对红楼影视改编活动的影响与

制约。

（4）国外一批涉猎影视改编理论的著作，或译成中文，或影印出版，影响深远。2001年，中国加入世贸组织，中国电影界与世界的联系与交流越来越紧密，电影文化相互渗透影响，一批与影视改编有关联的国外电影理论译著得以大规模出版，截至2012年大约出版了367部译著，其中144部以单行本形式出版，223部译著被收进了"世界电影理论名著译丛""电影馆""电影学院""大学堂""明星研究丛书""快乐之眼·培文书系""文化艺术译丛""人文与社会译丛"等丛书系列，而中国电影出版社、广西师范大学出版社、世界图书出版公司、上海译文出版社、中央编译出版社、北京大学出版社、南京大学出版社、人民邮电出版社、电子工业出版社为此做出了重要贡献。

"外国电影理论名著译丛"（后更名为"世界电影理论名著译丛"）这一系列译丛由中国电影出版社出版，经历了从1979年到2006年的27年时间，囊括了19部经典电影理论译著，其中大部分著作不断再版，是中国电影译著丛书中最具影响力的一套丛书；而"电影馆"系列丛书最早由广西师范大学出版社于2003年从台湾远流出版社引进，前期以收纳讲述世界大师级导演个人经验的电影译著为主，随后江苏教育出版社与上海人民出版社加入该丛书系列的出版，出版内容也增加了电影理论、电影史等内容，大部分仍以译著的形式出版，在大陆已经出版了44部著作；"电影学院"丛书则是世界图书出版公司与后浪出版咨询（北京）有限公司于2009年开始出版的，收纳的著作包含电影理论与电影制作两方面的内容，已经出版了54部著作，以电影译著居多，成为国外电影译著最具活力的新生力量。像巴赞的《电影是什么?》、克拉考尔的《电影的本性》、巴拉兹的《电影美学》等多部译著得到再版，弗朗西斯·瓦努瓦的《书面叙事电影叙事》、希拉·柯伦·伯纳德的《纪录片也要讲故事》、雅各布卢特的《小说与电影中的叙事》、安德烈·戈德罗的《从文学到影片：叙事体系》、詹尼弗·范茜秋的《电影化叙事：电影人必须了解的100个最有力的电影手法》、大卫·波德维尔的《电影诗学》、弗朗索瓦·若斯特的《什么是电影叙事学》、克莉丝汀·汤普森的《好莱坞怎样讲故事：新好莱坞叙事技巧探索》、索纳斯蔡恩的《声音设计：电影中语言、音乐和音响的表现力》、罗尔的《国际经典影视制作教程电影语言》、彼得·沃德的《电影电视画面：镜头的语法》、彼得·拉森的《电影音乐》满足了当下中国电影的创作需求，沃伦·巴克兰德的《电影认知符号学》、让·米特里的《电影符号学质疑：语言与电影》《电影美学与心理学》、克里斯蒂安·梅茨的《电影的意义》、布鲁斯·布洛克的《以眼说话：影像视觉原理及应用》、齐格弗里德·克拉考尔的《从卡里加利到希特勒：德国电影心理史》、安东尼奥梅·内盖蒂的《电影本体心理学：电影和无意识》、埃德加·莫兰的《电影或想象的人——社会人类学评论》、保罗·霍金斯的《影视人类学原理》、安特耶·阿舍得的《希特勒的女明星：纳粹电影中的明星身份和女性特质》、休·索海姆的《激情的疏离：女性主义电影理论导论》、查德·布茨的《美国受众成长记：从舞台到电视》、斯拉沃热·齐泽克的《不敢问希区柯克的，就问拉康吧》、威廉·欧文的《黑客帝国与哲学：欢迎来到真实的荒漠》、克里斯蒂安·麦茨的《凝视的快感：电影文本的精神分析》《想象的能指：精神分析与电影》、劳拉·穆尔的《恋物与好奇》、张英进与胡敏娜的《华语电影明星表演、语境、类型》、理查德·戴尔的《明星》、里昂·汉特的《功夫偶像：从李小龙到〈卧虎藏龙〉》等代表着中国电影理论界的新需求，至于《中国现代文学与电影中的城市空间、时间与性别构形》《民国时期的上海电影与城市文化》《香港电影的秘密：娱乐的艺术》等，则是美国学者对中国电影研究的代表作。

在西方电影理论翻译浪潮中，有几部直接论说影视改编，在国内产生很大影响的著作是：刘芳翻译、［法］莫尼克·卡尔科－马赛尔、让娜－玛丽·克莱尔所著的、集中探讨电影与文学改编问题的《电影与文学改编》，或研究文学改编电影的相关情况，分析法国电影改编的历史发展、电影改编作家对图像和语言差别的认识、关于改编的社会批评理论；或介绍从电影到文学作品、后现代的面貌，通向片头字幕以外的空间，探讨"电影小说"的实质和电影对文学作品的影响。而美国罗伯特·斯塔姆、亚历桑德拉·雷恩格的三部著作，列为北京大学出版社主编的"培文书系·人文科学系列"，以英文方式影印出版后，有力推动了国内关于影视文学改编研究的热潮。其中《文学和电影指南》是一部将电影和文学研究统一起来的典范著作，展现了有关高雅的和通俗的研究、第一世界和第三世界的议题、作者和观众的问题等领域的学术探索。

《文学和电影：电影改编理论与实践指南》则将本领域的最新学术研究集合起来，由 16 篇论文构成，包括《对〈曼斯菲尔德庄园〉的改进和修补》（Tim Watson）、《让卡尔卡斯继续前进：论〈最后的莫希干人〉中民族的改编和变形》（Jacquelyn Kilpatrick）、《有闲阶级的谨慎魅力：泰伦斯·戴维的〈欢乐之家〉》（Richard Porton）、《寻找改编：普鲁斯特与电影》（Melissa Anderson）、《〈愤怒的葡萄〉：视觉风格对主题的强调》（Vivian C. Sobchack）、《〈恐怖角〉和战栗：家族的恐惧》（Kirsten Thompson）、《镇压的狂欢节：德国左翼政治和〈丧失名誉的卡特林娜〉》（Alexandra Seibel）、《连环杀手时间：〈复制娇妻〉中的蓝胡子》（Bliss CuaLim）、《〈街区男孩〉：斯派克·李、理查德·普莱斯和〈悬疑犯〉的作者角色变换（P. J. Massood）》《让〈英国病人〉变得缓和》（Patrick Deer）、《狂欢节和金鱼：〈屠夫男孩〉中的历史与危机》（Jessica Scarlata）、《激情还是怨恨：埃斯基韦尔和阿罗在〈巧克力情人〉中的幽默》（Dianna C. Niebylski）、《〈宠儿〉：美国奴隶故事的改编》（Mia Mask）、《非洲的口语传统、文学与电影》（Mbye Cham）、《改编政治中的记忆和历史：重访〈黑暗〉中的印巴分离》（Ranjani Mazumdar）、《书写的场景：作为电影救赎形象的作家》（Paul Arthur），论题涉及广泛，包括已经确立的经典《最后的莫希干人》、被奉为神圣的类型片《恐怖角》以及当代的经典《英国病人》和《宠儿》等，观点敏锐，可读性强，在理论和主题上对文学文本到电影文本的翻译研究都有贡献，为希望探索这一充满活力的多层面领域的学生和学者提供了一个理想的切入点。至于《电影中的文学 现实主义、魔幻与改编艺术》，则由罗伯特·斯塔姆（Robert Stam）个人编著，全书约320千字，包括《塞万提斯的前奏：从〈堂吉诃德〉到后现代主义》《殖民主义与后殖民主义经典：从〈鲁滨逊漂流记〉到〈幸存者〉》《自我意识式小说：从亨利·菲尔丁到戴维·埃格斯》《电影原型式小说：〈包法利夫人〉的各种变形》《地下人和神经质的叙事者：从陀思妥耶夫斯基到纳博科夫》《现代主义、改编和法国新浪潮》《完整的圆圈：从塞万提斯到魔幻现实主义》7篇文章，认为电影的文学改编始终是一个令人兴味盎然的题目，或如一处栈桥，连接起人类一古老一年轻的叙事艺术，而叙事作为承载人类记忆、确立人之身份、传递社会想象的古老路径，无疑是人类最古老的文明印痕、文化样式，或借用利奥塔的说法，是另一种被现代科学所压抑了的知识型。从远古时代的篝火旁，到穿越漫漫岁月的油灯或烛光下，直到洞烛夜晚为白昼的声光化电之现代的莅临；从老迈的说书人，到近现代的作家、导演；从结绳为忆、口耳相传，到竹简、丝绸上的书写，经雕版印刻，直到印刷、电影制片工业刷新文明面貌；如果说，人们曾尝试凭借叙事为镜，以烛照自己，那么，它也始终是一处人类游戏，或以人类为戏的迷宫所在，一处镜之迷宫或镜中世界。它诱使人们进入，它令人们在其中流连，它许诺着穿越和窥破，却又不断地制造着陷落和迷失。而所谓电影改编，则成为串联起两种以上叙事艺术样式、成就一份迷人的"翻译"或重述的路径与可能。毫无疑问，所谓电影的改编，可以任何一种其他文本（多为文字纸本）为其"原作"或蓝本。它可以是某段古老传说或诗行，可以是一出戏剧/戏曲，可以是某种社会、新闻事件的记述，可以是某部自叙传或回忆录但狭义的或约定俗成的文学的电影改编，却大都指向两种现代最为通俗的叙事样式：电影故事片对长、短篇小说的"译写"。上述三部著作，既可作为独立的参考资料，也可合起来作为整套学习材料，观点敏锐，可读性强，在理论和主题上对文学文本到电影文本的翻译研究都有贡献，为从事影视改编这一充满活力领域的学生和学者提供了一个理想的切入点。

美国罗格斯大学西班牙语教授非莉斯·查特林（Phyllis Zatlin）所著的《剧场翻译及电影改编》，作为"笔译实践指南丛书"之一，由上海外语教育出版社 2008 年引进原版出版，它结合调查所得到的各国不同语种剧场翻译者的见解，对业内邀请不识原文的剧作家根据译本改编剧目和电影的现象提出了看法，探讨了双语剧场、舞台剧及字幕和配音等电影视觉语言的成功策略。尤其在最后两章探讨了将小说和戏剧改编为电影的问题，认为这也是一种特殊形式的"翻译"，有利于视野的开阔和思路的打开。

蒂姆·莫里斯著、张浩月译的《你只年轻两回——儿童文学与电影》，为"风信子儿童文学理论译丛"之一，它从具体的儿童文学和儿童电影出发，论述成人、儿童、风俗、社会力量之间的关系，揭示当前电影中的儿童成人化和成人儿童化倾向，并用相当的篇幅论述如儿童文学从纸质图画书到电影屏幕、从传统经典文本到当代流行文本中呈现的种种问题。

美国学者李欧梵的《文学改编电影》先于 2010 年在三联书店（香港）有限公司出版，还在 2017 年以《不必然的对等——文学改编电影》为名纳入丁帆、王尧主编的"大家读大家"系列之一由人民文学出版社出版，它采用散文和随笔的形式，从改编后的影片如《王子复仇记》《战争与和平》《安娜·卡列尼娜》《傲慢与偏见》《悲惨世界》《老人与海》《一树梨花压海棠》《断背山》《彩色面纱》《雷雨》《原野》《赤壁》《小城之春》《三国之见龙卸甲》等来追溯和推论原来的文学经典的特质，论说指出电影与文学的关系。

加拿大蒙特利尔大学教授安德烈·戈德罗的《从文学到影片：叙事体系》由刘云舟翻译、商务印书馆于 2010 年出版，它将影片与舞台、舞台与书写放在同等的地位，通过对电影的研究，认为书写、舞台和影片三领域的叙事各自具有特殊性，要求影片摆脱文学而自由运动的观点。

挪威奥斯陆大学英语系比较文学教授雅各布·卢特（Lothe. Jakob）的《小说与电影中的叙事》由徐强翻译、北京大学出版社于 2011 年推出，为北京大学申丹主编的"新叙事理论译丛·未名译库"之一，它从小说与电影两个领域中选取了卡柏瑞尔·亚斯里的《芭贝特的盛宴》、弗朗兹·卡夫卡的《审判》和奥逊·威尔斯的《审判》、詹姆斯·乔伊斯的《死者》和约翰·休斯顿的《死者》、约瑟夫·康拉德的《黑暗的心》和弗朗西斯·福特·科波拉的《现代启示录》等四部经典小说及其电影版为实例，以叙事理论横剖小说、电影两大叙事形态，阐释叙事理论范畴下的每一个基本概念，探讨如何使小说作品中的叙事适应视听媒介的特征，为跨媒介叙事研究树立了一个典范。

美国学者查特曼的《故事与话语：小说和电影的叙事结构》为"当代世界学术名著"之一，由徐强翻译、中国人民大学出版社于 2013 年出版，它在有效综合俄法英美符号学、语言学、叙事学等相关理论基础上，着眼于小说与电影两大媒介的"叙事"，对"故事"与"话语"两大范畴进行了严格区分和细密论证，在叙事理论史上具有广泛影响，对叙事学、小说理论、影视美学的研究都有重要参考价值。而他的另一部著作《术语评论：小说与电影的叙事修辞学》主要从文学与电影两方面引述例证，关注叙事学以及通常文本理论的术语，其前四章从外部关注叙述（Narrative）尤其是虚构的叙述与其他种类的话语或"文本类型"之间的关系，后六章从内部角度走近叙事学。

美国学者罗纳德·戴维斯的《从文字到影像——好莱坞黄金时代编剧访谈录》，由黄文娟翻译、吉林出版集团有限责任公司出版，是好莱坞黄金时代 13 名经验丰富的著名剧作家于 1980—1991 年之间的访谈录，对好莱坞黄金时代电影的文学改编和制作发表了前所未有的看法和评判，极具学术价值。

美国达奇斯社区学院教师约翰·M·德斯蒙德和斯特劳斯堡大学英文专业教授彼得·霍克斯合著的《改编的艺术：从文学到电影》由李升升翻

译、世界图书出版公司于 2016 年出版，它以《马耳他之鹰》《杀死一只知更鸟》《记忆碎片》等著名改编电影为案例，对其原著小说、剧本、改编电影进行了深入细致的比较和分析，提供了包括小说、非小说文学、戏剧、动画片等在内的各类题材电影改编的经典案例，对文学与电影之间的关系进行了探索，系统界定了文学和电影改编的术语，介绍了紧密型改编、松散型改编、居中型改编等一套行之有效的方法用以研究原著改编，从而完美实现从文学到电影的华丽转换，进而探讨了改编失败的原因。

（5）港澳台学者对于文学影视改编话题的专注和投入。如黄新生的《侦探与间谍叙事——从小说到电影》精选 24 部著名影片，以叙事理论的概念与途径，对由侦探与间谍小说改编的电影场景和情节进行分析，探索其故事与剧情的发展，解读其隐含的意义，论述其风格、特色和演变，指出侦探与间谍类小说的电影改编经久而不衰。

杨淇竹的《跨领域改编：〈寒夜三部曲〉及其电视剧研究》对中国台湾文学中重要的大河小说之作《寒夜三部曲》的电视剧改编进行了集中分析，从《寒夜》电视剧改编与小说原作的忠实度比较出发，认为电视剧的导演分别使用较佳的视觉影像诠释了李乔独特的书写风格，进而深入探究了人物情爱、认同思想、历史叙事、台湾文化四大主题。

黄仪冠的《从文字书写到影像传播：台湾"文学电影"之跨媒介改编》从文字书写到影像传播、文字与影像的跨界阅读和文学电影之研究路径入手，逐一论说了从健康写实到台湾后新电影、琼瑶电影之空间形构与跨界想象、80 年代女性小说之影像传播、台湾电影中的客家族群与文化意象、以《好男好女》与《超级大国民》为主的影像史学与记忆政治、黄春明的小说与台湾新电影之改编与再现、白先勇的小说与台湾电影改编之互文研究、李昂的小说《杀夫》和《暗夜》之电影改编与影像诠释等论题和作品的改编情况，而《琼瑶小说改编电影目录》《台湾文学与电影改编片目（1950—2010）》两个附表非常具有文献价值。

段馨君的《跨文化剧场：改编与再现》以彼德·布鲁克的《摩诃婆罗多》、谢喜纳上海的《哈姆雷特》、易卜生的《玩偶之家》和《群鬼》、莎士比亚与客家歌舞剧《福春嫁女》等戏剧作品对中西文学、剧场、电影之影响为例，着力分析中国文化面对全球化浪潮所产生的问题和可能采取的策略。

黄淑娴的《香港影像书写：作家、电影与改编》为黄敬辉主编的"'文学与电影'丛书"之一，既探讨了文学作家鲁迅、张爱玲、易文、也斯等对电影喜好、文学创作、影评撰写、剧本编写及电影改编原著等范畴的论述，又讨论了易文、李晨风、徐克、许鞍华、关锦鹏、李安等华人导演如何以影像响应文学作品，认为电影在 20 世纪迅速发展成为一种极具感染力的媒体，为不少参与电影创作的作家带来挑战与冲击。

梁秉钧、黄淑娴、沈海燕、郑政恒编的《香港文学与电影》同为黄敬辉主编"'文学与电影'丛书"之一，收集了周蕾、傅葆石、藤井省三、梁秉钧、罗卡、沈双、马国明、刘燕萍、黄淑娴、陈智德、黄劲辉、许旭筠、郑政恒等海内外著名学者的 13 篇论文，结合史料与专论，从文本到文化层面探讨了香港文学与电影之间千丝万缕的关系，指出香港文人与影人的跨界合作非常活跃，认为文学改编电影在中国电影发展史上占有不可替代的位置，文学与影视互相启发成为香港文化的特色。

王鸣剑的《从文学到视听——中国当代小说的影视改编与传播》，以《芙蓉镇》《红高粱》《妻妾成群》《大红灯笼高高挂》《霸王别姬》《活着》《妇女生活》《茉莉花开》《寻找》《云水谣》《天鹅绒》《太阳照常升起》《亮剑》《暗算》等中国当代小说被改编为影视的作品为例，从小说和影视两种不同文本的对比角度出发，通过文学与影视的互动观察，分析和评述了小说影视互动的各自利弊，梳理了小说与影视关系的历史沿革、影视改编观念、影视改编方法与传播途径。

郑政恒的《字与光：文学改编电影谈》从《后门》《冬恋》《酒徒》《书剑恩仇录》《尼贝龙根之歌》《英雄叛国记》《暴风雨》《闪亮的星星》《简·爱》《呼啸山庄》《疯恋佳人》《单亲小小姐》《200 万夺命奇案》《黑金风云》《魂断威尼斯》《同流者》《豪门巧妇》《锡鼓》《戏梦巴黎》《读爱》《潜水钟与蝴蝶》《少年派的奇幻漂流》《龙纹身的女孩》《影子灭杀令》《其后》《罗生门》《樱之桃与蒲公英》《野火》《挪威的森林》《白夜行》《恶人》《往复书简》《北方的金丝雀》《我城》《1918》《东西》《名字的玫瑰》《茉莉花开》等 40 部东西方文学所改编的电影入手，研探电影与文学的互转关系与技巧，认为改编不只是增多删减或是借用或是忠于原著的转换手段，而是涉及风格、影像、镜头、场面调度、人物塑造、音乐运用、场景设定等范畴的转换。

李冰雁的《香港电影的文化记忆——从文学到电影的跨媒介转换》指出香港电影从对张爱玲小说的直译式改编、对李碧华小说的改写、引用刘以鬯和金庸等小说的意念对都市寓言的重述以及对中国古典小说的颠覆和解构等，都在讲述一座浮城百年沧桑的故事，认为香港电影将商业性与艺术性、传统与现代、去国与怀乡、犬儒与哲学融于一身，最终确立了文化身份的主体性。

（6）一批研究电影家等影人和电影公司的著作往往也与影视改编有关。在 20 世纪 80 年代，就有关于电影家的研究，中国电影出版社于 1982—1986 年间出版过中国电影家协会电影史研究部的 1 套《中国电影家列传》，对 485 余位为中国电影事业的发展做出过贡献的电影事业家、艺术家、理论家、工程技术专家树碑立传，对他们的生活经历、成长道路、艺术风格、成功经验、失败教训等方面进行了概括的介绍和分析评价。而到了 21 世纪，这类传记就更为系统化和规模化，如中国电影出版社自 2005 年以来陆续推出的"中国电影家传记丛书"，该丛书由电影史学家程季华任主编，为 20 位电影家立传，他们是于敏、田方、李俊、谢铁骊、严寄洲、黄宗江、秦怡、田华、王炎、陈荒煤、于洋、徐桑楚、王苹、王为一、严恭、苏云、吴印咸、钱筱璋、王晓棠、陆柱国，目前已出的传记主要有：《难忘的岁月：王为一自传》《跨越世纪的美丽：秦怡传》《一个导演的自述：王炎自传》《大师崔嵬：崔嵬传》《遥远的爱：陈鲤庭传》《一生是学生：于敏自传》《妈妈的一生：王苹传》《两步跨生平：谢铁骊口述实录》《踏遍青山人未老：徐桑楚口述实录》《从士兵到导演：李俊传》《镜头里的风云变幻：薛伯青传》《明灯照耀一生：胡朋自述》《往事如烟：严寄洲传》《背着摄影机走向延安：吴印咸传》《云白石坚：苏云自传》《为电影而生：谢晋传》《他从青弋江畔来：钱筱璋传》《我的坦白书：黄宗江自述》《搏击艺术人生：田华传》《燃烧的是灵魂：陈荒煤传》《在大海里航行：于洋传》《剪辑人生：傅正义自传》《像诗一样真实：严恭自传》《真正的人：田方传》。当然，单行本也不少，如《宿命：孤独张艺谋》（周晓枫著，长江文艺出版社 2015 年版）、《我的青春回忆录：陈凯歌自传》（陈凯歌著，中国人民大学出版社 2009 年版）、《十年一觉电影梦：李安传》（张靓蓓著，中信出版社 2013 年版）、《贾想（1996—2008）：贾樟柯电影手记》（贾樟柯著，北京大学出版社 2009 年版）等，其中不少章节就涉及中国影视的文学改编问题。

有关中国电影制片机构的研究也有不少引人注目的著述。如东方出版中心 2017 年推出的、周斌主编的"中国现代电影产业与电影创作研究丛书"，包括 6 部著作，它们是：艾青的《明星影片公司探析》从工业、美学、文化三个层面对明星公司进行整体性的考察，挖掘了美学范型的角度并以此为框架，重点阐述了"明星电影"的商业美学、改良主义美学、现实主义美学、通俗情节剧美学等四大美学范型，对明星影片公司和中国早期电影格局作了总结性思考；周倩雯的《天一影片公司探析》从天一所处的商业生存环境和文化生态环境背景展开，将天一影片公司作为中国商业电影发展的先锋来定位，将其经营发展的拐点、艺术风格的嬗变，与中国社会政治风云的变幻相关联，在两者微妙的呼应中，阐明其蕴含的历史联系和文化含义。

郭海燕的《联华影业公司探析》还原了联华自创始到终结之全过程，在历史性的叙事脉络中，对联华的产业机制、经营理念、导演编剧人才、影片美学风格等方面进行了细致深入的探讨，极大地拓展了联华影业公司乃至中国电影史研究的领域和视野。

周仲谋的《艺华影业公司探析》在融入了丰富的影片资料的基础上，着重从电影工业层面探究艺华公司的发展过程、经营特点和影片生产、发行、放映情况；从电影美学层面考察艺华公司影片的美学风格和类型探索；从文化层面分析艺华公司的文化理想及其影片的复杂文化色彩，探讨艺华公司在政治与商业、艺术与娱乐、民族意识与现实语境之间的矛盾纠葛，并以此透视 1933 年至 1942 年间中国电影的多样形态、复杂格局及其与社会政治、经济、文化的复杂关系。

黄玲的《电通影片公司探析》以电通影片公司为研究对象，试图深入电影史的"考古现场"，从微观层面对电通影片公司进行详细剖析和研究，对"电通"的发展历程进行还原，对它的历史地位进行挖掘，并与当下的中国电影产业、电影文化和电影美学等进行比较，以期获得启示。

郑健健的《新华影业公司探析》以新华影业公司之创立、崛起、繁盛和失落为线索，同时按影片类型阐述新华影业公司的创作活动，从产业经验和过度商业化、民族立场的丧失上总结新华影业公司的经验与教训，挖掘了新华影业公司所摄制影片在电影类型上的价值，为研究早期电影史提供了新的思路。

在中国电影出版社出版、陈犀禾主编的"上海电影研究文丛"中，也有几部类型的著作，如褚亚男的《历史变迁与文化转型：昆仑影业公司发展研究》（中国电影出版社 2013 年版）、黄望莉的《海上浮世绘：文华影片公司初探》（中国电影出版社 2010 年版），它们均关注早期中国电影制片公司。

吴筑清、张岱的《中国电影的丰碑：延安电影团故事》（中国人民大学出版社 2008 年版）在新的历史时期着力研究延安电影团的光荣历程和作品，填补了目前关于延安电影团这一段历史的空白，具备相当高的史学价值和现实意义。而黄庭钧的《长影的故事》（生活・读书・新知三联书店 2014 年版）则撷取了新中国电影的摇篮——长春电影制片厂历史上的一些重要影片和影人，以图文并茂的方式，讲述这些电影的拍摄故事，介绍了一些影人的曲折经历，它们共同构成了 20 世纪中国文化生态的一个镜面，其中珍贵的文献资料对整理和研究新中国电影的文学改编文献具有珍贵的价值。

（7）网络文学及其影视改编研究则是 21 世纪的一个新论题。虽然国内外网络文学研究形成了学界热点，但关于网络文学的影视改编研究还较少为人所津津乐道。如果以关键词输入中国知网主题一栏，可以发现研究论文题目中包含"网络文学""网络小说""网络写作""超文本""网络诗歌""网络写手""玄幻小说""网络文学作品""步步惊心""穿越小说""告别薇安""言情小说"的较多，而包含"影视改编"的较少，可见网络文学的影视改编尚没有形成亮点，但也出现了以下 5 部较为引人注目的专门论说网络文学影视改编的著作：

一是厉震林教授主编的《网络母题——戏剧影视文学的网络小说改编研究》，该著为江浙沪研究生创新教育联合体、上海市学位委员会办公室举办、上海戏剧学院承办的 2012 年上海市研究生学术论坛暨第五届长三角地区戏剧影视文学研究生学术论坛的论文集。这些论文大都围绕"戏剧影视文学的网络小说改编研究"这个主题，既包括对网络作品影视剧改编等热点话题的论述和批判，也包括对网络时代的悲剧内涵和文本重构等问题的深刻剖析，从各个角度剖析和论述，呈现出一种多元化的人文关怀和学科精神。

二是侯怡的《中国网络文学改编的电视剧研究》，由上海人民出版社于 2018 年出版，该著是在北京师范大学张智华教授指导的博士论文基础上修订成书的，是一部对中国网络文学改编电视剧现象进行理论阐析的学术专著，它从网络文学改编电视剧的角度入手，对言情剧、伦理剧、军旅剧、宫斗剧等几大类型进行了全景式的扫描，并对改编前后的叙事、审美等特征转化进行了比较研究，进而指出网络文学改编电视剧对媒介生态所产生的深远影响。

三是金鑫的《文学与影视、网络传播研究综论》，此为辽宁省哲学社会科学规划基金项目，它以鲁迅、茅盾等现当代作家和电影《萧红》《红高粱》以及电视剧《人间四月天》为例，集中分析现当代文学在现代科技影响下传播的扩大化状态，梳理近百年中国文学作品如何搭借影视与网络快车成为一代又一代读者精神上最深刻的记忆，深入分析了现代科技为文学传播所带来的利弊。

四是邓树强的《网络文学及其影视改编研究》，该著介绍了网络文学的生态背景，研究了网络文学的本质特征、虚拟现实、当代境遇及跨媒体传播等。

五是范丽的《中国网络小说影视剧改编的策略研究》，该著以多部热播的网络小说影视剧改编为具体案例，从历史演变、动力机制与其特色、方式与类型、现状及问题分析、策略分析等角度，把握网络小说影视剧改编现象的发展状况，展示出网络小说影视剧改编的特殊手段，凸显了网络小说影视剧改编的独特魅力，进而在叙事、角色塑造、受众、传播、产业化等层面阐释了网络小说影视剧改编的具体策略，具有针对性和可行性。

本时期关于文学的影视改编研究著作主要有：

2000 年

（1）王人殷、中国电影家协会：《世纪之梦——从剧本到影片》

王人殷主编，中国电影家协会编，中国电影出版社2000 年 3 月版。

王人殷，国家电影审查委员会委员、中国电影评论学会副会长，著有《电影追踪》等，主编"中国电影导演系列丛书"。

全书约 250 千字，共 380 页，其目录如下：

序（赵实）

电影文学剧本//世纪之梦（张笑天）

完成台本//世纪之梦（李前宽 肖桂云）

创作手记//史诗品格与工业题材（李前宽 肖桂云）/写在梦圆之时（张笑天）/三峡补述（张笑天）/聚焦三峡情未已（李俊岩）/《世纪之梦》美术创作体会（王子伟）/关于《世纪之梦》的三次重大的决策/梦中呓语（许还山）/我和赵西陵（许还山）/三峡石（高惠彬）/好梦成真（洪学敏）/《世纪之梦》闪回（高成惠）/制作影视精品 抒写时代辉煌（赵征）

影片评论//《世纪之梦》的成功和不足（陈播）/《世纪之梦》不是梦（任殷）/时代诗意的熔铸（黄式宪）/巍峨灿烂的纪念碑（陈思忖）/世纪主题 时代乐章（刘安海）/民族振兴史 世纪交响诗（李崇训）/评伍青黎形象的塑造（李显杰）/高屋建瓴 大气磅礴（王广宣）/凝重的笔触 鲜明的性格（单泽润）/大笔醮绘瑰丽梦（牛均富）/精构博蕴 以大见长（邹明山）/民族伟业的史诗（皇甫积庆）/《世纪之梦》的抒情协奏曲（金辉）/动人心魄的时代乐章（李传锋）/历史壮举的艺术再现（黄中骏）/《世纪之梦》观摩座谈会发言摘要

图片

该著为"庆祝中华人民共和国诞辰50周年优秀影片丛书"之一，收有电影剧本及完成台本，编、导、演等影片主创人员创作经验总结，对该影片的评论文章，若干图片资料，颇有参考价值。

（2）王人殷、中国电影家协会：《横空出世——从剧本到影片》

王人殷主编，中国电影家协会编，中国电影出版社2000年3月版。

全书约250千字，共376页，其目录如下：
江泽民总书记和中央领导称赞《横空出世》
核工业集团总公司领导盛赞《横空出世》

军委副主席张万年同志为《横空出世》题写片名

序（赵实）

电影文学剧本//马兰草（彭继超 陈怀国）

完成台本//横空出世（陈国星）

创作手记//无感而作，义偏而用寡（陈国星）/从剧本《马兰草》到影片《横空出世》（周建钢整理）/集腋成裘（受访：赵海成，访问：紫砚）/用电影传达我的感动（受访：陈国星，访问：李彦）/英雄主义也需

要泪水（陈瑾）

影片评论//中国人民解放军总装备部领导评价《横空出世》/无怨无悔的承诺（戴光晰）/哀兵必胜（陈宝光）/看陈瑾演戏（童道明）/在京部分专家研讨《横空出世》

图片

该著为"庆祝中华人民共和国诞辰50周年优秀影片丛书"之一，收有电影剧本及完成台本，编、导、演等影片主创人员创作经验总结，对该影片的评论文章，若干图片资料，颇有参考价值。

（3）王人殷、中国电影家协会：《我的1919——从剧本到影片》

王人殷主编，中国电影家协会编，中国电影出版社2000年3月版。

全书约250千字，共378页，其目录如下：

序（赵实）

生动的爱国主义激情（赵实）

电影文学剧本//我的1919（黄丹 唐娄彝）

完成台本//我的1919（黄健中）

创作手记//振衣千仞岗 濯足万里流——《我的1919》艺术总结（黄健中）/关于《我的1919》（高尔纯）/五四运动 巴黎和会 我的1919——《我的1919》剧本创作谈（黄丹 唐娄彝）/我演顾维钧（陈道明 田小蕙）/美术设计杂感二则（李瑶）/服装设计杂感（钟佳妮）/化装造型形态多元化在《我的1919》中的展现（杨怀宇 黄桦）/《我的1919》制片总结（曹彪）

影片评论//话说1919年（黄健中 吴冠平）/感受历史（任殷）/旱天惊雷——《我的1919》点评（杨恩璞）/为"演员"的导演喝彩（林洪桐）/一次迟到的历史发现（韩小磊）/历史片的质感（倪震）/一幅历史的写生油画（梁明）/《我的1919》的声音创作解析（姚国强）/《我的1919》音乐浅析（郭小笛）/历史虚构与国族想象（尹鸿）/《我的1919》研讨会纪要（阎国萍整理）/

附录//黄健中与凌青的通信/有关"威尔逊总统与顾维钧握手细节"的摘要/《我的1919》工作简报（《我的1919》摄制组）/巴黎和会前顾维钧的性格成长（黄健中整理）/巴黎和会与本片有关大事记（黄健中整理）

图片

该著为"庆祝中华人民共和国诞辰50周年优秀影片丛书"之一，收有电影剧本及完成台本，编、导、演等影片主创人员创作经验总结，对该影片的评论文章，若干图片资料，颇有参考价值。

（4）王人殷、中国电影家协会：《大战宁沪杭——从剧本到影片》

王人殷主编，中国电影家协会编，中国电影出版社2000年3月版。

全书约250千字，共379页，其目录如下：

序（赵实）

电影文学剧本//大进军——大战宁沪杭（李平分、韦廉、宋国勋）

完成台本//大战宁沪杭（韦廉、石伟、和小江）

创作手记//纪实性探求——《大战宁沪杭》导演构想（韦廉）/对于拍摄采访当事人的几点说明——《大战宁沪杭》导演构想补充（韦廉）/导演创作感言（韦廉、石伟、和小江）/探索与追求——在《大战宁沪杭》中塑造毛泽东形象感想（古月）/我与韦导（储智博）/打仗——《大战宁沪杭》摄影心得（蔡抒南）/战争场景设计浅谈［崔登高（执笔）孙永印］/战争与和平的交响——谈《大战宁沪杭》的音乐创作（王宁）/"拼盘"的艺术——《大战宁沪杭》剪辑创作谈（聂维国、刘立兵）/谈《大战宁沪杭》的特技创作（孟浩）/《大战宁沪杭》烟火总体造型（魏新才、尹星云）/翅膀硬了之后——数字特技工作小结（朱建龙）

影片评论//在历史矿井中作深层钻探——访《大战宁沪杭》总导演韦廉（张东）/探真求美——看《大战宁沪杭》（彭加瑾）/突出重围——《大战宁沪杭》观片笔记（张东）/看清战士的脸庞和心灵——观《大战宁沪杭》随笔（钟大丰）/一次对战争电影表现手法的大胆探索（汪守德）/为了新中国的诞生（丁临一）/新的视点深的寓意（边国立）

图片

该著为"庆祝中华人民共和国诞辰50周年优秀影片丛书"之一，收有电影剧本及完成台本，编、导、演等影片主创人员创作经验总结，对该影片的评论文章，若干图片资料，颇有参考价值。

（5）魏文彬、康健民：《那山·那人·那狗——从小说到电影卷》

魏文彬、康健民主编，湖南文艺出版社2000年8月第1版。

魏文彬，中共党员，湖南桃源人，历任湖南省广播电视局党组书记和局长。康健民，大学学历，中共党员，国家一级编剧。

全书约200千字，共288页，其目录如下：

总序（文选德）/那山·那人·那狗（小说）（彭见明）/那山·那人·那狗（电影文学剧本）（思芜）/写在后面（思芜）/分镜头剧本及场景表（霍建起）/完成台本（霍建起）/《那山·那人·那狗》创作杂感（霍建起）/《那山·那人·那狗》剧作评析（胡克）/平静（郑洞天）/品味"世俗神话"的魅力（林洪桐）/摄影造型参与剧作的一个佳例（葛德）/读解电影《那山·那人·那狗》和那声（姚国强）/认同性危机及其辩证解决（王一川）/编后总跋（谭谈）

该著为"文艺湘军百家文库·影视方阵"之一，收有小说、电影文学剧本及完成台本，编、导、演等主要影片创作人员的创作经验总结，对该影片的评论文章，颇有研究参考价值。

2001 年

（1）汪流：《中外影视大辞典》

汪流主编，中国广播电视出版社2001年1月第1版。

全书约2000千字，共1025页，其目录如下：

1. 影视心理学、社会学、文化学

2. 中外影视理论

3. 影视名词术语

4. 外国影视史话

5. 中国影视史话

6. 中国影视艺术家及事业家

7. 外国影视导演

8. 中国影视演员

9. 外国影视演员

10. 中国影视名片

11. 外国影视名片

12. 中外电影节及影视评奖

13. 中外影视机构及政策法规

14. 中外影视报刊

该著为综合性影视文化典籍，涉及影视文化学、中外影视理论、影视名词术语、中外影视史话、中外影视艺术家、影视演员、电影名片，反映了影视文化全貌和影视艺术发展状况。

（2）［美］赛珍珠：《庭院里的女人》

［美］赛珍珠著，［美］罗燕/［美］Paul R. Collins 编剧，现代出版社 2001 年 4 月第 1 版。

赛珍珠，美国作家，著有小说《大地》等。

全书约 312 千字，共 303 页，其目录如下：

庭院里的女人

附一：关于《庭院里的女人》//影片制作过程/从没见过的洋教士

附二：关于罗燕//罗燕：青春片从我开始/打造好莱坞制片梦/从小说到电影

附三：《庭院里的女人》主创人员

该著为"现代影坊"丛书之一，收有根据赛珍珠小说《群芳亭》改编而成的电影文学剧本和关于电影《庭院里的女人》的制片过程以及相关材料，是研究该部电影的重要文献资料。

（3）季晓燕：《江西当代影视文学总论》

季晓燕著，百花洲文艺出版社 2001 年 5 月第 1 版。

季晓燕，江苏吴江人，赣文化研究所副所长、研究员。

全书约 230 千字，共 302 页，其目录如下：

《百花洲文学创作丛书》总序

导论 江西当代影视文学概观

上篇 江西当代电影文学

第一章 电影格局//第一节 第七艺术的盛世/第二节 多雪的冬天/第三节 激情的年代/第四节 转折的困惑

第二章 政治走向//第一节 千万不忘记阶级斗争/第二节 政治运动的极限/第三节 过渡时期的曲线/第四节 主旋律与多样化/第五节 转向政治的本体

第三章 方法的拓展//第一节 毕必成与"新路"/第二节 开创新的片种/第三节 系列结构的扩张/第四节 多种语境的运作

第四章 地域表象//第一节 地域表象之一：赣地事件/第二节 地域表象之二：老表群像/第三节 地域表象之三：红土地风情

第五章 童年情结//第一节 走进儿童世界/第二节 特殊的环境/第三节 纯真的童心

第六章 关于女性的思考//第一节 王一民与"三乡两家"/第二节 情爱类略/第三节 苦乐田家女/第四节 女性观念

第七章 喜剧类型//第一节 张刚与"阿满系列"/第二节 轻松地感知/第三节 需要更加多样化

下篇 江西当代电视文学

第八章 稳沉的行踪//第一节 新的文化生态环境/第二节 大办电视剧才起步/第三节 艰难的跋涉

第九章 回顾历史//第一节 革命历史事件与故事/第二节 著名革命历史人物/第三节 古代社会烟云

第十章 审视当代//第一节 山乡风情/第二节 工业新篇/第三节 都市交响

江西当代电影、电视存目

江西当代获奖电影、电视存目

该著从专题性角度切入江西省当代影视文学发展历程的勾勒，在大文化背景下深入分析了当代江西影视文学的特质，在新结构框架中全面描绘了江西省当代影视文学的发展趋势。

（4）顾振彪：《影视文学鉴赏词典》

顾振彪主编，辽宁教育出版社2001年7月第1版。

顾振彪，人民教育出版社特邀顾问，主编《语文教师教学用书》，著有《中国文学63讲》。

全书约256千字，共252页，其目录如下：

一、戏剧文学

二、电影文学

该著为"21世纪中学生工具书系列·语文系列"，分为戏剧文学和电影文学两部分，从导演或作者简介、思想和艺术特色分析、主要成就和影响等角度评价每一部作品，反映了世界戏剧和电影创作的主要面貌。

2002 年

（1）张宗伟：《中外文学名著的影视改编》

张宗伟著，中国广播电视出版社2002年1月第1版。

张宗伟，湖北人，北京广播学院（中国传媒大学）教师，著有《电视片写作》等。

全书约250千字，共347页，其目录如下：

序

上篇 改编理论

第一章 百年因缘//一、文学和影视关系的历时性描述/二、名著改编观念的演化

第二章 作为艺术的文学和影视//一、文字与影像/二、叙事/三、生产与接受/四、影视有别

第三章 改编对象与改编者//一、改编对象/二、改编者

第四章 改编方法//一、情节结构/二、时空处理/三、视听造型

下篇 改编实践

第五章 中国四大古典名著的影视改编//一、概述/二、经典案例评析——央视版《三国演义》

第六章 中国现代文学经典的影视改编//一、鲁迅作品的改编/二、茅盾、巴金、老舍、曹禺作品的改编/三、《围城》及其他现代文学名著的影视改编

第七章 中国当代文学名作的影视改编//一、概述/二、经典案例评析/三、港台一瞥

第八章 外国文学名著的影视改编举隅//一、俄国（苏联）对文学名著的改编/二、莎士比亚剧作的改编/三、美国及其好莱坞对文学名著的改编

主要参考文献

后记

该著为"21世纪中国影视艺术系列丛书"之一，以中国古代四大名著、现当代文学经典、外国文学经典的影视改编为个案，从理论和实践两方面探讨了中外文学名著的影视改编问题。

（2）黄会林、周星：《影视文学》

黄会林、周星主编，高等教育出版社2002年7月第1版。

黄会林，北京师范大学教授，著有《黄会林影视戏剧艺术论集》等。周星，北京师范大学教授，著有《中国电影艺术史》等。

全书约310千字，共384页，其目录如下：

第一章 绪论//第一节 影视文学的传统概念/第二节 影视文学的现代性理解/第三节 影视文学的分类理解/第四节 影视文学的学习要求

第二章 影视文学基本特征//第一节 影视艺术概说/第二节 文学概说/第三节 影视与文学的交叉点和分歧点/第四节 影视文学的基本特征

第三章 影视文学史述//第一节 中国电影文学史述/第二节 外国电影文学史述/第三节 世界电视文学史述/第四节 中国电视文学史述

第四章 影视文学创作与改编//第一节 影视文学取材/第二节 影视文学构思/第三节 影视文学人物/第四节 影视文学创作规律/第五节 影视文学改编

第五章 影视文学分类概述//第一节 电影文学/第二节 电视剧文学/第三节 电视散文/第四节 电视诗歌/第五节 其他电视文学样式

第六章 影视文学鉴赏//第一节 影视文学鉴赏的目的与意义/第二节 影视文学鉴赏的基本方式和角度/第三节 影视文学鉴赏的审美特征

第七章 影视文学评论与批评//第一节 影视文学评论与批评的性质/第二节 影视文学评论与批评的任务/第三节 影视文学评论与批评类型分析/第四节 影视文学评论与批评的基本要求/第五节 影视文学评论与批评的理论

任务

后记

该著论说了影视文学的基本特征，勾勒了影视文学的发展历程和类型变化，介绍了影视文学创作与改编的技巧，针对影视文学的分类、鉴赏、评论与批评等方面予以了阐释。

2003 年

（1）［美］理查德·A. 布鲁姆：《电视与银幕写作：从创意到签约》

　　［美］理查德·A. 布鲁姆著，徐璞译，华夏出版社2003 年 7 月第 1 版。

　　理查德·A. 布鲁姆，美国中央佛罗里达州大学编剧系教师。

　　全书约 351 千字，共 291 页，其目录如下：

第 1 章　引言

第一部分 在影视作品中创造出具有市场价值的前提

　　第 2 章　如何在影视剧本中创造出具有市场价值的前提//可操作的情节和可演绎的角色的重要性/如何为具有操作性市场价值的投稿剧本创造优质的前提/在前提的设置中创造出人物的驱动力/电影梗概/改编/电视剧梗概

　　第二部分　故事的创作

　　第 3 章　如何开发具有市场的故事//类型和主题/情节模式

　　第 4 章　如何书写故事//如何开始：选择故事情境与主人公/强化故事效果/脚本和分步提纲/电视剧情节

　　第 5 章　戏剧元素与段落结构//故事中的戏剧元素/古典三段式结构/电影中的段落结构/电视节目中的段落结构/在故事中迎合观众兴趣/观众兴趣曲线采样

　　第三部分 人物和对白

　　第 6 章　如何塑造具有真实感和表现力的人物//如何塑造具有真实感和表现力的人物/塑造真实可信的人物/方法派演技的运用："方法派编剧"/性格弧线/起因和结果

第7章　如何设计真实的对白//设计对白会遇到的问题与解决方法/对白设计十大禁忌及其解决方法

第四部分　电影剧本格式

第8章　投稿电影剧本格式//投稿电影剧本格式/主场景剧本/如何专业地筹备电影剧本/分镜头剧本格式/电影剧本写作格式的软件/剧本开发软件

第9章　如何在剧作中有效地设置场景//场景写作中的问题及解决方法/场景描写中的八个常见问题及解决方法/如何在剧作中有效地设置开场戏

第10章　剧本修改//剧本修改清单/最终润色

第五部分　电视剧本

第11章　情景喜剧剧本格式//情景喜剧投稿剧本的写作/喜剧理论/电视情景喜剧格式/标题页/现行电视系列喜剧的磁带剧本和胶片剧本格式/现行情景系列喜剧的剧本样例/现行系列喜剧片的胶片剧本格式/演员表和布景清单

第12章　如何设置专业的情景喜剧场景//情景喜剧人物及对白

第13章　动画片、互动媒体、新媒体和非虚构性娱乐节目//系列动画片的剧本写作/美国剧作家协会动画片编剧小组和动画片合同/现行系列动画片的格式样本/互动媒体和新媒体写作/多媒体剧本格式/互动节目合同/非虚构类娱乐节目/商业信息节目合同/纪录片格式

第14章　剧情类电视剧剧本格式//电视投稿剧本的创作/剧情类电视剧中的段落结构/剧情类电视剧的剧本格式/现行剧集的剧本格式范例

第15章　如何在剧情类电视剧中创作专业的场景//情节、角色和对白

第16章　肥皂剧、谈话节目和综艺节目//肥皂剧剧本创作/现行肥皂剧剧本格式样例/谈话节目和综艺节目剧本格式

第17章　如何创作新的电视系列剧//如何开发电视系列剧的创意/首集"试播"/连续剧的创意、陈述和连续剧文献/如何创造有市场价值的电视连续剧创意/如何完成有效的连续剧创意（对内在理念的满足/创意在剧集中持续发展的能力/连续剧人物的内在冲突/《教练》里的创意示范）/如何撰写原创系列剧剧本陈述/点子推销技巧/成功推销中的个人因素/如何创作规范的电视连续剧文献

第六部分　市场营销与剧本推销

第18章　如何推销电影剧本//营销前须知/注册和获取版权/加入美国剧作家协会（WGA）/投稿单或者投稿协议/写自荐信/故事梗概/如何准备投稿/项目递交状态报告/如何寻找代理/市场分析/主要制片厂和制作公司/1998年度最佳票房影片原始资料/电影剧本投稿趋势/百万美元剧本简介/推销点子/1999—2000年电影开发趋势/1999—2000年度"明星"编剧身价摘选/投稿剧本的交易与合同/电影剧本短期合同/投稿剧本合同规则/影视署名和仲裁/影视中的暴力

第19章　如何推销电视剧本//营销前须知/为剧本注册并申请版权/如何获得代理/市场分析/2000年1月电视界市场走向/电视编剧的市场/有线网、有线频道以及付费电视/独立制片人/制作公司/大制片厂/电视剧专业编剧/推销点子/电视剧系列创意/大型电视剧/电视剧交易与合同/署名与仲裁

第20章　国家与州级的基金资源//国家资金资源/州级资金资源/私人基金和企业资源/如何撰写基金申请/如何评估项目/权利、利润和版税

附录//美国剧作家协会1998年度戏剧酬金类影视剧本底金基本协议分表

该著为"影视传播主流教材译丛"之一，介绍了如何打磨具有市场价值的电影和电视剧创意，阐释如何编写高质量的剧本，审视从创意到剧本的投稿，最后签署采用合同的全部过程。

（2）汪流：《电影编剧学》

汪流著，中国传媒大学出版社2003年9月第1版、2009年5月修订版。

全书约360千字，共495页，其目录如下：

前言

一剧之本

上编　造型——用画面写作

第一章　影视剧本是叙事和造型的结合

第二章　影视剧本是画面和声音的结合

第三章　影视剧本是时间和空间的结合//第一节 影视是时、空结合的艺术/第二节 影视的新时空/第三节 怎样造成影视的新时空/第四节 电影时间的三个涵义/第五节 电影时空观念的变化

第四章　蒙太奇思维是影视剧作的构思和形式

下编　叙事

第一章　视觉的主题//第一节 主题的一般概念/第二节 "无中生有"/第三节 影视剧的主题/第四节 电影的主题要求单纯、明确/第五节 样式不同，主题的表达方式不同

第二章　视觉的人物//第一节 人物是影视剧作的核心/第二节 人物性格的塑造/第三节 人物的视觉造型

第三章　视觉的情节//第一节 人物性格的发展史/第二节 情节的典型化和提炼/第三节 影视剧情节的基础/第四节 影视剧中的情节点与场面的有效积累/第五节 西方现代主义的电影情节

第四章　影视剧作的结构//第一节 结构的依附性及其能动作用/第二节 影视剧本的蒙太奇结构/第三节 影视剧作结构的表现技巧

第五章　影视剧作中的语言//第一节 读不如看/第二节 叙述性语言/第三节 对话的艺术/第四节 独白和旁白

第六章　影视剧的风格样式//第一节 戏剧性观念形成的风格样式/第二节 纪实性观念形成的风格样式/第三节 散文诗的观念形成的风格样式/第四节 表现性观念形成的风格样式

第七章　再创作——电影改编//第一节 改编是影视创作的重要来源之一/第二节 文字形象能否转化为银幕形象/第三节 电影和文学是两种不同的艺术形式/第四节 电影改编的几种方式/第五节 忠实于原著精神基础上的创造/第六节 关于将话剧改编成电影/第七节 电影改编理论需要突破/第八节 电影改编者必须具备的几个条件

附录 电影文学剧本《广岛之恋》（加注分析性标记）

《电影编剧学》思考题答案

该著介绍了写作影视剧本须具备的知识，指出影视剧本写作不同于小说或舞台剧本，虽然都含主题、人物、情节、结构、语言等要素，但影视剧本有自身的特点和写作要求。

（3）徐萌：《说出你的爱：蛋白质女孩从小说到电视剧》

徐萌著，上海人民出版社 2003 年 9 月第 1 版。

徐萌，中国电视剧制作中心编剧。主要作品有电视连续剧《红粉男儿》《中国命运的决战》《婚前婚后》等。

全书约 424 千字，共 368 页，其目录如下：

因为她是蛋白质女孩

写在前面的话

人物表

序章：情节之前的故事/第一章/第二章/第三章/第四章/第五章/第六章/第七章/第八章/第九章/第十章/第十一章/第十二章/第十三章/第十四章/第十五章/第十六章/第十七章/第十八章/第十九章/第二十章/第二十一章/第二十二章/尾声

代跋

该著收有王文华原著小说《蛋白质女孩》和据此改编的同名电视剧文学剧本，介绍了电视剧与小说原著的不同和差异，对研究该小说的影视改编颇有价值。

（4）刘志福：《霍建起电影·暖》

刘志福编，中国盲文出版社2003年12月第1版。

刘志福，编辑。

全书约195千字，共142页，其目录如下：

霍建起和他的《暖》

白狗秋千架（小说）

《暖》（文学剧本）

此时此地

小说是我儿子，电影是我孙子

霍建起，正常人

镜头中别一样的风景

寻找记忆中挥之不去的过往

郭小冬，十分认真、十分本真

怀旧伦理与社会症候——解读影片《暖》

《暖》

自言自语

该著收录了小说《白狗秋千架》及据此改编的电影剧本《暖》以及近十篇评论文章，论说由秋实将莫言小说《白狗秋千架》改编成《暖》这部影片剧本拍摄成电影的情况，具有一定的史料价值。

2004 年

（1）邹红：《影视文学教程》

邹红主编，中国人民大学出版社 2004 年 4 月第 1 版。

周红，北京师范大学教授，著有《七彩的舞台》《焦菊隐戏剧理论研究》《影视文学教程》《曹禺剧作散论》等。

全书约 366 千字，共 355 页，其目录如下：

第一章　影视艺术和影视文学//第一节 电影艺术的发展与特性/第二节 电视艺术的发展与特性/第三节 在影视艺术与文学之间/本章小结/关键概念/思考题

第二章　影视文学的文体特征//第一节 作为第五文学样式的影视文学/第二节 影视文学的跳跃性特征/第三节 影视文学的动作性特征/第四节 影视文学的可视性特征/本章小结/关键概念/思考题

第三章　影视文学的构成//第一节 人物形象/第二节 故事结构/第三节 情节冲突/第四节 语言/本章小结/关键概念/思考题

第四章　影视文学的分类//第一节 电影文学/第二节 电视剧文学/第三节 电视诗歌、散文/第四节 电视电影/本章小结/关键概念/思考题

第五章　影视文学的创作//第一节 影视创作与文学创作/第二节 影视文学创作的基本元素与要求/第三节 剧本创作中的"影视思维"/第四节 剧本以外的影视创作/本章小结/关键概念/思考题

第六章　影视文学的改编//第一节 文学作品与影视改编/第二节 改编观念的演变与改编的一般原则/第三节 影视改编的主要方法/本章小结/关键概念/思考题

第七章　影视文学的鉴赏//第一节 影视鉴赏的基本性质与意义/第二节 影视鉴赏的客体要素/第三节 影视鉴赏的主体要素/本章小结/关键概念/思考题

第八章　影视文学的批评//第一节 影视批评的意义与标准/第二节 影视批评的方法/第三节 影视评论写作/本章小结/关键概念/思考题

第九章　影视文学的历史（上）//第一节 世界电影文体的萌生与成长（无声电影时期）/第二节 经典叙事时期的电影编制（20 世纪 30—50

年代）/第三节 现代电影观念与电影文体变革（20世纪50—70年代）/第四节 高科技时代的多元化电影写作（20世纪80年代至21世纪初）/第五节 世界电视文学及其编制/本章小结/关键概念/思考题

第十章 影视文学的历史（下）//第一节 中国早期电影文学形态（20世纪30年代前）/第二节 中国电影文学的成熟发展（20世纪三四十年代）/第三节 新中国"前十七年"电影文学创作/第四节 新时期以来的中国电影文学/第五节 中国电视文学史述/本章小结/关键概念/思考题

本书参考书目

后记

该著为"现代远程教育系列教材"之一，主要介绍了电影艺术的发展与特性、电视艺术的发展与特性以及影视文学和影视艺术的关系等基本知识，概述了影视文学的文体特征。

（2）杨桦：《戏曲电视剧美学》

杨桦著，四川大学出版社2004年5月第1版。

杨桦，教授，曾任乐山师范专科学校副校长。

全书约177千字，共221页，其目录如下：

序（杨胜宽）

第一章 本体论//第一节 概述/第二节 戏曲电视剧的艺术形态学

第二章 剧本论//第一节 剧情体裁——回归传奇的叙事艺术/第二节 人物塑造/第三节 结构和节奏/第四节 语言

第三章 表演//第一节 功能转换/第二节 风格嬗变/第三节 体验与再现

第四章 音乐与造型//第一节 歌唱艺术——向人物内心表现转化/第二节 伴奏及其他/第三节 造型

第五章 现代性//第一节 现代观念与当代意识/第二节 改编与原创/第三节 现代戏/第四节 风格及手法的多样性

第六章 文化特性//第一节 艺术学的文化价值/第二节 民族民俗学的文化价值/第三节 大众传媒时代的文化保护与传播

主要参考文献

该著从本体、剧本、表演、音乐、造型、现代性和文化特性等几个维度，系统阐释了戏曲电视剧的美学特征。

（3）孟固：《电影艺术的文学解读》

孟固著，延边大学出版社 2004 年 7 月第 1 版。

孟固，北京市社会科学学院文学研究所副所长、副研究员，著有长篇报告文学《青春的浩劫》等。

全书约 280 千字，共 307 页，其目录如下：

该著重视电影艺术与文学资源之间的内在渊源关系，通过电影与文学之间的相互关系，考察了电影作为一种相对独立的艺术却对文学资源有着不可忽视的依赖关系。

（4）唐锡光：《从电影的革命到革命的电影：20世纪中国文学视野中的左翼电影》

唐锡光著，知识产权出版社2004年9月第1版。

唐锡光，山东大学教授、山东省文化产业研究基地副主任、《山东大学报》主编。

全书约176千字，共214页，其目录如下：

绪论　从电影的革命到革命的电影——对于20世纪30年代电影文化的历史考察

第一章　意识形态语法的理论建构

第二章　左翼语法的话语实现（之一）——作为意识形态策略的叙事

第三章　左翼语法的话语实现（之二）——社会关系的重组和再造

第四章　左翼语法的话语实现（之三）——女性形象和音乐作品的意识形态化

第五章　话语权的战争——软硬电影之争

第六章　左翼话语生成和实现的外部环境

第七章　典型文本的读解

该著通过对电影创作、剧本创作、电影故事和最后的实现方式即影片、电影评论的历史考察，探讨了20世纪中国文学整体框架内的左翼电影艺术的发展状况、生存状态和话语规律。

（5）刘恒：《张思德：同名电影实录》

刘恒著，同心出版社2004年9月第1版。

全书约100千字，共214页，其目录如下：

《张思德》——电影剧本/（刘恒）

《张思德》——电影构思概要（刘恒）

《张思德》——电影创作谈//父亲给我写《张思德》的灵感——作者访谈）/用"心"去拍《张思德》——导演阐述（尹力）/心灵之旅——主演感怀（吴军）/"遭遇"黑白——摄影小札（谢平）/今天为昨天歌唱——美术设计有感（卢月林）/《张思德》——拍摄纪实/《张思德》：创造中国电影的

奇迹——赴延安访《张思德》剧组（解玺璋）/净化灵魂 塑造精神——电影《张思德》拍摄散记（成路/阎安/剧恒生）/懂得高尚 学会做人——《张思德》观后（刘霆昭）

后记

该著主要包括影片文学剧本及完成台本，编、导、演等主创人员的创作经验总结和研究性的评论文章，以及剧情照、演员的形象照、工作照等若干幅影片图片资料，颇有研究参考价值。

（6）杨燕：《戏曲电视剧个案论析》

杨燕主编，北京广播学院出版社2004年10月第1版。

杨燕，中国传媒大学教授，著有《电视戏曲论纲》《戏曲电视剧个案论析》《电视戏曲文化名家纵横谈》等。

全书约176千字，共460页，其目录如下：

为"冷点"加温（序）（刘习良）

前言

另一只眼看"继承"与"创新"：《西园记》（越剧）论析/朴而不拙 巧而不雕：《九斤姑娘》（越剧）论析/小荷才露尖尖角：《郑小姣》（黄梅戏）论析/多元审美元素重组的魅力：《西厢记》（黄梅戏）论析/传奇剧的全新演绎：《朱熹与丽娘》（黄梅戏）论析/戏曲语言与视听语言的"互补对位"：《膏药章》（京剧）论析/电视化手段的纯熟运用：《潘月樵传奇》（京剧）论析/现实与浪漫的有机结合：《柯老二人党》（黄梅戏）论析/《桃花扇》底赋新章：《桃花扇》（黄梅戏）论析/浓情重彩写文豪：《曹雪芹》（京剧）论析/戏曲电视剧"互文性"艺术策略：《红丝错》（越剧）论析/追求现代审美意识的一种探索：《两个女人和一个男人》（眉户戏）论析/时代感与乡土味：《挑花女》（黄梅戏）论析/《半把剪刀》巧剪裁：《半把剪刀》（黄梅戏）论析/旧貌新颜《孟丽君》：《孟丽君》（黄梅戏）论析/说不尽的《家》：《家》（黄梅戏）论析/鉴湖悲歌颂女侠：《秋瑾》（越剧）论析/妙趣横生《醒醉记》：《醒醉记》（京剧）论析/戏曲情韵的拓展：《情醉老龙沟》（评剧）论析/浩然正气惊鬼神：《访阴铡判》（京剧）论析/人性的变调咏叹：《金龙与蜉蝣》（淮剧）论析/柳暗花明又一《春》：《春》（黄梅戏）论析/平民视角中的伟人：《布衣毛润之》（湘剧）论析/别样风情别样歌：《小豆庄风情》（淮剧）论析/清新美丽的白

族风情画卷:《白月亮，白姐姐》（白剧）论析/古调新翻唱《孔雀》:《孔雀东南飞》（越剧）论析/意态由来画不成:《牡丹亭》（昆曲）论析/赋经典传承以时代印记:《珍珠塔》（锡剧）论析/浓妆淡抹总相宜:《啼笑因缘》（黄梅戏）论析/一曲朴实的抗日赞歌:《苦菜花》（吕剧）论析/笑里情中说《奇缘》:《龙凤奇缘》（黄梅戏）论析/《二月》里的两性世界:《二月》（黄梅戏）论析

　　附录:历年获奖戏曲电视剧名单

　　该著为"戏剧戏曲学书系"之一，立足于戏曲电视剧创作的历史纵线和现实横面，采取个案解读的方式，探讨多部戏曲电视剧的成功与不足，展现了中国戏曲电视剧的发展历程和特质。

2005 年

（1）高小健:《中国戏曲电影史》

　　高小健著，文化艺术出版社 2005 年 1 月第 1 版。

　　高小健，生于北京，中国艺术研究院研究员，著有《中国戏曲电影史》《新兴电影:一次划时代的运动》《中国电影史》等。

　　全书约 300 千字，共 323 页，其目录如下:

　　序言　电影独有片种的专门研究

　　第一章　概述//一 戏曲与中国电影/二 戏曲电影发展的历史分期/三戏曲电影的类型特征

　　第二章　纪录戏曲的初期电影——20 世纪 20 年代以前的戏曲电影//一 任庆泰的电影实验/二 梅兰芳的早期电影实践/三 早期戏曲电影的特征

　　第三章　民族电影的副产品时代——30—40 年代的戏曲电影//一 费穆的戏曲电影创作/二 其他戏曲电影的创作/三 戏曲电影的美学初现

　　第四章　百花怒放的新中国戏曲艺术片——起步期和高潮期的新中国戏曲电影//一 新中国戏曲电影的兴起/二 "百花齐放"方针推动戏曲电影的繁荣/三 戏曲电影的美学讨论/四 流派纷呈的戏曲电影创作及其文化成因

　　第五章　极端政治的艺术宣示——"样板戏"电影//一 "样板戏"前

的现代戏预演/二 "样板戏" 独领风骚/三 戏曲电影对 "文化革命" 的承载

第六章　戏曲电影的复兴——戏曲电影的第二次高潮//一 传统戏曲重登银幕/二 新编、改编古装戏曲独具风采/三 现代戏曲余韵犹香/四 新时期戏曲电影对戏曲电影传统的突破与丢失/结语

附录//一 序言/二 拍了《生死恨》以后的感想/三 中国戏曲影片目录

主要参考书目及文献

该著指出中国戏曲作为中国戏曲电影——戏曲舞台纪录片、戏曲艺术片、戏曲故事片等的客体对象，赋予了戏曲艺术的电影性东西，丰富了电影故事片及其他类别影片的创作。

（2）［法］莫尼克·卡尔科－马赛尔、让娜－玛丽·克莱尔：《电影与文学改编》

［法］莫尼克·卡尔科－马赛尔、让娜－玛丽·克莱尔著，刘芳译，文化艺术出版社 2005 年 3 月第 1 版。

莫尼克·卡尔科－马赛尔，法国电影学学者。让娜－玛丽·克莱尔，法国电影学学者。

全书约 100 千字，共 271 页，其目录如下：

引言//一、改编是什么/二、电影作品的改编与文学作品的改编

上编　从文学作品到电影

第一章　法国电影改编的历史发展/一、法国电影艺术家热衷于把文学作品搬上银幕的原因/二、对文学作品改编成电影的思考/三、有声电影为法国电影改编引进了新鲜事物/四、让·雷诺阿的个人艺术手法与改编文学著作的关系/五、战后的文学性电影改变了改编的概念/六、欧洪许和博斯特对 "文学性电影" 的阐述/七、欧洪许和博斯特的独创性/八、《乡村牧师日记》改革了改编观念/九、法国电影改编史的特殊重要性

第二章　电影改编作家对图像和语言差别的认识//一、马尔罗对电影感兴趣的原因/二、改编《希望》/三、对华特·班杰明的反对/四、从电影对白编写者到电影编剧的历程/五、拍摄 "隐蔽事物" 的方法/六、科克托发现了新类型的神话/七、呈现在季奥诺作品中的改编理论/八、在《人世之歌》的叙述中的观念改变/九、在场景中改变对世界的描绘/十、剧本的限制导致对白简化/十一、季奥诺意识到摄像机适合于意义的传送/十

二、改编把季奥诺引向一项真正的娱乐工作

第三章 关于改编的社会批评理论//一、一个"患判断错误症的第三者"概念/二、改编是一种社会的文化的实践/三、对镜头的时间与空间转移的分析/四、由外观镜头带来的感受/五、明确处理言语意义上差距的办法/六、在改编中把字面文化和文学作品区分开来/七、维斯康奇的摄像机解构托马斯·曼的作品/八、文学作品的重建在威尼斯的描述中得以转化/九、从对第三者的分析中了解电影带来的影响/十、社会评论突出图像媒介带来的事物

下编 从电影到文学作品：后现代的面貌

第一章 从电影到文学作品//一、"电影小说"是什么/二、带有电影视觉效果的小说/三、阿兰·罗伯－格里耶的"小说电影"带来的明显问题/四、影像的参照物颠覆所有拟态幻象的方法/五、小说电影实现精神影像与图像模版之间往复的方式

第二章 后现代的面貌：通向片头字幕以外的空间//一、阿兰·雷奈与作家们的合作/二、电影与文学前景的突然转变和"二战"的历史关系/三、将电影变成对一部作品的解读/四、玛格丽特·杜拉斯作品中的"混杂性"/五、唐居伊·维埃尔对浓缩作品风格的定义/六、反传统电影小说/七、浓缩作品的风格/八、从《大猎犬》寻找图像与神话的关系/九、从《电影》看后现代主义的复兴/十、后现代"电影小说"解读巴洛克式提问的方法

结论//一、从构成电影改编的词汇和图像的浏览中得出的结论/二、电影的片段剪辑能否与文字表达的片段达到和谐

该著从法国电影改编的历史发展、电影改编作家对图像和语言差别的认识、关于改编的社会批评理论等维度研究了文学改编电影的相关情况，探讨"电影小说"的实质和电影对文学的影响。

（3）贺信民、魏玉川：《名著改编与影视剧创作》

贺信民、魏玉川编著，陕西人民出版社 2005 年 8 月第 1 版。

贺信民，陕西蓝田人，陕西师范大学教授。

全书约 235 千字，共 330 页，其目录如下：

第一章 当代影视改编热点透视//第一节 对古典名著

的改编/第二节 对历史题材的改编/第三节 对当代畅销小说的改编/第四节 电影、电视剧改编的不同特点

第二章 中国当代文学名作的影视改编//第一节 概述/第二节 经典案例评析/第三节 港台影视改编一瞥

第三章 中国现代文学经典的影视改编//第一节 鲁迅作品的改编/第二节 茅盾、巴金、老舍、曹禺作品的改编/第三节《围城》及其他现代文学名著的影视改编

第四章 外国文学名著影视改编举要//第一节 苏联对文学名著的改编/第二节 莎士比亚剧作的改编/第三节 美国及其好莱坞对文学名著的改编

第五章 中国四大古典名著的影视改编//第一节 四大名著的早期改编/第二节 20世纪80年代以来的四大名著改编/第三节 经典案例评析：央视版《三国演义》

第六章 名著改编的几个问题//第一节 创作观念/第二节 创作方法/第三节 名著与影视剧的互利互动

第七章 影视剧创作的基本理论//第一节 影视剧的艺术特性/第二节 影视剧类型/第三节 影视剧创作要素

第八章 影视剧创作实践//第一节 影视剧写作要领/第二节 影视剧创意与主题确定/第三节 影视剧的情节与结构/第四节 影视剧的人物与语言

后记

主要参考书目

该著为"影视教科书系"之一，从理论与创作实践的结合上对当代影视改编热点、名作影视改编、名著改编、影视创作实践等问题予以了剖析，揭示了经典名著改编的缘由、奥秘与规律。

（4）八一电影制片厂：《枪手：从剧本到影片》

八一电影制片厂编，解放军出版社 2005 年 12 月第 1 版。

全书约 130 千字，共 155 页，其目录如下：

电影文学剧本//《枪手》（司马未韬）

创作手记//《枪手》导演阐述（沈东）/《枪手》摄影阐述（崔新平）/空间造型的另外一种可能：《枪手》场景设计构想（马跃千）/画龙点睛：忆《枪手》中的特技（聂矗）

影片评论//《枪手》：一部新型青春偶像片（梁光第）/以小见大，以小搏大：看八一厂影片《枪手》有感（彭加瑾）/绿色军营的五彩世界：影片《枪手》的启迪（张东）/军旅影视的艺术创新：《枪手》漫谈（陈羽）/《枪手》：简约叙事策略的一种参照（刘徐州）/一曲唱给青春的军歌：《枪手》的全新美学追求（刘毅卓）/唤醒心中的图腾：电影《枪手》观后（马弢）/《枪手》：军营青春活力飞扬（陈霄整理）/神枪手点评《枪手》（夏乐）/浪漫温情的军旅生活画卷：《枪手》试映受好评（叶晟珺）/关于军事影视的一点思考：从对《枪手》的调查分析谈起（韩骏伟）

演职员表

获奖情况

该著为"新世纪军事电影丛书"之一，主要收录军营青春片《枪手》的电影文学剧本、创作手记、影片评论、演职员表和获奖情况，为该片的专题研究提供了珍贵的文献资料。

（5）八一电影制片厂：《惊心动魄：从剧本到影片》

八一电影制片厂编，解放军出版社2005年12月第1版。

全书约101千字，共123页，其目录如下：

电影文学剧本//《惊心动魄》（王戈洪、李平分）

创作手记//《惊心动魄》导演阐述（王珈、沈东）/《惊心动魄》摄影构思（汪洋）/《惊心动魄》摄影阐述（崔新平）/《惊心动魄》美术阐述（许峰）

影片评论//抗击"非典"斗争的英雄赞歌：评影片《惊心动魄》（明振江）/温暖的心跳：评电影《惊心动魄》（张新武）/"灾难片旅程模式"：浅析八一厂故事片《惊心动魄》（高赛）/让"主旋律"在市场上唱响：《惊心动魄》观后（胡杨）/主旋律类型化的尝试：《惊心动魄》的创作追求（吕征）

演职员表

获奖情况

该著为"新世纪军事电影丛书"之一，主要收录《惊心动魄》的电影文学剧本、创作手记、影片评论、演职员表和获奖情况，为该片的专题研究提供了珍贵的文献资料。

第五编　复兴与繁盛：21世纪以来

（6）八一电影制片厂：《太行山上：从剧本到影片》

八一电影制片厂编，解放军出版社 2005 年 12 月第 1 版。

全书约 133 千字，共 171 页，其目录如下：

电影文学剧本//《太行山上》（陆柱国）

创作手记//太行浩气传千古：电影剧本《太行山上》创作感言（陆柱国）/《太行山上》众角色构想：导演阐述（韦廉）/《太行山上》摄影构想（摄影组）/《太行山上》美术阐述（霍廷霄）/《太行山上》烟火总体造型（尹星云）

影片评论//抗战烽火照亮银幕荧屏（明振江）/筑起我们的长城：评影片《太行山上》（张东）/确立主流电影的类型化策略：影片《太行山上》的启示（贾磊磊）/"四个第一次"打造《太行山上》（祁苏闽、乔忠杰）/"走出去"征途上的中国战争电影：《太行山上》的忧伤和希望（韩骏伟）/突破的决心和勇气：从《太行山上》看我国战争片创作中的新气象（李琴、张力）/历史真实再现 艺术票房共赢：析新型战争主流片代表《太行山上》（马翠轩）/全球化语境下的中国战争片创作：《太行山上》文化分析（左芳）

演职员表

获奖情况

该著为"新世纪军事电影丛书"之一，主要收录史诗性抗战影片《太行山上》的电影文学剧本、创作手记、影片评论、演职员表和获奖情况，为该片的专题研究提供了珍贵的文献资料。

（7）八一电影制片厂：《冲出亚马逊：从剧本到影片》

八一电影制片厂编，解放军出版社 2005 年 12 月第 1 版。

全书约 103 千字，共 127 页，其目录如下：

电影文学剧本//《冲出亚马逊》（赵峻防、王戈洪）

创作手记//《冲出亚马逊》导演阐述（宋业明）/《冲出亚马逊》摄影阐述（董亚春）/《冲出亚马逊》美术阐述（全荣哲）/《冲出亚马逊》声音构成（王印刚）/《冲出亚马逊》特技镜头设计（聂轰）

影片评论//看中国特种兵走向世界：谈《冲出亚马逊》对当代军事电影的新探索（张东）/好看，但不止好看：评《冲出亚马逊》（周政保）/对英雄主义诠释的一次飞跃：从军事影片《冲出亚马逊》谈起（高赛）/挑战人生极限 让国旗高高飘扬：观《冲出亚马逊》（雷智勇、霄冰）/现代军事题材影片的新探索（张海丽）/冲出亚马逊的人（陈一方）/"你和我，就是中国"：看国产影片《冲出亚马逊》（张新武）/成功源于真实：观影片《冲出亚马逊》（李应魁）

演职员表

获奖情况

该著为"新世纪军事电影丛书"之一，主要收录军事动作片《冲出亚马逊》的电影文学剧本、创作手记、影片评论、演职员表和获奖情况，为该片的专题研究提供了珍贵的文献资料。

（8）八一电影制片厂：《惊涛骇浪：从剧本到影片》

八一电影制片厂编，解放军出版社 2005 年 12 月第 1 版。

全书约 120 千字，共 151 页，其目录如下：

电影文学剧本//《惊涛骇浪》（柳建伟）

创作手记//从内心深处迸发出艺术激情：《惊涛骇浪》导演阐述（翟俊杰）/《惊涛骇浪》摄影阐述（董亚春）/迎接一场具有历史意义的挑战：《惊涛骇浪》美术阐述（孙永印）/《惊涛骇浪》特技创作浅谈（孟浩）/真实感再创造和项目运作高效性：《惊涛骇浪》高科技创作谈（刘言韬）

影片评论//重塑时代英雄 弘扬民族精神：写在电影《惊涛骇浪》上映之际（明振江）/审美化艺术化的主旋律强音：赞大型故事片《惊涛骇浪》（仲呈祥）/激情"迷彩""桔红"：评影片《惊涛骇浪》（张东）/铸造时代的精神雕像：影片《惊涛骇浪》述评（贾磊磊）/一部重塑英雄的史诗：评电影《惊涛骇浪》（彭加瑾）/"惊涛骇浪"塑忠魂：影片《惊涛骇浪》观赏价值二题（边国立）/《惊涛骇浪》激情澎湃的人文抒写（王志敏）/民族精神的深入开掘和诗意阐释：评电影《惊涛骇浪》（徐琼）/对"民族精神"的深刻诠释：故事片《惊涛骇浪》观后（梁水宝）

演职员表

获奖情况

该著为"新世纪军事电影丛书"之一，主要收录《惊涛骇浪》的电影文学剧本、创作手记、影片评论、演职员表和获奖情况，为该片的专题研究提供了珍贵的文献资料。

（9）［美］罗伯特·斯塔姆、亚历桑德拉·雷恩格：《文学和电影：电影改编理论与实践指南》

［美］罗伯特·斯塔姆、亚历桑德拉·雷恩格编著，北京大学出版社 2005 年 12 月第 1 版。

罗伯特·斯塔姆，纽约大学教授，著有《文学中的电影：现实主义、魔幻和改编艺术》等。亚历桑德拉·雷恩格，纽约大学博士，著有《电影类型的诞生》《再现的边界》等。

全书约 298 千字，共 359 页，其目录如下：

导论：改编理论与实践（Robert Starm）/1. 对《曼斯菲尔德庄园》的改进和修补（Tim Watson）/2. 让卡尔卡斯继续前进：论《最后的莫希干人》中民族的改编和变形（Jacquelyn Kilpatrick）/3. 有闲阶级的谨慎魅力：泰伦斯·戴维的《欢乐之家》（Richard Porton）/4. 寻找改编：普鲁斯特与电影（Melissa Anderson）/5.《愤怒的葡萄》：视觉风格对主题的强调（Vivian C. Sobchack）/6.《恐怖角》和战栗：家族的恐惧（Kirsten Thompson）/7. 镇压的狂欢节：德国左翼政治和《丧失名誉的卡特林娜》（Alexandra Seibel）/8. 连环杀手时间：《复制娇妻》中的蓝胡子（Bliss Cua Lim）/9.《街区男孩》：斯派克·李、理查德·普莱斯和《悬疑犯》的作者角色变换（P. J. Massood）/10. 让《英国病人》变得缓和（Patrick Deer）/11. 狂欢节和金鱼：《屠夫男孩》中的历史与危机（Jessica Scarlata）/12. 激情还是怨恨：埃斯基韦尔和阿罗在《巧克力情人》中的幽默（Dianna C. Niebylski）/13.《宠儿》：美国奴隶故事的改编（Mia Mask）/14. 非洲的口语传统、文学与电影（Mbye Cham）/15. 改编政治中的记忆和历史：重访《黑暗》中的印巴分离（Ranjani Mazumdar）/16. 书写的场景：作为电影救赎形象的作家（Paul Arthur）/索引

该著为"培文书系·人文科学系列"之一，由文学和电影研究领域的国际领先学者沿着改编理论和实践的线索专门编写，在理论和主题上对文学文本到电影文本的研究均有见地。

（10）［美］罗伯特·斯塔姆、亚历桑德拉·雷恩格：《文学和电影指南》

［美］罗伯特·斯塔姆、亚历桑德拉·雷恩格编著，北京大学出版社 2005 年 12 月第 1 版。

全书约 380 千字，共 463 页，其目录如下：

1. 小说、电影和文字/影像之战/2. 神圣的文字，亵渎的影像：改编神学/3. 福音事实？从西塞尔·德密勒到尼古拉斯·雷/4. 传递和叙事媒质：媒介之桩/5. 观看：从电影到小说——关于比较叙事学/6. 改编和误改编：电影、文学和社会话语/7. 无形的新奇事物：20 世纪 90 年代的电影改编/8. 意大利和美国：皮诺曹的第一次电影之旅/9. 早期电影的互文性：《方托马斯》的开端/10. 世界性的投映：中国银幕上的世界文学/11. 打断的修辞/12. 将声音视觉化：乔伊斯、电影和视觉政治/13. 依照历史改编电影：一场酝酿中的革命/14. 影像真实主义、电影改编和新现实主义风景的布景/15. 恶汉的拙劣模仿：霍勒斯·麦科伊对两个好莱坞音乐剧的占用和形象改造/16. 改编研究的社会学转变：以黑色电影为例/17. 改编《再见，吾爱》/18. 达夫妮·杜·穆里埃和阿尔弗雷德·希区柯克/19. 奔跑的时间：《长跑者的寂寞》中的时空/20. 从自由观点到埃里克·罗默：超越"改编"/21. 肖像画的时刻：斯科塞斯对沃顿的阅读/22. 天才的后结构主义：不同的男子气概、寻欢作乐的计谋与阶级穿越/23. 从布莱姆·斯托克的《德拉库拉》到其《惊情四百年》/24. 作为电影中文化客体的《圣经》/25. 结局好就一切都好：《世界之战》中的天启与帝国/索引

该著为"培文书系·人文科学系列"之一，将电影和文学研究统一审视，包括高雅的和通俗的研究、第一世界和第三世界的议题、作者和观众的问题。

（11）［美］罗伯特·斯塔姆：《电影中的文学：现实主义、魔幻与改编艺术》

［美］罗伯特·斯塔姆（Robert Stam）编著，北京大学出版社 2005 年 12 月第 1 版。

全书约 320 千字，共 388 页，其目录如下：

导论

1. 塞万提斯的前奏：从《堂吉诃德》到后现代主义

2. 殖民主义与后殖民主义经典：从《鲁滨逊漂流记》到《幸存者》

3. 自我意识式小说：从亨利·菲尔丁到戴维·埃格斯

4. 电影原型式小说：《包法利夫人》的各种变形

5. 地下人和神经质的叙事者：从陀思妥耶夫斯基到纳博科夫

6. 现代主义、改编和法国新浪潮

7. 完整的圆圈：从塞万提斯到魔幻现实主义

索引

该著为"培文书系·人文科学系列"之一，认为电影的文学改编连接起了人类一古老、一年轻的叙事艺术，指出电影改编大都指向对长、短篇小说两种现代最为通俗的叙事样式的"译写"。

2006 年

(1) 盘剑：《选择、互动与整合：海派文化语境中的电影及其与文学的关系》

盘剑著，浙江大学出版社 2006 年 6 月第 1 版。

盘剑，广西桂林人，浙江大学人文学院教授，著有《映像创造》《20 世纪中国话剧的文化阐释》等。

全书约 300 千字，共 252 页，其目录如下：

绪论 学术检视：关于海派文化、文学与电影/一 现代都市与海派文化/二 海派文化与海派文学/三 海派文学与海派电影

第一章 鸳鸯蝴蝶派文人的电影创作//一 新与旧的夹杂与转换/二 叙事模式、影像风格与类型片创作/三 电影作为文学

第二章 《现代电影》及其软件电影论者的文化表达//一 "软"与"硬"的对立与统一/二 政治倾向与文化观念的"不平衡"/三 "'电影的'电影"的追求

第三章 新感觉派小说的隐性视觉形态//一 海派文化的视觉化倾向/二 仿像与内视：新感觉派小说隐性视觉形态的建立/三 隐性视觉形态：从

"现代"走向"后现代"

第四章　艺术、政治、商业的结合与互动//一 革命文艺与商业文化的双向选择——以夏衍为中心/二《申屠氏》与洪深艺术观的转变/三 联华·朱石麟：传统文化立场与现代经营意识

第五章　性别操作：女体的多元功能与意味//一 性别操作的女体"趋重"：电影片名与期刊图片/二 女性的家庭叙事：女儿、女友、妻子和母亲/三 女体的社会表达：妓女、侠女与"女权主义者"

结语 作为阶段的"海派电影"和大众文化

附录//一 20世纪中国电影的三维透视/二 走向泛文学——论中国电视剧的文学化生存

参考文献

后记

该著以海派文化语境中的电影和文学为研究对象，从文学、艺术学和文化学的角度展开分析和探讨，认为海派文化是一种以工业化、商业化为环境为大众传播媒介所造就的现代大众文化。

（2）姚晓鸥:《古典名著的电视剧改编》

姚晓鸥著，中国传媒大学出版社2005年12月第1版。

姚小鸥，河南镇平人，中国传媒大学文学院教授，著有《诗经三颂与先秦礼乐文化》《吹埙奏雅录》。

全书约340千字，共303页，其目录如下：

前言

第一章　版本论//第一节 四大名著的主要版本/第二节 名著改编版本选择的制约因素/第三节 名著改编版本选择应注意的问题

第二章　情节论//第一节 名著改编中情节处理的基本问题/第二节 电视剧改编中情节处理的戏剧学原则/第三节 电视剧改编中情节处理的美学原则

第三章　人物论//第一节 原著形象对人物改编的制约/第二节 现代观念对人物改编的影响/第三节 人物改编过程中出现的失误

第四章　结构论//第一节 结构对名著改编的制约/第二节 名著电视剧改编的开头/第三节 名著电视剧改编的结尾

第五章　接受论//第一节 接受主体的接受图式与古典名著改编/第二

节 时代社会文化心理与古典名著改编/第三节 观众的视听心理与古典名著改编

第六章　传统戏曲与名著改编//第一节 传统戏曲对电视剧改编的影响/第二节 名著的戏曲改编与电视剧改编

第七章　名著改编中的性问题//第一节 性作为艺术内容和艺术手段/第二节 作为视角的性/第三节 媒介转换与性

附录《西游记》的影视改编

后记

该著以《西游记》等大量根据古典名著改编的电视剧为个案，从版本、情节、人物、结构、接受、传统戏曲等层面，系统探讨古典名著的电视剧改编中的各类问题。

2007 年

（1）卢玮銮、熊志琴：《文学与影像比读》

卢玮銮、熊志琴主编，三联书店（香港）有限公司2007 年 2 月第 1 版。

卢玮銮，著有《香港故事：个人回忆与文学思考》《香港家书》《夜读闪念》等。熊志琴，香港浸会大学教师。

全书约 110 千字，共 154 页，其目录如下：

"文学与影像比读"讲座之一（张国荣）//如何演绎李碧华小说中的人物

"文学与影像比读"讲座之二（伍淑贤）//从影像到文字

"文学与影像比读"讲座之三（许鞍华）//改编与怀旧——由《倾城之恋》谈起

"文学与影像比读"访问（刘以鬯）/与刘以鬯谈《酒徒》及《对倒》）

后记（熊志琴）

附录

该著以已有影像成品的文学作品为研读对象，从不同角度对改编作品展开研究和探讨，是第一手香港文学与影视研究资料。

（2）苏牧：《太阳少年：〈阳光灿烂的日子〉读解》

苏牧著，上海人民出版社2007年3月第1版。

苏牧，北京电影学院教授，著有《荣誉》《新世纪新电影——〈罗拉快跑〉读解》等。

全书约408千字，共299页，其目录如下：

影片梗概

一《动物凶猛》与《阳光灿烂的日子》//（一）《动物凶猛》与《阳光灿烂的日子》/（二）《王朔和姜文》

二 主题与风格//（一）主题/（二）风格

三 影片结构//（一）时空构成/（二）电影格局

四 影片段落读解//（一）片头/（二）远父出征/（三）窥视跳舞/（四）扔书包/（五）教室风波/（六）吹避孕套/（七）初见"画中人"/（八）再见"画中人"/（九）遭遇"画中人"/（十）派出所被抓/（十一）胡同殴斗/（十二）街道见米兰/（十三）桥下加架/（十四）老莫欢聚/（十五）冲头发/（十六）跳烟囱/（十七）唱歌、送米兰/（十八）老莫过生日/（十九）雨中示爱/（二十）强暴米兰/（二十一）高台跳水/（二十二）尾声

五 电影剧作与视听方案

六 其他

附录

后记

该著从主题、风格、结构、剧本、视听方案、表演方式和演员选择与表演等方面，对改编影片《阳光灿烂的日子》展开了抽丝剥茧式分析和全景式解读。

（3）雪明、云梦：《〈茶馆〉研究：从话剧到电影》

雪明、云梦编，中国电影出版社2007年5月第1版。

雪明，编辑。云梦，编辑。

全书约280千字，共444页，其目录如下：

剧本//茶馆（三幕话剧）（老舍）/茶馆（电影完成台本）（谢添）

创作体会//答复有关《茶馆》的几个问题（老舍）/电影《茶馆》的

导演构想（谢添）/《茶馆》——从舞台到银幕（于是之）/扮演常四爷的体会（郑榕）/回顾《茶馆》几十年（蓝天野）/吾师舍予怅离去 留得妙语寰五洋（黄宗洛）/演《茶馆》的一些感想（英若诚）/我如何塑造庞太监这一人物（童超）/扮演康顺子的点滴体会（胡宗温）/电影《茶馆》拍摄札记（郑煜元）/谈电影《茶馆》的美术设计（杨予和）

评论//看电影《茶馆》的感受（胡絜青、舒乙）/电影《茶馆》观后（张庚）/你怎么绕着脖子骂我呢——看话剧《茶馆》的演出（王朝闻）/"绝唱"（吴祖光）/一部独具异彩的影片的诞生（夏淳）/文学·戏剧·电影——评电影《茶馆》（欧阳山尊）/银幕上的《茶馆》（叶家铮）/浅评电影《茶馆》的导演艺术（齐锡宝）/从舞台到银幕——看《茶馆》的深化（邹霆）/小角色 大手笔——略论电影《茶馆》的一个创作问题（王云缦）/试谈电影《茶馆》的不足之处（任宝贤）

该著包括茶馆（三幕话剧、电影完成台本）、答复有关《茶馆》的几个问题、看电影《茶馆》的感受等，是研究根据话剧《茶馆》改编的同名电影的重要史料汇编。

（4）申载春：《影视与小说》

申载春，大众文艺出版社2007年6月第1版。

申载春，山西原平人，重庆市三峡学院教授，著有《影视与小说》《红色经典与影视艺术关系研究》等。

全书约225千字，共253页，其目录如下：

序言

前言

上编：理论建构

第一章　小说：影视艺术之母//一 西方小说与西方电影的艺术化进程/二 中国小说与中国影视的崛起

第二章　影视艺术与小说生态//一 影视对小说的挤压/二 小说的影视化生存

第三章　影视艺术与小说生产//一 个人化创作与工业化生产/二 "趋影视体"的生产/三 "超影视体"的创作

第四章　影视艺术与小说技巧//一 技巧概说/二 色彩与光影/三 运动与声音/四 镜头及其他

第五章　影视艺术与小说结构//一 情节结构与影视/二 空间结构与小说

第六章　影视艺术与小说接受//一 小说阅读/二 小说批评

下编：文本阐释

第七章　古典小说与现代影视//一 可视性描写/二 蒙太奇叙事/三 动作性语言/四 主客观视点/五 运动性空间

第八章　张艺谋电影与小说//一 小说：张艺谋电影的艺术渊源/二 红色：张艺谋电影的文化蕴含

第九章　霍建起电影与小说//一《那山 那人 那狗》/二《生活秀》/三《暖》

第十章　小说节奏与影视节奏//一 节奏的一般原理/二 影视剧本节奏/三 影视艺术节奏

结语：影视与小说的走向

附录1：民俗的影视整合及审美价值/附录2：《星火》：名著改编的成功之作/附录3：文学与历史的交融——以《问君能有几多愁》为例

参考文献

后记

该著论述影视艺术与小说生态、小说生产、小说技巧、小说结构以及与小说接受的关系，从节奏艺术、视觉色彩美学等方面对改编文本进行理性解读，以实现小说和影视之间的真正对话。

（5）龚金平：《开放视野下多维对话关系的构建——作为历史与实践的中国当代电影改编》

龚金平著，光明日报出版社2007年7月第1版。

龚金平，江西新余人，复旦大学艺术教育中心教师。

全书约264千字，共324页，其目录如下：

第一章　绪论//一、电影改编的"前史"/二、电影改编的理论探讨/三、电影改编观念、方法的复沓与轮回/四、"文革"结束后中国学者对电影改编实践的理论观照/五、批评空间的开创

第二章　十七年（1949—1966）与"文革"（1966—1976）时期电影改编的整体解读//第一节 概述/第二节 主流意识形态的大合唱/第三节 革命时代的爱情/第四节 主流意识形态的伦理化表达

第三章　新时期（1977 年至 20 世纪 80 年代后期）电影改编的整体解读//第一节 误读与重构：新时期对中国现代文学作品的电影改编/第二节 对"城市"的爱恨交织/第三节 一种新的改编观念和改编面貌的出现

第四章"后新时期"（20 世纪 80 年代后期至今）电影改编的整体解读//第一节"现代性"的焦虑想象/第二节 国际化背景下的电影改编/第三节 后现代语境下的电影改编

第五章　对中国当代电影改编的理论观照//第一节 电影改编中主题定位的几种形态——以中国当代电影改编为例/第二节 电影与文学对话中"电影本性"的沉浮——以新中国至今话剧的电影改编为例/第三节 中国当代电影改编的叙述学观照

结语

参考书目

后记

该著为"博士原创学术论丛"之一，论述了中国当代电影改编各个阶段的主要特征，审视了中国当代电影改编的普遍性现象，总结了电影改编的一般理论和实践规律。

（6）吴辉：《影像莎士比亚——文学名著的电影改编》

吴辉著，中国传媒大学出版社 2007 年 7 月第 1 版。

吴辉，中国传媒大学电视与新闻学院教师。

全书约 221 千字，共 230 页，其目录如下：

序

导语 永远的莎士比亚

上编　戏剧舞台上的莎士比亚

第一章　莎士比亚在英国//第一节 无韵诗与戏剧台词/第二节 老故事与新情节/第三节 英国剧场与舞台演出

第二章　莎士比亚在中国//第一节 莎士比亚与中国莎学/第二节 西方戏剧与中国戏曲/第三节 莎剧改编与艺术创新

第三章　莎士比亚在世界//第一节 莎士比亚与政治/第二节 莎士比亚与殖民主义/第三节 莎士比亚与美国

中编　电影银幕上的莎士比亚

第四章　影像中的多元解读//第一节 劳伦斯·奥利弗的莎士比亚/第

二节 奥逊·威尔斯的莎士比亚/第三节 葛利高里·柯静采夫的莎士比亚/第四节 弗朗哥·杰弗瑞利的莎士比亚

第五章 影像中的传统解构//第一节 罗曼·波兰斯基的莎士比亚/第二节 巴兹·卢汉姆的莎士比亚

第六章 影像中的创造性重构//第一节 黑泽明的莎士比亚/第二节 肯尼思·布莱纳的莎士比亚

下编 文化消费中的莎士比亚

第七章 公众剧场里的莎士比亚//第一节 伊丽莎白时代的大众文化/第二节 莎剧的娱乐消遣功能/第三节 莎士比亚的市民观众

第八章 象牙塔内的莎士比亚//第一节 一位精英作家的大俗若雅/第二节 一尊文化偶像的权威性/第三节 一座学术奥林匹克的巅峰

第九章 媒介传播中的莎士比亚//第一节 莎士比亚的新纪元/第二节 莎士比亚的后现代性/第三节 莎士比亚的产品消费/第四节 莎士比亚的"恋爱情史"

结语 期待新的莎士比亚们

附录//改编：文化产业的一种策略——以莎士比亚电影为例/默片时代的莎士比亚电影/To Play, or not to Play? ——Adapting Shakespeare: From Western Drama to Chinese Opera/To Seek Revenge or to Forgive: two Chinese films about Hamlet/艾汶河畔的斯特拉福——游访莎士比亚的故乡/重要莎士比亚电影一览表/中国戏曲编演莎剧基本情况一览表

中英文参考书目

电影参考片目

后记

该著为"电影艺术学丛书"之一，以莎士比亚影视改编为研究对象，从文化诗学切入文本研究，介绍和探讨了不同时代、国家、文化、导演和风格的莎士比亚电影改编的利弊及文化内容。

(7) 李红秀：《新时期的影像阐释与小说传播》

李红秀著，四川大学出版社2007年8月第1版。

李红秀，四川省南江县人，重庆交通大学教授，著有《新时期的影像阐释与小说传播》《新时期小说书写与影视阐释》等。

全书约 312 千字，共 393 页，其目录如下：

引论//一、新时期小说研究的问题意识/二、关键词：影像阐释/三、研究的对象与方法

第一章　贴近：影像阐释对小说的再现——以《芙蓉镇》为中心//第一节 历史的伤痛与反思：古华小说的叙述方式/第二节 从小说到电影：谢晋的再度阐释/第三节 忠实移植：文学化的影像阐释/第四节 影像阐释的效果

第二章　创造：影像阐释对小说的提升——以《红高粱》为中心//第一节 生命意志的爆发：莫言独特的艺术感觉/第二节 从小说到电影：张艺谋的选择与创造/第三节 变通取意：影像阐释的形式追求/第四节 说不完的《红高粱》

第三章　共谋：影像阐释与小说文本的融合——以《一半是火焰，一半是海水》为中心//第一节 颠覆与反讽：王朔小说的写作策略/第二节 从小说到电影：导演的追求与收获/第三节 对位复合：影像阐释与小说写作的共谋/第四节"王朔现象"的再认识

第四章　引领：影像阐释推动小说写作——以《来来往往》为中心//第一节 世俗人生与大众需求：池莉小说的写作转向/第二节 从小说到电视剧：大众传媒的神话/第三节 文本互动：影像阐释引领小说写作/第四节 影像阐释与池莉的小说传播

第五章　影像阐释与新时期小说的生成策略//第一节 影像阐释与小说发展/第二节 资本市场与影像阐释/第三节 影像阐释与小说的审美取向/第四节 影像阐释与小说接受

结语//一、影像阐释与社会语境的变化/二、影像阐释与小说书写的变化

主要参考文献

后记

该著立足于小说文本和影像文本之间的结构关系，从影像阐释对小说的再现、提升、文本融合等方面，系统论述了新时期影像阐释和小说传播的关系。

（8）冯果：《当代中国电影的艺术困境——对电影与文学关系的一个考察》

冯果著，上海文化出版社 2007 年 9 月第 1 版。

冯果，华东师范大学教师，著有《多元素参与的电影表演》等。

全书约 170 千字，共 209 页，其目录如下：

第一章 电影艺术特质和中国电影//一、电影艺术与艺术电影/二、早期电影与文学的关系

第二章 主流意识形态的代言人——"第三代"电影人的改编创作//一、被内化的主流意识形态/二、被简单化的"蒙太奇"理论/三、戏剧式电影/四、作为艺术"添加剂"的文学

第三章 软弱妥协的改良者——"第四代"电影人的改编创作//一、视听语言和抒情手段的发展/二、后撤式的改编之路

第四章 风口浪尖上创作的人——"第五代"电影人的改编创作//一、追随社会主流价值的人/二、表意与"诗电影"/三、"寻根小说"与叙事电影

第五章 边缘形象的代言人——"第六代"电影人的创作//一、1990 年代电影创作环境/二、新纪实风格电影

结语

附录//试论消费社会中电影的两个特点/"上海小资"与"小资电影"

参考文献

该著在辨析电影艺术特质和考察中国电影轨迹的基础上，分别探讨了第三代、第四代、第五代、第六代等中国电影人的文学改编创造性。

（9）郑培凯：《色·戒的世界》

郑培凯编，广西师范大学出版社 2007 年 11 月第 1 版。

郑培凯，山东日照人，香港城市大学协办中国文化中心主任，著有《纽约看电影》《高尚的快乐》《汤显祖与晚明文化》等。

全书约 100 千字，共 165 页，其目录如下：

郑培凯、李安/《色·戒》幕后一瞥（代序）

剧情梗概

色，是一种感性//李安：拍床戏比做爱更费气力（李安简介/李安：第64届威尼斯电影节金狮奖获奖致词）/王蕙玲：编剧就像"世说新语"（经典台词）/罗德里格·佩瑞托/李安很内行，梁朝伟很惊艳/李安说《色·戒》/梁朝伟说《色·戒》/汤唯说《色·戒》/王力宏说《色·戒》

戒，是一种理性//李欧梵说《色·戒》：细读张爱玲/李欧梵谈《色·戒》：细品李安/李欧梵 《色·戒》与老电影/李欧梵 《色·戒》再现历史情境/李欧梵 场景调度下的历史/郑培凯 色之必要/符立中 张爱玲的电影时代/马家辉 张爱玲用杀气替女人翻案/林沛理 李安是狐狸不是刺猬/林沛理 张爱玲不相信眼泪/林奕华 不解缘/蓝祖蔚 《色·戒》札记/红袖添饭 你我皆戏子，无情亦有情/周黎明 李安：打太极所向披靡

该著由《色·戒》学术顾问郑培凯主编，既有导演、编剧、摄影的独家访谈以及主角的精彩评说，又有文化名人的深入评述，对《色·戒》的思想性、艺术性予以了精彩解读。

（10）杨世真：《重估线性叙事的价值——以小说与影视为例》

杨世真著，浙江大学出版社2007年12月第1版。

杨世真，浙江传媒学院教授，著有《电影艺术原理》《广播电视文学写作教程》《叙事道德的危机》等。

全书约220千字，共221页，其目录如下：

参考文献

后记

该著对线性叙事在小说创作和批评中衰落而在影视剧领域长盛不衰的原因做了细致分析，指出线性叙事在影视剧创作中的重要作用和反线性叙事在小说与电影创作中的负面影响。

2008 年

（1）贺红英：《文学语境中的苏联电影》

贺红英著，中国电影出版社 2008 年 3 月第 1 版。

贺红英，北京人，北京电影学院电影学系教授。

全书约 285 千字，共 253 页，其目录如下：

参考书目

该著从宏观角度考察了苏联电影发展进程与俄苏文学的历史脉络，具体分析了俄苏经典文学作品的银幕改编与文学密切相关的现象，总结了特定历史时期艺术创作和艺术接受的经验教训。

（2）张璟慧：《方式即意义：自〈黑暗之心〉到〈现代启示录〉改编的中国古典美学观照》

张璟慧著，人民文学出版社2008年5月第1版。

张璟慧，河南信阳人，河南大学外语学院教师。

全书约201千字，共239页，其目录如下：

引言//0.1 从鲁迅的弃医从文说起/0.2 本文的尝试

第一章　美国越南战争电影及科波拉的改编手法//1.1 美国越战电影：时代、战争、电影/1.2 电影语言阐释《黑暗之心》的困境/1.3 科波拉的改编手法

第二章　转换的可行性及困境//2.1 转换的可行性/2.2 转换的困境

第三章　自《黑暗之心》到《现代启示录》的转化："为何"//3.1 原文本/作品的创生方式与小说到电影的转化/3.2 原文本/作品中的言、意、象与小说到电影的转化

第四章　自《黑暗之心》到《现代启示录》的转化："如何"//4.1 小说到电影转化的操作原则/4.2《现代启示录》转化操作的关键

第五章　对自《黑暗之心》到《现代启示录》的转化的审美："如何"//5.1 "如何"：意境审美/5.2 审视《现代启示录》/5.3 意境审美：变量而非定量

第六章　对自《黑暗之心》到《现代启示录》的转化的审美："为何"//6.1 "为何"：虚实之境/6.2 原文本艺术世界的再现

结论 自《黑暗之心》到《现代启示录》：方式即意义//7.1 视觉文化之于文字的文学：方式即意义/7.2 越战电影之于越战：方式即意义/7.3《现代启示录》之于《黑暗之心》：方式即意义/7.4 中国古典美学之于小说到电影的转化：方式即意义

参考文献

附录（越战电影及相关影片）

该著借中国古典美学理论，全面论析改编自英国文学名著《黑暗之

心》的影片《现代启示录》的改编及审美过程，体现了中国古典美学对电影所具有的独特的理论阐释意义。

（3）黄新生：《侦探与间谍叙事：从小说到电影》

黄新生著，五南图书出版股份有限公司2008年8月第1版。

黄新生，台湾世新大学广电系教师，著有《媒介批评：理论与方法》《电视新闻》《电视媒介管理》等。

全书约320千字，共385页，其目录如下：

自序

一、叙事的类型与论点

二、古典派的业余神探

三、冷硬派的私家侦探

四、黑色派的沉溺侦探

五、心理犯罪派的常人侦探

六、官方派的团队警探

七、社会批判派的侦探

八、另类的侦探

九、意外卷入的间谍

十、浪漫派的间谍

十一、人性化的间谍

十二、对抗体制的角度

结语

参考书目

该著对影片的侦探与间谍叙事进行了文本分析，逐一分解电影中每一场景的情节，揭示犯罪与破案的巧妙，探索故事与剧情的发展，解读其隐含的意义，论述侦探与间谍电影的艺术技巧。

（4）刘明银：《改编：从文学到影像的审美转换》

刘明银著，中国电影出版社2008年10月第1版。

刘明银，山东苍山人，中央电视台记者，著有《未名湖的水圈》《手术刀》等。

全书约224千字，共201页，其目录如下：

序章　20世纪中国，文学与电影的转换//第一节 从"影戏"到电影的多维文学之源（1905—1949）/第二节 文学的森林和电影的"黑屋子"（1950—1978）/第三节 仰望历史与植根当代（1979—1999）/第四节 文学性·电影性·戏剧性

第一章　重现经典——现代文学的电影转换//第一节 形象之重和银幕之轻/第二节 边缘叙事中的人情关怀/第三节 话剧的浓缩与电影的开放

第二章　反思文学的电影同构与变异//第一节 权力赎救与民间话语——谢晋电影的历史审视/第二节 伦理的哀歌——反思的伦理取向/第三节 遗落乡野的神话——知青小说的电影视角

第三章　旗语与诘难——银幕上的改革文学与问题小说//第一节 呼啸的旗语/第二节 现实的诘难

第四章　革命的诞生——探索电影的文学之源//第一节 邂逅：在文学和电影的期盼中/第二节 电影革命的本真意义/第三节《红高粱》：电影对文学的胜利

第五章　分裂中闪耀：第五代电影的文学构成//第一节 张艺谋：在文学的帷幕下/第二节 陈凯歌：从文学中回归叙事/第三节 黄建新的都市情结/第四节 周晓文的小说历险

第六章　纷繁与惶惑//第一节 王朔小说的电影转换/第二节 刘恒：在小说和电影之间/第三节 冯骥才：电影的"误译"/第四节 刘醒龙的"哑琴"

尾章　改编——文学·电影·电视剧//第一节 电影与文学的内在关联与本质差异/第二节 改编方法与审美转换过程的实现/第三节 电视剧：对文学的别一种改编

附：个案分析//《棋王》的两种改编之比较

文献索引

该著以艺术审美作为立论的支点，研究中国现当代文学作品的文字和语言美感如何在中国第四代、第五代电影导演中转化成影像的美感，实现从文学到影像的审美转换。

（5）［美］非莉斯·查特林：《剧场翻译及电影改编：一位实际工作者的观点》

　　［美］非莉斯·查特林（Phyllis Zatlin），上海外语教育出版社 2008 年 11 月第 1 版。

　　菲莉斯·查特林（Phyllis Zatlin），西班牙语教授，美国罗格斯大学翻译培训项目协调人。

　　全书约 327 千字，共 222 页，其目录如下：

Preface

1 In Theatrical Translation，There is No Lack of Conflict

2 Out of the Shadows：The Translators Speak for Themselves

3 Networking：Collaborative Ventures

4 Practical Approaches to Translating Theatre

5 Variations on the Bilingual Play Text

6 Titling and Dubbing for Stage and Screen

7 On and Off the Screen：The Many Faces of Adaptation

8 From Stage to Screen：Strategies for Film Adaptation

Appendix：Questionnaire for Theatrical Translators

Bibliography

Index

　　该著为"笔译实践指南丛书"之一，介绍了西欧和美国一些剧场翻译者的合作交流活动，探讨双语剧场、舞台剧、电影的字幕和配音、小说和舞台剧目改编成电影的问题，颇有借鉴价值。

（6）［美］蒂姆·莫里斯：《你只年轻两回——儿童文学与电影》

　　［美］蒂姆·莫里斯著，张浩月译，少年儿童出版社 2008 年 12 月第 1 版。

　　蒂姆·莫里斯，美国德克萨斯大学阿灵顿分校语系研究生部主任，著有《成为美国诗歌的正典》《组队：棒球小说的文化机理》。

　　全书约 180 千字，共 216 页，其目录如下：

1. 你只年轻两回：成人、儿童、权力、文化

2. 美人：关于《黑美人》

3. 野兽：狗的故事和小孩

4. "鸡皮疙瘩"系列：系列小说在 1990 年代干了些什么

5. 不可能性：谈谈《秘密花园》和《彼得·潘》

6. 恐慌袭来：电影中的儿童作为成人、成人作为儿童

7. 多义性：谈谈给幼儿的图画书

参考书目

译后记

该著为"风信子儿童文学理论译丛"之一，从具体的儿童文学和电影出发，论述成人、儿童、风俗、社会力量之间的关系，揭示当前电影中的儿童成人化和成人儿童化倾向。

2009 年

（1）孙绍谊：《想象的城市——文学、电影和视觉上海（1927—1937）》

孙绍谊著，复旦大学出版社 2009 年 1 月第 1 版。

孙绍谊，上海大学教授，著有《电影经纬：影像空间与文化全球主义》《二十一世纪西方电影思潮》等。

全书约 289 千字，共 281 页，其目录如下：

引言

第一章　都市空间与文化想象//第一节 现代性、后现代性与都市理论/第二节 摩登都市与视觉震惊/第三节 "上海屋檐下"：日常生活的政治

第二章　民族国家与全球城市：左翼作家的上海话语//第一节 都市启示录：毁灭与重生/第二节 都市与革命：《1930 年春上海》和《虹》/第三节《子夜》城殇/第四节 父权的回归：好莱坞的上海想象

第三章　被悬置的启示：上海新感觉//第一节 城市景观的视觉化：画面、场景和奇观/第二节 上海现代性与新感觉女性/第三节 摩登迷城与男性焦虑/第四节 被悬置的启示："都市沙漠"中的孤独过客

第四章　映画都市：银幕内外的上海想象//第一节 叙述的政治：城市、蒙太奇、移动镜头/第二节 叙述的政治：都市与女体/第三节 强势的

他者：民族电影与纷争的都市/第四节 警视影像：电影审查与都市观众建构

第五章　时装上海：性别政治与身体权力//第一节 性感的女人：从遮掩到暴露/第二节 被谴责的女人：时装、政治、国家/第三节 时装与女性杂志/第四节 权力着装：时装与男性焦虑/第五节 沉醉的上海：时装与都市空间/结语"外观历史"的意义

第六章　消费现代性：老上海广告与三十年代摩登梦//第一节 从"叫卖"到广告：中国广告的现代转型/第二节 拥抱现代乐土：广告与三十年代摩登梦/第三节 女性身份的再定义："美丽牌"香烟广告

结语

尾声 都市上海的持久挑战

附录从文学研究到文化批判

引用书目

该著以小说、电影、建筑、广告乃至时装等为个案，系统研究1927—1937年的上海半殖民地文化和现代性，用多重话语建构和考察了关于上海的都市之想象。

（2）小说月报编辑部：《〈小说月报〉：从小说到影视》

《小说月报》编辑部编，百花文艺出版社2009年1月第1版。

全书约619千字，共531页，其目录如下：

苏童小传//妻妾成群（苏童）/我为什么写《妻妾成群》（苏童）

方方小传//埋伏（方方）/怎么写了个"埋伏"（方方）

刘恒小传//贫嘴张大民的幸福生活（刘恒）/苦，也要"幸福"地活着（刘恒）

石钟山小传//父亲进城（石钟山）/浅谈从小说到影视（石钟山）

赵本夫小传//天下无贼（赵本夫）/关于《天下无贼》（赵本夫）

北村小传//周渔的喊叫（北村）/从"喊叫"到"火车"（北村）

万方小传//空镜子（万方）/《空镜子》：从小说到电视剧（万方）

毕飞宇小传//青衣（毕飞宇）/小说与电视剧（毕飞宇）

池莉小传//生活秀（池莉）/一言难尽《生活秀》（池莉）

叶兆言小传//马文的战争（叶兆言）/《马文的战争》：从小说到电

视?（叶兆言）

　　杨金远小传//官司（杨金远）/从《官司》到《集结号》（杨金远）

　　胡学文小传//婚姻穴位（胡学文）/《婚姻穴位》的创作与改编（胡学文）

　　韩天航小传//母亲和我们（韩天航）/从中篇小说《母亲和我们》到电视连续剧《戈壁母亲》（韩天航）

　　为小说与影视牵起红线（编后语）（《小说月报》编辑部）

　　该书按照选载小说发表的先后次序排列，对每篇作品作家的创作小传、影视改编情况予以了阐释，而小说作者对影视改编过程的介绍和创作心得的描述对于小说的影视改编研究颇有价值。

（3）张冲、张琼：《视觉时代的莎士比亚：莎士比亚电影研究》

　　张冲、张琼著，北京大学出版社 2009 年 3 月第 1 版。

　　张冲，复旦大学教授。张琼，复旦大学外国语言文学学院教授。

　　全书约 225 千字，共 211 页，其目录如下：

　　导言：视觉时代与莎士比亚

　　第一编　默片时代的莎士比亚//沉默的莎士比亚：默片时代的莎士比亚电影

　　第二编　幻境中的欢声笑语——莎士比亚喜剧的电影改编//一、莎士比亚的性别之战：《无事生非》（1993）/二、并非喜剧：《威尼斯商人》（2004）/三、歌舞片形式的电影诠释：《爱的徒劳》（2000）/四、浮生内外：《仲夏夜之梦》（1999）/五、微妙的更迭：《第十二夜》（1996）/六、纷乱的文化视觉符号：《皆大欢喜》（2006）

　　第三编　镜头中的历史话语——历史剧的电影改编//一、"视觉失语"：法雷尔的数码版《理查二世》（2001）/二、密室政治的阴暗与罪恶：朗克莱因的《理查三世》（1995）/三、寻找理查，寻找莎士比亚：阿尔·帕西诺的"纪录片"《寻找理查》（1996）/四、重重叠叠的时空：《亨利五世》（1944）

　　第四编　视觉的悲剧、现实的当前——悲剧的电影改编//一、实景＋爱情：电影中的《罗密欧与朱丽叶》/二、后现代，很当代：巴兹·鲁尔曼的后现代《罗密欧＋朱丽叶》（1996）/三、精英 VS 大众：《哈姆莱特》

（1996）／四、在曼哈顿演绎哈姆莱特：阿尔莫雷达的"哈2000"／五、真情错爱：《奥赛罗》（1995）／六、形异而神似：伦敦 LWT 版《奥赛罗》（2001）／七、是非成败转瞬空：《麦克白》（1971）／八、时空错乱与电影投射：《泰特斯》（1999）／九、无关立场：《裘利斯·恺撒》（1970）

第五编　银幕上的传奇故事——莎士比亚传奇剧的电影改编／

人这织成梦幻的材料：《普洛斯佩罗之魔法书》（1991）／外一编卡通版的莎士比亚——莎士比亚戏剧的动画改编／舞台的解构和动画的蒸馏：《驯悍记》

附录／／一：莎士比亚默片电影年表／二：莎士比亚大银幕有声影片年表／三：参考书目

该著从内容、思想、主题、技巧、艺术、社会等角度出发，对有代表性的莎士比亚喜剧、历史剧、悲剧及传奇剧电影进行释读与批评，分析莎士比亚电影的文化价值和社会影响。

（4）卢海霞：《刘恒创作研究》

卢海霞著，山西人民出版社 2009 年 4 月第 1 版。

卢海霞，山西晋城职业技术学院教师。

全书约 160 千字，共 202 页，其目录如下：

上篇：刘恒小说创作研究

第一章　早期创作：诗意的青春畅想（20 世纪 70 年代末—20 世纪 80 年代初）／／第一节 理想人生的光环／第二节 温馨的爱情模式

第二章　中期创作：苦难的生存写实（20 世纪 80 年代后期—20 世纪 90 年代初）／／第一节 生存本相的尽情呈现／第二节 人性的冷峻审视／第三节 面对宿命的选择

第三章　后期创作：戏谑的人性省察（20 世纪 90 年代后期至今）／／第一节 戏谑背后的人性反省／第二节 尘世中的人性坚守

第四章　刘恒主要小说作品解读／／第一节 农村系列：《狗日的粮食》《伏羲伏羲》／第二节 城市系列：《黑的雪》《虚证》《白涡》

下篇：刘恒影视创作研究／第五章 "给自己的孩子喂奶"——改编自己的作品／／第一节 影像思维：从《黑的雪》到《本命年》／第二节 超越自我：从《伏羲伏羲》到《菊豆》

第六章 "给别人的孩子喂奶"——改编他人的作品／／第一节 打乱重

组：改编陈源斌的小说《万家诉讼》/第二节 还原体验：改编张爱玲的《红玫瑰与白玫瑰》

第七章 从"炒鸡蛋"到"下鸡蛋"——走向原创//第一节 "无中生有"：来自生活的《漂亮妈妈》/第二节 市场检验：叫好又叫座的《张思德》

第八章 刘恒影视剧作风格特色//第一节 写实精神/第二节 鲜活人物/第三节 语言特色

附录一 刘恒小说中的农民形象/附录二 刘恒作品年表/附录三 刘恒影视作品介绍

参考文献

该著在研究刘恒小说创作流变及不同阶段创作风格和特点的基础上，针对刘恒的影视创作予以了深入而系统的阐释。

（5）毛凌滢：《从文字到影像：小说的电视剧改编研究》

毛凌滢著，四川大学出版社 2009 年 6 月第 1 版。

毛凌滢，重庆大学外国语学院教授，著有《美国经典小说的跨媒介改编与文化阐释》等。

全书约 218 千字，共 262 页，其目录如下：

第一章 导论//第一节 文学与影视关系的变迁与互动/第二节 小说的电视剧改编研究现状及存在的问题/第三节 研究对象与方法

第二章 逻辑的起点：改编的认知与理念的历时性梳理//第一节 改编的定义及意义/第二节 电视剧改编模式和理念的嬗变

第三章 从文字到影像：异质文本转换生成的静态分析//第一节 从文字到影像：异质文本转换生成的理据/第二节 改编：两种异质媒介的转译/第三节 改编的限度与困境

第四章 从改编到生成：影像意义生成的动态考察//第一节 主体的视界：读解方式与影像阐释/第二节 意义生成的外部制约：受众、文化与社会/第三节 文字与影像的接受：不同话语场域的合法性对话

第五章 方式即意义：小说名著改编的多重实践及文化阐释//第一节 小说名著改编的经典范例：《围城》/第二节 忠实与叛逆：《西游记》的改编及其文化阐释/第三节 传承与弑父：名著改编的文化权力关系与困境/第四节 小结：方式即意义

第六章 日常叙事：当代小说的改编策略及文化价值//第一节 日常叙

事：电视剧本体的回归与小说叙事的嬗变/第二节 凡俗人生的诗意阐释：《贫嘴张大民的幸福生活》的改编/第三节 伦理、镜像与意识形态：女性作家小说的电视剧改编/第四节 小结：电视剧改编的文化与伦理价值

结语

参考文献

后记

该著运用符号学、叙事学、接受美学、阐释学以及中国古典文论资源等多学科的理论，从新的视角对小说的电视剧改编提出了一些富有个性的理论见解。

（6）李葭：《男生贾里新传——从小说到电影》

李葭编写，少年儿童出版社 2009 年 6 月第 1 版。

李葭，著有《比尔盖茨传》《迪士尼传》《默多克传》等。

全书约 112 千字，共 170 页，无目录。

该著为少儿读物，收有由上海文广新闻传媒集团（SMG）根据著名作家秦文君同名小说改编拍摄的电影《男生贾里新传》，富有浓郁的生活气息、童趣和想象力，生动展现了新世纪中国少年独立自主、积极向上的精神风貌，从文本角度为研究该小说的电影改编提供了鲜活的材料。

（7）管恩森：《文学的视觉：欧美文学与电影分析》

管恩森著，山东画报出版社 2009 年 7 月第 1 版。

管恩森，山东大学威海分校教师。

全书约 180 千字，共 257 页，其目录如下：

导论 文学与电影：人类的精神圣殿//一、小引/二、共生双赢：文学名著与电影改编/三、欧美文学名著电影改编述略

第一章 荷马史诗与电影分析//一、史诗传统与史诗电影/二、荷马史诗与电影分析/三、《特洛伊》：美人之爱与英雄之怒

第二章 中世纪英雄史诗与电影分析//一、中世纪英雄史诗/二、《贝奥武夫》：从口传史诗到数字时代的英雄传奇/三、《尼伯龙根之歌》：欲望与背叛的诅咒

第三章 《圣经》与电影分析//一、《圣经》影像："伟大代码"的

电影世界／二、《摩西十诫》：民族救赎与个人责任／三、《耶稣诞生》：充满人间温情的圣爱

第四章　莎士比亚戏剧与电影分析／／一、文艺复兴与莎士比亚戏剧／二、莎士比亚戏剧与电影改编／三、《哈姆雷特》：悲壮的复仇还是忧郁的思想／四、《威尼斯商人》：喜剧还是悲剧

第五章　雨果小说与电影分析／／一、良心与战斗：伟大的人道主义作家雨果／二、《巴黎圣母院》："美丑对照"下的至美悲歌／三、《悲惨世界》：人道主义中的博爱礼赞

第六章　海明威小说与电影分析／／一、冒险传奇的硬汉子：海明威的生平与创作／二、《太阳照常升起》：阳光下的目眩与迷惘／三、《永别了，武器》：战地春梦了无痕／四、《乞力马扎罗的雪》：难解的"雪山之豹"隐喻／五、《老人与海》：打不败的"硬汉子"

第七章　大仲马小说与电影分析／／一、大仲马："非著名作家"的伟大作家／二、《基督山伯爵》：快意恩仇豪侠情／三、《三剑客》：仗剑天涯行的英雄传奇／四、《铁面人》：宫廷帷幕下的惊天悬案

第八章　夏洛蒂·勃朗特《简·爱》小说与电影分析／／一、夏洛蒂·勃朗特：文坛姐妹花的传奇／二、小说《简·爱》："诗意生平"的自传／三、电影《简·爱》：简单而平等的爱

第九章　狄更斯《雾都孤儿》小说与电影分析／／一、狄更斯：自学成才的"苦难"作家／二、《雾都孤儿》：苦难童年中的温情暖意

第十章　玛格丽特·米切尔小说《飘》与电影《乱世佳人》分析／／一、玛格丽特：由叛逆女孩到畅销作家／二、《飘》：乱世爱情中的女性咏叹调／三、《乱世佳人》：超越时代的电影经典

第十一章　纳博科夫《洛丽塔》小说与电影分析／／一、永远的小"宁芙"：流亡作家的情色"小说／二、《洛丽塔》：一树梨花压海棠的影像世界

后记

该著在概述欧美文学名著电影改编的基础上，论述了根据史诗、圣经以及其他欧美作品所改编电影的思想特质和艺术技巧，分析了文学名著与电影改编之间共生双赢的关系。

（8）刘海波、黄望莉：《影视文学写作教程》

刘海波、黄望莉主编，上海交通大学出版社 2009 年 9 月第 1 版。

刘海波，山东人，上海大学教授。黄望莉，上海大学教师。

全书约266千字，共215页，其目录如下：

第一编　总纲及短片写作//第一章　怎样才能成为一名好作者/第二章　影视剧作基本概念/第三章　影视剧作的文体与格式/第四章　剧本写作的基本原则/第五章　短片创作

第二编　创作一个标准电影剧本//第六章　电影的类别/第七章　创作前的准备/第八章　完成故事大纲/第九章　场面写作/第十章　语言问题/第十一章　悬念/第十二章　视点与人称

第三编　电视写作//第十三章　电视剧作/第十四章　纪录片创作/第十五章　解说词写作/第十六章　电视文案写作

参考书目

后记

该著为"明天文库电视系列"之一，论说影视剧作基本概念，介绍影视剧作的文体与格式，阐释剧本写作的基本原则、场面、语言和悬念问题，提供多类影视文学文本的写作技巧。

(9) 周春霞：《解读红色经典——〈青春之歌〉的文本张力与生产机制》

周春霞著，中国广播电视出版社2009年10月第1版。

周春霞，山东人，北京联合大学教师。

全书约200千字，共191页，其目录如下：

《文艺学与文化研究丛书》总序（童庆炳）

序（程正民）

绪论//一、问题的提出/二、研究文献综述/三、研究方法

第一章　多重动机和文本张力：《青春之歌》的创作//一、《青春之歌》创作与"写工农兵"/二、碰撞与整合：《青春之歌》创作动机谈/三、动机游移下的文本张力/四、社会组织下的个人生产：徘徊在"信"与"思"间的个人写作/小结

第二章　主流规约与编辑身份矛盾：《青春之歌》的出版//一、出版制度与《青春之歌》的出版/二、审读意见中的矛盾与张力/三、出与不出之间：编辑身份及其矛盾/小结

第三章　两种批评、文学观念的交锋：《青春之歌》的论争//一、《青春之歌》论争意图初探/二、两种批评观念、文学观念的碰撞/三、多种批评声音交织下的红色经典生产/小结

第四章　组织生产与文本缝合：《青春之歌》的电影改编//一、组织生产与电影《青春之歌》改编/二、困境与突围：电影《青春之歌》的改编/三、组织干预下自我文艺观念的顽强表达：电影生产与改变理念/小结

第五章　多种社会力量的冲突与合谋：《青春之歌》的再生产//一、第一版电视剧《青春之歌》/二、第二版电视剧《青春之歌》/小结

结语：文本张力·生产机制·文学观念//一、对"红色经典"的认识/二、红色经典生产过程中多种因素的互动与交锋/三、红色经典生产中的文学观念碰撞/四、红色经典生产中的个人因素

参考文献

附录一　张羽审稿意见（部分）/附录二　欧阳凡海审稿意见/附录三陈建功访谈录/附录四　老鬼访谈录

后记

该著以《青春之歌》为研究对象，把握中国红色经典的文本张力及其在主流、精英、市场、大众等多种因素影响下的生产过程，挖掘红色经典现象的深层社会文化动因及其文化内涵。

（10）王国臣：《影视文学脚本创作》

王国臣著，浙江大学出版社 2009 年 10 月第 1 版。

王国臣，浙江传媒学院教授。

全书约 407 千字，共 343 页，其目录如下：

绪论概说篇

第一章　影视文学的形成与界定//第一节 电影与电影文学/第二节 电视与电视剧作/第三节 影视文学创作必须借助"影视思维"

第二章　影视剧本的特征与写作过程//第一节 影视剧本的文体类型/第二节 影视剧本的文体特征/第三节 影视剧本的创作步骤/第四节 影视文学脚本的改编

题材主题篇

第三章　影视剧作的题材与类型//第一节 影视剧作品的题材/第二节影视剧作品的类型/第三节 影视剧题材与类型选择的标准

文学节目篇

第十五章　电视文学节目脚本创作//第一节 电视小说/第二节 电视散文/第三节 电视诗/第四节 电视报告文学

主要参考节目

后记

该著立足于题材主题、故事情节、人物形象、冲突悬念、结构呈现、文学节目等多个维度，从理论和实践各方面系统阐述了影视文学脚本的创作要点。

2010 年

（1）於曼：《红色经典——从小说到电视剧》

於曼著，中国广播电视出版社 2010 年 1 月第 1 版。

於曼，湖北武汉人，在中央电视台文艺节目中心影视部担任责任编辑。

全书约 190 千字，共 220 页，其目录如下：

序

前言

一 经典·文学经典·红色经典

二 红色经典的生成//1. 红色经典创作滥觞/2. 红色经典创作高潮/3. 扑朔迷离“经典”路

三 红色经典的类型//1.“传奇”类红色经典/2.“史传”类红色经典/3.“次生”类红色经典

四 红色经典的改编//1. 别一样艺术创造的历史/2. 红色经典改编何以会“热”？/3. 大众文化“场域”中的角逐

五 红色经典改编文本//1.“间性”与“互文”/2. 层级与接受

六 多维视角看改编//1. 图像时代与红色经典的图像化/2.“忠实原著”与“影响的焦虑”/3. 历史“祛魅”与“深度”消解/4.“世俗化”与“人性化”

结语

主要参考文献

后记

该著指出红色经典改编涉及面广，传媒和公众介入度高，社会反响强烈，力求从丰富的经验材料中提取一些普遍性的理论问题，深入探讨具体红色经典作品改编的成败得失和优劣利弊。

（2）李洁明、阮颖茵：《名著及改编影视作品》

李洁明、阮颖茵著，香港教育图书公司2010年1月第1版。

全书共158页，其目录如下：

编辑说明

单元设计理念

单元组织及学习重点表

第一章　文字与影像的基本概念//一、文字著作与影视作品有什么关系/二、文字著作与影视作品的语言有何不同/三、何谓改编？/四、如何赏析改编影视作品？/文本探究《对倒》（节录）/刘以鬯　视像探究《对倒》/张少馨　对照与探究

第二章　人物刻画与角色塑造//文本探究《倾城之恋》（节录）/张爱玲　视像探究《倾城之恋》/许鞍华　对照与探究

第三章　叙事观点的转变/文本探究《胭脂扣》（节录）/李碧华　视像探究《胭脂扣》/关锦鹏　对照与探究

第四章　故事主题的设定与情节的铺排/文本探究《活着》（节录）/余华　视像探究《活着》/张艺谋　对照与探究

第五章　文学语言与视像语言/文本探究《聊斋志异·聂小倩》/蒲松龄　视像探究《倩女幽魂》/程小东　对照与探究

总结性评估//学习历程检视

该著为"新高中中国语文新编·选修单元"之一，从基本概念出发，阐述文学著作与影视作品的关系、文学语言与视像语言的特点，对照分析文学著作与改编影视作品的基本内容及主题。

（3）杨淇竹：《跨领域改编：〈寒夜三部曲〉及其电视剧研究》

杨淇竹著，秀威资讯科技股份有限公司2010年1月第1版。

杨淇竹，台湾辅仁大学跨文化研究所教师。

全书约 272 千字，共 330 页，其目录如下：

壹、绪论//一、前言/二、研究进路/三、文献分析

贰、《寒夜三部曲》与其电视剧之创作背景//一、李乔生平及创作思想概论/二、《寒夜三部曲》创作时代背景/三、《寒夜三部曲》意义与价值/四、《寒夜》电视剧的创作时代背景

叁、《寒夜》电视剧之情爱叙事/一、家族亲情/二、患难友情/三、小人物爱情

肆、《寒夜》电视剧之地方认同形塑//一、个人身份与家族认同/二、族群记忆与地方认同/三、异族殖民与家国认同

伍、《寒夜》电视剧之历史符号再现//一、记忆书写：抵抗殖民的年代/二、影像诠释：嚏吧哼、二林事件到农民组织运动/三、志愿兵流亡史

陆、《寒夜》电视剧之台湾文化传播//一、农村与婚姻习俗文化/二、宗教生命的信仰文化/三、原住民与日治皇民文化

柒、结论//一、忠实与背叛?《寒夜》《寒夜续曲》电视剧的改编/二、《寒夜》《寒夜续曲》影像文本的剧作价值/三、研究局限与展望

参考书目

附录一//李乔与《寒夜》电视剧之对话

跋//夏，一个美丽的开始

该著对根据大河小说《寒夜三部曲》改编的电视剧《寒夜》与《寒夜续曲》进行了分析，阐释影剧文本在视觉感官上的跨界交流，探究人物情爱、认同思想、历史叙事、台湾文化等主题。

（4）王礼岚：《文字书写与光影书写——英国小说与电影改编》

王礼岚著，辽宁教育出版社 2010 年 4 月第 1 版。

王礼岚，重庆大学教师。

全书约 169 千字，共 176 页，其目录如下：

序言

第一章　鲁宾逊：现代审视下的好莱坞英雄形象和传奇故事//前言/1. 鲁宾逊：启蒙文学形象 VS 类型片个人英雄形象/2. 严肃、朴实的小说风格 VS 戏谑、轻松的电影风格/3. 深入内心的文本 VS 以镜头旁观的画面呈现/结语

第二章　奥利佛：灰暗时代的一道曙光//前言/1. 济贫院：名为拯救，

实为摧残/2. 贼窝：吞噬天真、制造罪恶的场所/3. 人物塑造：以温情为掩盖的老强盗费吉/4. 典型人物塑造：以孤儿血肉养肥自己的班伯尔先生/5. 人物塑造：义气勇敢反抗黑暗的南希/6. 人物塑造：黑暗时代的一道曙光——奥利佛/结语

第三章　简·爱：音画隐喻世界里富有独立意志和解放精神的女性形象//前言/1.《简·爱》中的建筑隐喻性/2.《简·爱》中的风景隐喻性/3.《简·爱》中的服饰隐喻性/4.《简·爱》中的音乐音响隐喻性/5.《简·爱》中的对话魅力/结语

第四章　《蝴蝶梦》：悬念与意识流营造的惊悚世界//前言/1. 悬念营造的世界/2. 意识流引导的世界/3. 悬念和意识流的配合/4. 电影手段对悬念和人物的推动/结语

第五章　《金银岛》：荒岛影像中的少年和海盗//前言/1. 吉姆·霍金斯的电影和文本造型比较/2. 以希尔弗为首的海盗群像电影和文本比较/3. 乡绅、船长和医生形象电影和文本比较/结语

第六章　苔丝：乡村背景下善与美的化身//前言/1. 光和色彩中的苔丝/2. 乡村路：人生坎坷路/3. 苔丝的爱情和理想/结语

第七章　忠实于小说的黑白荒岛影像//前言/1. 猪仔和野猪/2. 海螺号、眼镜以及火/3. 野兽的意象/4. 荒岛：天堂和屠场/5. 丛林鼓点、儿童合唱和海涛/6. 友谊和仇恨/结语

第八章　源自文本的现实魔幻综合体——影画巧克力世界//前言/1. 电影叙事对于小说荒诞离奇叙事的生动再现/2. 电影叙事对于小说离奇空间的再造/3. 电影叙事对于旺卡的创造性刻画/4. 电影叙事对查理以及家人的人物刻画/5. 电影对于小说主题的深化/结语

后记

该著选取英国经典小说及对之进行的电影改编作品，运用文学理论和影视理论对文学文本和电影文本之间的关系进行了分析和比较。

（5）张冲：《文本与视觉的互动：英美文学电影改编的理论与应用》

张冲主编，复旦大学出版社 2010 年 6 月第 1 版。

全书约 283 千字，共 352 页，其目录如下：

前言（张冲）

总论//从文本述说的时代到述说文本的时代——论改编

该著立足于文学作品银幕改编个案、视觉产品的教学意义和改编研究的理论思考等维度，认为学界应在文学视觉化以及视觉产品文学化的趋势前对其进行研究、分析、判断和评价。

(6) 汪坚强：《从文学到影视：中国现代文学经典的影视改编研究》

汪坚强著，四川师范大学电子出版社 2010 年 8 月第 1 版。

汪坚强，四川教育学院教授，著有《文学这根拐杖》《从文学到影视：中国现代文学经典的影视改编研究》等。

全书约 234 千字，共 252 页，其目录如下：

第二节 台湾电影人的发现/第三节 大陆导演的电视剧改编及《倾城之恋》

第九章 成都"大生活"作家：影视遭遇"麻辣烫"//第一节 成都"大生活"作家的崛起/第二节 人文景观的误读与文化精神的回归/第三节小人物的"大生活"

后记

该著以中国现代文学名家名作的影视改编为个案，在题材、结构、叙事、人物塑造等方面剖析中国现代文学与影视的关系，认为文学与影视二者共同构建了中国影视文化的独特景观。

（7）人民文学杂志社：《创造收视奇迹的电视剧小说原作》

人民文学杂志社编，重庆大学出版社 2010 年 8 月第 1 版、

全书约 353 千字，共 372 页，其目录如下：

潜伏（龙一）

刀尖上的行走（麦家）

废都（贾平凹）

有了快感你就喊（池莉）

大厂（谈歌）

年前年后（何申）

破产（关仁山）

信任（陈忠实）

歇马山庄的两个女人（孙慧芬）

城市生活（李肇正）

该书精选了 10 篇在《人民文学》上发表并已以电视剧形式传播的中短篇小说，认为这些名作代表了中国当代小说创作的最高水平。

（8）程惠哲：《电影对小说的跨越——张艺谋影片研究》

程惠哲著，中国电影出版社 2010 年 8 月第 1 版。

程惠哲，河南舞阳人，中国艺术研究院文化产业研究中心副主任，著有《中国先进文化论》等。

全书约 266 千字，共 268 页，其目录如下：

神气与落寞之间

导言//一 电影创制与理论研究/二 原著小说、电影和电影小说

第1章 倚重与获奖——从《红高粱》到《大红灯笼高高挂》//一 空镜头与感叹词/二 电影倚重文学/三 国际奖项与民族主义

第2章 役使与规制——从《秋菊打官司》到《幸福时光》//一 电影艺术特性的自觉及表现/二 电影役使文学/三 商业化与艺术性

第3章 离弃、回馈与人文迷失——从《英雄》到《满城尽带黄金甲》//一 荒芜之遁与离弃之实/二 依商造影与回馈文学/三 产业化与人文关怀

第4章 电影改编之道与艺术特征//一 小说与电影改编/二 抓魂/三 极致/四 关情

第5章 从张艺谋影事看电影与文学的关系//一 电影与文学/二 电影与文学的共时性关系/三 电影与文学的历时性关系

结语

附录

该著考察张艺谋影片与小说的关系及其演变，探讨张艺谋影片赖以成功的独特艺术策略和艺术特征，就当代电影与文学之间的关系予以了分析。

(9) 刘彬彬：《中国电视剧改编的历史嬗变与文化审视》

刘彬彬著，岳麓书社 2010 年 9 月第 1 版。

刘彬彬，祖籍湖南湘乡，湖南师范大学新闻与传播学院教师，著有《影视鉴赏》《影视艺术简史与导视》等。

全书约 280 千字，共 265 页，其目录如下：

序言

绪论//一 研究背景和现实意义/二 研究现状及文献综述/三 解题——兼论本论著的研究方法和理论价值

第一章 把"改编"置于历史的和美学的文化语境中/第一节 历史的和美学的双重契机/第二节 "镜"与"灯"的交相辉映/第三节 当代中国文化格局演变中的电视剧改编

第二章 主导文化的影像宣教——初创时期的电视剧改编//第一节 主导思想对电视剧改编题材的制约/第二节 直播方式对电视剧改编方式的掣肘/第三节 政治理念对电视剧改编理念的统辖

第三章　精英文化的启蒙烛照——20 世纪 80 年代的电视剧改编//第一节 启蒙主义文化景观中电视剧的复苏与发展/第二节 精英文化在古典名著改编中的探索与尝试/第三节 精英文化在现代文学名著改编中的"范本"效应/第四节 "忠实观"——电视剧改编观念的确立与发展

第四章　大众文化的滥觞与突围——20 世纪 90 年代的电视剧改编//第一节 大众文化语境下的中国电视剧生产/第二节 大众文化在历史题材电视剧改编中的"当代"阐释/第三节 现当代文学电视剧改编的大众化表达/第四节 "当代观"——电视剧改编观念的深化和转型

第五章　多元文化的对话互动——21 世纪初的电视剧改编//第一节 视觉文化——电视剧改编的机遇和隐忧/第二节 穿越时代的迷雾——历时性改编的新景观/第三节 泛媒介、跨文化——共时性改编的新路径/第四节 "互文观"——电视剧改编的新思维

结语：从文学的改编到文化的改编

参考文献

后记

该著为"求通文丛"之一，以典型案例的分析为论据，勾勒和叙说 20 世纪 80 年代以来电视剧的改编理念在当代中国文化格局中确立、深化和转型的历史脉络和文化特质。

（10）［加拿大］安德烈·戈德罗：《从文学到影片——叙事体系》

［加拿大］安德烈·戈德罗著，刘云舟译，商务印书馆 2010 年 9 月第 1 版。

安德烈·戈德罗，加拿大蒙特利尔大学艺术史和电影研究系教授，著有《从文学到影片：叙事体系》《电影叙事》《美国电影 1890—1909：主题与变异》等。

全书约 134 千字，共 248 页，其目录如下：

皮埃尔·索尔兰中文版序

保罗·利科序

致谢

导论

第一章　早期电影和叙事性

第二章　叙事问题

该著将影片与舞台、舞台与书写放在同等地位，表达了影片摆脱文学、书写和舞台而自由运动的观点，期待通过对电影的研究实现对叙事和叙述者这些文学范畴的拓展和转化。

（11）李欧梵：《文学改编电影》

李欧梵著，三联书店（香港）有限公司 2010 年 10 月第 1 版。

李欧梵，河南人，哈佛大学东亚系荣休教授，著有《铁屋中的呐喊》《上海摩登》《中国现代作家的浪漫一代》等。

全书约 220 千字，共 284 页，其目录如下：

导论：改编的艺术

第一部分：莎士比亚的重现与再重现//四个版本四种阅读：从《哈姆雷特》到《王子复仇记》/角色决定论：三部《奥赛罗》的电影表述/五十年代《惑星历险》：《暴风雨》的科幻演绎

第二部分：名著名片之间：不必然的对等//一流和二流小说：英国十九世纪文学电影/必然的缺失：细谈《战争与和平》之改编/看电影不如看

第五编　复兴与繁盛：21世纪以来

原著:《安娜卡列尼娜》透视人生真谛/被放大的爱情:比读《齐瓦哥医生》的小说与电影/文学电影之形神合一:读珍奥斯汀的《傲慢与偏见》及《理智与感情》/可能是改编最多的名著:雨果的《悲惨世界》/白描手法刻画灵魂深处:海明威的《老人与海》

第三部分:改编个性之演绎//忠实、执迷与超越:一人有一个卡夫卡/经典与平庸:两部《一树梨花压海棠》的对读/《迷失决胜分》:活地阿伦式的《罪与罚》/此情不渝,至死方休:李安的《断背山》/二流小说拍山神采:重访《苏丝黄的世界》/毛姆和《彩色面纱》:"爱在遥远的附近"?

第四部分:吃力不讨好:谈中国文学名著之改编//最难拍的现代文学作品:从五位中国作家说起/国片不及粤片:重读曹禺的《雷雨》与《原野》/壮观的空洞:《赤壁》作为改编反例子/光环背后的负担:从《小城之春》说起/气氛和细节:张爱玲小说的改编问题/借影像吸引年轻一代窥观历史:看李仁港《三国之见龙卸甲》

后记

该著以个案解读的方式,从改编后的影片来追溯和推论原来的文学经典的特质,论析电影与文学之间难以道明的关系,认为内容和形式并重、形式绝不只是内容的工具。

(12) 张恒豪:《爱·理想与泪光:文学电影与土地的故事(上下)》

张恒豪主编,远景出版事业有限公司 2010 年 11 月版。

张恒豪,文学研究者,著有《觉醒的岛国——日治时代台湾文学论集》,主编《台湾作家全集》等。

全书约 760 千字,共 800 页,其目录如下:

上册

导言 光影梦回 照亮台湾(张恒豪)

辑一//1966 又见几度夕阳红:再见《几度夕阳红》的文学、电影之风貌(熊启萍)/1969 梦里已忘身是客:再见李翰祥和《冬暖》(张恒豪)

辑二//1970 谁说烂片不好看:谈《家在台北》的改编与当时背景(亮轩)/1971 不循原著轨迹的文学电影:从陈映真的《将军族》到《再见阿郎》(黄建业)/1973 两部窗外,一片痴心:电影《窗外》的黑白与

彩色面貌（亮轩）/1973　母亲当时三十岁：电影《母亲三十岁》的母亲与女人（熊启萍）

辑三//1980　钟理和的祖国情与夫妻爱：《原乡人》文学与电影（应凤凰）/1983　眷村男孩蜕变与成长：《小毕的故事》文学与电影（应凤凰）/1983　台湾新电影里程碑：论《儿子的大玩偶》三段式电影（李志薔）/1983　从翻译、重建到新生：《看海的日子》中的宜兰地景（蓝祖蔚）/1983　写实与象征：谈《油麻菜籽》的电影意象与情境刻画（黄玉珊）/1984　爱情改变命运，或命运摆布爱情：从《金大班的最后一夜》看40岁的女人要什么（张恒豪）/1984　童年的最后一个暑假：《冬冬的假期》中性别地景的场所象征（解昆桦）/1984　动人的改编，忠实的拍摄：谈《嫁妆一牛车》的电影、原著与地景（张昌彦）/1984　保守旧社会的悲剧：谈《杀夫》原著与电影（张昌彦）

下册

导言　光影梦回　照亮台湾（张恒豪）

辑四//1984　风尘中的纯纯爱：从《在室男》看蜕变的高雄（郑顺聪）/1985　火焚的女神：从《结婚》看现代与传统的角力（张恒豪）/1985　吧女速成班，在花莲：谈王祯和的小说及电影《玫瑰玫瑰我爱你》（林明昌）/1985　桂美一生的脚步：电影《我这样过了一生》所见证的台湾经济地景（陈儒修）/1986　同志电影的先河：论电影版《孽子》（李志薔）/1987　台湾的母亲金水婶：从《金水婶》看台湾的社会经济与底层庶民（陈儒修）/1987　桂花巷里春光老：电影《桂花巷》中女人的一生（熊启萍）/1988　从前有座春秋茶室：从《春秋茶室》看台湾山村的今与昔（郑顺聪）/1989　闪闪的泪光《鲁冰花》：电影《鲁冰花》的童稚与现实（陈儒修）

辑五//1998　最终，败犬嫁给了城市：《征婚启事》中的台北地景（郑顺聪）/2000　明亮的理想，黯淡的哀鸣：电影《沙河悲歌》中李文龙的音景与情景（解昆桦）/2003　绘本、漫画与电影的三角习题：看几米的《向左走．向右走》（亮轩）/2004　风吹云散，月娘浮光：论《月光下我记得》中的女性情欲（李志薔）/2007　乱世中的插天山之歌：谈《插天山之歌》的文学、电影、地景（陈三资）/2008　而今客家作主人：李乔《情归大地》与电影《一八九五》（林明昌）

该著从小说至电影的转化、题旨内涵、艺术特色以及电影中地景之今昔对比等相关角度切入，勾勒台湾新文学与电影所历经的历史阶段，为台湾文学与电影的艰辛进程留下历史证言。

2011 年

（1）小说月报编辑部：《〈小说月报〉：从小说到影视（二）》

《小说月报》编辑部编，百花文艺出版社 2011 年 1 月第 1 版。

全书约 580 千字，共 476 页，其目录如下：

铁凝小传//没有纽扣的红衬衫/我的早期小说

刘恒小传//伏羲伏羲/伏羲者谁

刘醒龙小传//凤凰琴/最初级的知识分子

述平小传//晚报新闻/谈《晚报新闻》

赵冬苓小传//八路牛的故事/从"八路牛"到《斗牛》

侯大康小传//舅舅的一段革命经历/来自于生活的一个作品系列

万方小传//一一之吻/《一一之吻》：从小说到电视剧

李唯小传//跟我的前妻谈恋爱/小说改编影视剧！对小说的倒退

傅爱毛小传//嫁死/从《嫁死》到《米香》

龙一小传//潜伏/《潜伏》问答

王松小传//双驴记/《双驴记》，从小说到影视

从影视回到小说（编后语）

该书按照选载小说发表的先后次序排列，对每篇作品作家的创作小传、影视改编情况予以了阐释，而小说作者对影视改编过程的介绍和创作心得的描述对于小说的影视改编研究颇有价值。

（2）傅明根：《从文学到电影——第五代电影改编研究》

傅明根著，中国社会科学出版社 2011 年 4 月第 1 版。

傅明根，江西临川人，广东商学院人文与传播学院教授。

全书约 308 千字，共 289 页，其目录如下：

序言一

序言二

导言 关于"第五代"电影//一 研究动机、现有研究成就、研究范围与研究方法/二 "第五代"称谓的界定/三 "第五代"人员范围的确定/四 "第五代"电影的起止年代及阶段性划分/五 转化时期（20世纪90年代）/六 异化时期（2000年以后）

第一章 改编语境论/第一节 世纪与时期：中国新时期电影改编进程中多元社会语境的转换/第二节 文学与电影：中国新时期电影改编进程中的文学语境/第三节 忠实与创造：中国新时期电影改编进程中电影改编观念的演进

第二章 改编模式论//第一节 模式论与新时期第五代电影改编/第二节 "反思型"电影改编模式/第三节 "民俗型"电影改编模式/第四节 "战争型"电影改编模式

第三章 改编的叙事与意识形态显现//第一节 "文化大革命"书写与意识形态显现/第二节 "秦王"书写与意识形态显现

第四章 结语：对"第五代"电影改编文学作品的思考//一 "第五代"电影与探索/二 "第五代"电影与改编/三 "第五代"电影与意识形态/四 回顾与展望：21世纪语境中的"第五代"电影

主要参考文献/后记

该著从电影的改编语境、改编模式以及改编中的叙事话语等层面，关注中国"第五代"导演的文学改编电影，探讨从文学到电影的改编价值，对中国电影的文学改编进行理论探讨。

（3）陈由歆：《话语权力再生产：〈红岩〉的成型过程及改编研究》

陈由歆著，辽宁大学出版社2011年5月第1版。
陈由歆，祖籍山东省莱州市，辽宁石油化工大学教师。
全书约200千字，共201页，其目录如下：
序：经典的"重述"（代前言）

前言

第一章 《红岩》成书与传播//第一节 从个人追思到公共记忆/第二节 历史的"真"与接受的"信"/第三节 媒介催发的60年代"《红岩》热"

第二章 《红岩》的曲艺改编//第一节 "旧瓶装新酒"/第二节 "教

第五编 复兴与繁盛：21世纪以来

该著将《红岩》及其改编文本置于中国当代社会文化史中，分析《红岩》被改编成电影、电视剧、歌剧、电子游戏、大型主题巡展等多种艺术形式的存在缘由、文化价值和审美意义。

（4）陈林侠：《从小说到电影——影视改编的综合研究》

陈林侠著，中国社会科学出版社2011年6月第1版。

陈林侠，四川省江油市人，暨南大学新闻与传播学院教授，著有《文化视阈中的影像叙事》《中国类型电影的知识结构及其跨文化比较》等。

全书约335千字，共321页，其目录如下：

内倾：文化的挪移

第五章　社会关系的文化意义//第一节 社会关系的逻辑：虚拟的真实/第二节 社会关系的陌生：超越人群的可能/第三节 社会关系的分裂：重归传统

第二编　改编的叙事研究

第六章　改编的情调与趣味//第一节 政治理趣与现实俗趣/第二节 个人机趣与集体情趣/第三节 消费趣味与叙事价值

第七章　改编的修辞与认知//第一节 反讽：无奈的认同与超越/第二节 象征：曲径通幽与神秘/第三节 隐喻：以小见大与影像变异

第八章　改编的人物与层次//第一节 类型：人物性格与性格人物/第二节 视角：人称叙事与人物塑造/第三节 形态：人物的主观化与客观化/第四节 叙述层次：人物构成与互文性

第九章　改编的叙述语言与时序//第一节 讲述与客观展示/第二节 抒情与心理暗示/第三节 议论与观念表达/第四节 叙述时序：时间的变异与现代观

第十章　改编的人物对话与文字//第一节 启蒙语体与情节释放/第二节 同语反复与意义的增殖/第三节 人物独语与转述现象/第四节 字幕：文字形态与叙事意义

第十一章　改编的叙事节奏与韵律//第一节 节奏：事件的组合/第二节 节奏：时间的过渡/第三节 节奏：场景的结构

第三编　改编的文本研究

第十二章　张艺谋电影改编的叙事研究//第一节 主人公的性别逆向与文化落差/第二节 改编的极端化策略与书写癖性/第三节 画外音叙事功能与受限

第十三章　陈凯歌电影改编的文化逻辑//第一节 浪漫追寻与文化批判/第二节 精英立场与大众化的困境/第三节 人物的意义造型与时空偏执

第十四章　姜文电影改编的寓言式重写//第一节 存在的荒诞与意义的追问/第二节 寓言式重写与隐喻功能

第十五章　怀旧电影与失落的上海想象//第一节 上海想象的一次陷落/第二节 李安《色·戒》的电影改编

第十六章　经典名著的影视剧改编//第一节 武侠大片对经典话剧的当代阐释/第二节 电视剧改编的文化立场与意义想象/第三节 文化冲突与当

前电视剧中的道德形象改编

结语

附录一 参考文献/附录二 参考作品

后记

该著从物欲、权欲、情欲、地域空间、社会关系等维度，阐释小说影视改编的情调与趣味、修辞与认知、人物与层次、叙述语言与时序、人物对话与文字、叙事节奏与韵律等改编问题。

（5）徐红：《西文东渐与中国早期电影的跨文化改编（1913—1931）》

徐红著，中国电影出版社 2011 年 7 月第 1 版。

徐红，江苏盐城人，盐城师范学院教师。

全书约 320 千字，共 284 页，其目录如下：

绪论//一、从"花木兰"现象谈起/二、西文东渐与中国早期电影跨文化改编的繁荣景象/三、改编与文化：一个被忽视的理论领域/四、从跨文化改编视角重新认识中国早期电影的价值意义

上篇 银幕"译"史：外国文学在中国早期银幕上（1913—1931）

第一章 中国电影跨文化改编的滥觞——《茶花女》与外国侦探小说//第一节《茶花女》在中国早期电影银幕上/第二节 外国侦探小说与中国早期电影

第二章 包天笑和明星影片公司的改编//第一节 包天笑改编《空谷兰》/第二节 从《复活》到《良心复活》/第三节 明星影片公司的"苦儿救母记"——《小朋友》

第三章 进步的现代性：侯曜与"易卜生主义"//第一节 中国早期银幕上的"娜拉"与"人民公敌"——《弃妇》/第二节 聚焦妇女道德问题的《一串珍珠》/第三节《伪君子》对现代民主政治的想象

第四章 莎剧在中国早期银幕上及其他改编作品//第一节 莎剧在中国早期银幕上/第二节《少奶奶的扇子》《恋爱与义务》等改编

下篇 关于中国早期电影跨文化改编现象的理论思考

第五章 早期改编的选择、方法与观念//第一节 早期改编的选择：欧美文学中的通俗小说/第二节 早期改编的观念：从银幕"改译"到"文化

利用"/第三节 早期改编的方法：从"豪杰译"到"豪杰编"/第四节 案例分析：《女律师》中"立券"一场戏的意义流转

第六章　作为一种文化翻译的跨文化改编//第一节 从"多元系统论"看中国电影与外来文化的交往关系/第二节 制约早期跨文化改编的若干因素

第七章　从跨文化改编视角审视中国早期电影的价值意义//第一节 中国早期电影在传统电影史中的评价/第二节 理解"现代性"：时间、空间与观看机制/第三节 "现代性"在早期电影改编中的多义呈现

结语 研究中国早期电影的跨文化改编现象：价值、意义与展望

附录 1932 年之后中国电影对外国文学作品的改编

参考文献

后记

该著聚焦于中国早期电影改编外国文学作品的创作现象，探讨清末民初以来外国文学在中国的翻译、流行和接受状况及其与中国早期电影的创作之间互文和影响的关系。

（6）汪坚强：《文学这根拐杖——中国当代文学的影视改编研究》

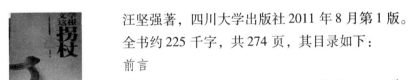

汪坚强著，四川大学出版社 2011 年 8 月第 1 版。

全书约 225 千字，共 274 页，其目录如下：

前言

绪论 当代影视与文学改编//第一节 影视与文学的因缘/第二节 宣传与教化（1949—1976）：影视依赖文学共享主流话语/第三节 启蒙与反思（1976—1988）：影视追随文学思潮此起彼伏/第四节 通俗与娱乐（1988—1999）：影视与文学联姻实现双赢/第五节 文化多元与文化产业链（1999—2011）：影视占得先机，推动文学改良/第六节 文学与影视的共生性原则

第一章　文学·影视·改编//第一节 文学与影视的关系/第二节 改编的适合性原则/第三节 原著精神与当代意识/第四节 翻拍"经典"

第二章　改编：叙事手段的转换及可能//第一节 文字叙述与影像语言/第二节 "找到的故事"/第三节 时空调度与结构

第三章　从"反思"叙事到"新历史"叙事/第一节 从谢晋到张艺谋/第二节《天云山传奇》：人物关系中的人格力量/第三节 电影《活着》：人与

命运的友情

第四章 "主旋律"与红色消费/第一节 红色经典改编热/第二节 电视剧《红日》：战争中的人物对立/第三节 "红岩题材"与谍战剧《烈火红岩》《江姐》

第五章 "灾难叙事"与《唐山大地震》/第一节 "灾难叙事"与灾难片/第二节 电影类型的 "越界"与 "移植"/第三节 "中国灾难片"的叙事伦理/第四节《唐山大地震》："灾难史诗巨片"

第六章 "城市叙事"与《大生活》/第一节 "成都叙事"的地标性特征/第二节 "成都故事"的方言叙事/第三节 电视剧《大生活》：蜀水文化的影像演绎

第七章 "网络文学"与影视的 "亲密接触"/第一节 网络文学与影视改编/第二节《第一次的亲密接触》："浪漫凄婉的爱情绝唱"/第三节《成都，今夜请将我遗忘》：文化精神的失落与复归

主要参考文献

后记

该著对中国当代影视从建立到新世纪十年的百余年历程进行了梳理，对中国现代文学经典作品的影视改编进行了论述，对新时期以来的文学思潮与影视作品进行了阐释。

（7）高缨：《达吉和她的父亲》

高缨著，花城出版社 2011 年 8 月第 1 版。

高缨，原名高洪仪，天津人，生于河南焦作，著有《丁佑君之歌》《云崖初暖》《奴隶峡谷》《达吉和她的父亲》等。

全书约 122 千字，共 165 页，其目录如下：

达吉和她的父亲（小说）

达吉和她的父亲（电影剧本）

关于《达吉和她的父亲》引起的大讨论//更上一层楼/《达吉和她的父亲》——从小说到电影/小说—电影脚本—影片/谈谈我的直感/讨论《达吉和她的父亲》

高缨创作年表

该著为 "中篇小说金库"之一，收有初次发表的小说文本、电影剧本

和重要评论文章，附有作者创作年表等材料，旨在加强读者对作家中篇小说或某一方面的创作思想的了解。

（8）王伯勇：《从文学到舞台与镜像的路径——戏剧与影视叙事技巧的本体概述》

王伯勇著，中国戏剧出版社 2011 年 9 月第 1 版。

王伯勇，上海戏剧学院教授。

全书约 240 千字，共 246 页，其目录如下：

坚守与超越（代序）

自序

第一章　选材与角度

第二章　主题与立意

第三章　人物与性格

第四章　故事与叙述

第五章　声音与语言

第六章　样式与类型

第七章　原创与改编

后记

该著通过对文学与影视作品的对比入手，从编剧技巧上详细分析了文学写作与影视编剧创作之间的技巧差异。

（9）［挪威］雅各布·卢特：《小说与电影中的叙事》

［挪威］雅各布·卢特著，徐强译，申丹校，北京大学出版社 2011 年 9 月第 1 版。

雅各布·卢特，著名学者、文学理论家。

全书约 305 千字，共 260 页，其目录如下：

第Ⅰ部分

第一章　导言//叙事文本和叙事虚构/叙事虚构：话语、故事和叙述/作为电影的叙事虚构/叙事理论和分析

第二章　叙事交流//电影交流/叙事交流模式/经由叙事文本的叙事交流/真实作者和真实读者/隐含作者和隐含读者/叙述者和受述者/第三人称叙述者和第一人称叙述者/可靠叙述者和不可靠叙述者/电影叙述者/叙事

第五编　复兴与繁盛：21世纪以来

百年中国影视文学改编研究书目引论

层次/叙事距离/反讽/叙述角度/声音和人物话语表达/自由间接引语

第三章　叙事时间和重复//叙事时间和叙事空间/叙述故事之间的时间关系/虚构散文中的时间/顺序/时距/频率/电影的叙事时间/叙事重复/"柏拉图式"和"尼采式"重复/电影的重复

第四章　事件、人物和性格塑造//事件/事件的功能/核心与催化/人物概念/性格塑造/电影改编中的事件、人物及性格塑造/卡柏瑞尔·亚斯里的《芭贝特的盛宴》

第Ⅱ部分

第五章　寓言作为叙事图解：从撒种者寓言到弗朗兹·卡夫卡的《审判》和奥逊·威尔斯的《审判》//Ⅰ/Ⅱ/Ⅲ

第六章　詹姆斯·乔伊斯的《死者》和约翰·休斯顿的《死者》//Ⅰ/Ⅱ/Ⅲ/Ⅳ

第七章　约瑟夫·康拉德的《黑暗的心》和弗朗西斯·福特·科波拉的《现代启示录》//Ⅰ/Ⅱ/Ⅲ

第八章　弗吉尼亚·伍尔夫的《到灯塔去》和科林·格雷格的《到灯塔去》//Ⅰ/Ⅱ/Ⅲ/Ⅳ/Ⅴ

影片目录

索引

多维视野中的理论融通——论雅各布·卢特的跨媒介叙事学研究与完美主义者的因缘

译后记

该著为申丹主编的"新叙事理论译丛·未名译库"之一，以叙事理论横剖小说、电影两大叙事形态，阐释基本概念，探讨现代主义作品叙事适应视听媒介的特征，实现题材的跨媒介移植。

（10）马军英：《媒介变化与叙事转换——以陈凯歌电影改编为例》

马军英著，世界图书出版公司 2011 年 11 月第 1 版。
马军英，河南新野人，郑州航空工业管理学院教师。
全书约 270 千字，共 171 页，其目录如下：
序

摘要
Abstract

1 导论//1.1 改编的研究及其路径/1.2 符号学及其意义/1.3 电影符号学的发展与理论价值/1.4 改编分析的框架/1.5 陈凯歌的几部改编电影

2 叙述客体的变异//2.1 话语的变化/2.2 声音：从间接出场到直接出场/2.3 时空：从间接到直接/2.4 非语言艺术成为电影直接对象/2.5 电影叙事超越文学叙事的局限

3 叙述的变异//3.1 画面叙事中的历时与共时/3.2 叙述视角的构成差异/3.3 时间的历时性（一）/3.4 时间的历时性（二）：频率/3.5 电影中的共时叙事

4 意义的表达转换与变化//4.1 意义在符号层面上的转换/4.2 意义在画面层次上的转换/4.3 改编中意义与情节的转换/4.4 故事意义与媒介

5 物质载体对故事转换的制约//5.1 媒介载体对叙事时间之影响/5.2 欲望的叙述/5.3 票房追求/5.4 权力话语的变化/5.5 身份认同的变化

结语

参考文献

附录 试论康德对王国维和巴赫金美学思想的影响

后记

该著借助于符号学、叙事学等理论，以陈凯歌电影据以改编的文学文本为个案，从叙事客体、叙述变异、意义表达和媒体传播等方面，探讨了电影文本和文学文本之间的差异。

2012 年

（1）梁秉钧、黄淑娴、沈海燕、郑政恒：《香港文学与电影》

梁秉钧、黄淑娴、沈海燕、郑政恒著，香港大学出版社2012 年 1 月第 1 版。

梁秉钧，广东新会人，岭南大学教授，著有《神话午餐》《雷声与蝉鸣》《剪纸》等。黄淑娴，岭南大学助理教授，著有《女性书写：电影与文学》等。郑政恒，作家，著有《记忆前书》《记忆后书》。

全书约 170 千字，共 212 页，其目录如下：

历史轨迹·地缘脉络//歌颂边缘——三〇年代香港电影的文化政治

第五编 复兴与繁盛：21 世纪以来

（傅葆石）/教育、艺术、娱乐、商业？——第一次电影清洁运动的史料发掘与阐述（郑政恒）/姚克：从上海走向香港（沈双）

文化政治·本土转折//电影空间的政治——两出五〇年代香港电影中的理想空间（梁秉钧）/香港及上海的几段啼笑因缘：鸳鸯蝴蝶派文学与电影（黄淑娴）/叛逆、成长与助力——论徐克《倩女幽魂》的改编（刘燕萍）

普及文化·媒介对话//香港　童年点滴——记母亲（艾雯）的广播生涯（周蕾）/新民主主义文艺与战后香港的文化转折——从小说《人海泪痕》到电影《危楼春晓》（陈智德）/张爱玲的电影缘（罗卡）

雅俗文化·创意改编//从金庸式港产片看商品文化生产（马国明）/电影香港与李碧华——论《霸王别姬》《潘金莲之前世今生》《川岛芳子》（藤井省三）/限制、协商与创新：论香港电台八、九〇年代的《小说家族》影视文学改编（许旭筠）/结构与意义：《对倒》与《花样年华》的关系（黄劲辉）

编者、作者简介

该著为"文学与电影丛书"之一，结合史料与专论，从文本到文化层面指出香港文学与电影的关系，认为文人与影人的跨界合作非常活跃，继而明确文学的电影改编在史上具有的位置。

（2）徐大宁等：《外国文学与电影鉴赏》

徐大宁等编著，东南大学出版社 2012 年 2 月第 1 版

徐大宁，南通市语文骨干教师，著有《唐诗研究》《李白研究》《现代美育与人格养成》等。

全书约 369 千字，共 416 页，其目录如下：

绪论

第一章　人类的童年——上古两希文学：希腊文学，希伯来文学//第一节 两希文明与两希文学概况/第二节 希腊文学/第三节 希伯来文学——《圣经》/第四节 阅读文选与知识链接/第五节 电影知识与两希文学经典电影鉴赏

第二章　黑暗中的曦光——中世纪文学//第一节 中世纪文学概述/第二节 阅读文选和知识链接/第三节 电影知识及经典电影鉴赏

第三章　远方的雷声——文艺复兴文学//第一节 关于文艺复兴/第二

节 文艺复兴文学作家与作品/第三节 古典主义文学阅读文选和知识链接/第四节 电影知识及经典电影鉴赏

第四章 经院的道袍——世纪古典主义文学//第一节 关于古典主义/第二节 古典主义文学概况/第三节 古典主义文学作家与作品/第四节 电影知识与古典主义文学经典电影赏析

第五章 狂飙突进的时代大潮——18、19世纪启蒙主义文学//第一节 启蒙运动与启蒙主义文学/第二节 启蒙主义文学作家与作品/第三节 启蒙主义文学阅读文选与知识链接/第四节 电影知识与启蒙主义文学经典电影鉴赏

第六章 理想英雄情结——世纪初期的浪漫主义文学//第一节 关于浪漫主义/第二节 浪漫主义文学创作概况/第三节 浪漫主义文学阅读文选与知识链接/第四节 电影知识与浪漫主义文学经典电影鉴赏

第七章 从满目疮痍到微茫的希望——世纪批判现实主义文学//第一节 批判现实主义文学的产生/第二节 欧洲批判现实主义文学作品与作家/第三节 批判现实主义文学阅读文选与知识链接/第四节 电影知识与批判现实主义文学经典电影鉴赏

第八章 缤纷的思想之花——世纪现代主义文学//第一节 二十世纪现代主义文学概况/第二节 现代主义文学阅读文选与知识链接/第三节 电影知识与现代主义文学作品经典电影鉴赏

第九章 高耸的方尖碑——诺贝尔文学奖获奖作家与作品//第一节 诺贝尔与诺贝尔文学奖/第二节 诺贝尔文学奖获奖作家与作品/第三节 诺贝尔文学奖获奖作品阅读文选/第四节 诺贝尔文学奖相关资料链接/第五节 电影知识与诺贝尔文学奖获奖作品经典电影鉴赏

该著重在外国文学的知识介绍，以外国文学史为主线，以作家作品为纲要，穿插电影知识和电影作品的鉴赏，从而建构起较为完整的电影鉴赏知识系统。

（3）王静：《从文学创作到视听表达：电视连续剧〈借问英雄何处〉导演阐述》

王静著，中国传媒大学出版社2012年4月第1版。

王静，祖籍湘西，湖南大学、四川师范大学等特聘教授，著有影视作品《无声的歌》《女童班》《影视评论与分析》等。

第五编 复兴与繁盛：21世纪以来

全书约 510 千字，共 454 页，其目录如下：

第一部分 导演阐述

第一章 真实与感人是影视创作的生命//第一节 如何营造逼真、感人的视听形象/第二节 真实纪录诞生了电影这一艺术表现形式/第三节 编剧的真情实感与讲叙者的权威性/第四节 实现逼真可信的视听手段/第五节 同步同声纪录的声音增强影视作品的客观真实性

第二章 遵从朴实价值是客观真实性的最高境界//第一节 人生境界与社会价值/第二节 艺术贵在创新/第三节 人物的塑造/第四节 时间与空间设计相辅相成

第三章 影片节奏表现于内在与外在的完美融合//第一节 何谓"节奏"/第二节 蒙太奇是对时间和空间的一种整合与创造

第四章 主要人物设置与分集故事大纲//第一节 主要人物设置/第二节 内容简介/第三节 分集故事大纲

第二部分 电视文学剧本《借问英雄何处》//第一集：三兄弟/第二集：法场救父/第三集：远方来客/第四集：何家的生意/第五集：神秘拜访/第六集：艰难的抉择/第七集：情仇纠结/第八集：神奇鬼怪/第九集：祭刀节/第十集：比武夺刀/第十一集：风云变幻/第十二集：致命诱惑/第十三集：兄弟顶罪/第十四集：危机四伏/第十五集：三岔路口/第十六集：各为其主/第十七集：过山虎爷/第十八集：劫军火/第十九集：迎接特委/第二十集：兄弟重逢/第二十一集：营救芷兰/第二十二集：智闯青岩关/第二十三集：兄弟情仇/第二十四集：心灵绞杀/第二十五集：攻打祖司镇/第二十六集：芷兰之死/第二十七集：割袍断义/第二十八集：拜刀组军/第二十九集：兄弟同仇/第三十集：喋血杭州湾

后记

该著记录了《借问英雄何处》摄制前后的经历以及创作点滴，阐述了该电视连续剧摄制的台前幕后以及影视的基本创作规律。

(4) 邱瑾：《重写"奥斯汀"——论〈傲慢与偏见〉的四次影视改编》

邱瑾著，外语教学与研究出版社 2012 年 5 月第 1 版。

邱瑾，北京外国语大学英语学院教师。

全书约 190 千字，共 199 页，其目录如下：

引论

第一章　人人的"奥斯汀"//第一节 历史上第一次奥斯汀热/第二节 英格兰的简姑妈/第三节 精英化的"奥斯汀"/第四节 大洋彼岸的多声部

第二章 "民主奥斯汀"——1940 年版《傲慢与偏见》//第一节 改编背景：娱乐与战争/第二节 时空转换：好莱坞的英格兰/第三节 镜语重构：一场中产阶级的盛大舞会

第三章 "优雅奥斯汀"——1980 年版《傲慢与偏见》//第一节 改编背景：经典连续剧/第二节 时空转换："忠实"的转换/第三节 镜语重构：遗产英国与"窗边天使"

第四章 "欲望奥斯汀"——1995 年版《傲慢与偏见》//第一节 改编背景：复苏的热潮/第二节 时空转换：华丽的改写/第三节 镜语重构：达西的凝视，凝视达西

第五章 "浪漫奥斯汀"——2005 年版《傲慢与偏见》//第一节 改编背景："英国制造"/第二节 时空转换："一封写给英国的情书"/第三节 镜语重构：新千年的全球童话

结论

电影目录

参考文献

该著以《傲慢与偏见》的影视改编为个案，运用改编"互文对话"理论，讨论经典文学与大众文化"相遇"的方式和过程，阐明改编在继承遗产、传播经典、阐释名著等方面的价值和意义。

（5）孙柏：《摆渡的场景：从文学到电影》

孙柏著，中国电影出版社 2012 年 5 月第 1 版。

孙柏，生于北京，中国人民大学文学院教授，著有《丑角的复活——对西方戏剧文化的价值重估》。

全书约 208 千字，共 204 页，其目录如下：

绪论

第一部分 形式之争：小说、戏剧和电影//第一章　早期间谍故事：小说、电影与现代人/第二章　寻回失落的房子：戏剧与电影的空间诗学

第二部分 网络时代的社会象征行为//第三章　与"青春"无关：《失恋 33 天》中的时间、地方性和主体化的可能/第四章　千禧年的资本主

义：《龙文身的女孩》的意义结构与价值表述

第三部分 跨界莎士比亚//第五章 一个摆渡场景：《一剪梅》中的梅兰芳、阮玲玉和"无声的中国"/第六章 《科利奥兰纳斯》：舞台/银幕的跨界演绎

第四部分 经典中国：历史叙述与中国映像//第七章 当代中国社会变迁的个人记忆与历史叙述：从小说《余震》到电影《唐山大地震》/第八章 上帝之瞳与"死活人"的黎明：《金陵十三钗》中的西方主义与性别叙事

后记

该著以特定的问题导向点描式勾勒从莎士比亚到希区柯克、从形式转现到跨界搬演、从性别修辞到语际实践、从历史叙述到个人书写的面貌，认为从文学到电影的转换就是语境的变迁。

（6）段馨君：《戏剧与客家：西方戏剧影视与客家戏曲文学》

段馨君著，台北书林出版社 2012 年 6 月第 1 版。

段馨君，台湾莎学会监事，著有《跨文化剧场：改编与再现》《戏剧与客家》《凝视台湾当代剧场》等。

全书约 220 千字，共 298 页，其目录如下：

自序

本书摘要

西方戏剧影视篇

第一章 尤里匹底斯《特洛伊女人》中的女性角色//壹、剧场与仪式起源/女性角色与叙事主题/贰、女性主义理论/叁、书写与展演女性主体/肆、《特洛伊女人》剧本与电影评析/伍、尤里匹底斯为女人发言

第二章 史特林堡的厌女情结：以生平与剧作《茱莉小姐》《父亲》为例//壹、剧作家生平与剧作中的两性对立/贰、史特林堡的生平/叁、史特林堡的剧作风格/肆、史特林堡的生平经验所造成的厌女情结/伍、《茱莉小姐》中的阶级悲剧/陆、《父亲》中的夫妻角力/柒、主观生命经验投射作品

第三章 田纳西·威廉斯剧作中隐藏式的生命史//壹、前言/贰、田纳西·威廉斯的戏剧与生平/叁、三部戏剧中，家庭形象与性别印象的建构/肆、电影再现/伍、剧本潜藏剧作家生命史苦痛

研究/肆、包青天《真假状元》与《白蛇传》版本比较/伍、传统 vs. 创新，忠于剧种原味 vs. 大众媚俗品味

附录

参考书目

该著从剧本、文学、电视戏曲、电影、虚拟摄影棚、传统剧种客家戏与歌仔戏等角度评述台湾客家戏剧的改编，聚焦于西方戏剧与客家戏剧、剧本诠释与电影剧场展演之间的关系。

（7）张玉霞：《从镜之像到灯之影：中国代际导演文学改编史论》

张玉霞著，中国文联出版社 2012 年 5 月第 1 版。

张玉霞，山东淄博人，山东理工大学教授，著有《电影艺术三论》《电影艺术鉴赏》《中国民族文化大辞典》等。

全书约 336 千字，共 336 页，其目录如下：

序言 文本转化与价值判定——关于文学的影视改编思考（周星）

导论

上篇 中国五代导演的文学改编

第一章 "第一代"导演的文学改编//第一节 "第一代"导演创作概述/第二节 利益取向与无奈选择——"第一代"导演的通俗文学改编

第二章 "第二代"导演的文学改编//第一节 "第二代"导演创作概述/第二节 时代命题与报告困境——"第二代"导演的通俗文学改编

第三章 "第三代"导演的文学改编//第一节 "第一代"导演创作概述/第二节 "第三代"导演的文学改编

第四章 "第四代"导演的文学改编//第一节 "第四代"导演创作概述/第二节 现实关切与人文关怀——"第四代"导演与当代文学作品的改编

第五章 "第五代"导演的文学改编//第一节 "第五代"导演创作概述/第二节 个性改编与影像凸显——"第五代"导演的电影改编

附：反其道而行之的"第六代"导演的创作概述//第一节 "第六代"导演电影创作的文化语境/第二节 生命状态的自我表达与新纪实风格电影

下篇 文学改编的个案研究

第六章 张艺谋电影改编研究//第一节 张艺谋电影文学改编的选取角度和创作原则/第二节 张艺谋电影文学改编的策略和特点/第三节 张艺谋电影的文学改编得失

第七章　王朔小说的电影改编//第一节"王朔电影现象"的原因探寻/第二节　王朔电影改编的举隅析评

该著针对文学与电影密切互动的新景观以及繁荣的改编现状与研究的偏颇缺失，将文学改编作为整体事件，将代际导演的文学改编作为考察线路，对中国五代导演文学改编进行了纵向梳理。

（8）黄仪冠：《从文字书写到影像传播——台湾"文学电影"之跨媒介改编》

黄仪冠著，台湾学生书局有限公司 2012 年 9 月第 1 版。黄仪冠，台湾彰化师范大学国文系教师。

全书约 251 千字，共 399 页，其目录如下：

序章：文学·影像·改编//一、从文字书写到影像传播/二、文字与影像的跨界阅读/三、文学电影之研究路径

第一章　乡土叙事与文学电影——从健康写实到台湾后新电影//一、前言/二、乡土文学与台湾主体浮现/三、乡土修辞与健康写实风潮/四、新电影时期之乡土叙事影像化/五、后新电影之乡土演绎/六、结论

第二章　言情叙事与文艺片——琼瑶电影之空间形构与跨界想象//一、前言/二、琼瑶电影的发展与特质/三、文艺爱情片与哥德式叙事/四、异国情调与想象台湾/五、三厅场景与恋爱想象/六、结论

第三章　女性书写与新电影——80 年代女性小说之影像传播//一、前言/二、新电影/文学奖/象征权力/三、《油麻菜籽》的女性/台湾现实生存空间/四、《霞飞之家》影像改编之家国想象/五、结论

第四章　母性乡音与客家影像叙事——台湾电影中的客家族群与文化意象//一、前言/二、台湾电影中的客家意象/三、原乡意象：陈耀圻的《源》/四、母性乡音：侯孝贤的《童年往事》/五、新写实乡土：周晏子《青春无悔》/六、结论

第五章　影像史学与记忆政治——以《好男好女》与《超级大国民》为主//一、前言/二、影像史学与历史故事/三、《好男好女》的创伤记忆

与史实"再现"/四、《超级大国民》之记忆召唤与赎罪意识/五、结论

第六章 想象国族与原乡图像——黄春明小说与台湾新电影之改编与再现//一、前言/二、乡土文学改编与台湾新电影典律化/三、传统乡土与美日经济支配/四、女性受难与原乡图像之互文转喻/五、复数族裔与混杂文化/六、结论

第七章 现代主义与异质发声——白先勇小说与台湾电影改编之互文研究//一、前言/二、现代主义技法与通俗剧的叙事模式/三、身体情态与影像凝视中的他者/四、异乡发声？家庭魅影？/五、结语

第八章 性别符码与乡土魅影——李昂小说《杀夫》《暗夜》之电影改编与影像诠释//一、前言/二、叙事电影与视觉性/三、低调写实与主体匮缺——《杀夫》的影像改编/四、情欲凝视与女体再现——《暗夜》的影像改编/五、结语

终章 视觉时代的文学阅读

附录//附表一：琼瑶小说改编电影目录/附表二：台湾文学与电影改编片目（1950—2010）/参考文献

该著从文字书写到影像传播、跨界阅读和文学电影入手，逐一论说台湾文学乡土叙事、言情叙事、女性书写、母性乡音、影像史学、想象国族、现代主义、性别符码与电影改编的情况。

(9) 周力源、冯梅：《名著影视作品欣赏》

周力源、冯梅主编，武汉大学出版社 2012 年 11 月第 1 版。

周力源，湖北艺术职业学院公共课教学部教师。

全书约 364 千字，共 246 页，其目录如下：

前言

第一讲 尊严与爱的博弈：《简·爱》//诗意的生平：夏洛蒂·勃朗特/伟大天才的杰作：《简·爱》/浓香的英伦咖啡：《简·爱》影视作品/破解简·爱的幸福秘诀：《简·爱》人文主题鉴赏/永恒的记忆：《简·爱》音乐艺术鉴赏

第二讲 生存还是毁灭：《哈姆雷特》//人类文学奥林匹克山上的宙斯：威廉·莎士比亚/最负盛名的剧本：《哈姆雷特》/莎剧的代表作：《哈姆雷特》影视作品/无法解释的哈姆雷特：《哈姆雷特》人文主题鉴赏/天

籁之音:《哈姆雷特》配音艺术鉴赏

第三讲 爱的抉择:《傲慢与偏见》//文苑奇葩:简·奥斯汀/社会风情画式的小说:《傲慢与偏见》/皆大欢喜的英伦风情:《傲慢与偏见》影视作品/追求完美人性:《傲慢与偏见》人文主题鉴赏/营造身临其境:《傲慢与偏见》艺术技巧鉴赏

第四讲 失落的爱情与野心:《红与黑》//现代小说之文:司汤达/灵魂的哲学诗:《红与黑》/视听鲜活的色彩碰撞:《红与黑》影视作品/回到生活的真实:《红与黑》人文主题鉴赏/一道声音的盛宴:《红与黑》配音艺术鉴赏

第五讲 对照之美:《巴黎圣母院》//法兰西的骄傲:维克多·雨果/中世纪的史诗:《巴黎圣母院》/生活多美:《巴黎圣母院》影视作品/领悟爱情的真谛:《巴黎圣母院》人文主题鉴赏/处处舞台,处处对照:《巴黎圣母院》艺术技巧鉴赏

第六讲 真爱的抗争:《安娜·卡列尼娜》//19世纪的俄国巨人:列夫·托尔斯泰/社会百科全书式的作品:《安娜·卡列尼娜》/经典美人的大集合:《安娜·卡列尼娜》影视作品/最丰满的女性角色:《安娜·卡列尼娜》人文主题鉴赏/无穷无尽的艺术享受:《安娜·卡列尼娜》艺术技巧鉴赏

第七讲 朦胧诗般的初恋:《伊豆的舞女》//终生追寻爱与美:川端康成/至爱经典:《伊豆的舞女》/大爱无止息:《伊豆的舞女》影视作品/盛开在雪国的清纯百合:《伊豆的舞女》人文主题鉴赏/创造美的抒情世界:《伊豆的舞女》艺术技巧鉴赏

第八讲 多情总被无情毁:《红楼梦》//生于繁华,终于沦落:曹雪芹/满纸荒唐言,一把辛酸泪:《红楼梦》/你方唱罢我登场:《红楼梦》影视作品/吵闹中升华的"至情":《红楼梦》人文主题鉴赏/难以超越的经典旋律:1987年版《红楼梦》电视剧音乐艺术鉴赏/七嘴八舌话红楼:《红楼梦》观后感及作品分析

第九讲 绝望的世界:《祝福》//素描鲁迅/如泣如诉的血泪控诉:《祝福》/难以超越的经典:《祝福》影视作品/超越绝望:《祝福》人文主题鉴赏/动人心弦的哀伤:《祝福》艺术技巧鉴赏

第十讲 纯美的散文式作品:《城南旧事》//提倡纯文学的林海音/大时代的小故事:《城南旧事》/浓浓的相思,淡淡的哀愁:《城南旧事》影视作品/长亭外,古道边,伤别离:《城南旧事》人文主题鉴赏/缓缓流动

的景与情:《城南旧事》艺术技巧鉴赏

第十一讲　一曲清婉的牧歌:《边城》//湘西凤凰的人文代言人:沈从文/诗意的自然环境与人类社会:《边城》/湘西山水画:《边城》影视作品/行将凋零的爱与美:《边城》人文主题鉴赏/文字的独特魔力:《边城》经典片段赏析

第十二讲　回首半生情,缘尽徒惘然:《半生缘》//文学史上的异数:张爱玲/十八春秋半生缘:《半生缘》/回不去了的曾经:《半生缘》影视作品/有多少爱可以重来:《半生缘》人文主题鉴赏/从文字到影像的转变:《半生缘》艺术技巧鉴赏

第十三讲　永无解脱的人生困境:《围城》//20世纪人类最智慧的头颅:钱钟书/新儒林外史:《围城》/雅俗共赏的理性演绎:《围城》影视作品/突出重围:《围城》人文主题鉴赏/从书中跳出来的人物:《围城》艺术技巧鉴赏

第十四讲　说不尽的《雷雨》//天才剧作家:曹禺/中国现代戏剧的成熟之作:《雷雨》/人性的爆发与宣泄:《雷雨》影视作品/"命运"主题与"人的挣扎":《雷雨》人文主题鉴赏/诗情达意的镜头与色彩:《雷雨》艺术技巧鉴赏

第十五讲　奋斗者的悲歌:《骆驼祥子》//尽责的"小卒":老舍/城市贫民的悲歌:《骆驼祥子》/令人难忘的影像:《骆驼祥子》影视作品/承认的悲剧:《骆驼祥子》人文主题鉴赏/灵活地再现生活:《骆驼祥子》艺术技巧鉴赏

第十六讲　令人神往的武侠世界:《笑傲江湖》//中国武侠小说的"绝代宗师":金庸/正与邪:《笑傲江湖》/不退的热潮:《笑傲江湖》影视作品/江湖中的人生:《笑傲江湖》人文主题鉴赏/沧海一声笑:《笑傲江湖》艺术技巧鉴赏

后记

该著从中外名著中选取具有典型意义且改编经典的篇目,以文学名著为基础、以影视作品为依托,从作家作品、人文鉴赏、艺术鉴赏、思维拓展等角度进行了赏析和解读。

（10）杨树云：《装点红楼梦：揭秘八七版电视剧〈红楼梦〉永恒之美》

杨树云著，东方出版社 2012 年 12 月第 1 版。

杨树云，满族，北京人，中国电影电视技术学会化妆委员会主任。

全书约 230 千字，共 346 页，其目录如下：

代序

《红楼梦》忆之化妆小记　邓云乡//附：邓云乡致作者信

壹 源起//1. 同王扶林导演的初次交谈/2. 我是怎么当上《红楼梦》化妆师的

贰《红楼梦》化装总则界定//1. "无法学法" "异中求同"/2.《红楼梦》人物年龄和时间进程

叁《红楼梦》特色人物化装//林黛玉（1. 似蹙非蹙罥烟眉/2. 黛玉的发型/3. 角色的第一次出场/4. 两张不同风格的化装照片引出的故事）/薛宝钗（1. 宝钗是个"冷美人"/2. 宝钗的发式）/贾宝玉（1. 宝玉的辫发/2. "金抹额"/3. 珍珠冠）/王熙凤（1. 王熙凤的眉眼/2. 王熙凤的发式与首饰/3. "勒子" "昭君套" "抹额"等）/妙玉（1. "孤僻人皆罕"/2. "玉洁冰清"的妙玉/3. 妙玉的头、服饰）

该著以 1987 版电视剧《红楼梦》的经典化妆为案例，在大量古籍资料基础上，介绍电视剧《红楼梦》主要人物的化妆细节、化妆故事，既有扎实的理论基础，又有深厚的文化底蕴。

（11）赵庆超：《文学书写的影像转身——中国新时期电影改编研究》

赵庆超著，齐鲁书社 2012 年 12 月第 1 版。

赵庆超，山东曹县人，井冈山大学教师，著有《聊斋小说的当代电影改编研究》等。

全书约 290 千字，共 375 页，其目录如下：

序一

序二

绪论

上编　改编的文化主题学研究

第一章　现实主义色彩的文学作品的改编//第一节 国家意识形态理念的迎合与偏离/第二节 民间现实世界生活的揭示与探究/第三节 过往年代精神意识的找寻与捕捉

第二章　现代主义色彩的文学作品的改编//第一节 精神异化的拷问/第二节 无名焦虑的彷徨/第三节 穿越孤独的找寻

第三章　后现代主义色彩的文学作品的改编//第一节 解构和颠覆传统权威/第二节 复制和戏仿平面生活/第三节 臣服和向往感官愉悦

中编　改编的叙事结构学研究

第四章　叙事元素的比较分析研究//第一节 视点："谁在看"的言说智慧/第二节 时序：时态转换的多元呈现/第三节 节奏：情感基调的外在控制/第四节 话语：表现方法的审美演绎

第五章　符号元素的比较分析研究//第一节 物象：静态个体的深层指代/第二节 人物：生命情感的功能浓缩/第三节 空间：场景造型的风格搭建

第六章　修辞元素的比较分析研究//第一节 象征：由浅入深的曲径通幽/第二节 隐喻：以此言彼的形象置换/第三节 反讽：悖论语境的含蓄意指

下编　改编的典型案例分析研究

第七章　凸显现实主义元素的典型案例——从《香魂塘畔的香油坊》到《香魂女》的电影改编//第一节 地域文化风貌/第二节 现实观照情怀/第三节 精英文化反思/第四节 启示和思考

第八章　凸显现代主义元素的典型案例——从《寻枪记》到《寻枪》的电影改编//第一节 由开放到封闭的环境设置/第二节 由从容到错乱的叙事节奏/第三节 由写实到隐喻的情节建构/第四节 改编背后的启示

第九章　凸显后现代主义元素的典型案例——从小说《高兴》到电影《高兴》的电影改编//第一节 "旧我"蜕变的繁简处理/第二节 "新我"填充的人工搬演/第三节 主体生成的虚幻色彩/第四节 艺术反思与改编启示

结语

主要参考文献

附录

后记

该著在对诸多典型改编电影个案精微独到分析的基础上，论述了改编的文化主题和艺术审美，梳理了现实主义、现代主义和后现代主义元素的影像改编、生成倾向和审美价值。

2013 年

（1）杨洁：《敢问路在何方：我的 30 年西游路》

杨洁著，江苏文艺出版社 2013 年 1 月第 1 版。

杨洁（1929—2017），生于湖北麻城，祖籍四川营山，主要作品：《崂山道士》《西游记》《济公活佛》《西游记续集》等。

全书约 150 千字，共 353 页，其目录如下：

前 言

第一章 从选景到选角//一 天降重任/二 路在何方/三 始于足下/四 风雪黄山/五 拜谒九华山/六 惊艳张家界/七 意外收获/八 三个徒弟和三个师父/九 红花扶绿叶

第二章 拍摄中的那些事儿//一 开拍之前/二 牛刀初试/三 道观生活/四 洞中日月/五 天河牧马/六 长白山上/七 玄奘走过的路/八 我们的团队/九 趣事、乐事/十 险事、异事

第三章 在荆棘中艰难前行//一 是祸？是福？/二 山雨欲来/三 险遭腰斩/四 观众的回馈/五 音乐的风波/六 如何比较/七 "齐天乐"晚会/八 龙驹悲歌/九 大幕落下以后

该著首次公开了 1986 年版《西游记》在选角、选景、拍摄过程中的拍摄细节，叙说了许多数都数不清的不为人知的难事、趣事、神奇事，从一个侧面反映了一个时代的变迁。

（2）［美］西摩·查特曼：《故事与话语：小说和电影的叙事结构》

［美］西摩·查特曼著，徐强译，中国人民大学出版社出 2013 年 1 月第 1 版。

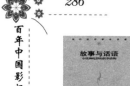

西摩·查特曼，美国电影与文学批评家、叙事学家，加利福尼亚大学伯克利分校修辞学教授，著有《术语评论：小说与电影的叙事修辞学》《解读叙事虚构作品》等。

全书约258千字，共279页，其目录如下：

第一章　导论／叙事与诗学／叙事理论诸要素／叙事是符号结构吗？／表现与物质客体／叙事推断、选择与一致性／叙事结构概述／连环漫画一例／"读"与"读出"

第二章　故事：事件／／顺序、偶然性与因果关系／逼真性与动机／核心与从属／故事与反故事／悬念与惊奇／时间与情节／顺序、时长与频率／时间差别如何表现／叙事宏观结构与情节类型学

第三章　故事：实存／／故事—空间与话语—空间／电影叙事中的故事—空间／文字叙事中的故事—空间／故事—实存：人物／亚里士多德的人物理论／形式主义与结构主义的人物观／托多罗夫和巴特论人物／人物是开放结构还是封闭结构？／走向开放的人物理论／人物：特性的聚合／人物的种类／A. C. 布雷德利与人物分析／背景

第四章　话语："非叙述"的故事／／真实作者、隐含作者、叙述者、真实读者、隐含读者、受述者／视点及其与叙事声音的关系／电影中的视点／叙述者与人物的言语行为／"非叙述"的一般表现／"非叙述"的类型：书面记录／纯粹言语记录／自白／思想记录：自由直接文体内心独白／意识流＝自由联想／电影中的内心独白

第五章　隐蔽叙述者与公开叙述者／／隐蔽叙述者／有间接标记的自由文体／叙事目的下的句子操作：以预设为例／叙事传达中的权威之限制／"转换限制性"的与"全知"的内心进入／公开叙述：环境描写／公开叙述：时间性概述／对人物所未想、未说内容的报告／性格与议论／议论／含蓄议论：反讽叙述者与不可靠叙述者／对故事的议论：解释／对故事的议论：评判／对故事的评论：概括／对话语的议论／受述者

结语

叙事结构示意图

作者与标题索引

主题索引

译后记：该来的还是来了

该著着眼于包括各种媒介的叙事尤其是小说与电影两大媒介在内的叙

事，对"故事"与"话语"两大范畴进行了区分和论证，在叙事理论史上具有广泛的影响。

（3）李青霜：《影像中国：赛珍珠作品的美国电影之旅》

李青霜著，光明日报出版社 2013 年 2 月第 1 版。

李青霜，河南南阳人，南京审计学院外国语学院教师。

全书约 256 千字，共 219 页，其目录如下：

导论

第一章 理想照进现实：《大地》的跨文化演变//第一节 写实：孜孜不倦的追求/第二节 美化：作为一种改编策略/第三节 本土化：中国农民家庭的跨文化演变

第二章 好莱坞参与战争：抗战小说的银幕之旅//第一节 改编《龙子》：米高梅公司的助战行动/第二节 改编《中国天空》：雷电华公司的战时解读

第三章 "民族寓言"：《群芳亭》的跨时空改编//第一节 重写江南：以电影语言突出地域特色/第二节 阐释中国：从不同视角观察传统文化/第三节 但取一线：炽烈爱情铸就国际化主题

结语

参考文献

后记

该著为"高校社科文库"之一，以赛珍珠作品的美国电影改编历程为线索，将电影改编置于具体的历史语境中加以考察，勾勒出赛珍珠小说在美国银幕上的历史轨迹。

（4）梁振华：《中国当代影视文学导论 1949—2012》

梁振华著，北京师范大学出版社 2013 年 3 月第 1 版。

梁振华，湖南邵阳人，北京师范大学教授，著有《无名的镜语》《时尚的谎言与魅惑》《新青年》《密战》《思美人》等。

全书约 437 千字，共 365 页，其目录如下：

导言

上篇

第一章　革命战争的影像书写//第一节 革命颂歌与苦难追忆/第二节《南征北战》：恢弘壮阔的史诗画卷/第三节《林海雪原》：革命战争的传奇性表达/第四节《烈火中永生》：政治诉求的影像样板

第二章　红色年代的成长叙事//第一节 意识形态规训下的成长主题/第二节《董存瑞》：英雄形象的新开掘/第三节《青春之歌》：知识分子成长道路的确认/第四节《红色娘子军》：复仇主题与历史叙事的弥合

第三章　新生活的咏叹与思索//第一节 社会主义新时代的银幕回响/第二节《李双双》：民间文化与喜剧精神的交汇/第三节《新局长到来之前》：节制性的批判与道德惩戒

第四章　小说改编电影的探索与实践//第一节 夏衍的电影改编理论/第二节《祝福》：忠实与创造之间/第三节《早春二月》：革命与爱恋的诗意渲染

第五章　历史漩流中的困守//第一节 "样板戏"电影：极"左"文艺思潮的影像症候/第二节《红灯记》：戏曲化的电影与观念化的美学/第三节《闪闪的红星》：穿越逆境的励志传奇

第六章　经典传统的双向复归//第一节 诗化风格与人世精神/第二节《城南旧事》：隐秘的追忆与心灵的慰藉/第三节《芙蓉镇》：政治伦理化的时代镜像

第七章　启蒙语境下的先锋影像浪潮//第一节 影像本位观念的文学改编/第二节《黄土地》：文化启蒙的先锋姿态/第三节《红高粱》：感官狂欢与民族寓言

第八章　娱乐精神的银幕演绎//第一节 世俗化浪潮下中国娱乐片的复苏/第二节《少林寺》：新旧武侠电影的分水岭/第三节《顽主》：荒诞与彷徨

第九章　青春的感伤与焦虑//第一节 从边缘到底层：一种关于青春的现实/第二节《北京杂种》：宣泄背后的认同危机/第三节《长大成人》：一代人的怕和爱/第四节《小武》：现实寓言与人类学的影像范本

第十章　历史的追忆与重塑//第一节 从文学到电影：叙事中的多元历史建构/第二节《霸王别姬》：史、诗、思的融通/第三节《活着》：直面宿命的悲悯/第四节《阳光灿烂的日子》：个体化的历史追述

第十一章　世俗化时代喜剧电影的勃兴//第一节 电影娱乐功能的追认与开掘/第二节《三毛从军记》：后现代主义的电影叙事表征/第三节 从

第二十章 香港武侠功夫片的演进轨迹//第一节 剑影刀光中的侠义江湖/第二节《独臂刀》：快意恩仇的阳刚气质/第三节《猛龙过江》：功夫的叙事元素与表意功能/第四节《新龙门客栈》：侠义情怀的现代阐释

第二十一章 香港电影的"新浪潮"//第一节 除旧布新的影像美学探索/第二节《蝶变》：激越的形式探索与个性书写/第三节《父子情》：平淡生活的朴实表达

第二十二章 香港喜剧片的多元样态//第一节 喜剧电影的香港本土特色/第二节《醉拳》：功夫与喜剧的遇合/第三节《铁板烧》：市井生活的喜剧表达/第四节《大话西游》："无厘头"的文化辨析

第二十三章 香港动作片的现代类型//第一节 现代动作片的类型复合与变异/第二节《英雄本色》：民间侠义理想的想象性宣泄/第三节《警察故事》：警匪片的谐趣风格/第四节《古惑仔》：黑帮电影中的道德教化

第二十四章 港产电视剧叙事类型的成熟样态//第一节 香港电视剧作类型及其生产机制/第二节《射雕英雄传》：金庸小说的改编风潮/第三节《上海滩》：都会风云的历史缩影/第四节《寻秦记》：拼盘文化的荧屏奇观

第二十五章 香港文艺片的个性化风格显现//第一节 香港文艺电影的作者风格与个性追求/第二节《阿飞正传》：后现代风格的影像表征/第三节《红玫瑰与白玫瑰》：张爱玲小说的经典转译/第四节《岁月神偷》：时代与梦幻的唯美抒写

第二十六章 全球化语境下的香港电影新景观//第一节 香港电影工业的低迷及其复苏/第二节《无间道》：商业类型片的美学追求与人文转向/第三节《如果·爱》：叙事时空的复调景观/第四节《十月围城》：显扬个体价值的革命叙事

第二十七章 写实主义与台湾精神的显现//第一节 乡土情结与乡土叙事/第二节《养鸭人家》：写实主义的影像魅力/第三节《童年往事》：个人追忆与时代命运的交响

第二十八章 台湾爱情文艺片的叙事征候//第一节 台湾爱情文艺片的琼瑶时代与后琼瑶时代/第二节《我是一片云》：超现实的爱情幻梦/第三节《少女小渔》：情爱叙事中的文化反思/第四节《蓝色大门》：纯净的青春物语

第二十九章 台湾艺术电影的风格化呈现//第一节 台湾当代电影的先锋浪潮/第二节《悲情城市》：追问历史与人性的隐痛/第三节《喜宴》：东

西文化的冲突与交融/第四节《一一》：直面生存困境的寓言

第三十章 全球化与产业化语境下的台湾电影//第一节 台湾电影产业的衰落与艰难掘进/第二节《卧虎藏龙》：中国传统文化的现代镜像/第三节《海角七号》：商业美学与本土文化印记

附录 中国当代影视剧参考片目//内地部分/香港部分/台湾部分

后记

该著透过对不同时期影视文学创作流派、思潮与现象的梳理，选择了大量代表性作品进行集中探讨与描述，对当代中国（包括台湾、香港地区）影视艺术进行了一次系统化的文学考察。

（5）陈伟华：《中国现代电影与文学之关联研究——以历史与比较的视角》

陈伟华著，中国青年出版社2013年4月第1版。

陈伟华，湖南衡阳常宁人，湖南大学文学院教授，著有《基督教文化与中国小说叙事新质》《鲁迅郭沫若研究札记》等。

全书约230千字，共301页，其目录如下：

序言

第一章 绪论/第一节 研究对象及研究思路/第二节 电影与文学的亲缘关系

第二章 好风凭借力//第一节 影戏认知及舞台剧实录/第二节 从改编文学作品中逐渐起航/第三节 交融中有独立诉求

第三章 在白话文运动中//第一节 电影生产、文学创作及翻译/第二节 影戏的原质是技术、文学和科学的三样/第三节《阎瑞生》：电影不关心文白之争

第四章 启蒙与呐喊//第一节 电影的困境与文学的援手/第二节 出现电影改编文学的热潮/第三节 田汉投身电影事业

第五章 文学促成电影发展第一次高峰//第一节 作家参与电影制度建设/第二节 左联密切关注电影事业/第三节 电影与文学关系大讨论/第四节 作家与国防电影

第六章 抗战交响曲//第一节 抗战电影与教育电影兴盛/第二节 取经苏联/第三节 文学与电影在抗战中互动/第四节 文艺电影与理想电影

第七章 战后新局面//第一节 战后电影面临诸多问题/第二节 电影发展路向再探讨/第三节 电影与文学亦敌亦友/第四节 协作构建现代新女性形象/第五节 共同创作艺术经典

第八章 结语

参考文献

后记

该著以中国现代电影与文学自身的发展为脉络，深入挖掘老报纸杂志中的原始史料，综合考察中国现代社会政治、经济及文化的转型与变革，全面展现中国现代电影与文学的关系。

(6) 常芳：《中国古典小说的视觉化再生产——从语言本位到影像本位》

常芳著，中国社会科学出版社2013年4月第1版。

常芳，中南民族大学文学与新闻传播学院教师。

全书约234千字，共204页，其目录如下：

序

导论

第一章 古典小说视觉化的历程//第一节 古典小说前视觉化/第二节 视觉化初期：淡漠的本体意识/第三节 视觉化成长期：政治意识形态的凸显/第四节 经典化阶段：经典的发现与臣服/第五节 本体性阶段：视觉本位的确立

第二章 文本的规约//第一节 母题系统的传承/第二节 叙事模式的延续/第三节 话语规范的制约/第四节 传统审美趣味的继承

第三章 影像的突围//第一节 语言本位型再生产模式——直译式/第二节 文本影像对等型再生产模式——重置式/第三节 影像本位型再生产模式——变异式

第四章 以影像为本位的再生产策略//第一节 时间的变形/第二节 空间的膨胀/第三节 感官愉悦的追求

第五章 古典小说再生产的文化逻辑//第一节 视觉文化语境下古典小说的生存策略/第二节 文化的再循环与民族资源的重命名

结语

参考文献

后记

该著指出古典小说视觉化再生产经历了本体意识模糊、政治意识形态突显、对经典的臣服、视觉本位的确立等阶段，论析中国古典小说从语言本位到影像本位的视觉化再生产规约的特性。

（7）段馨君：《跨文化剧场：改编与再现》

段馨君著，南京大学出版社 2013 年 5 月第 1 版。

全书约 139 千字，共 123 页，其目录如下：

第一章　跨文化剧场理论/一、法国帕维的跨文化剧场定义/二、德国布莱希特"史诗剧场"/三、法国阿尔托"残酷剧场"/四、法国"阳光剧团"莫努须金/五、英国驻法影剧导演布鲁克/六、美国"环境剧场"谢喜纳/七、波兰格洛托夫斯基与丹麦芭芭/八、小结

第二章　彼德·布鲁克之《摩诃婆罗多》——诠释与改编或文化偷窃挪用/一　前言/二、改编抑或挪用的争论/三、女性形象/四、彼德·布鲁克与其多变的剧场风格/五、彼德·布鲁克"第三文化环"观念

第三章　谢喜纳上海的《哈姆雷特》——从纽约《69 年的戴奥尼修斯》与台北《奥瑞斯提亚》谈起/一、前言/二、跨文化剧场/三、台北的《奥瑞斯提亚》/四、颜海平的评论/五、上海的《哈姆雷特：那是个问题》/六、谢喜纳"表演研究"广阔光谱的方法/七、结语

第四章　西方对亚洲剧场的影响//一、前言/二、文献回顾/三、跨文化剧场：东西方的交流/四、结论

第五章　易卜生戏剧中的女性觉醒——《玩偶之家》《群鬼》对中、西文学、剧场、电影之影响//一、前言/二、生平与主题/三、易卜生影响其他作者/四、对中国文学与电影的影响/五、娜拉的出路/六、《群鬼》——新旧家庭观的对立/七、结论

第六章　莎士比亚与客家歌舞剧《福春嫁女》//一、前言/二、以歌舞剧为客家戏剧新方向/三、歌舞剧与客家戏曲/四、从莎士比亚的《驯悍记》到客家歌舞剧《福春嫁女》/五、莎士比亚的《驯悍记》与客家歌舞剧《福春嫁女》之比较/六、结论

第七章　结论

第五编　复兴与繁盛：21世纪以来

参考文献//一、中文资料/二、英文资料/三、网站资料/四、视听资料/五、访谈资料/六、其他

该著以跨文化剧场理论对戏剧改编作品进行解读，分析西方剧作的中国改编技巧，论说西方剧作对于亚洲剧场的影响，探讨中国本土剧场引进西洋戏剧所产生的问题和采取的策略。

（8）郭敬明：《小时代全电影纪录》

郭敬明主编，长江文艺出版社2013年6月第1版。

郭敬明，作家、编剧、导演，上海最世文化发展有限公司董事长、总经理，《最小说》《最漫画》杂志主编。

全书约220千字，共289页，其目录如下：

OPENING/梦的回廊/背景介绍/滔滔/剧本之战/导演感想/"刽子手"手记/上海故事/The Play/79天奇迹之战/引子/时代造梦师/幻化成真/耳听为虚　眼见为实/变形记/最艰难的一投/美与孽/踏歌声/扑水记/爱与斗/杀青倒计时/友谊地久天长/时代主语/年轻过/我们角出手里的皇冠给不甘寂寞的人/青春刻印/令人喜欢的傻瓜/小时代影像日记/侧颜速写/杨顾里·杨幂/The Boy, The Queen·郭采洁/佳人难再得·郭碧婷/笑颜大王与舞林高手·柯震东/怪咖客·凤小岳/绅士同萌·陈学冬/导火线·姜潮/少言人·李锐铭/白纸如初·杜天皓/时装解读术/皆大欢喜——写在《小时代》电影之后/影评展望/导演结束语/时代留言簿

该著完整记录了根据同名小说改编的电影《小时代》从筹备、剧本创作、制作准备、拍摄、后期制作中不为人知的真实过程，展现了电影创作过程中导演与主创人员的交流互动情形。

（9）黄淑娴：《香港影像书写：作家、电影与改编》

黄淑娴著，香港大学出版社2013年6月第1版。

全书约120千字，共176页，其目录如下：

序（黄淑娴）/从"文学作者"到"电影作者"：中国现代文学与电影/鲁迅小说的电影改编：从大陆到香港/改编与转移：张爱玲为香港电影带来的挑战/当"作者"遇上"作者"：论《色｜戒》不一样的忠于原著改编/从上海到香港：五〇、六〇年代香港文学与电影/重塑五〇年代南来文人的形象：易文的文学与电

影初探/与众不同：从易文的前期作品探讨五〇年代/香港电影中"个人"的形成/不妥协的流行文艺：电懋与邵氏镜头下的"三毫子小说"/从电影到文学：七〇年代以后香港文学与电影/电影写入文学：六〇、七〇年代香港文学与欧洲电影初探/旅游长镜头：论也斯七〇年代的台湾游记《新果自然来》/渗透/不渗透：七〇年代以后香港文学与电影关系的重重障碍

　　该著为"文学与电影丛书"之一，分析现代作家对电影喜好、文学创作、影评撰写、剧本编写及电影改编原著等多个范畴的论述，讨论华人导演如何以影像方式响应和改编文学作品。

（10）［美］罗纳德·戴维斯：《从文字到影像——好莱坞黄金时代编剧访谈录》

　　　　［美］罗纳德·戴维斯著，黄文娟译，吉林出版集团有限责任公司 2013 年 6 月第 1 版。

　　　　［美］罗纳德·戴维斯，美国电影研究学者、著名剧作家。

　　全书约 300 千字，共 266 页，其目录如下：

　　前言/查尔斯·贝内特来自英国/梅尔韦尔·沙威尔森 广播、电影、电视三部曲/罗伯特·内森 文学界来的人/菲利普·邓恩"杜里先生"之子/小林·拉德纳"好莱坞十君子"之一/罗伯特·皮洛什 研究与经验/爱德蒙·诺斯 快速深入地理解生活/朱利斯·J.爱泼斯坦 谋生而不是艺术/罗伯特·巴克纳 冷眼旁观好莱坞/奥斯卡·索尔 脱离贫穷/威廉姆·路德维格 拾破烂人的梦想/玛丽·安妮塔·卢斯 第三代编剧/温斯顿·米勒 西部片和关于普通人的电影/译名索引

　　该著是作者 1980—1991 年间对好莱坞黄金时代著名剧作家的访谈录，揭示他们的创作实践经验丰富；他们对好莱坞黄金时代电影制作的看法和评判，具有极高的经验价值和学术价值。

（11）芦苇、王天兵：《电影编剧的秘密》

　　　　芦苇、王天兵著，上海交通大学出版社 2013 年 10 月第 1 版。

　　　　芦苇，著名电影编剧、电影策划人。王天兵，作家、学者，著有《敖德萨故事》《西方现代艺术批判》《哥萨克的

末日》等。

全书约 308 千字，共 308 页，其目录如下：

序言//中国电影什么时候能长大

电影编剧的秘密（上）//从艺之初/编剧入门/武侠片的模式/正剧类型/创作《霸王别姬》剧本前的准备/《霸王别姬》剧本创作过程/第五代不太会讲故事

电影编剧的秘密（中）//从《秦颂》说起/《西夏路迢迢》/《李自成》/《白鹿原》/《杜月笙》/《活着》/《等待》/《图雅的婚事》/实际上只是春梦一场

电影编剧的秘密（下）//关于罗素与维特根斯坦/关于契诃夫/关于其他俄罗斯文学家/关于俄裔美国作家纳博科夫/关于纳博科夫的《洛丽塔》与库布里克同名改编电影/关于莎士比亚/关于《八月炮火》和犹太作家/关于东南欧作家/关于拉美作家与魔幻现实主义/关于日本作家/关于《红楼梦》/关于中国乡土文学/关于武侠小说/关于心理分析与文艺理论/关于家庭出身和电影启蒙/关于台词启蒙教育/关于素描训练与电影结构/关于电影经典：《教父》《阿拉伯的劳伦斯》、李安和《色｜戒》、黑泽明和《七武士》、塔尔科夫斯基和《安德烈·卢布廖夫》/关于类型的发展及电影教育/关于喜欢的电影/关于近年华语电影/关于徐童及当代纪录片

其他领域杂谈/关于价值观的综述/关于电影梦与工作计划

附录一 电影剧本《赤壁》/附录二 芦苇采访集萃/附录三 芦苇作品及获奖目录

该著将芦苇的成长经历与电影编剧技巧的讲解融为一体，既有普适的编剧法则又有实战教训，还有对电影经典的案例分析，对一些重要的影视作品的改编技巧进行了分析。

（12）厉震林：《网络母题——戏剧影视文学的网络小说改编研究》

厉震林主编，上海交通大学出版社 2013 年 11 月第 1 版。

厉震林，浙江东阳人，上海戏剧学院教授，著有《中国新时期电影导演美学》《中国新时期电影表演美学》等。

全书约 372 千字，共 316 页，其目录如下：

1. 简论网络小说的影视剧改编/2. 浅论我国网络文学的影视改编历程/

3. 后现代语境下影视作品与网络文化的互文关系/4. 论影视作品中的"网络反噬"现象/5. 浅谈网络文学的影视作品改编/6. 天时·地利·人和——谈网络文学的影视剧改编热/7. 论网络文学的戏剧影视文学改编"生力军"角色/8. 网络小说改编影视作品初探/9. 论媒介补偿和融合下的网络文学及其改编现象/10. 网络文学的影视改编热：一个旧问题和三种新趋势/11. 去文学·展示·跨文本——论网络文学改编中的文本重构/12. 浅论网络文学的影视剧改编——以《山楂树之恋》和《搜索》为例/13. 网络化与现实精神困境的影像消费——网络文学的影视改编/14. 改编剧为什么会这样红？——从《后宫·甄嬛传》看网络小说改编成电视剧的传播策略/15. 镜中观梦：由网络文学到影视作品/16. 关于网络文学的题材选择和社会价值把握/17. 论影视剧在后现代网络文化语境中的理性前行——以《搜索》和《武林外传》为例/18. 浅析网络文学对影视创作的渗透和影响——以电影、电视剧、网络剧三版《杜拉拉升职记》为例/19. 网络文学与戏剧影视文学的本体论探析/20. 纪录片网络化传播的现状及其问题/21. 网络文学作品改编电视剧的"戏剧性"探析/22. 网络小说改编电视剧现象的受众心理分析/23. 中国网络美剧"粉都"之现状研究/24. 论网络热帖改编电影的互动模式及其女性化审美因素/25. 关于网络中不明真相的围观致死——以《搜索》《网络杀机》为例看网络文化现象/26. 论网络剧兴起的媒介文化动因/27. 中国新世纪情感类网络小说的电影改编/28. 论当下网络宫廷剧创作的迷失/29. 网络时代的悲剧内涵——当代悲剧的发生范畴和语言化转型考察/30. 论网络小说的剧本化/31. 论网络电影的运营问题/32. 论网络文化的发展对戏剧市场的影响/33. 微剧评：社交媒体时代的莱辛/34. 浅论网络游戏改编电视剧的成效——以《仙剑奇侠传》为例/35. 儿童网络游戏改编的动画电影之人物分析——以《摩尔庄园》和《神奇宝贝》为例/36. 从《北京故事》到《蓝宇》的得与失/37.《搜索》：从网络小说到电影的转换/38. 网络改编剧《后宫·甄嬛传》的热播现象分析/39. 从《后宫·甄嬛传》看网络小说的影视剧改编/40. 浅论《后宫·甄嬛传》之成功策略/41. 电影《搜索》：批判网络现象的无力与虚假/42. 论《失恋33天》电影与网络小说的双赢效应/43. 论"央视春晚"与"央视网络春晚"/后记

　　该著为2012年上海市研究生学术论坛暨第五届长三角地区戏剧影视文学研究生学术论坛的论文集，围绕"戏剧影视文学的网络小说改编研究"

的主题从各个角度展开了研讨和分析。

（13）赵宏丽：《中国古代文学经典的数字影视媒介化》

赵宏丽著，中央广播电视大学出版社 2013 年 12 月第 1 版。

赵丽宏，著名主持人，著有《恪守原著的人文精神》《数字化音乐制作在高校音乐教学中的应用》等。

全书约 132 千字，共 144 页，其目录如下：

绪论//一、古典文学数字影视化的研究背景和意义/二、研究古代文学传播的相关文献/三、研究方法/四、概念界定

第一章　传统的文学传播元素概述//第一节 文学创作/第二节 文学文本/第三节 文学接受/第四节 中国古代文学生产论

第二章　中国古代文学数字影视媒介化的必要性//第一节 古代文学的数字媒介化传播现状/第二节 后影视传播时代/第三节 中国古代文学数字影视媒介化的必要性

第三章　古代文学数字影视媒介化的本质//第一节 数字影视媒介化重构古代文学的文本形态/第二节 数字影视媒介再造古代文学的文学性/第三节 古代文学经典与现代传播方式的文本对比/第四节 数字影视媒介重塑古代文学的接受习惯

第三章　结语//第一节 正能量：数字影视媒介对古代文学的积极作用/第二节 双刃剑：作者权威的动摇与文本深度的消减/第三节 新变化：文学受众阅读范式的突变

参考文献

该著对比传统与现代的文学传播方式，剖析当下数字影视媒介化的传播方式对中国古代文学的作用，认为中国古代文学经典的数字影视媒介化是一个正在快速发展的领域。

（14）刘琼：《世界文学专题研究——文本与影像的相遇》

刘琼著，北京交通大学出版社 2013 年 12 月第 1 版。

刘琼，广西桂林人，琼州学院人文社科学院教师。

全书约 336 千字，共 209 页，其目录如下：

前言

该著分别选取不同国家的代表性作家为对象，从作者生平、小说艺术、改编影片、影响与地位、延伸阅读等方面，着眼考察世界文学作品在影像成为新的传播方式后影像化的无限可能性。

2014 年

（1）张巍：《鸳鸯蝴蝶派文学与早期中国电影的创作》

张巍著，中国电影出版社 2014 年 3 月第 1 版。

张巍，北京电影学院文学系教授，著有《外国电影史》《中国电影专业史——电影编剧卷》等。

全书约 164 千字，共 185 页，其目录如下：

前言

第一章　漫长的历史公案：历史夹缝中的鸳鸯蝴蝶派电影//一、鸳鸯蝴蝶派电影的历史溯源/二、鸳鸯蝴蝶派电影的兴起

第二章　鸳鸯蝴蝶派电影研究之一：脱胎于鸳鸯蝴蝶派文学的几部长故事片//一、《阎瑞生》《红粉骷髅》《张欣生》及早期侦探片类型的奠定/二、《海誓》《古井重波记》与早期爱情片/哀情片的叙事模式/三、社会/伦理片《孤儿救祖记》与鸳鸯蝴蝶派小说的源流关系/四、从商务的三部长片看传统通俗小说对早期中国电影伦理观的影响

第三章　鸳鸯蝴蝶派电影研究之二：类型与作者//一、社会言情小说作者与社会/伦理类型电影的创作/二、侦探、喜剧小说作者与早期的侦探片、喜剧片的创作/三、原著与改编——张恨水、刘云若、顾明道等

第四章　鸳鸯蝴蝶派电影研究之三：类型的产生及必需//一、鸳鸯蝴蝶派小说与中国本土类型电影观念的产生/二、几种来源于鸳鸯蝴蝶派小说的早期电影重要类型

第五章　鸳鸯蝴蝶派电影研究之四：鸳鸯蝴蝶派文学与早期中国电影情节剧观念的确立//一、从小说到电影——早期中国电影情节剧观念的确立/二、鸳鸯蝴蝶派文学对早期中国电影形态的影响

第六章　结语：在当前的文化语境下重新研究鸳鸯蝴蝶派电影的意义

附录：参考文献及相关资料/附录一：20—30 年代主要鸳鸯蝴蝶派文人参与的影片目录/附录二：主要参考书目/附录三：参考相关博士论文/附录四：其他相关文章

鸣谢网络资源

该著研究"鸳鸯蝴蝶派"文学在其作者进入电影界对中国早期电影创

作（尤其是剧本创作）产生的重大影响，分析鸳鸯蝴蝶派文人在电影界掀起商业化电影创作高潮具有的意义。

（2）戴锦华、滕威：《〈简·爱〉的光影转世》

戴锦华、滕威著，上海人民出版社 2014 年 4 月版。

滕威，华南师范大学文学院教授，著有《"边境"之南：拉丁美洲文学汉译与中国当代文学（1949—1999）》等。

全书约 135 千字，共 190 页，其目录如下：

缘起

第一篇《简·爱》依然？

第二篇 叩访文本与历史

第三篇 理论与追问

第四篇 2011 版电影的意味

第五篇《简·爱》的光影"轮回"

第六篇《简·爱》的中国之旅

附录

后记 感戴

该著为"对话戴锦华"系列之一，从 2011 版《简·爱》的观影体验和文本细读谈起，对"改编"和"原著""视觉"与"文字"的相互关系和广阔的社会历史语境展开了辨析。

（3）戴锦华、孙柏：《〈哈姆雷特〉的影舞编年》

戴锦华、孙柏著，上海人民出版社 2014 年 4 月版。

全书约 152 千字，共 254 页，其目录如下：

缘起之缘

第一篇 经典的双刃

第二篇《哈姆雷特》的意味

第三篇 劳伦斯·奥利弗或《哈姆雷特》的声画之舞

第四篇 冷战氤氲、丹麦王子与悲剧的多重意味

第五篇 柯静采夫，冷战文化的内部与外部

第六篇 低回与寂寥之间

第五编 复兴与繁盛：21世纪以来

第七篇 剧变时刻、《哈姆雷特》：英雄或幽灵归来？

第八篇 后冷战，庆典时刻与《哈姆雷特》的"完满"

第九篇《哈姆雷特》"中国行"

第十篇 独立电影·影像与暴力之维

第十一篇 21世纪的《哈姆雷特》及结语

附录

后记

该著为"对话戴锦华"系列之一，借助莎士比亚戏剧等世界名著及其改编电影的文本内外、台前幕后故事，以对谈的形式梳理《哈姆雷特》电影改编的历史脉络，分析文学与电影的复杂关系。

（4）李清：《中国电影文学改编史》

李清著，中国电影出版社2014年6月第1版。

李清，福建福州人，中国艺术研究院电影电视研究所研究员，著有《梦与非梦》《中国儿童电影史稿》等。

全书约380千字，共366页，其目录如下：

序

绪论 电影与文学改编

第一章 序幕：戏曲和文明戏搬上银幕（1905—1922）//第一节 戏曲改编——中国电影揭开新的篇章/第二节 文明戏改编——中国电影走向长故事片的桥梁/第三节《阎瑞生》《红粉骷髅》——改编自文明戏、小说的中国最早长故事片/第四节 改编影响下的初创期中国电影叙事格局——"影戏"特征与商业本质

第二章 以"鸳蝴派"为创作主体掀起的第一次商业电影大潮（1924—1932）//第一节"鸳蝴派"产生的历史背景和文化语境/第二节"鸳蝴派"对早期中国电影的影响与贡献/第三节"鸳蝴派"对类型电影的贡献：言情片、古装片和武侠片/第四节 早期电影拓荒者张石川、郑正秋与"鸳鸯蝴蝶派"的关系

第三章 抗战风云与电影改编（1932—1949）//第一节 1932—1937年的"左翼"文学改编和新伦理电影改编/第二节 隐晦抗争与心灵歌哭——"孤岛"和"沦陷"时期的改编/第三节 外国文学作品的"本土化"改编

第四章 主导意识形态话语建构与带着政治镣铐的改编（1949—

1976）//第一节 新中国成立初期"文华"和"昆仑"公司电影改编实践/第二节 成就卓著的名著改编/第三节 革命历史和革命战争题材的电影改编/第四节 展现现实生活题材的电影改编/第五节 "文革"时期极端政治化的电影改编

第五章 多姿多彩的新时期电影改编（1978—1988）//第一节 困厄与突围——以第四代导演为主的电影改编/第二节 风格各异的新时期名著改编/第三节 主流意识形态表述的伦理电影——谢晋新时期电影改编

第六章 精英文化向大众文化转型的后新时期电影改编（1988—2000）//第一节 消解精英话语——以王朔作品改编为主的都市电影/第二节 融入与守望——谢飞等导演的电影改编/第三节 类型借鉴与怀旧情感——主旋律电影和艺术电影的改编

第七章 文学世界牵引下的第五代导演创作//第一节 叛逆与反思——以文学改编为开端/第二节 "宅院寓言"与"新民俗电影"——一种改编策略/第三节 城市与乡村——触摸现实的改编

第八章 21世纪初期后现代文化语境中的电影改编//第一节 古装武侠大片改编——打造"中国风"视觉流/第二节 繁华旧梦、乱世悲歌——宏大叙事/历史的消解

结　语

参考影片

参考文献

后　记

该著以电影和文学关联作为切入点，梳理了一百多年中国电影文学改编的发展脉络、历史嬗变和阶段性特征，是一本系统全面、史论结合、有影响力的文学改编史。

（5）［美］桑迪·弗兰克：《编剧的内心游戏：成功影片的故事形式》

　　［美］桑迪·弗兰克著，李志坚译，人民邮电出版社2014年6月第1版。

　　桑迪·弗兰克（Sandy Frank），获得过四次艾美奖，戏剧作品包括《Mister Sterling》，也创作了许多电影剧本。

全书约118千字，共101页，其目录如下：

第一部分 导入编剧的内心游戏//第一章 编剧的内心游戏/第二章 一个成功的内心游戏——《女王》/第三章 缺少内心游戏

第二部分 内心游戏的两种类型//第四章 转变型/第五章 利用九型人格构建转变型内心游戏/第六章 神话型

第三部分 聚焦内心游戏构建剧本//第七章 编织转变型内心游戏和外部游戏/第八章 构建神话型剧本

第四部分 改编 续集 翻拍//第九章 改编/第十章 续集/第十一章 翻拍

第五部分 关于电视剧编剧//第十二章 电视剧——转变，神话与混合/第十三章 电视剧续集

第六部分 打破规则//第十四章 有时内心游戏是含蓄的/第十五章 有时外部游戏就够了/第十六章 颠覆这个模型

第七部分 给剧本做个透视//第十七章 透视剧本/第十八章 总结/第十九章 你该怎么做？

译后记

关于作者

该著台湾版名为《好故事！先抓住人物内心戏：剧本、改编、续集以及翻拍》，提出编剧的"内心游戏"，阐述了构建内心游戏的方法，分析改编、续集、翻拍的技巧。

（6）王鸣剑：《从文学到视听——中国当代小说的影视改编与传播》

王鸣剑著，秀威资讯科技股份有限公司 2014 年 7 月第 1 版。

王鸣剑，重庆梁平人，重庆工商大学教授，著有《上山下乡》《无希望的爱恋是温柔的》等。

全书约 376 千字，共 364 页，其目录如下：

绪论 文学与影视的互动//一、小说与影视关系的历史沿革/二、影视改编观念的历史演进/三、小说的影视改编方法/四、小说与影视的联姻

第一章 《芙蓉镇》//一、剧情简介/二、从小说到电影/三、"谢晋模式"的是与非

第二章 《红高粱》《高粱酒》与《红高粱》//一、剧情简介/二、从小说到电影/三、小说《红高粱》《高粱酒》改编为电影《红高粱》的

得失

第三章 《妻妾成群》与《大红灯笼高高挂》//一、剧情简介/二、从小说到电影/三、《妻妾成群》改编为《大红灯笼高高挂》的得失

第四章 《霸王别姬》//一、剧情简介/二、从小说到电影/三、《霸王别姬》改编的得失

第五章 《活着》//一、剧情简介/二、从小说到电影/三、《活着》改编的得失

第六章 《妇女生活》与《茉莉花开》//一、剧情简介/二、从小说到电影/三、《妇女生活》改编为《茉莉花开》的得失

第七章 《寻找》与《云水谣》//一、剧情简介/二、从剧本到电影/三、杰出的蒙太奇手法与全面采用 DI（数位中间片）技术/四、《寻找》改编为《云水谣》的得失

第八章 《天鹅绒》到《太阳照常升起》//一、剧情简介/二、从《天鹅绒》到《太阳照常升起》/三、《天鹅绒》改编为《太阳照常升起》的得失

第九章 《亮剑》//一、剧情简介/二、从小说到电视剧/三、《亮剑》改编的得失

第十章 《暗算》//一、剧情简介/二、从小说到电视剧/三、《暗算》改编的得失

该著以中国当代小说改编的影视作品为例，分析小说影视互动的各自利弊，梳理小说与影视关系的历史沿革、影视改编观念、影视改编方法与传播途径。

（7）郭敬明：《刺金时代：小时代全电影纪录Ⅱ》

郭敬明主编，长江文艺出版社 2014 年 7 月第 1 版。
全书约 220 千字，共 299 页，其目录如下：
更好的时代 郭敬明
刺金之刃·主创采访
导演日记 郭敬明

刺金之旅
小时代 3 的 100 个小故事选摘
新的一天仍将到来

该著记录了根据同名小说改编的《小时代》这部电影创作过程中导演与主创人员、演员的工作状态与交流互动的全况。

（8）原小平：《接受、写作与传播的叠合——论现当代文学名著的改编》

原小平著，中州古籍出版社2014年8月第1版。

原小平，河南师范大学文学院教师。

全书约329千字，共376页，其目录如下：

第一章　集接受、写作、传播为一体的改编现象//第一节 改编的界定及其性质/第二节 改编的阐释性/第三节 改编中的形式转换

第二章　名著改编的经典化意义//第一节 名著改编与经典建构/第二节 名著改编与经典确立/第三节 名著改编与经典普及

第三章　现当代文学改编史略//第一节 20至40年代的改编/第二节 50至70年代的改编/第三节 新时期以来的改编

第四章　《阿Q正传》：永远的经典//第一节 改编最多的文本/第二节 改编的困境

第五章　《家》从小说到话剧//第一节 对原著的理解/第二节 增删、重组和改造

第六章　《日出》与影视的契合//第一节《日出》与其他名著比较/第二节 影视叙事

第七章　不变的传奇：《林海雪原》//第一节 改编现象及文本特性/第二节 政治化语境/第三节 不同时期的改编

第八章　传统与现代之间的《人生》//第一节 小说与电影《人生》的持久艺术魅力/第二节 小说《人生》的深层意蕴与高加林的人格特质/第三节 剧本《人生》的现代人格探寻/第四节 电影《人生》：一种文化仪式

第九章　张艺谋改编现象及其文化特性//第一节 作为改编者的电影导演/第二节 从"谢晋模式"到"张艺谋神话"

第十章　《红高粱》及其他：民间觉醒与痞式启蒙//第一节 小说《红高粱》的民间自我启蒙精神/第二节 导演《红高粱》的痞式启蒙与欲望主题/第三节《菊豆》及其他：欲望萎败与痞性苟且

第十一章　《秋菊打官司》与《活着》：纯情与苟且//第一节《秋菊

打官司》：纯情凸现与癌性受制／第二节 《活着》：坚韧或苟且的生命纯情

第十二章 《金陵十三钗》：情欲末路与艰难救赎／／第一节 纯情乌托邦：《我的父亲母亲》与《山楂树之恋》／第二节 艰难的救赎：《金陵十三钗》与《归来》

后记

该著以《阿 Q 正传》《家》《日出》《林海雪原》《人生》《红高粱》《金陵十三钗》等中国现当代文学名著为个案，考察话剧与影视的改编现象、传播规律与改编艺术，为中国现当代文学研究文学经典化、文学接受史等提供佐证材料。

（9）李燕：《跨文化视野下的严歌苓小说与影视作品研究》

李燕著，暨南大学出版社 2014 年 8 月第 1 版。

李燕，广东广播电视台主任编辑。

全书约 204 千字，共 205 页，其目录如下：

绪论

上编

第一章 严歌苓小说创作和研究概述／／第一节 严歌苓的生平及其小说创作／第二节 严歌苓小说的反响和国内研究现状

第二章 跨界书写：严歌苓小说题材的跨文化阐释／／第一节 军旅与知青故事／第二节 移民题材／第三节 "回归" 题材

第三章 女性书写：严歌苓笔下的女性人生／／第一节 权力重构的政治人生：《绿血》《一个女兵的悄悄话》《雌性的草地》／第二节 双重边缘的弱者人生：《少女小渔》《扶桑》《小姨多鹤》／第三节 生命追求的抗争人生：《天浴》《谁家有女初长成》《金陵十三钗》／第四节 个体信念的自我人生：《第九个寡妇》《一个女人的史诗》《补玉山居》

第四章 叙事方式的身份意义／／第一节 "双层时空叙事"／第二节 叙事者 "我"／第三节 历史叙述下身份建构的差异

下编

第五章 改编自严歌苓小说的影视作品概况及国内研究现状／／第一节 改编自严歌苓小说的影视作品概况和反响／第二节 国内相关学术研究现状及成果

第六章 改编自严歌苓小说的影视剧取得成功的原因分析／／第一节 改

编自严歌苓小说的影视剧取得成功的文本原因/第二节 改编自严歌苓小说的影视剧取得成功的文化产业原因/第三节 影视创作对严歌苓小说的负面影响

结语

参考文献

附录 严歌苓作品

后记

该著以新移民作家严歌苓小说改编制作而成的系列、规模影视作品为研究对象，以跨文化的研究视野，运用比较文学、文化研究、女性主义批评和精神分析等方法，通过文本细读，分析严歌苓小说本身所独具的叙事手法、镜头语言等影视化特质的文本因素，以及主流意识形态、媒介的市场运作、影视资源的成功运作等诸多使改编作品大获成功的原因，进而梳理严歌苓小说在创作题材、女性形象、叙述模式和美学意识等方面的演变和拓展，对作家如何将海外生活体验转化为文学艺术创作的过程进行系统、深入的阐释，揭示了东西方文化碰撞下的严歌苓小说创作对中国文学、影视文化的独特贡献。

(10) 张巍等：《电视剧改编教程》

张巍等著，中国电影出版社 2014 年 9 月第 1 版。

全书约 380 千字，311 页，其目录如下：

一、理论分析//传承与使命：影视剧改编的历史发展概述/意在笔先：影视剧改编创作中的主题研究/谋篇布局：影视剧改编创作中的结构研究/科学地塑造人物：影视剧改编创作中的人物研究/选择与生成：影视剧改编创作中的情节/可视的声音：影视剧改编创作中的对白研究

二、改编实例分析//畅销题材的卖点迁移：《杜拉拉升职记》改编实例分析/重建婚恋剧新伦理：《马文的战争》改编实例分析/唯一的哈姆·雷特：《梅兰芳》改编实例分析/银幕到荧屏的跨越：《神话》改编实例分析/多类型包装的家庭伦理剧：《铁梨花》改编实例分析/极致的人物性格：《亮剑》改编实例分析

参考片目

后记

该著分为理论分析和改编实例分析两大部分，从创作实际出发，结合文学改编实例，讲述电视剧自首次在国内出现至今出现的多种剧本形式，总结电视剧创作和制作的理论规律，总结电视剧从写作到拍摄、从选题到构思、从素材到内容、从原作到改编等过程中的注意事项。

（11）贺昱：《文学与电影的上海时代（1905—1949）》

　　贺昱著，陕西人民出版社2014年11月第1版。
　　贺昱，陕西西安人，江南大学人文学院教师。
　　全书约223千字，共224页，其目录如下：
　　序（周斌）
　　前言——献给在电影文学的道路上行走的人们
　　第一章　上海特质//第一节 洋场百相中的娱乐业态/第二节 国际化都市的文化诉求/第三节移民城市催生海派风格
　　第二章　疆界跨越//第一节 理论探讨/第二节 剧本创作/第三节 阵地的力量
　　第三章　银幕表情//第一节 电影中的都市空间/第二节 娱乐精神与文化批判/第三节 电影作为文化消费
　　第四章"影""戏"相融//第一节 中西文化碰撞中的"影戏"观/第二节"文人"到"影人"的转变/第三节 电影叙事与文学传统
　　第五章　类型初创//第一节 家庭伦理片与儒家文化/第二节 武侠片的思想溯源/第三节 喜剧的视觉化表达/
　　第六章　流派对话//第一节 左翼作家与左翼电影/第二节"软""硬"之争/第三节 人文电影的边界
　　第七章　意义回响//第一节 文学化电影的价值/第二节 中国电影的上海情结/第三节 电影知识分子·电影话语·电影精神
　　附录一 中国现代作家编剧或导演的影片以及创作的主要电影剧本目录/附录二 中国现代文学作品的电影改编目录
　　后记
　　该著以中国早期电影为研究主体，以1905—1949年为限，从上海特质、疆界跨越、银幕表情、影戏相融、类型初创、流派对话和意义回响等角度，研究中国早期知识分子在上海这一都市空间，以积极主动的姿态，立足于理论译介、文学改编、剧本创作、导演和文化批评等方式，融入电影领域，提升电影的文化内涵，既通过电影将知识分子的历史使命感、"家国同构"观念、传统济世精神以及对西方现代思想的传递与借鉴予以影像化、大众化，又确立和强化了中国电影重社会功能、强于叙事以及现实主义创作原则等特征，使得中国早期电影完成了现代性的转变。

（12）金鑫：《文学与影视、网络传播研究综论》

金鑫著，辽宁人民出版社 2014 年 12 月第 1 版。

金鑫，辽宁鞍山人，鞍山师范学院文学院教授，著有《现当代文学的大众化传播》等。

全书约 186 千字，共 234 页，其目录如下：

前言

第一编　文学作品传播初探//第一章　鲁迅：大众传播过程中的得与失/第二章　茅盾小说的传播与接受/第三章　电影《萧红》和东北作家群/第四章　自叙传小说与《郁达夫传奇》/第五章　电影《红高粱》对莫言的意义/第六章　电视剧《人间四月天》与徐志摩/第七章　20 世纪 80 年代后期小说浮躁与媚俗的传播现象

第二编　比较：文学传播的新看点//第一章　三个与诺贝尔结缘的现代作家/第二章　两代同一家族女性作家自由意识的追求/第三章　现当代女作家女性意识的传承

第三编　文学现象的传播与影响//第一章　来自王朔小说读者群的思考/第二章　批判与眷恋：萧红类女性作家的家园意识/第三章　沈从文笔下的善与美：读者的心灵鸡汤/第四章　贾平凹：《怀念狼》的现实意义

第四编　影视与文学的共生关系//第一章　艺术表现与商业看点间的盲点/第二章　中国电影大片的尴尬境地/第三章　中国式灾难片的局限/第四章　张艺谋电影中的苏俄情结/第五章　国产文艺片唯美的艺术追求

第五编　文学与网络传播//第一章　传统文学的网络传播/第二章　网络媒介的影响力/第三章　网络原创小说的优势与局限

后记

该著集中分析在现代科技影响下中国现当代文学传播的扩大化状态，探究影视和网络对当下文学走向产生的影响。

（13）段文昌：《赵树理小说的改编与传播》

段文昌著，山西人民出版社 2014 年 12 月第 1 版。

段文昌，山西晋城市泽州县人，晋城职业技术学院旅游与酒店管理系主任、教师。

全书约 221 千字，共 210 页，其目录如下：

导论//一、改编的含义/二、改编的性质/三、改编对象与改编者/四、常见的改编方法/五、赵树理的改编观

第一章　《小二黑结婚》的改编与传播//一、小说的创作与发表/二、小说的改编与传播概况/三、具体改编本与小说原著之文本比较

第二章　《登记》的改编与传播//一、小说的创作与发表/二、小说的改编与传播概况/三、具体改编本与小说原著之文本比较

第三章　《三里湾》的改编与传播//一、小说的创作与发表/二、小说的改编与传播概况/三、具体改编本与小说原著之文本比较

第四章　其他小说的改编与传播//一、《李有才板话》的改编与传播/二、《李家庄的变迁》的改编与传播/三、《传家宝》的改编与传播/四、《小经理》的改编与传播/五、《邪不压正》的改编与传播/六、《福贵》的改编与传播/七、《灵泉洞（上）》的改编与传播/八、《套不住的手》的改编与传播

第五章　永远的小二黑，不朽的文学经典——《小二黑结婚》：新时期新世纪的回声//一、心灵深处的缅怀——续作《老二黑离婚》/二、幽默的影响——贺友直的连环画《小二黑结婚》/三、歌剧、各种地方戏曲的重排重演和新的艺术形式的改编/四、网络恶搞

第六章　戏剧性因素和可说性文本——赵树理小说被改编原因之一//一、戏剧性因素/二、可说性文本

第七章　名著、需要及其他——赵树理小说被改编原因之二//一、永恒的婚恋题材/二、名人名著效应/三、时代政治的需要/四、现实接受的需求/五、剧种特点为改编提供了条件

第八章　赵树理小说改编的影响//一、起到了很好的宣传作用/二、对戏剧剧种以及剧团生存与发展产生了良好影响/三、成就了一批艺术家/四、在赵树理小说经典化的过程中起到了重要作用

第九章　赵树理小说改编的传播学解读//一、传播的政治环境/二、

传播的影响模式/三、传播的艺术形式/四、传播的接受对象/五、传播的具体内容

第十章 歌剧《小二黑结婚》在新世纪重新走红的文化意义//一、发展民族文化，增强文化自信/二、传统经典还需进行现代转化/三、独特的名片意义/四、赵树理当年的创作理念对当今的艺术创作仍有着现实意义

附一 赵树理小说改编一览表//表一：《小二黑结婚》改编一览表/表一：《小二黑结婚》改编一览表（续）/表二：《登记》改编一览表/表二：《登记》改编一览表（续）/表三：《三里湾》改编一览表/表四：其他小说改编一览表

附二 赵树理与晋东南地域文化研究//一、晋东南地域文化影响下的赵树理人格精神/二、赵树理小说与晋东南地方的乡村政治风情/三、赵树理作品中的晋东南民风民俗/四、晋东南地域文化影响下的赵树理作品的语言建构/五、赵树理对晋东南地方文化的影响

主要参考文献

我是怎样走上赵树理研究之路的（代后记）

该著系统梳理了赵树理主要小说的改编与传播情况，从戏剧性因素、可说性文本与名著、需要及其他等角度分析了赵树理小说被改编的原因，阐释了赵树理小说改编具有的影响。

2015 年

（1）黄昱宁：《变形记》

黄昱宁著，海豚出版社 2015 年 1 月第 1 版。

黄昱宁，上海人，上海译文出版社文学编辑室主任。

全书约 101 千字，共 230 页，其目录如下：

迷人的时刻（俞晓群）/福楼拜的诘问/杀人以后怎么办/光明的尾巴/盖茨比与狂想曲/四个雷普利/装天的宝贝/变形的陶醉/足够好的月光/升华是件力气活/白鹿原猜想/小三不能有幸福/说人话/不说人话的英文/假不真时真岂假？/"你们为什么不信鬼？"/"你干吗替我想这么多？"/金色的笼子/终究悲哀的外国语/让女王自行处理/"我不是女权主义者"/似是故书来/笔尖上的英国/"这可

是莎士比亚啊！"／他就是我们自己／黑色雪球／你妈贵姓／泥泞的关系／大象没有飞起来／寂静中的可能性／跋

该著从各种视角切入，以某一部电影或小说为例，谈论文学的影视改编所具有的多种可能性和各种改编的得失，为人们提供更多的思考空间。

（2）刘艳萍、陈素怡：《粤剧与改编：谈唐涤生的经典作品》

刘艳萍、陈素怡著，香港中华书局有限公司2015年1月第1版。

刘燕萍，香港岭南大学协理副校长、教授，著有《女性与命运》《神话·心理·怪诞》等。陈素怡，岭南大学哲学硕士，编有《僭越的夜行》《也斯作品评论集》等。

全书约73千字，共208页，其目录如下：

序

第一出　重像、寄情与反抗——论唐涤生编《再世红梅记》／／绪论／一、重像／二、专情与负情／三、反抗／结论／参考书目

第二出　道具：紫钗与试链——论唐涤生编粤剧《紫钗记》／／绪论／一、小道具：紫玉钗——上头钗和定情物／二、"卖钗"与逼婚／三、"吞钗"与试链——情与义／四、"夺钗"：勇气的试链／结论／参考书目

第三出《牡丹亭惊梦》——"情至观"的质变／／绪论／一、"情至观"释义／二、情理互融或冲突／三、"欲、情、理"并存的可能／结语

第四出《琵琶记》——天人不甚感应／／绪论／一、天命难违与赏善罚恶／二、"天意"的去留／三、深化"理"的运行／结语

第五出《六月雪》——由一而二的叙事结构／／绪论／一、窦娥夫的"上场"／二、张驴儿的两线穿梭／三、"第三者"的参与／结语

第六出《帝女花》——隐含的忠孝精神／／绪论／一、道德命题：凤台选婿／二、忠孝代言人：主人公的立场／三、两难之选：爱情与道德的取舍／结语

第七出《香囊记》——"立体"的人物形塑／／绪论／一、摆脱"孝的自觉"——张九成／二、道德边缘的选择——邵贞娘／三、人物与情节的搭配改动／结语

该著以经典粤剧作品为例，指出改编者就是原著的一个特殊读者，进而深入分析了唐涤生在改编过程中如何对原作加以改造和利用而达到了

"创造性背叛"的艺术效果。

（3）陈墨：《改编金庸》

陈墨著，海豚出版社 2015 年 3 月第 1 版。

全书约 325 千字，共 416 页，其目录如下：

自序：关于"改编备忘录"

金庸小说与电影//一、金庸小说的高难度/二、金庸小说的电影改编/三、金庸小说的影响与启示

30 集电视连续剧《碧血剑》改编备忘录//一、主题研究/二、风格设计/三、情节与线索/四、改编原则/五、改编难点/六、改编要点/七、人物分析与提示

40 集连续剧《神雕侠侣》改编备忘录（提纲）//一、主题层次与要点/二、风格层次与要点/三、重要人物及其个性类型：/四、武功打斗的想象和设计：/五、需要讨论和处理的难题/六、人物关系与重要故事情节：/七、逐回讨论

电影《神雕侠侣》改编备忘录//一、引言：改编金庸的难处/二、对《神雕侠侣》小说的理解和电影的设想/三、保留什么：原则与要点/四、删除什么：原则与要点/五、逐回题材初选与提示/六、三种初步构想及其分段建议/七、重要人物的性格及其相互关系/八、结语：对编剧和导演人选的建议

50 集电视连续剧《鹿鼎记》改编备忘录//一、主题认知/二、风格：幽默与卡通/三、结构分析/四、语言艺术/五、情节与疑问/六、人物与名册

附录一：《鹿鼎记》场景提要与说明//一、紫禁城/二、北京城门、街道和建筑群/三、扬州市井建筑群/四、神龙岛建筑群/五、庄家鬼屋/六、寺庙建筑群/七、莫斯科及其郊外猎宫/八、云南昆明建筑群/九、雅克萨城

附录二：《倚天屠龙记》主要场景策划备忘录//一、元大都城/二、光明顶景区/三、宗教建筑景区/四、蝴蝶谷景区/五、冰火岛景区（备选）

后记

该著专门讨论金庸小说的电影和电视剧改编，既扫视了金庸小说由小说到剧本的改编情状，又分析了金庸小说和影视剧主人公的性格及其演

变，见地深入，角度新颖。

（4）全荣哲：《狼图腾：视觉设计与叙事语言》

全荣哲著，北京联合出版公司 2015 年 3 月第 1 版。

全荣哲，北京电影学院美术系教师，著有《电影美术设计语言》等。

全书约 153 千字，共 332 页，其目录如下：

前言

致谢

第 1 章　开始进入∥奇妙的相聚/美术指导

第 2 章　小说与剧本∥《狼图腾》小说/剧本围读/剧本故事走向/剧本与小说/面对面交流

第 3 章　视觉拓展阶段∥建构支撑材料/设计前的预案分析/设计节点扫描/规避创作弯路/穿越故事空间

第 4 章　场景设计∥营盘/蒙古包/陈阵蒙古包/嘎斯迈蒙古包/草原外景/街道/天鹅湖场景/雪窝场景/冰湖/军马场/迁移途中/狼洞

第 5 章　外景勘察∥选外景/北京采景/红山军马场/锡林浩特选景/乌拉盖选景

第 6 章　制作与拍摄∥搭景与拍摄/荒冢遗址/狼窝与狼洞/蒙古包营盘搭景

第 7 章　场景制作技术∥一景多搭/借景/活片/狼基地搭景/特殊工作区/特效场景/白毛风场景/荒废的狼洞/冰湖场景/雪窝场景

第 8 章　角色造型及其他∥模型/对话空间/草图/道具陈设/人物道具/现场调整/岩石山狼洞/镜头画面/人物造型

图片版权说明

出版后记

该著收录了《狼图腾》幕后的创作方法、讨论记录及图稿资料，全面记录影片《狼图腾》从剧本解读、前期设计、实地拍摄到特效制作的过程，直观呈现影片从文字到画面的转变过程。

（5）周仲谋：《消费文化语境下的中国电影改编》

周仲谋著，中国社会科学出版社 2015 年 4 月第 1 版。

周仲谋，河南南阳人，兰州大学文学院教师。

全书约 234 千字，共 214 页，其目录如下：

绪论

第一章 电影改编观念的娱乐化倾向//第一节 国外电影改编观念概述/第二节 中国电影改编观念的发展演变/第三节 消费时代的娱乐化电影改编观念/第四节 娱乐化电影改编的哲学、文化基础

第二章 电影改编理论的反思与重构//第一节 20 世纪 90 年代以来的电影改编理论研究/第二节 夏衍电影改编理论的再认识及其现实意义/第三节 "戏剧式改编"：历史论争与现实可能/第四节 "变通取意"：对跨文化改编的理论思考

第三章 电影和文学关系新探//第一节 文学和电影的历史关系/第二节 电影文学性与视觉性的消长/第三节 娱乐化改编与喜剧艺术的退化

第四章 消费时代的名著改编//第一节 文学名著"经典"地位的失落/第二节 文学名著的娱乐化改编/第三节 名著改编的文化之路

第五章 改编案例评析//第一节 张建亚《三毛从军记》的再认识/第二节《大话西游》的游戏、消解与重构/第三节 电影《高兴》：底层苦难的娱乐化和喜剧化/第四节 论电影《色·戒》的改编艺术/第五节 21 世纪的《画皮》改编/第六节 论 2009 年版电影《花木兰》的改编/第七节 陈凯歌《赵氏孤儿》的文化改写与道德矮化/第八节《白鹿原》：西部乡土史诗和地域文化的影像转换

参考文献

后记

该著全面考察了 20 世纪 90 年代以来中国电影改编中的娱乐化、世俗化现象，探讨了消费文化语境下电影改编观念的嬗变及其误区，分析了娱乐化、世俗化改编中存在的问题。

(6) 吕哲：《源代码：从科幻小说到电影经典》

吕哲编著，百花文艺出版社 2015 年 6 月第 1 版。

吕哲，本名刘健，科幻科普作家，《北京日报》专栏撰稿人，著有《第五类接触——世界科幻文学简史》等。

全书约 260 千字，共 306 页，其目录如下：

当科幻小说遇上光影魔术（代前言）

梦想起航：《海底两万里》

终极流浪：《时光机器》

危险伙伴：《我，机器人》

银河狂飙：《星船伞兵》

进化也疯狂：《猿猴星球》

惊世预言：《少数派报告》

深海暗战：《猎杀红色十月号》

历史探险：《重返中世纪》

真实谎言：《天使与魔鬼》

我的中国心：《珊瑚岛上的死光》

天地浩劫：《日本沉没》

浪漫往事：《穿越时空的少女》

后记

参考文献

该著深入科幻片背后的小说原著，讲述作家与小说不为人知的秘密故事，揭示科幻影像的秘密，展现科幻小说与科幻电影的百年发展历史，助推新世纪中国科幻的强势发展。

（7）薛颖：《文学经典〈红楼梦〉的影视剧传播研究》

薛颖著，天津社会科学院出版社 2015 年 7 月第 1 版。

薛颖，内蒙古达茂旗人，天津财经大学人文学院中文系教师。

全书约 230 千字，共 281 页，其目录如下：

引言

第一章　《红楼梦》影视剧改编的历时性梳理//第一节 1924—1949 年红楼影视剧作品扫描/第二节 1950—1978 年红楼影视剧作品扫描/第三节 1979 年至今红楼影视剧作品扫描

第二章　红楼影视剧之于文学经典《红楼梦》的传播学分析//第一节 红楼影视剧情节安排、主题提炼和艺术特质/第二节 红楼影视剧的传播主体/第三节 传播媒介/第四节 传播受众/第五节 传播效果

第三章　红楼梦影视剧各时期代表作的传播学分析//第一节 1927 年

复旦版电影《红楼梦》之于文学经典《红楼梦》的传播学分析/第二节
1962年越剧电影《红楼梦》之于文学经典《红楼梦》的传播学分析/第三
节1987年版电视剧《红楼梦》之于文学经典《红楼梦》的传播学分析/第
四节1989年电影版《红楼梦》之于文学经典《红楼梦》的传播学分析/第
五节2010年版电视剧《红楼梦》之于文学经典《红楼梦》的传播学分析

第四章 红楼人物的荧屏形象研究//第一节 贾宝玉的荧屏形象的传播
学分析/第二节 比较视域下的钗黛荧屏形象的传播学分析/第三节 比较视
域中的袭人和晴雯荧屏形象的传播学分析/第四节 王熙凤荧屏形象的传播
学分析/第五节 刘姥姥荧屏形象的传播学分析

第五章 小说《红楼梦》经典片段的影视剧成功转译//第一节 经典
片段之一：宝黛初会/第二节 经典片段之二：秦可卿之丧/第三节 经典片
段之三：元妃省亲/第四节 经典片段之四：黛玉葬花/第五节 经典片段之
五：探春远嫁/第六节 经典片段之六：宝钗大婚、黛玉魂归与宝玉哭灵/第
七节 宝玉出家

参考文献

近几年发表的使用影视传播学研究方法的论文

后记

该著通过中国大陆有代表性的红楼影视剧的传播学为个案，深入分析
了主要红楼人物的荧屏形象和小说经典片段影视剧的成功转译经验。

（8）周舟：《从漫画书到大电影：美国漫画改编的真人实景电影
研究》

周舟著，中国广播影视出版社2015年9月第1版。

周舟，现就职于中国电影艺术研究中心，参编《欧洲
电影赏析》，并有译著《电影的力量》《你的剧本逊毙
了》等。

全书约234千字，共241页，其目录如下：

序

绪论

第一章 英雄史话——美国漫画书改编的真人电影发展简史//第一节
美国漫画书简史/第二节 第一次漫画改编电影热潮（20世纪30—40年

代）/第三节 第二次漫画改编电影热潮（20世纪70—90年代）/第四节第三次漫画改编电影热潮（21世纪以来）

第二章 现代神话——美国漫画书改编的超级英雄电影//第一节 漫画改编超级英雄片的类型范式/第二节 漫画改编超级英雄片的意识形态

第三章 少数派报告——美国漫画书改编的非超级英雄电影//第一节美国漫画书改编的恐怖片/第二节 美国漫画书改编的犯罪片/第三节 美国漫画书改编的青春片/第四节 美国漫画书改编的其他类型片

第四章 变形记——从漫画书到真人电影的改编策略//第一节 时代之迁/第二节 受众之变/第三节 媒质之变/第四节 实例分析——漫画改编电影的电影化漫画美学

第五章 金钱帝国——漫画与电影产业的互动与融合//第一节 "漫威模式"的功过是非/第二节 多屏互动大漫画电影时代来临？/第三节 中国动漫优质IP进入兑现盈利期

结语

参考文献

附录

后记

该著梳理了美国漫画发展史和美国漫画改编电影史，聚焦于美国"漫画书"改编的"真人电影"，通过类型、意识形态、改编等维度对美国漫画改编电影进行了全面分析。

（9）刘英昕:《斯蒂芬·金的恐怖小说与影视改编研究》

刘英昕著，黑龙江人民出版社2015年11月第1版。

刘英昕，哈尔滨师范大学公共英语教研室教师。

全书约230千字，共281页，其目录如下：

前言

第一部分 斯蒂芬·金恐怖小说的发展

第一章 20世纪70年代主要作品//第一节《魔女嘉莉》/第二节《闪灵》

第二章 20世纪80年代主要作品//第一节《肖申克的救赎》/第二节《黑暗塔》/第三节《宠物公墓》/第四节《瘦到死》/第五节《头号书迷》

第三章 20世纪90年代主要作品//第一节《惊鸟》/第二节《绿里奇

迹》/第三节《尸骨袋》

第四章 2000 年以后主要作品//第一节《1408》/第二节《手机》/第三节《丽赛的故事》

第二部分 斯蒂芬·金恐怖小说的影视改编

第一章 斯蒂芬·金电影之影片信息简介//第一节 20 世纪 70 年代主要影片/第二节 20 世纪 80 年代主要影片/第三节 20 世纪 90 年代主要影片/第四节 2000 年以后主要影片

第二章 斯蒂芬·金电影之经典影片研究//第一节《闪灵》中的"灵魂"/第二节《肖申克的救赎》对人物的改编/第三节《窗棂》中的恐怖意象解读/第四节《迷雾》角色的个性剖析

第三章 斯蒂芬·金电影之鬼才导演//第一节 斯坦利·库布里克/第二节 布莱恩·德·帕尔玛/第三节 大卫·柯南伯格

第四章 斯蒂芬·金电视剧集介绍//第一节《穹顶之下》/第二节《11/22/63》

参考文献

该著以斯蒂芬·金的恐怖小说发展与影视改编为切入点,对其作品的影视改编情况进行了细致梳理、全面探讨和深入研究。

2016 年

（1）周根红:《新时期文学的影像转型》

周根红著,中央编译出版社 2016 年 1 月第 1 版。

周根红,安徽望江人,南京财经大学教师。

全书约 257 千字,共 260 页,其目录如下:

第一章 作家转型与主体重塑//第一节 "作家触电"与身份裂变/第二节 先锋作家的身份转型与价值分化/第三节 新生代作家的影视化生存与文化立场/第四节 "作家导演"与主体性的重塑

第二章 文学的电影改编//第一节 新时期文学与电影的互动与变迁/第二节 东方寓言、纪实中国与全球想象——以张艺谋电影改编为例/第三

节 主体意识、文化隐喻与话语裂变——以陈凯歌电影改编为例/第四节 话语移植、影像突围与双重改写——以冯小刚电影改编为例

第三章 文学的电视剧改编//第一节 新时期文学与电视剧的互动与变迁/第二节 现代名著改编的怀旧消费与主题转换/第三节 性别的错位书写与两性秩序重建/第四节 "红色经典"的文本生产与话语协商

第四章 文学作品的影视化书写//第一节 影视化想象与小说的影像摹写/第二节 影像景观与小说的空间化叙事/第三节 戏剧化倾向与小说的叙事转型/第四节 类型化书写与小说的模式化生产

第五章 文学期刊的影视趣味//第一节 20世纪90年代以来文学期刊的影视表征/第二节 文化症候与《收获》的影视趣味/第三节 写实风格与《小说月报》的影视改编

第六章 文学出版的影视转型与文学创作//第一节 社会分化与文学出版的影视转型/第二节 文学出版的影视化策略/第三节 出版转型与新世纪小说创作

结语

主要参考文献

后记

本书全面研究了新时期以来文学与影视的互动关系，考察作家身份转型现象及动因，探讨作家在影视冲击下的文化选择，论析新时期文学文本中潜藏的影视因素。

（2）侯海涛：《电影节奏：从剧作到影像》

侯海涛著，北京师范大学出版社2016年1月第1版。

侯海涛，北京师范大学艺术与传媒学院教师，著有《中国电视新闻媒介生态研究》等。

全书约190千字，共196页，其目录如下：

序言

第一章 剧作节奏的时间性//第一节 时序/第二节 人物/第三节 悬念

第二章 剧作节奏的空间性：视角//第一节 全知视角/第二节 主观视角/第三节 外部视角

第三章 叙事修辞与剧作节奏：以重复和反讽为例//第一节 重复/第二节 反讽

第四章　影像节奏的时间性//第一节 影像的"可视性"时间/第二节 影像的"可读性"时间

第五章　影像节奏的空间性//第一节 画内空间、画外空间与影像节奏/第二节 四类影像空间元素

第六章　影像修辞与影像节奏//第一节 长镜头与蒙太奇的节奏构成/第二节 视听元素的节奏构成

结语

参考文献

该著为黄会林、王宜文主编的"京师影视学术书系"之一，指出电影节奏在剧作、影像（含声音）等层面涉及的元素，对文学的电影改编研究具有借鉴意义。

（3）庞红梅：《论文学与电影》

庞红梅著，人民日报出版社2016年1月第1版。

庞红梅，辽宁锦州人，清华大学外文系教师。

全书约187千字，共304页，其目录如下：

第1章　从文学到电影//电影改编研究的背景/对电影改编的偏见/对改编的偏爱//电影改编研究史回顾/形式主义批评/电影作者论/互文性/电影研究的社会学转向//电影改编研究现状

第2章　电影改编研究的理论建构//改编的必然性/与自然规律的契合/电影产业历史演化过程对改编的推动/电影改编的社会功能//改编的本质/改编是物质世界的转换/改编是协同合作的产物/改编是互文本的重写/改编是对社会文化语境的回应和注释//不同的改编策略

第3章　后殖民语境下的过滤//《贫民窟的百万富翁》的改编/对小说的重写/影像的真实性//东方主义与《贫民窟的百万富翁》/东方主义理论综述/影片中的东方主义/东方主义的变迁//对改编的接受和反馈//全球化时代的世界电影?

第4章　后现代语境下的戏仿//奥斯丁之后//与《艾玛》同行//反讽的艺术/表象与真相/文本的狂欢/符号的入侵/反讽的反讽//作为戏仿的改编//作者已死?

第5章　差异语境下的共生//选择奥斯丁//选择《艾玛》//好莱坞与遗产电影的合作——美版《艾玛》/偶像化的演员/边缘化的迁移/视觉的

反讽/如画的场景/等级的含混性/女性主义的歧义/遗产电影//英版《艾玛》/角色的选择/修正的等级秩序/场点的影响/影片中的反讽//超真实的历史//影片的并行

第6章　结论

参考文献

该著把电影和小说放在平等的位置上，考察小说到电影的行走路线和改编图景，探讨跨文本语境下改编如何生产出自己的意义，认为电影改编在揭示世界的同时也在建构世界。

（4）阮青：《"十七年"文学经典的影视改编研究》

阮青著，中国社会科学出版社2016年3月第1版。

阮青，兰州大学文学院教师。

全书约210千字，共220页，其目录如下：

绪论//一　问题的提出/二　检视及反思/三　方法与期望

第一章 "经典化"过程中的"经典"//第一节 经典·文学经典·红色经典/第二节 曲折"经典"路/小结

第二章　历史语境还原："十七年"文学经典的"原生性"特质///第一节 "十七年"文学经典生产的体制化社会语境/第二节 "十七年"文学经典文本的叙事融合/小结

第三章 "十七年"文学经典影视改编热的原因探寻//第一节 历史怀旧：世纪之交的文化语境/第二节 暗合：主流话语与民族文化复兴/第三节 合谋：主流文艺与商业市场/第四节 艺术价值：革命政治话语背后的文本呈现/小结

第四章 "十七年"文学经典影视改编的生产机制//第一节 调节系统之——国家权力的宏观调控/第二节 调节系统之——市场逐利的本性/第三节 调节系统之——艺术自觉的两面性/第四节 调节系统之——大众的趣味选择/小结

第五章　寻找典型症候：三种经典文本的多重叙事转换//第一节 不同媒介的叙述/第二节 革命英雄传奇叙事——《林海雪原》/第三节 知识分子成长叙事——《青春之歌》/第四节 日常生活化的革命叙事——《红旗谱》/小结

第六章　被消费的"革命"：视觉文化与改编的误区//第一节 阅读的

革命——观看的革命/第二节 改编的误区/第三节 改编的多维视角/小结

第七章 改编的新思维——中国式的影视类型化探索//第一节 改编的当代意义：准类型化与类型化追求/第二节 谍战剧——催生的新类型/小结

结语 改编·文化的思考

参考文献

附录 本书所论主要作品版本及被改编情况

该著以"十七年"文学经典及其当下影视改编作品为研究对象，挖掘"十七年"文学影视改编热形成的原因，探讨改编体现出的时代审美趣味和历史观念的演进。

（5）［美］约翰·M. 德斯蒙德、彼得·霍克斯：《改编的艺术：从文学到电影》

［美］约翰·M. 德斯蒙德著，李升升译，世界图书出版公司 2016 年 3 月第 1 版。

［美］约翰·M. 德斯蒙德，达奇斯社区学院英文专业教师。［美］彼得·霍克斯，东斯特劳斯堡大学英文专业教授。

全书约 320 千字，共 361 页，其目录如下：

简介//为什么要研究电影？/何为电影剧本改编？/原著忠实度问题/改编分类/高级查询/不足之处

第一章 电影向叙事片的转变//早期电影历史/观众、制片和发行/文本改编的意义

第二章 文学和电影术语//文学术语/电影术语

第三章 电影改编//苹果和橘子/从不确定到确定/从单声道到多声道/故事情节与语言/对原著忠实与否？/文学地位 VS 电影地位/紧密型、松散型、居中型/电影导演/互文性/对比方式之一

第四章 研究电影改编的方法//《马耳他之鹰》第一章 叙事元素的分析/《马耳他之鹰》的开篇/分析电影的开篇镜头/第一章 和开篇镜头/微观分析和宏观分析

第五章 小说//小说改编的一些基本原理/中篇小说/总结/小说改编精选集锦/中篇小说改编精选集锦

第六章 短篇小说//将短篇小说改编成电影的三大策略/集中策略/交

织策略/出发点策略/几种策略的结合/总结/短篇小说改编精选集锦

第七章　戏剧//戏剧与小说/戏剧与电影/开发戏剧/开放度/戏剧的长度/总结/戏剧改编精选集锦

第八章　非小说文学//总结/非小说文学改编精选集锦

第九章　动画片//动画片基本原理/总结/动画片改编精选集锦

第十章　失败的改编//为什么改编会失败？/非电影文本/电影化判断失误/总结/"失败的"改编选集

该著以《马耳他之鹰》《杀死一只知更鸟》《记忆碎片》等著名改编电影为案例，对其原著小说、剧本、改编电影进行了深入比较，对文学与电影之间的关系和改编失败的原因进行了探索。

（6）田莹：《从文学到电影：改编的九种可能性》

田莹著，西北大学出版社 2016 年 4 月第 1 版。

田莹，天津市人，西安外国语大学中国语言文学学院教师，著有《守墓一夜》《博克曼的毁灭》等。

全书约 202 千字，共 340 页，其目录如下：

上篇

第一章　追求极端戏剧性：波兰斯基与《死亡与少女》的戏剧式改编

第二章　从私语到全知视角：李安与《色·戒》的全景式改编

第三章　鲜明的对立：夏衍与《祝福》《林家铺子》的通俗式改编

第四章　中国式批判现实主义：黄佐临与《表》的本土化改编

第五章　日记体小说《腐蚀》的影像化改编

下篇

第六章　跨文化改编：雷诺阿、黄佐临、黑泽明对《在底层》改编的比较研究

第七章　文化史语境下的改编：《倩女幽魂》中叙事与人物身份的演变

第八章　《悲情城市》的历史叙事与"去女性化"的改编

第九章　民族与世界：比较视野中早期中国电影《到自然去》的改编比较研究

该著以中英双语方式，对电影改编内容与方法、形式与风格、文化价值等方面进行了集中的研究和阐述，对于从文学到电影的转化及其文化价

值的重构作了深入透视。

（7）杨秀峰、胡坤龙：《戏曲电影和获奖戏曲电视剧总目：1905—2009》

杨秀峰、胡坤龙编著，文化艺术出版社 2016 年 4 月第 1 版。

杨秀峰，中国戏曲学院导演系教师。

全书约 350 千字，共 419 页，其目录如下：

编者的话

戏曲电影//1905 年/1906 年/1907 年/1908 年/1920 年/1921 年/1924 年/1933 年/1935 年/1937 年/1940 年/1941 年/1948 年/1941—1945 年/1948 年/1949 年/1953 年/1954 年/1956 年/1957 年/1958 年/1959 年/1960 年/1961 年/1962 年/1964 年/1965 年/1966 年/1970 年/1971 年/1972 年/1973 年/1974 年/1975 年/1976 年/1977 年/1978 年/1979 年/1980 年/1981 年/1982 年/1983 年/1984 年/1985 年/1986 年/1987 年/1988 年/1989 年/1990 年/1991 年/1993 年/1994 年/1997 年/1998 年/1999 年/2000 年/2001 年/2002 年/2003 年/2004 年/2005 年/2006 年/2007 年/2008 年/2009 年

获奖戏曲电视剧//1983 年/1984 年/1985 年/1986 年/1987 年/1988 年/1989 年/1990 年/1991 年/1992 年/1993 年/1994 年/1995 年/1996 年/1997 年/1998 年/1999 年/2000 年/2001 年/2002 年/2003 年/2004 年/2005 年/2007 年/2009 年

后记

该著为"中国戏曲研究资源信息丛书"之一，从主创人员情况、剧情梗概、获奖情况等角度，系统梳理 1905—2009 年戏曲电影和获奖戏曲电视剧总目的情况。

（8）高欢欢：《光影红楼剧——红楼戏剧影视研究》

高欢欢著，中国电影出版社 2016 年 7 月第 1 版。

高欢欢，湖南师范大学文学院教师。

全书约 275 千字，共 229 页，其目录如下：

上篇

第一章　当代中国大陆红楼剧总面貌//第一节 当代中

该著以根据《红楼梦》改编的影视剧为基础，总结《红楼梦》影视改编剧的社会影响、经验教训，寻找《红楼梦》影视改编的规律。

（9）杨燕、徐翠：《戏曲电视剧创作新论》

杨燕、徐翠主编，中国广播电视出版社 2016 年 7 月第 1 版。

杨燕，中国传媒大学教授，著有《电视戏曲论纲》《中国电视戏曲研究概览》等。徐翠，陕西师范大学教师，著有《传统戏剧》等。

全书约 439 千字，共 363 页，其目录如下：

电视戏曲与戏曲电视剧（序言）

前言

上编　理论探索

一、戏曲电视剧对于国家文化软实力建设的意义//（一）戏曲电视剧在当代戏曲传播格局中的地位/（二）戏曲电视剧对于国家文化软实力建设的意义

二、戏曲电视剧创作检阅/（一）戏曲电视剧的历史成就/（二）戏曲电视剧创作面临的困境/（三）戏曲电视剧创作存在的问题

三、戏曲电视剧创作策略探析/（一）影视艺术创作的共性原则/（二）好剧本是成功的首要条件/（三）怎样加强画面美感/（四）如何提高声音魅力/（五）好创作还需要好运作

下编　案例解析

一、昆曲电视剧诗意美的体现——《司马相如》（昆曲）解析

二、用视听语言表现戏曲程式——《瘦马御史》（京剧）论析

三、《孔乙己》的三度创作——《孔乙己》（越剧）论析

四、乡土语境下的主流戏曲剧目的电视化改编——《村官》（眉户剧）论析

五、戏曲特技在电视画面中的呈现技巧——《白蛇传》（川剧）评析

六、戏曲电视化的探新之路——《哥哥你走西口》（京剧）论析

七、历史用屏幕语汇诠释舞台剧——《凤阳情》（评剧）论析

八、申冤路上"四重奏"——《杨乃武平冤记》（越剧）论析

九、蒙太奇思维下的戏曲叙事——《诗仙李白》（黄梅戏）论析

十、现代戏的电视化演绎——《山里的汉子》（豫剧）论析

十一、现实题材戏曲电视剧的写意化表达——《郎对花，姐对花》（黄梅戏）论析

十二、实践"戏曲为体影视为用"——《牡丹亭还魂记》（越剧）论析

十三、从舞台剧到电视剧——《一钱太守》（越剧）论析

参考文献

附录：历年获奖戏曲电视剧名单

该著置身于文化软实力建设境地，在大量实例解析的基础上，审视戏曲电视剧的艺术价值、创作策略以及对于国家文化软实力建设的意义和作用。

（10）［美］西摩·查特曼：《术语评论：小说与电影的叙事修辞学》

［美］西摩·查特曼（Seymour Chatman）著，中国人民大学出版社 2016 年 7 月第 1 版。

全书约 222 千字，共 246 页，其目录如下：

导言

第一章　叙述与其他两种文本类型

第二章　描写不是文本的奴仆

第三章　何为电影中的描写

第四章　影片中的论证：《我的美国舅舅》

第五章　捍卫隐含作者

第六章　工作中的隐含作者

第七章　文学的叙述者

第八章　电影的叙述者

第九章　关于"视点"的新视点

第十章　一种新的电影改编：《法国中尉的女人》

第十一章"小说""的""修辞学"

索引

译后记

该著为"现代世界学术名著"之一，从文学与电影两方面引述例证，主要关注叙事学以及通常的文本理论的术语，力求从两个角度对叙事术语学作出统一化论述。

（11）赵彬彬：《影视剧片段改编教程》

赵彬彬著，中国电影出版社 2016 年 8 月第 1 版。

赵彬彬，浙江横店影视职业学院教师。

全书约 270 千字，共 188 页，其目录如下：

前言

序

第一章　电影剧本结构//第一节 电影、戏剧、小说三者的差异/第二节 电影剧本的故事结构/第三节 电影剧本的蒙太奇结构

第二章　戏剧剧本结构

第三章　影视剧片段改编方法与难点

第四章　影视剧片段改编剧本——教学说明//《夜店》——根据杨庆同名电影改编/《夜店》教学说明/《刀客家族的女人》——根据杨文军同名电视剧改编/《刀客家族的女人》教学说明/《唐山大地震》——根据冯小刚同名电影改编/《唐山大地震》教学说明/《归来》——根据张艺谋同名电影改编/《归来》教学说明/《马文的战争》——根据余淳同名电视剧改编/《马文的战争》教学说明/《半生缘》——根据胡雪杨同名电视剧改编/《半生缘》教学说明/

该著所选的每个片段能使人清楚地了解剧本故事中的时代背景、人物性格、人物关系、事件起因等，对于理解作品、塑造角色、编排创作等综合能力的提升有重要意义。

（12）周斌、厉震林主编：《中国影视文学发展的历史、现状与前景》

周斌、厉震林主编，中国电影出版社 2015 年 9 月第 1 版。

周斌，复旦大学教授，著有《夏衍传略》《夏衍剧作艺术论》《电影：历史与现实》《新中国银幕上的共产党人》等。

全书约 434 千字，共 424 页，其目录如下：

做电影寻根、护源、固本的先锋队（代序）（王兴东）

第一辑：剧作理论研究//关于当下国产故事片剧本创作的若干思考

（周斌）／关于电影编剧的合作态度（厉震林、濮波）／文学意义与电影价值的时代共生与抵牾（尹晓丽）／大众文化背景下电影和文学的共生与共存（冯果）／忠实与创造：改编电影与文学原著、电影剧本关系再探讨——以《伤逝》电影文学剧本为中心（梁平）

第二辑：剧作史研究／／重提改良：20世纪20年代明星公司"长片正剧"剧作再考察（艾青）／浅谈20世纪20年代中国电影对传统题材和外国经典的改编（李欣）／从本事到小说：电影剧本在早期电影杂志中的形态变迁（谈洁）／论20世纪30年代的电影文学剧本创作（贺昱）／《武训传》剧作的创作、修改过程及其启示（吴凑春）／一种"剧本中心主义"的"左派"电影批评——论电影文学观念下的香港"七人影评"（吴迎君）

第三辑：动画剧作研究／／动画剧本的文学特性、绘制特征和影像思维（盘剑）／论2014年度国产动画电影的形象创造（沈菊）／动画剧本研究（王莹）／透明的灵魂——动画剧本创作探析（高博）

第四辑：剧作家研究／／爱情：架起革命、商业与艺术共通的桥梁——论夏衍20世纪30年代的电影剧作（龚金平）／论马烽电影文学的时代性与局限性（马明高）／杨争光的西部电影剧本创作与改编（王军君）／论张艺谋电影剧作人物的奋斗目标及其实现（郭海燕）／论王兴东主旋律电影的叙事策略——以《建国大业》和《辛亥革命》为例（李易晗）／浅谈李樯电影剧本中的人物形象塑造（罗政）／"莎士比亚式"台词辨析（杨世真）／论华语电影女性编剧的创作现状及对策（孙晓虹）／台湾导演黄玉珊从感性书写到理性思辨的文学电影之路（刘亚玉）

第五辑：类型电影剧作研究／／在边界的跨越中实现类型的创新——评拳击纪录片《千锤百炼》（王庆福）／中国后奥运体育电影研究（钱凯岳晓英）／中国武侠电影溯源——以天一影片公司的武侠电影创作为例（周倩雯）／背负的抉择——"非遗"题材电影的表述研究（黄文山）

第六辑：新媒体时代的剧作研究／／新媒体时代背景下的中国电影的文本特征与发展思考（陈吉）／图像时代语图转换的困境——以新世纪以来经典文本的改编为例（徐巍）／消费文化语境下中国电影的名著改编（周仲谋）／论影视剧中暗场人物出镜表现悖论——以《北平无战事》中建丰同志形象塑造为例（王剑飞）／论微电影的剧作、分类及传播（杨晓林）

第七辑：域外电影剧作理论管窥／／另一种叙事方法——论法国电影的反情节和弱化逻辑倾向（盛柏）／英语世界电影剧作研究新动态——评三

本电影剧作理论新书（雍青）

第八辑：其他相关论文//新中国电影理论批评的历史变革（朱鹏杰）/当下台湾电影中的南部现象——以台南导演魏德圣为例（李晓红）/合拍片的现实性功能缺失的反思——以《过界男女》为例（刘辉）/公益微电影创作之弊及出路（徐莹）/"小城"影像与"当下中国"想象（符亦文）

后记（周斌）

该著为"电影学丛书"之一，是2014年11月中国电影文学学会剧作理论委员会成立大会暨首届学术研讨会论文集，从不同角度描述了中国影视文学发展的历史、现状与前景。

（13）李红秀：《新时期小说与影视传媒》

李红秀著，中国社会科学出版社2016年11月第1版。全书约518千字，共559页，其目录如下：

绪论 新时期小说与影视传媒的整体观念//一 关于"新时期"与"新时期小说"/二 关于新时期影视剧/三 新时期小说与新时期影视剧的整体观/四 关于分类研究

第一章 反思小说与影视传媒的关系//第一节 历史伤痛的集体反思/第二节《天云山传奇》的时代变迁与命运沉浮/第三节《芙蓉镇》的小人物与大社会/第四节《许茂和他的女儿们》的乡村叙事与政治运动

第二章 改革小说与影视传媒的关系//第一节 改革主潮与时代呼唤/第二节《乔厂长上任记》的改革理想与现实矛盾/第三节《新星》的锐意进取与守旧势力/第四节《野山》的乡村变化与观念冲突

第三章 知识分子小说与影视传媒的关系//第一节 知识分子的政治命运与时代责任/第二节《人到中年》的现实处境与责任意识/第三节《黑炮事件》的荒诞叙事与信任危机/第四节《背靠背，脸对脸》的分裂人格与灰色现实

第四章 知青小说与影视传媒的关系//第一节 知青的时代记忆与艺术的现实表达/第二节《蹉跎岁月》的政治身份与命运沉浮/第三节《今夜有暴风雨》的英雄主义主题/第四节《人生》的命运挑战与生活追求

第五章 文化寻根小说与影视传媒的关系//第一节 小说与影视剧的文化寻根共识/第二节《那五》的民俗文化与京味风格/第三节《黑骏马》的

民族之根与生命礼赞/第四节《孩子王》的教育制度与儒道思想

第六章　先锋小说与影视传媒的关系//第一节 小说与电影的先锋精神/第二节《红高粱》的生命意志与形式追求/第三节《大红灯笼高高挂》的艺术创造与主体风格/第四节《活着》的人生态度与哲学追问

第七章　婚恋小说与影视传媒的关系//第一节 永恒的婚恋主题与无穷的艺术表达/第二节《被爱情遗忘的角落》的婚恋悲剧与时代变化/第三节《一半是火焰，一半是海水》的爱情颠覆/第四节《长恨歌》的城市记忆与爱情叙事

第八章　新写实小说与影视传媒的关系//第一节 世俗人生与大众需求/第二节《一地鸡毛》的庸常生活与世俗叙事/第三节《贫嘴张大民的幸福生活》的反讽叙事/第四节《来来往往》的都市传奇与大众趣味

第九章　主旋律小说与影视传媒的关系//第一节 主流价值观的当代展现/第二节《高山下的花环》的英雄叙事与灵魂洗礼/第三节《便衣警察》的政治事件与法理拷问/第四节《生死抉择》的反腐魄力与制度思考

结语 新时期小说与影视传媒的多元关系//一 传播性/二 互文性/三 接受性/四 互补性

参考文献

后记

该著采用"大文学"的整体观，打破文学、电影学和电视艺术学之间的学科界限，系统梳理了新时期小说与影视剧之间的内在关系，为中国当代文学的影视改编提供了独特的研究视角。

（14）郑政恒：《字与光：文学改编电影谈》

郑政恒著，三联书店（香港）有限公司2016年11月第1版。

全书约132千字，共221页，其目录如下：

前言 改编：从文学到电影

香港篇//导读：香港、文学、电影/为国为民，侠之大者：金庸小说与香港电影/亲爱的新生活：徐訏与李翰祥的《后门》/圣诞夜的悲哀：依达与楚原的《冬恋》/《酒徒》：文学·改编·电影

西洋篇//《尼贝龙根之歌》：死亡与复仇/《英雄叛国记》：莎士比亚，我们的同代人/《暴风雨》：忠实，太忠实了/《闪亮的星星》：济慈的诗/

《简·爱》的欲望/《呼啸山庄》：魂归离恨天/《疯恋佳人》：远离尘嚣/《单亲小小姐》：梅西的世界/《200万夺命奇案》《黑金风云》与《煤油》/《魂断威尼斯》：美的回忆/《同流者》：顺流逆流/《豪门巧妇》：热铁皮屋顶上的猫/《锡鼓》响当当/《戏梦巴黎》：青春·电影·乌托邦/《读爱》：忏情者与忏悔者/《潜水钟与蝴蝶》：电影与原著之间/《少年 Pi 的奇幻漂流》：少年与海/《龙纹身的女孩》：黑色到底/《影子灭杀令》：掩饰与解释

　　东洋篇//诚者天之道也：夏目漱石与森田芳光的《其后》/人性的森林：芥川龙之介与黑泽明的《罗生门》/真诚的太宰治：《樱之桃与蒲公英》/我从深渊里叫你：大冈升平与市川昆的《野火》/影像化的难度：《挪威的森林》/谁是村上春树的儿子？/爱能遮掩罪吗：《白夜行》/孤独的爱：《恶人》/从《往复书简》到《北方的金丝雀》

　　研探篇//纪录片中的香港作家：《我城》《1918》《东西》《名字的玫瑰》/诗意的电影，诗的电影/艾利丝孟若的小说与电影改编/从性别到历史：苏童《妇女生活》与侯咏《茉莉花开》/唯美的恶魔：谷崎润一郎的文学创作及其小说之改编电影/三国电影攻略

　　该著研探电影与文学的互转关系与技巧，认为改编不只是增多删减、借用或忠于原著的转换手段，而是关联到风格、影像、镜头、场面调度、人物塑造、音乐运用、场景设定等的变化。

（15）王晓平：《艺术影像：22 部中国新生代导演电影的文学阐释》

王晓平著，学林出版社 2016 年 12 月第 1 版。
王晓平，1975 年生，现任厦门大学教授。
全书约 270 千字，共 258 页，其目录如下：
《头发乱了》（1992）：80 年代"非主流"一代年轻人的青春成长史/《阳光灿烂的日子》（1994）：回忆中的"启蒙时代"/《周末情人》（1995）：自我认同建立的匮乏/《巫山云雨》（1996）："在期待之中"的时代"欲望"/《长大成人》（1997）："新时代"的钢铁为何无法炼成？/《月蚀》（1999）：两个女人的故事与当代社会固化的阶层/《十七岁的单车》（2001）：青春残酷物语下的时代逻辑/《绿茶》（2003）：当代"中产阶级"的品味/品位与历史失忆症/《世界》（2004）：后现代

乐园，或后社会主义幻象？/《日日夜夜》（2004）："原罪"与救赎/《孔雀》（2005）：一个匮乏时代的个人主义艺术家的狂想梦/《青红》（2005）："父亲"的转变与儿女的身份认同/《三峡好人》（2006）：后社会主义中国社会的"好人"们/《江城夏日》（2006）：寻找归来的世界：救赎和希望/《租期》（2006）：中国版"风月俏佳人"/《芳香之旅》（2006）：一个新历史主义人性观下的当代中国"史诗"/《左右》（2007）：作为主旋律电影的社会美学/《两个人的房间》（2008）：中国式中产阶级生活与爱情/《二十四城记》（2008）：工人记忆与国族历史叙述的形式问题/《立春》（2008）：市场经济初期的艺术家和艺术/《纺织姑娘》（2008）：一个青年女工的一生悲欢和记忆/《我11》（2012）：少年记忆里的成长力比多

该著剖析了中国新生代导演的 22 部艺术电影的美学特点和观念内涵，对其中一些根据文学改编的电影进行了客观的辨析和阐释。

（16）沈维琼：《文化母题与文本叙事——1990 年代后中国当代小说的电影改编比较研究》

沈维琼著，学苑出版社 2016 年 12 月第 1 版。

沈维琼，新疆师范大学文学院教师。

全书约 330 千字，共 375 页，其目录如下：

绪论

上编　改编理论及当代小说电影改编简史

第一章　当代电影改编理论//第一节 电影与小说的互动/第二节 改编观念的流转/第三节"作者化"表述的主体自觉

第二章　新中国和新时期的电影改编//第一节 新中国 30 年的电影改编/第二节 1980 年代文学思潮与电影改编/第三节 伦理叙事的价值转向

第三章　1990 年代后的电影改编//第一节 消费主义与奇观叙事/第二节"民间"的价值思考/第三节 乌托邦精神世界的坚守

中编　改编电影的母题叙事

第四章　成长母题//第一节 成长母题与改编文本/第二节 子的成长与父的身影/第三节 主体性别的建构

第五章　情爱母题//第一节 情爱母题与改编文本/第二节 身体叙事的

意与欲/第三节 "阿尼玛"与"阿尼姆斯"人格原型

第六章 死亡母题//第一节 死亡母题与改编文本/第二节 暴力记忆与暴力景观/第三节 "祛魅"与"赋魅"的审美

下编 母题范畴中的文本叙事比较

第七章 成长母题下的文本比较//第一节 重复叙事中的时间修辞：《茉莉花开》/第二节 自我解救与体制回归：《唐山大地震》/第三节 启蒙与拯救：《山楂树之恋》

第八章 情爱母题下的文本比较//第一节 女性的"欲"与制度的"欲"：《大红灯笼高高挂》/第二节 性别与历史的暴力书写：《霸王别姬》/第三节 人性决斗与人格决斗：《周渔的火车》

第九章 死亡母题下的文本比较//第一节 "民"的生命寓言与历史的个体记忆：《活着》/第二节 迷宫叙事与线性叙事：《风声》/第三节 "后屠杀"叙事的两个文本：《金陵十三钗》

结语

参考文献

附录：中国当代文学电影改编情况一览表

后记

该著为周珊主编的"新疆师范大学文学院博士文丛"之一，介绍了当代电影改编理论、新中国和新时期的电影改编、1990 年代后的电影改编和成长、情爱、死亡母题及其文本比较等内容。

（17）李金辉：《视觉的故事：〈鬼吹灯之精绝古城〉大美术时代的视觉创作》

李金辉著，中国电影出版社 2016 年 12 月第 1 版。

李金辉，北京电影学院教师。

全书约 190 千字，共 195 页，其目录如下：

序言

前言

第 01 章 大视觉时代 一场革命

第 02 章 从编剧先行到视觉先行

第 03 章 主场景的设计 视觉的初次浮现

第 04 章　用模型分解表演空间

第 05 章　故事板 用连环画讲述小说

第 06 章　用场景设计与 Matte – Painting 的结合来诠释小说故事

第 07 章　另一个世界的生物

第 08 章　用数字特效编故事

第 09 章　综合的视觉以及连贯的故事

附录

后记

该著从小说《鬼吹灯》的部分章节入手展示一部网剧的视觉构思，以实际视觉效果图和模型建构，来呈现和探讨如何用视觉思维把小说变成剧本。

2017 年

(1) 高艺：《从文字到影像：解码〈大师和玛格丽特〉》

高艺著，广西师范大学出版社 2017 年 1 月第 1 版。

高艺，北京外国语大学教师。

全书约 120 千字，共 204 页，其目录如下：

引言

第一章　对洛特曼艺术模式化基本理论的分析//第一节 模式与模式化/第二节 艺术模式化系统与现实的关系/第三节 艺术的模式化与认知

第二章　作为模式化符号系统的文学文本//第一节 文学语言和自然语言/第二节 人类思维符号的两大基本类型和文学文本/第三节 文学文本中两类符号的互动/第四节 编码和解码过程中的两类符号/第五节 "通感"——多种符号交互作用的表现/第六节 文学模式化符号系统中的辞象

第三章　作为模式化符号系统的电影//第一节 电影艺术的综合性和电影符号体系的多相性/第二节 电影与文学文本在符号构成和编码解码过程中的差异/第三节 电影文本的结构层次分析

第四章　从文学文本到影视文本//第一节 小说《大师和玛格丽特》的思想与艺术/第二节 小说文本和电影文本的比较研究意义/第三节 从小说"语言叙事"到电影"像–语–音"的综合表述/第四节 影视作品中艺

术形象的塑造/第五节 艺术家视角与小说"作者形象"的呼应

结语

参考文献

该著以《大师和玛格丽特》的小说文本及改编的电影为例，对文学和影视文本进行了系统的模式化分析，剖析不同类型的艺术文本之间符号的转换以及编码和解码的过程。

（2）李冰雁：《香港电影的文化记忆——从文学到电影的跨媒介转换》

李冰雁著，三联书店（香港）有限公司 2017 年 3 月第 1 版。

李冰雁，惠州学院文学与传媒学院教师。

全书约 143 千字，共 256 页，其目录如下：

第一章　绪论

第二章 "张看" 香港：张爱玲小说的直译式改编//一、《倾城之恋》：怀旧的诗学/二、《红玫瑰白玫瑰》：现代性体验与主体的身份分裂/三、《半生缘》：乱世悲情/四、《色·戒》：重写民国历史/五、"怀旧"电影：想象的能指

第三章　香港身份：李碧华小说的改写式改编//一、《霸王别姬》：性别意识与香港身份的消解/二、《胭脂扣》：香港银幕"鬼文化"的历史视野与现代意识/三、《青蛇》：从"情与理"到"情与欲"/四、通俗小说的类型模式与电影的文学风格

第四章　文艺香港：王家卫电影的意念式改编//一、《花样年华》的"对倒"艺术/二、《东邪西毒》：武侠片的抒情叙事/三、从意念式改编看电影艺术性与商业性的融合

第五章　故事新编：古典文学的解构式改编/一、"大话西游"的古典传统与现代意识/二、借古讽今：《倩女幽魂》的人鬼世界

第六章　结论//一、改编的限度/二、艺术形象的融通/三、徘徊的幽灵：视觉时代文学何为？/四、影响的焦虑：电影对文学的阐释/五、香港的文化身份

参考文献

附录 主要参考片目概览

该著对现代作家小说和古典小说的香港电影改编进行综合研究，指出香港电影的文化功能在于从中国传统的"前现代"中追寻现代香港的文化之根，确立香港电影文化身份的主体性。

（3）电视剧《白鹿原》剧组：《白鹿原一剧 15 年》

电视剧《白鹿原》剧组编，中国广播影视出版社 2017 年 4 月第 1 版。

全书约 238 千字，共 225 页，其目录如下：

序 和陈忠实相处的日子

第一辑 致敬篇 剧中人的诉说/张嘉译 什么样的态度成就什么样的戏/何冰 我们皆是鹿子霖/秦海璐 绽放生命力的东西让人欣喜/刘佩琦 最想演的就是朱先生/李洪涛 从头到尾的难角色/戈治均 这应该是我的封箱之作了/扈耀之 把自己全部交给导演/杨皓宇 这个剧本我是一口气看下去的/雷佳音 让观众相信这是个活生生的人/翟天临 为了"白鹿原"的情怀而战/李沁 田小娥是一朵最生动的花/姬他 对每一场戏都很期待/邓伦 为角色做了很多准备/王骁 把自己的东西扒掉/孙铱 父亲戏情感上受不了/田昊 相信会是部满意的作品/斯琴高娃 爱是生命永恒的主题

第二辑 岁月篇 手艺人的情怀/赵安 就是觉得这肯定是能做的/赵军 矢志不渝只为做一部好片/李小飚 跟自己较劲要对得起原著/刘进 拍得更生活化一些/黄伟 用全景记录的方式完成这个戏/陈同勋 将《白鹿原》做到最好的还原

第三辑 缅怀篇 原上人的守望/王长元 严把关恰恰会锦上添花/邢小利 他韬出全部创作可以垫棺作枕的作品/陈海力 父亲是个倔老头＋老农/牛锐《白鹿原》背后的"关学"

该著主要通过电视剧参演者、参与者的口述历史和亲身感受，讲述了小说《白鹿原》从购买版权、报备、立项、剧本改编、确定主创、选定演员、建组、拍摄到电视剧杀青的 15 年经过。

（4）何卫国：《红楼梦影视文化论稿》

何卫国，文化艺术出版社 2017 年 5 月第 1 版。

何卫国，湖南衡阳人，任职于中国艺术研究院红楼梦研究所。

全书约 332 千字，共 359 页，其目录如下：

序

前言

上编

第一章　红楼影视版本论//第一节 百二十回本与红楼影视/第二节 脂评本与红楼影视/第三节 对改编实践的几点思考

第二章　红楼影视主题论//第一节 红楼影视中的宝黛爱情主题/第二节 红楼影视中的家族盛衰主题/第三节 红楼影视中的空幻主题

第三章　红楼影视人物论//第一节 林黛玉与薛宝钗/第二节 贾宝玉/第三节 王熙凤/第四节 贾母与刘姥姥

第四章　红楼影视结构论//第一节 红楼影视中的开合/第二节 红楼影视中的情节主线/第三节 红楼影视中的经典情节——黛玉葬花

第五章　红楼影视美学风格论//第一节 红楼影视的美学风格/第二节 红楼影视服饰/第三节 红楼影视音乐

下编

第六章　红楼影视与地域文化//第一节 早期红楼电影与海派文化/第二节 红楼电影与香港文化/第三节 二十世纪八十年代红楼影视与北京文化

第七章　红楼影视与文化思潮//第一节 早期红楼电影与新文化运动/第二节 五六十年代红楼电影与新中国文化/第三节 红楼影视与八十年代的文化启蒙/第四节 2010 版电视剧《红楼梦》与 21 世纪大众文化

第八章　红楼影视与红学研究//第一节 红学研究对红楼影视改编的影响/第二节 红楼影视促进红学发展

第九章　红楼影视与选秀文化//第一节 早期红楼电影、87 版电视剧与选秀/第二节 2010 版电视剧与 "红楼梦中人" 选秀

结语

参考文献

后记

全书从版本、主题、人物、结构与美学风格入手对红楼影视改编的具体问题进行探讨，从地域文化、时代文化思潮、红学研究与选秀文化入手探寻文化因素对红楼影视改编活动的影响。

（5）申载春：《红色经典与影视艺术关系研究》

申载春，四川大学出版社2017年5月第1版。

全书约262千字，共250页，其目录如下：

上编　理论探讨

第一章　红色经典的生成//第一节 红色经典的含义/第二节 生成要素分析

第二章　红色经典的意象//第一节 红旗/第二节 烈火/第三节 青松/第四节 红星、红岩、红灯及其他

第三章　红色经典的改编//第一节 红色经典的电影改编/第二节 红色经典的电视剧改编

第四章　红色经典的接受//第一节 生活真实与艺术真实的互证/第二节 文字文本与音像文本的互读/第三节 精英群体与大众群体的互动

下编　文本分析

第五章　《闪闪的红星》·流浪汉小说·红色经典//第一节《闪闪的红星》与流浪汉小说/第二节 从流浪汉小说到红色经典

第六章　江姐形象的魅化与俗化//第一节 江姐的魅化/第二节 江姐的俗化

第七章　《红灯记》：从样板戏到悬念剧//第一节 悬念结构/第二节 悬念人物/第三节 悬念制造

第八章　《保卫延安》的电视剧改编//第一节 以小见大与立体呈现/第二节 英雄主义与人道主义

第九章　结语·后红色经典·《十送红军》//第一节 诗家视角 艺术情怀/第二节 士兵英魂 长征精神/第三节 诗化意蕴 情深意长

参考文献

该著以大量根据红色经典改编的电影为个案，分析了红色经典的生成机制、意象构成、改编方式和接受效应，详尽考察了红色经典与影视艺术之间的相互关系。

（6）徐兆寿、刘京祥：《中国现当代文学电影改编概论》

徐兆寿、刘京祥主编，中国社会科学出版社2017年5月第1版。

徐兆寿，西北师范大学教授。

全书约 189 千字，共 233 页，其目录如下：

谈谈文学与电影的关系（代序）

绪论

上编　现当代文学电影改编简史

第一章　电影之兴作和改编之始起//第一节 戏剧改编电影/第二节 小说改编电影

第二章　社会主义初期的文学改编电影//第一节 "十七年" 时期的文学改编电影/第二节 "文革" 时期的文学改编电影

第三章　新时期前十年的文学改编电影//第一节 反思小说之改编电影/第二节 改革小说之改编电影/第二节 寻根小说之改编电影/第四节 文学经典之改编电影

第四章　后新时期的文学改编电影（1990—2000）//第一节 后新时期文学改编电影作品概述/第二节 类型电影的文学改编/第三节 都市题材的电影改编/第四节 史诗浪潮以及娱乐化的萌芽

第五章　新世纪以来的文学改编电影//第一节 华语大片与文学改编/第二节 艺术电影中的文学改编/第三节 网络文学的影像之路

下编　现当代文学电影改编理论概述

第六章　文学与电影的关系//第一节 文学是电影的基础吗/第二节 电影将取代文学吗/第三节 电影对文学的传播作用/第四节 电影对文学创作的影响

第七章　关于文学的电影改编理论//第一节 "忠于原著" 的窠臼与 "多元创新" 的趋势/第二节 遵循电影语言的独特性

第八章　电影改编队伍之症候分析//第一节 作家转向编剧之现象概述/第二节 如何培养精英编剧队伍

后记

该著主要探讨自电影兴起之后中国现当代文学改编为电影的问题和中国现当代文学与电影的相互影响，以史论结合的方式对百年文学改编电影史进行了简略梳理。

（7）邓树强：《网络文学及其影视改编研究》

邓树强著，黑龙江人民出版社 2017 年 5 月第 1 版。

邓树强，齐齐哈尔大学教师。

全书约 400 千字，共 328 页，其目录如下：

第一章　网络文学的生态背景//第一节 网络文学产生与发展的时代背景/第二节 网络文学产生与发展的文学背景

第二章　网络文学的本质探析//第一节 传统文学本质特征/第二节 网络文学本质辨析/第三节 网络文学的本质特征

第三章　网络文学的"三足鼎立"//第一节 网络写手的"良莠荟萃"/第二节 文学网站的"舞台喧嚣"/第三节 网络语言的"众声喧哗"

第四章　网络文学的虚拟现实//第一节 虚拟现实的文学表达/第二节 网络文学虚拟现实的创作/第三节 网络文学虚拟现实的文本特征/第四节 网络文学虚拟现实的接受特征

第五章　网络文学的当代境遇及前瞻//第一节 网络文学的当代境遇/第二节 网络文学重新建构的可能性

第六章　网络文学的跨媒体传播//第一节 传统文学的影视传播/第二节 传统文学的新媒体传播/第三节 网络文学的大众传播

第七章　小说的影视改编//第一节 网络小说影视改编概况/第二节 网络小说影视改编的背景探析/第三节 网络小说影视改编的主题类型与策略/第四节 网络小说影视改编存在的问题及展望

第八章　网络小说影视改编成功案例简评

主要参考文献

后记

该著以中国网络小说为代表的 50 部网络文学作品影视改编为切入点，介绍其基本概况，归纳其艺术特征、主题类型、改编策略，分析中国网络小说影视改编热的原因。

（8）王欣：《外国文学名著改编电影欣赏》

王欣编著，浙江工商大学出版社 2017 年 5 月第 1 版。王欣，浙江温岭人，台州学院教师。

全书约 200 千字，共 232 页，其目录如下：

第一章　《塔度夫》（1925）

第二章　《金钱》（1928）

第三章　《乡村一日》（1936）

第四章　《简·爱》（1943）

该著选择了世界电影史上 20 部根据外国文学名著改编的 20 部电影作为欣赏对象，对电影的文学改编规律进行了个案分析，有助于深入了解电影与文学原著的关系。

（9）孔小彬：《改编的逻辑：电影导演与 1980 年以来的中国文学》

孔小彬著，中国社会科学出版社 2017 年 7 月第 1 版。

孔小彬，江西九江人，九江学院教师。

全书约 292 千字，共 395 页，其目录如下：

引论

第一章 读者理论视野下的电影改编研究

第二章 "视域融合"——作为"前理解"的思想观念//第一节 谢晋：主流意识形态的世俗化/第二节 黄健中：改编中的理论自觉/第三节 谢飞：理想主义与教化意识

第三章 "具体化"——影像艺术与原作的创造性对话//第一节 张艺

谋：摄影师眼中的文学图景/第二节 陈凯歌：影像的寓言结构/第三节 霍建起：唯美与诗化的影像

第四章 选择与"误读"的偏执——导演个性风格的同化力量//第一节 姜文：表演的张力与风格的强烈/第二节 张元：边缘人的身份认同与叛逆的文本选择/第三节 黄建新：荒诞的现实及其结构

第五章"阐释群体"——市场意识的渗透//第一节 冯小刚：商业的与人文的标准/第二节 滕文骥：大众化的稀释策略/第三节 夏钢：都市言情小说的朴素阐释

结语 从作家的艺术到导演的艺术

附录 本书所涉导演之电影改编目录

参考文献

该著深入考察著名导演的改编经历，揭示改编过程即是作家与导演之间复杂的对话过程，认为导演的思想观念、影像语言、个性风格、市场意识等因素在改编过程中发挥着重要作用。

（10）张晓红、徐曼、孟冬梅：《名著赏析与影视改编》

张晓红、徐曼、孟冬梅编著，吉林人民出版社 2017 年 7 月第 1 版。

全书约 510 千字，共 460 页，其目录如下：

第一章 名著赏析//第一节 名著界说/第二节 名著赏析的原则

第二章 新媒体时代文学阅读现状//第一节 文学阅读内涵及意义/第二节 新媒体环境下文学阅读现状

第三章 名著赏析//第一节 叙事诗歌：《木兰诗》《伊利亚特》/第二节 剧情小说：《红楼梦》《源氏物语》/第三节 戏剧：《哈姆雷特》《雷雨》/第四节 幻想小说：《从地球到月球》《聊斋志异》/第五节 宗教故事：《神曲》《佛本生经》/第六节 推理小说：《福尔摩斯探案全集》《三侠五义》/第七节 悲情小说：《悲惨世界》《巴黎圣母院》/第八节 言情文学：《嘉尔曼》《牡丹亭》

第四章 影视艺术界说//第一节 电影艺术/第二节 影视艺术赏析

第五章 文学名著的影视改编//第一节 影视作品和文学名著的关系/第二节 文学名著改编影视作品的得与失/第三节 名著改编影视的前提/第

四节 名著改编影视的方法

第六章　名著影视改编作品赏析//第一节 战争片:《花木兰》与《特洛伊》/第二节 古装片:《红楼梦》《源氏物语》/第三节 剧情片:《哈姆雷特》《雷雨》/第四节 幻想片:《月球旅行记》《青丘狐传说》/第五节 宗教动画片:《但丁的地狱之旅》《九色鹿》/第六节 悬疑剧:《神探夏洛克》《包青天》/第七节 音乐剧:《悲惨世界》《巴黎圣母院》/第八节 歌剧和戏曲:《卡门》《牡丹亭还魂记》

参考文献

后记

该著解读中外文学名著及影视改编中的技巧,叙说影视艺术的基本特征和发展概况,阐释影视改编不能代替文学原著阅读的特质。

(11) 陈伟华:《中国现当代小说的电影改编与电影新类型的诞生》

陈伟华著,中国社会科学出版社 2017 年 9 月第 1 版。全书约 381 千字,共 352 页,其目录如下:

绪论/第一节 研究思路及方法/第二节 研究现状概述

上编　小说原著与电影新类型

第一章　1920 年代个案(1):《玉梨魂》开现代言情电影先河//第一节 原著及电影简况/第二节 重要改编及社会反响

第二章　1920 年代个案(2):《江湖奇侠传》引发现代神怪武侠电影热潮//第一节 原著与电影《火烧红莲寺》故事对比/第二节 改编中的扬弃及神怪武侠电影的风行

第三章　1930 年代个案:《啼笑因缘》立现代言情武侠电影范式//第一节《啼笑因缘》的热捧冷遇及新性旧质/第二节《啼笑因缘》与 1930 年代武侠电影的嬗变

第四章　1950 年代个案:《祝福》尝试乡土电影新模式//第一节 1956 年前后电影题材的主要特点/第二节 电影《祝福》的创作氛围/第三节 电影对原著的改与编/第四节《祝福》公映后的反响/第五节《祝福》成为改编范式并为乡土电影注入新内容

第五章　1960 年代个案:《红日》《小兵张嘎》等小说展示战争电影新路向//第一节 以抗击敌寇歌颂英雄保家卫国为主题/第二节 依据原型塑造战争中的典型英雄形象

结语

参考文献

后记

该著以历史年代为线索，以个案为切入点，以小说原著与电影新类型的关联为视角，对中国现当代小说的电影改编典型个案进行了深入研究，总结了小说电影改编的典型模式及改编规律。

（12）赵庆超、霍巧莲：《聊斋小说的当代电影改编研究》

赵庆超、霍巧莲著，江西人民出版社 2017 年 9 月第 1 版。

霍巧莲，山东成武人，井冈山大学教学学院教师。

全书约 160 千字，共 194 页，其目录如下：

结伴同行——"红土情"学术丛书序（颜敏）

引论

第一章　从现实隐喻到异域魔幻//一 形象传奇与叙事布白：聊斋原著小说特征/二 忠实原著与现实隐喻：1980 年代电影改编征候/三 观念放开与异域魔幻：1990 年代以来改编状况/四 总结与反思

第二章　从"装神弄鬼"到情感演绎//一 传奇性与超越性：聊斋小说的显在特征/二 造鬼捉妖与"装神弄鬼"：20 世纪后 20 年的电影改编/三 情感演绎与大片美学：新世纪以来的改编征候/四 反思与总结

第三章　鬼狐的淡隐与现世的凸显//一 鬼狐近仙与现世情缘/二 反封建与理想主义格调/三 时代流行色遮蔽下的艺术"暗礁"/四 语境限制与个性化反思

第四章　由荒宅鬼话到乱世侠情//一 历史时空坐标更为清晰/二 传统文化意识更为鲜明/三 审美观念发生迁移/四 文本间性的辩证思维

第五章　现世界与幽冥界的艺术凸显//一 问题意识与现实指涉/二 鬼气返魅与幽冥幻相/三 时空变迁与观念差异/四 经验与教训

第六章　人鬼恋情的审美转换与创新//一 情爱叙事与人鬼斗法/二 书生与女鬼的性别博弈/三 港味特征与文化隔膜/四 问题与结论

第七章　多种形象元素的撷取与拼凑//一 情节进程与故事氛围/二 主题意蕴与形象内涵/三 中国式的撷取与拼贴

第八章　"准娱乐化"时代的风格混搭//一 痴与狂的个性彰显/二 正剧

向诙谐的美学转变/三 恐怖片美学的强化/四 风格混搭的征候辨析

第九章 语境变迁中的鬼影复合记忆//一 人物形象：美女与书生（武将）/二 主题功能：讽劝与娱乐/三 情节叙事：循环与开放/四 文化原型与影像传承

第十章 大片美学中的浪漫与传奇//一 趋于开放的异域风情/二 更为多元的角色形象/三 劝世主题与浪漫艳想/四 聊斋大片启示录

结语

附录//一 在取舍与创新之间/附录二 聊斋题材改编电影目录（部分）

主要参考书目

后记

该著紧扣《聊斋志异》的影视改编，探讨传统鬼狐文化的原型意象从文字到影像的表意符号转换，认为不同的社会背景与文化语境直接影响了电影改编的思维方式与表现手法。

（13）尹邦满、王拉娣、张晶晶、赵静、贾云霞：《刚好遇见你——从小说到电影》

尹邦满、王拉娣、张晶晶、赵静、贾云霞著，清华大学出版社 2017 年 9 月第 1 版。

尹邦满，重庆邮电大学教授。

全书约 163 千字，共 243 页，其目录如下：

第一编 从小说到电影——电影改编理论

第一章 认识电影与小说//第一节 认识电影/第二节 认识小说

第二章 电影与文学//第一节 电影与文学的互动/第二节 两种不同的语言/第三节 受众接受的差异

第三章 电影改编的历史与现状//第一节 西方电影改编历史/第二节 中国电影改编历史

第四章 电影改编的理念与方法//第一节 西方电影改编的理念与方法/第二节 中国电影改编的理念与方法

第二编 从小说到电影——影视改编案例

第五章 历史传承发展中的内地电影改编//第一节 第五代导演的历史使命/第二节 张艺谋电影的艺术特色/第三节 新生代导演的改编电影读解

第六章 多元文化融合中的香港电影改编//第一节 香港电影的跨文化

观/第二节 香港电影中的导演情怀/第三节 陈可辛电影改编案例读解

第七章 文化研究视域下的台湾影像改编//第一节 台湾电影的传统与变异/第二节 李安的"电影梦·生命"/第三节 从小说到电影——《少年派的奇幻漂流》

第八章 IP电影

第三编 从小说到电影——改编实践理论

第九章 影视剧本——小说与电影之间的桥梁//第一节 影视文本概述/第二节 影视剧本写作

第十章 视听语言简介//第一节 可见的视觉形象/第二节 声音和听觉美感

该著紧扣电影和小说两种艺术形式的历史、发展、艺术特性，对所择取的从小说到电影的改编案例进行深度读解，剖析了小说与电影的叙事区别，展现了影视改编的历史与现状。

(14) 刘英昕、李敏、刘元直主编：《美国恐怖小说的影视改编研究》

刘英昕、李敏、刘元直主编，黑龙江人民出版社2017年9月第1版。

李敏，黑龙江外国语学院中文系教师。刘元直，哈尔滨师范大学公共英语教学部教师。

全书总计300千字，共355页，其目录如下：

第一部分 美国恐怖小说的发展

第一章 美国恐怖小说的渊源与初步发展//第一节 概述/第二节 查尔斯·布朗/第三节 其他作家与作品

第二章 超自然恐怖小说//第一节 概述/第二节 安布罗斯·比尔斯/第三节 罗伯特·钱伯斯

第三章 "克休尔胡"恐怖小说//第一节 霍华德·洛夫克拉夫特/第二节 克拉克·史密斯/第三节 奥古斯特·德莱思/第四节 唐纳德·万德里/第五节 罗伯特·布洛克

第四章 现实恐怖小说//第一节 概述/第二节 理查德·马西森/第三节 弗里茨·莱伯/第四节 雪莉·杰克逊/第五节 其他作家与作品

第五章 社会恐怖小说//第一节 概述/第二节 斯蒂芬·金/第三节 彼得·斯特劳布/第四节 安妮·莱斯/第五节 其他作家与作品

第二部分 美国恐怖小说艺术化的创作特色研究：小说影视改编的基础

第一章 埃德加·爱伦·坡的"来自心灵的恐怖"//第一节 作家介绍/第二节 作品综述

第二章 斯蒂芬·金的战栗世界//第一节 作家及作品概述/第二节 20世纪70年代主要作品研究/第三节 20世纪80年代主要作品研究/第四节 20世纪90年代主要作品研究/第五节 2000年以后主要作品研究

第三章 安妮·赖斯的吸血鬼传说//第一节 作家介绍/第二节 作品综述

第三编 美国恐怖小说影视化的再创作研究：小说影视改编的艺术特色

第一章 总体概述//第一节 美国恐怖电影的恐惧原型分析/第二节 美国恐怖电影的"狂欢化"特性研究/第三节 传奇的"斯蒂芬·金现象"

第二章 美国恐怖电影个案研究//第一节《闪灵》研究之一：《闪灵》中的"灵魂"分析/第二节《闪灵》研究之一：《闪灵》中的精神分析学分析/第三节《肖申克的救赎》对人物的改编/第四节《秘窗》中的恐怖意象解读/第五节《迷雾》角色的个性剖析/第六节《1408幻影凶间》空间形态解析/第七节《精神病患者》的女性主义解读

第三章 美国恐怖电视剧个案研究//第一节《吸血鬼日记》/第二节《穹顶之下》/第三节《11/22/63》

参考文献

该著勾勒了美国恐怖小说的发展历程，凸显了美国恐怖小说艺术化创作特色，研究美国恐怖小说的影视化，展现其影视改编的艺术特色。

（15）王雪梅、陈翠云、郝雯婧：《"剧"说网络小说（IP）：改编剧发展供给侧研究》

王雪梅、陈翠云、郝雯婧著，西南交通大学出版社2017年10月第1版。

王雪梅，四川传媒学院副研究员。陈翠云，四川传媒学院教师。郝雯婧，四川传媒学院教师。

全书155千字，共121页，其目录如下：

第一章 网络小说改编剧发展供给侧研究探讨//一、网络小说改编剧发展现状/二、网络小说改编剧发展中出现的问题/三、网络小说改编剧发展供给侧研究必要性/四、网络小说改编剧发展供给侧研究价值

第二章 供给侧改革之"生存性"研究：网络小说IP剧"生成"与

"生存"研究//一、网络+：网络小说的生成/二、影视+：网络小说改编剧的生存/三、效益+：跨界整合的升级

第三章　供给侧改革之"经济性"研究：网络小说改编剧的跨界盈利与美学经济思考//一、突破传统出版空间，开启数字时代跨界盈利模式/二、诠释文化产品的美学经济

第四章　供给侧改革之"发展性"研究：网络小说改编剧基于"形而上"的全产业链发展研究//一、"轻时代"剧制作：道器分离/二、改编的存在：可感的"道"才是发展的"因"/三、应然的实然：求其中，得其上/四、诠释再诠释：价值与效益的思辨

第五章　供给侧改革之"价值性"研究：网络小说改编剧价值呈现与效果反思研究//一、文化艺术作品形态"技术化"再现过程/二、跨界合作与竞争是经济新常态下的消费新趋势/三、文化艺术"活态"因转换实现价值的传承/四、反思

第六章　供给侧改革之案例研究一：《青云志》//"天地不仁，以万物为刍狗"——诛仙青云志：青云志，与诛仙无关

第七章　供给侧改革之案例研究二：《裸婚时代》//"细节打败爱情"：裸婚时代——艺术来源于生活，输了生活，败给了细节

第八章　供给侧改革之案例研究三：《琅琊榜》//"遍识天下英雄路，俯首江左有梅郎"：琅琊榜——一卷风云琅琊榜，囊尽天下奇英才

第九章　供给侧改革之案例研究四：《美人心计》//"倾国倾城，繁华一场"：美人心计——永远不相问，成就后人称颂

第十章　供给侧改革之案例研究五：《花千骨》//"一世倾念，一生执念"：花千骨——一念成魔堕无间，生死劫造桃花劫

参考文献

该著对网络小说IP剧的"生成""生存"和网络小说改编剧的跨界盈利、美学经济、全产业链发展、价值呈现与效果予以了反思。

(16)　郝雯婧、王雪梅、安静：《"剧"说网络小说（IP）：改编剧对外传播研究》

郝雯婧、王雪梅、安静著，西南交通大学出版社2017年10月第1版。全书约165千字，共143页，其目录如下：

第一章　网络IP剧对外传播探讨//一、网络IP剧对外传播的发展现

状/二、网络IP剧对外传播中的制约因素/三、网络IP剧对外传播研究的必要性/四、网络IP剧对外传播研究的研究价值

第二章　对外传播之"传播性"研究：网络IP剧的传播实质研究//一、网络IP剧的对外传播主体/二、网络IP剧的对外传播类型/三、网络IP剧的对外传播渠道/四、网络IP剧的对外传播规模和范围/五、网络IP剧的对外传播效益

第三章　对外传播之"创新翻译思维"研究一：网络IP剧对外翻译的语言与文化转码//一、网络IP剧对外翻译之语言转码/二、网络IP剧对外翻译之文化翻译

第四章　对外传播之"创新翻译思维"研究二：网络IP剧对外翻译中的最佳创造性"适应"观众//一、受众的认知 vs 不可译性/二、目的论&"最佳关联性"创新翻译/三、文化空缺＋创造性适应传播/四、结语

第五章　对外传播之实例研究一：《第一次的亲密接触》//一、"成名于网络的网络写手"：作者简介/二、"网络热浪烧出了国界"：《第一次的亲密接触》小说介绍/三、"轻舞飞扬，最初的接触"：《第一次的亲密接触》电影介绍/四、"影片已经散场，但生命还得继续……"：《第一次亲密接触》电视剧介绍/五、"一鸣惊人，沸腾网络的传播"：《第一次的亲密接触》剧播评价

第六章　对外传播之实例研究二：《步步惊心》//一、"相信世间完美爱情"：作者简介/二、"与君决绝断肠处，道是无情胜有情"：《步步惊心》小说介绍/三、"紫禁巅，我命由我不由天"：《步步惊心》电视剧介绍/四、"娱乐至上，步步为'赢'"：《步步惊心》剧播评价

第七章　对外传播之实例研究三：《后官·甄嬛传》//一、"水流心不竞，云在意俱迟"的懒人"阿紫"：作者简介/二、"宫墙内，真情诺诺，终随乱红飞花去"：《后宫·甄嬛传》小说介绍/三、"权谋倾天下，宫斗剧妃嫔沉浮"：《后宫·甄嬛传》电视剧简介/四、"无处不在的甄嬛"：《后宫·甄嬛传》剧播评价

第八章　传播之实例研究四：《欢乐颂》//一、"隐姓埋名"：作者简介/二、"女性成长手册"：《欢乐颂》小说简介/三、"本性难移的现实成长"：《欢乐颂》电视剧简介/四、"一曲女性的欢歌，唱响火爆的影视市场"：《欢乐颂》剧播评价

第五编　复兴与繁盛：21世纪以来

第九章　传播之实例研究五：《三生三世十里桃花》//一、"四海为家，过闲散人生，写连篇梦话"：作者简介/二、"四海八荒，没事就渡个劫"：《三生三世十里桃花》小说介绍/三、"魂穿三生见证三世奇缘"：《三生三世十里桃花》电视剧介绍/四、"引爆火热话题"：《三生三世十里桃花》剧播评价

参考文献

该著以5部当下的热门网络IP剧进行了实例研究，从主体、类型、范围和效益等角度对网络IP剧的对外传播进行了研究，对网络IP剧对外传播现状进行了阐述。

（17）李欧梵：《不必然的对等——文学改编电影》

李欧梵著，人民文学出版社2017年10月第1版。

全书约148千字，共203页，其目录如下：

导论：改编的艺术

第一部分：莎士比亚的重现与再重现//四个版本四种阅读：从《哈姆雷特》到《王子复仇记》/角色决定论：三部《奥赛罗》的电影表述/五十年代《惑星历险》：《暴风雨》的科幻演绎

第二部分：名著名片之间：不必然的对等//一流和二流小说：英国十九世纪文学电影/必然的缺失：细谈《战争与和平》之改编/看电影不如看原著：《安娜卡列尼娜》透视人生真谛/被放大的爱情：比读《齐瓦哥医生》的小说与电影/文学电影之形神合一：读珍奥斯汀的《傲慢与偏见》及《理智与感情》/可能是改编最多的名著：雨果的《悲惨世界》/白描手法刻画灵魂深处：海明威的《老人与海》

第三部分：改编个性之演绎//忠实、执迷与超越：一人有一个卡夫卡/经典与平庸：两部《一树梨花压海棠》的对读/《迷失决胜分》：活地阿伦式的《罪与罚》/此情不渝，至死方休：李安的《断背山》/二流小说拍山神采：重访《苏丝黄的世界》/毛姆和《彩色面纱》："爱在遥远的附近"？

第四部分：吃力不讨好：谈中国文学名著之改编//最难拍的现代文学作品：从五位中国作家说起/国片不及粤片：重读曹禺的《雷雨》与《原野》/壮观的空洞：《赤壁》作为改编反例子/光环背后的负担：从《小城之春》说起/气氛和细节：张爱玲小说的改编问题/借影像吸引年轻一代窥

观历史：看李仁港《三国之见龙卸甲》

后记

本书为丁帆、王尧主编的"大家读大家"系列之一，是一部符合普通大众文化需要的观影札记，采用散文和随笔的形式，浅显易懂、雅俗共赏地论说了小说名著和电影改编的关系。

（18）朱怡淼：《改编：中国当代电影与文学互动》

朱怡淼著，南京大学出版社 2017 年 12 月第 1 版。

朱怡淼，南京师范大学文学院教师，参编《影视艺术概论》《中国电影批评年鉴》等。

全书约 188 千字，共 176 页，其目录如下：

绪论//一、课题研究的缘起/二、课题研究的现状/三、课题的研究范围和涉及的理论方法

第一章　文学与电影之间//第一节 文学与电影艺术特征之异同/第二节 文学与电影改编之互通/第三节 1905—1976 年的中国电影改编

第二章　基于审美性原则的选择与接受：1977—1989 年的电影改编//第一节 新时期电影改编观念的变迁/第二节 人世传统与现实主义的回归/第三节 人道主义的彰显

第三章　市场经济与多元文化规约下的选择与接受：1990 年以来的电影改编//第一节 大众文化语境中的电影改编：娱乐与焦虑/第二节 全球化语境下的电影改编：迎合与趋同/第三节 后现代语境下的电影改编：颠覆与戏仿

第四章　电影改编作为一种特殊的接受方式对文学的影响//第一节 电影改编对当代文学文体变革的潜在影响/第二节 电影改编对作家创作观念与文学立场选择的导向/第三节 电影改编影响受众审美选择

结语//一、电影改编视角下的中国现当代文学/二、影像时代文学的生存境遇与未来走向

附录一 "2012 年受众接受中国现当代文学作品的途径"问卷调查表

附录二 新时期以来重要改编电影作品名录

参考文献

后记

该著从题材内容、主题内涵、形象塑造、艺术结构等方面着眼，以"重读"方式阐释并论说影视改编的审美倾向和价值取向影响了当代中国

文学的深化与发展。

（19）梅峰：《不成问题的问题：从老舍小说到梅峰电影》

梅峰著，北京联合出版公司 2017 年 12 月第 1 版。

梅峰，北京电影学院文学系教师，参编《颐和园》《春风沉醉的夜晚》和《浮城谜事》。

全书约 300 千字，共 320 页，其目录如下：

序　言

剧　本

小　说

创作阐述

相关访谈

附　录

出版后记

该著通过老舍 1943 年发表的同名小说所改编的电影《不成问题的问题》两种形态的文本对比，领略文学经典的改编之道，了解影片的美学选择与创作思路。

2018 年

（1）王超：《寻找罗麦——从小说到电影》

王超著，江苏凤凰文艺出版社 2018 年 4 月第 1 版。

王超，导演、编剧、制作人、作家，著有小说《安阳婴儿》《去了西藏》和电影《安阳婴儿》《日日夜夜》《江城夏日》等。

全书约 220 千字，共 288 页，其目录如下：

Part 1 自序//我的电影缘

Part 2 小说//去了西藏

Part 3 剧本//寻找罗麦

Part 4 访谈与自述//《寻找罗麦》——从小说到电影（杨弋枢）/《安阳婴儿》导演王超访谈录（王小鲁）/退回到自由——影片《重来》

访谈（耿聪）/王超：中国独立电影导演的美学追求（法国国际广播电台）/王超：形成一个人的意义而不是艺术家的角色

Part 5 观影录//王超电影笔记

Part 6 王超导演年表

Part 7 后记

Part 8 工作照/剧照

该著从小说到改编文学剧本，再到分镜头导演工作台本，包括电影剧照、电影现场工作照、创作访谈等一系列资料，集中讲述中法两个男人间不为人知的感情。

（2）岳凯华：《现代湖南文学的电影改编》

岳凯华著，中国电影出版社 2018 年 5 月第 1 版。

岳凯华，湖南师范大学教授，著有《外籍汉译与中国现代文学的发生》《五四激进主义的缘起与中国新文学的发生》等。

全书约 260 千字，共 246 页，其目录如下：

绪论

第一章　《青春之歌》的电影改编//一、情节的处理/二、情感的处理/三、人物的处理

第二章　《边城》的电影改编//一、故事内容的改编/二、影视画面的创作/三、声音艺术的加工

第三章　《萧萧》的电影改编//一、主题表达的差异/二、省略与增补/三、表现方式上的对比

第四章　《丈夫》的电影改编//一、淡如茶与烈如酒的味道品尝/二、文学语言与电影语言的差异性/三、文艺清新与情色挑逗的平衡

第五章　《山道弯弯》的电影改编//一、金竹手中的田螺/二、王雁饰演的农妇/三、金竹二猛的关系/四、作者谭谈的感受

第六章　《祸起萧墙》的电影改编//一、电影改编的语境/二、剧本着重改编的部分/三、剧本删减的部分/四、剧本修改的部分/五、剧本改编的不足

第七章　《爬满青藤的木屋》的电影改编//一、小说与电影差异/二、影像表达的叙事变奏/三、剧本改编与电影视听特质的呈现

第八章 《芙蓉镇》的电影改编//一、人物形象之改编/二、内容的删繁就简与细节增添

第九章 《包氏父子》的电影改编//一、表现手法上的差异/二、情节的补充/三、电影改编语境。/四、主角的转换/五、电影的超越

第十章 《风吹唢呐声》的电影改编//一、当代文化语境下的改编/二、文学文本的引人之处/三、电影的改编

第十一章 《没有航标的河流》的电影改编//一、电影《没有航标的河流》/二、小说《在没有航标的河流上》/三、80年代语境中该小说电影改编的困境

第十二章 《那山 那人 那狗》的电影改编//一、小说奠定的改编基础/二、电影改编的风格选择/三、从文到影的叙事策略/四、视听语言的审美转换

第十三章 《暴风骤雨》的电影改编//一、叙述者/二、叙述视角/三、叙述时空

第十四章 影像湘西：1980年代以来中国电影里的湘西世界//一、湘西风土人情的影像化展现/二、湘西典型人物的双重性塑造/三、湘西文化冲突的人文式关怀

第十五章 红色电影：潇湘电影制片厂的品牌研究//一、生成境遇/二、题材选择/三、形象塑造/四、艺术风格

第十六章 青春偶像：新世纪潇湘影视中的毛泽东//一、人性化的毛泽东/二、浪漫化的毛泽东/三、艺术化的毛泽东

参考文献

该著置身于现代湖南文学及其电影改编的文化境遇，对现代湖南文学成功改编为电影的作品进行了细致研究，对现代湖南文学的电影改编给予了理论归纳和科学阐释。

（3）张智华：《宋代笔记小说与戏剧影视》

张智华著，中国电影出版社2018年5月第1版。

张智华，北京师范大学教授，著有《影视文化传播》《电视剧类型》《电视剧叙事艺术研究》等。

全书约280千字，共264页，其目录如下：

绪论

第一章　宋代笔记小说中的精灵形象及与其相关的戏剧影视//第一节 宋代笔记小说中的精灵形象——兼论中国文学中精灵形象的演变与发展/第二节 精灵形象在中国小说、戏剧、影视中的演变与发展

第二章　宋代文官政治与宋代笔记小说中的文士形象及与其相关的戏剧影视//第一节 宋代文官政治与宋代笔记小说中的文士形象/第二节 宋代笔记小说中的文士形象在中国戏剧、影视中的演变与发展

第三章　宋代商业活动、市民意识与宋代笔记小说中的商人形象及与其相关的戏剧影视//第一节 宋代商业活动、市民意识与宋代笔记小说中的商人形象/第二节 宋代海上贸易与宋代笔记小说中的海商形象/第三节 宋代笔记小说中的商人形象在中国戏剧影视中的演变与发展

第四章　宋代笔记小说中的妇女形象及与其相关的戏剧影视//第一节 宋代笔记小说中的妇女形象及其时代特征/第二节 宋代笔记小说中的妇女形象在中国戏剧影视中的演变与发展

第五章　宋代笔记小说的结构艺术及其启示//第一节 宋代笔记小说的结构艺术/第二节 宋代笔记小说结构艺术在中国戏剧影视中的参考价值

第六章　宋代笔记小说的虚实艺术及其价值//第一节 宋代笔记小说的虚实艺术/第二节 宋代笔记小说虚实艺术在中国戏剧影视中的参考价值

第七章　宋代笔记小说的语言特征及其价值//第一节 宋代笔记小说的语言特征/第二节 韵味、和谐在中国戏剧影视中的参考价值

第八章　宋代笔记小说与"三言""二拍"及其戏剧影视//第一节 宋代笔记小说与"三言""二拍"/第二节 "三言""二拍"及其改编与翻拍的戏剧影视

第九章　宋代笔记小说与《水浒传》系列戏曲、小说及其影视//第一节 宋代笔记小说与《水浒传》系列戏曲、小说/第二节《水浒传》系列戏曲、小说及其影视

附录

主要参考文献

后记

该著立足于宋代笔记小说中的精灵形象、文士形象、商人形象、妇女形象、结构艺术、虚实艺术、语言特征等维度，梳理宋代笔记小说与戏剧影视的改编规律和内在关系。

（4）毛凌滢：《美国经典小说的跨媒介改编与文化阐释》

毛凌滢著，科学出版社 2018 年 6 月版。

全书约 360 千字，共 341 页，其目录如下：

前言

导论

第一章　改编的政治：文本的跨媒介旅行与西方的改编传统//第一节 文本的跨媒介旅行与西方的改编传统/第二节 什么是改编：改编的定义与认知/第三节 改编的政治：改编动因的多维探析

第二章　美国改编研究的缘起与研究范式的嬗变//第一节 语言逻各斯中心主义下的形式主义批评/第二节 后结构主义和文化研究视野下的改编研究/第三节 跨学科的融合：21 世纪以来改编研究的突破与发展

第三章　改编：异质媒介的形式转换与意义重构//第一节 符号与叙事性：异质媒介转换的基础与动力/第二节 从小说到影视：艺术世界的转换与重构/第三节 改编与再创造：文本的影像阐释与意义的生成

第四章　美国经典小说的影视阐释与文化权力关系//第一节 美国电影的宗教审查/第二节 美国电影的政治意识形态审查/第三节 美国影视的种族与性别审查/第四节 审查、文学的文化权力与影视阐释的限度

第五章　库柏小说的影视改编与文化阐释//第一节 库柏小说的艺术特征与文化意义/第二节 西部神话与民族精神再现：《最后的莫西干人》的影视改编

第六章　霍桑小说的影视改编与文化阐释//第一节 20 世纪初期的电影改编：宗教和道德规约下的影像解读/第二节 20 世纪中期的电视剧改编：麦卡锡主义下的政治阐释/第三节 20 世纪末期的电影改编：女性主义与多元文化主义下的当代阐释

第七章　麦尔维尔小说的影视改编//第一节 麦尔维尔小说的跨媒介传播与接受/第二节 从捕鲸船到核潜艇：《白鲸》的影视改编与帝国意识形态

第八章　詹姆斯小说的影视改编//第一节 文化资本与再生产：詹姆斯小说的影视阐释与传播/第二节 镜像修辞与性别政治：《一位女士的画像》的电影改编/第三节 镜像修辞与性别政治：《华盛顿广场》的电影改编

第九章　德莱赛小说的电影改编//第一节 性别符号的意义变迁：《嘉

莉妹妹》的电影改编/第二节 意识形态的颠覆与文化权力的斗争：《美国悲剧》的电影改编

结束语

参考文献

附录

后记

该著以 19—20 世纪初期美国经典小说为对象，考察美国经典小说跨媒介改编与传播情况，分析美国经典小说跨媒介改编的文化意义，阐明小说跨媒介改编的重大意义。

（5）李勇强：《荧屏之戏：中国戏剧与电视剧改编研究》

李勇强著，中国电影出版社 2018 年 6 月第 1 版。

李勇强，山西太原人，浙江师范大学教师。

全书约 220 千字，共 208 页，其目录如下：

导论 研究缘起与论著结构

第一章 特性论：戏剧性与叙述性//第一节 什么是戏剧性/第二节 戏剧性与戏剧/第三节 戏剧与电视剧/第四节 电视剧与戏剧性/第五节 电视剧与叙述性/第六节 早期电视剧与戏剧

第二章 时空论：舞台时空与荧屏时空//第一节 时间的三种维度/第二节 空间与空间转换/第三节 动态时空的节奏/第四节 时空综合艺术之辨/第五节 时空中的声音艺术

第三章 叙事论：模式调整与情节增益//第一节 经典改编的省思/第二节 叙事模式的调整/第三节 情节线索的增益/第四节 叙事视角的迁移/第五节 叙事重构的缺憾/第六节 叙事重构的评析/第六节 叙事重构的评析

第四章 结构论：舞台法则与荧屏结构//第一节 线性叙事结构/第二节 矛盾关系设置/第三节 悬念营造技巧/第四节 结构创新趋势

第五章 接受论：文化消费时代的观众接受//第一节 观众期待视野/第二节 大众接受向度/第三节 受众情感诉求/第四节 民众价值观念

第六章 趋势论：戏剧荧屏改编的四种趋向//第一节 凸显编导的自我意识/第二节 体现民族化艺术策略/第三节 追求现代性审美认同/第四节 折射当代人反思精神

结语 互动发展之现在进行时

第五编 复兴与繁盛：21 世纪以来

参考文献

后记 悠游与青春之尾

该著采用个案与整体、比较与文献、实践与理论阐释相结合的方式，深入比较了电视剧与戏剧两种艺术形式的本质与特性，从而总结和归纳了已有戏剧作品的改编经验。

（6）章颜：《文学与电影改编研究》

章颜著，社会科学文献出版社 2018 年 7 月第 1 版。

章颜，海南大学教师，著有《独立博观优容雅量》等。

全书约 158 千字，共 173 页，其目录如下：

序（张智华）

导 言

第一章 原著与电影改编的多重关系//第一节 理解文学到电影的改编/第二节 电影对文学作品的呈现与解读/第三节 电影和文学作品的结合与背离

第二章 从文学叙事到电影叙事//第一节 视觉时代的叙事艺术/第二节 电影艺术的诗学/第三节 文字与图像的叙事置换

第三章 改编：一种新的文学批评//第一节 传奇想象与现实世界/第二节 电影改编的性别批评

第四章 文学与电影的跨文化对话//第一节 经典传承的名著改编/第二节 反思历史的力量再现/第三节 跨文化重写的文学改编

结 论 对文学与电影关系及改编的再认识

参考文献

该著立足视觉文化与后现代文化裹挟的语境，从跨文化视野探讨文学与电影之间所呈现出的复杂关系，辨析文学叙事与电影叙事的差异，反省经典传承、历史反思和跨文化对话等问题。

（7）张智华：《北京文人笔记研究——兼论北京文人笔记与戏剧影视的关联》

张智华著，文化艺术出版社 2018 年 7 月第 1 版。

全书约 250 千字，共 268 页，其目录如下：

绪论

第一章　北京文人笔记的文化价值与作用//第一节 狭义的北京文人笔记与广义的北京文人笔记/第二节 北京文人笔记的文化价值/第三节 北京文人笔记的作用

第二章　北京文人笔记与散文、小说发展//第一节 北京文人笔记与散文发展/第二节 北京文人笔记与小说发展

第三章　北京文人笔记与戏剧发展//第一节 北京文人笔记与戏曲戏剧变化/第二节 诗意解读与内心拷问——林徽因笔记与有关戏剧/第三节 生活质感与戏剧张力

第四章　北京文人笔记改编电影电视//第一节 北京文人笔记改编故事片/第二节 北京文人笔记改编电视剧/第三节 北京文人笔记与京派电视剧/第四节 北京文人笔记与名人传记剧/第五节 北京文人笔记与纪录片发展

第五章　北京文人笔记的当下意义//第一节 北京文人笔记还原历史人物和历史事件的本来面目/第二节 北京文人笔记提高人们文化品位

附录一 北京古代文人笔记叙录/附录二 北京现当代文人笔记叙录

参考文献

后　记

该著论说北京文人笔记的文化价值与作用，勾勒北京文人笔记与散文、小说、戏剧之间的关联，阐释根据北京文人笔记所改编的电影电视剧的特质。

（8）侯怡：《中国网络文学改编的电视剧研究》

侯怡著，上海人民出版社2018年7月第1版。

侯怡，四川仁寿人，西北师范大学传媒学院教师。

全书约163千字，共197页，其目录如下：

序（张智华）

绪论

第一章　中国网络文学改编的电视剧出现及发展探因//第一节 电视剧对网络文学的需求/第二节 电视剧：网络文学的助力推手

第二章　中国网络文学改编的电视剧之主要类型//第一节 言情剧/第二节 伦理剧/第三节 军旅剧/第四节 宫斗剧

第三章　中国网络文学改编的电视剧之叙事转变//第一节 现代神话与主导价值观的凸显/第二节 叙事策略的变更

百年中国影视文学改编研究书目引论

第四章　中国网络文学改编的电视剧之审美取向与创新//第一节 中国网络文学改编的电视剧之审美取向/第二节 网络文学改编的电视剧之创新

第五章　中国网络文学改编的电视剧之影响//第一节 网络文学改编的电视剧之品牌延伸/第二节 网络文学改编的电视剧对媒介生态系统的影响

结语

附录　部分中国网络文学改编的电视剧目录（2004 年—2016 年 2 月）

后记

本书从网络文学改编电视剧的角度入手，全景式扫描四大类型网络文学改编电视剧与网络文学改编前后在叙事、审美方面的不同特征和转化状况。

（9）王泽君：《中外影视作品及其文学原著研究》

王泽君著，四川大学出版社 2018 年 7 月第 1 版

王泽君，云南艺术学院教师。

全书约 342 千字，共 256 页，其目录如下：

第一章　影视艺术研究课题//电影艺术的发展/电视剧艺术的发展/电视与电影的差异/电视文学艺术/影视作品类型

第二章　电影艺术名品欣赏解析//京剧伶人的悲欢离合：《霸王别姬》/民工和贼之间的较量：《天下无贼》/民俗历史原生态：《白鹿原》/牺牲与救赎：《金陵十三钗》/平凡而又温暖：《桃姐》/直面现实，"搜索"人性：《搜索》/直面民族伤痛，洞析苦难中的人性：《一九四二》/不灭的灵魂与信仰：《赛德克·巴莱》/长情不变的友谊：《七月与安生》/爱情万岁：《泰坦尼克号》/奇幻历险的海盗：《加勒比海盗》/战争就是毒品：《拆弹部队》/死亡谱写生命之曲：《入殓师》/白与黑的镜像：《黑天鹅》/绝处重生，思考"人"的内涵：《127 小时》/国王的励志与人性的光芒：《国王的演讲》/向好莱坞默片致敬：《艺术家》/一匹马的战争史诗：《战马》/心有猛虎，细嗅蔷薇：《少年派的奇幻漂流》/漫威超级英雄：《复仇者联盟》

第三章　电视剧佳作研究剖析//中国第一神话电视剧：《西游记》/红楼绝妙成千古：《红楼梦》/万人空巷的家庭剧：《渴望》/清宫里的爱情与执着：《还珠格格》/风云宅院里的悲欢交错：《大宅门》/六色人物欢乐聚同福：《武林外传》/儿女成长家庭喜剧：《家有儿女》/不可窥探的灰色地

带：《潜伏》/叛逆轻狂，飞扬的青春：《我的青春谁做主》/爱情在历史硝烟里成长：《我的娜塔莎》/后宫权谋：《甄嬛传》/生命谱写的爱恨：《红高粱》/家国情仇权谋，史剧：《琅琊榜》/五个性格迥异女性的成长：《欢乐颂》/历经三段爱恨的绝美仙恋：《三生三世十里桃花》/深入食客内心：《深夜食堂》/青春热血成长：《楚乔传》/拯救自我的悬疑剧：《越狱》/青春魔幻美剧：《吸血鬼日记》/烧脑冒险的侦探英剧：《神探夏洛克》/英国贵族的人生百态：《唐顿庄园》/西欧中世纪史诗奇幻剧：《权力的游戏》/DC漫画改编剧：《绿箭侠》/军人与医生的爱情：《太阳的后裔》/爱情奇幻韩剧：《鬼怪》

第四章　动画艺术欣赏//原创益智动画：《喜羊羊与灰太狼》/3D武侠：《秦时明月》/森林保护之战：《熊出没》/奇幻动画电影：《大鱼海棠》/精灵王国，魔幻世界：《精灵王座》/热血拼搏：《灌篮高手》/侦探动漫：《名侦探柯南》/人性的体现：《千与千寻》/心灵的感动：《起风了》/时空交错的变幻：《你的名字》/浪漫爱情动画：《美女与野兽》/犯罪儿童喜剧动画：《神偷奶爸》/精灵王国：《蓝精灵》/拯救王国历险动画：《冰雪奇缘》

第五章　纪录片欣赏//叙事技巧探析：《海豚湾》/审美式批判：《监守自盗》/坚持的意义 梦想的力量：《语路》/食物背后的乡愁：《舌尖上的中国》/以国家地域方式拍摄自然动物：《我们诞生在中国》

第六章　影视作品与文学原著的美学//中国古典戏剧美学下的影视剧改编探索/透过网络文学欣赏戏剧发展/女性青春题材影视剧的高潮期/冯小刚与刘震云的珠联璧合

参考文献

该著结合文学原著思想和艺术特质，择取多部根据文学作品改编的中外影视剧，从文化、内容、视听语言等层面解析创作背景、艺术特色和影像表达手段。

（10）杨洁、王崇秋：《敢问路在何方：我们的〈西游记〉》

王崇秋、杨洁著，中国轻工业出版社2018年8月第1版。

王崇秋，湖北黄冈人，中央电视台高级摄像师，拍摄电视剧《崂山道士》《西游记》《济公活佛》《朱元璋》等。

全书约280千字，共288页，其目录如下：

第五编　复兴与繁盛：21世纪以来

前言

写在前言之后

上篇

第一章　从选景到选角//一　天降重任/二　路在何方/三　始于足下/四　风雪黄山/五　拜谒九华山/六　惊艳张家界/七　意外收获/八　三个徒弟和三个师父/九　红花扶绿叶

第二章　拍摄中的那些事儿//一　开拍之前/二　牛刀初试/三　道观生活/四　洞中日月/五　天河牧马/六　长白山上/七　玄奘走过的路/八　我们的团队/九　趣事、乐事/十　险事、异事

第三章　在荆棘中艰难前行//一　是祸？是福？/二　山雨欲来/三　险遭腰斩/四　观众的回馈/五　音乐的风波/六　如何比较/七　"齐天乐"晚会/八　龙驹悲歌/九　大幕落下以后

下篇

第一章　摄像师的"西游前传"//一　挣扎中的一份"厚礼"/二　难熬的童年/三　当了一年学徒工/四　部队里的"文艺青年"/五　一粒"好沙子"/六　我和杨洁的陈年往事/七　为《西游记》"打前站"

第二章　一台摄像机是如何拍出《西游记》的//一　一堆笨重的"家伙什儿"/二　镜头"活"起来的秘密/三　漂亮的镜头都不是随手一拍的/四　会说话的镜头语言/五　蓝幕前那些"麻烦事儿"/六　土特技到底有多"土"/七　大模型和小道具/八　千变万化的"变化"

第三章　酸甜苦辣的剧组生活//一　"我们俩"的剧组生活/二　到底是谁放的屁？/三　"长眉罗汉"的恶作剧/四　烟雾师欲在孙悟空脑袋上搞"爆炸"/五　"永贵"和"晓庆"的剧组生活/六　"精神至上"的杨洁导演/七　写给妻子杨洁的两封信

怀念我的妻子杨洁/你走这一年

该著上篇从接受重任到选景、选角等角度展现了导演《西游记》的过程，下篇以第一摄像的身份，讲述了"一台摄像机如何拍出82版《西游记》"的问题，表达对杨洁的深切思念。

(11)范丽：《中国网络小说影视剧改编的策略研究》

范丽著，吉林人民出版社2018年9月第1版。

范丽，河北张家口人，北方学院教师，著有《权力话语与文学经典》

《为灵魂寻找归宿——史铁生创作论》等。

全书约120千字，共102页，其目录如下：

前言

第一章　导论//第一节 网络小说影视剧改编概述/第二节 网络小说影视剧改编的研究现状/第三节 网络小说影视剧改编的理论逻辑与依据/第四节 本书研究方法与研究思路

第二章　网络小说影视剧改编的历史演变//第一节 网络小说影视剧改编的萌芽期/第二节 网络小说影视剧改编的发展期/第三节 网络小说影视剧改编的成熟期/第四节 网络小说影视剧改编的新阶段

第三章　网络小说影视剧改编的动力机制与其特色//第一节 网络小说影视剧改编的原因/第二节 网络小说影视剧改编的特色/第三节 网络小说影视剧改编的意义

第四章　网络小说影视剧改编的方式与类型//第一节 网络小说影视剧改编的方式/第二节 网络小说影视剧改编的类型

第五章　网络小说影视剧改编的现状及问题分析（结合案例进行论述）//第一节 网络小说影视剧改编的现状/第二节 网络小说影视剧改编存在的问题分析

第六章　网络小说影视剧改编的策略分析//第一节 网络小说与影视剧特性之间的耦合性/第二节 网络小说改编影视剧的叙事策略/第三节 网络小说改编影视剧角色塑造策略/第四节 网络小说改编影视剧的受众策略/第三节 网络小说改编影视剧的传播策略/第四节 网络小说改编影视剧的产业化策略

参考文献

该著以多部网络小说改编影视剧为案例，从历史演变、动力机制、方式类型、策略分析等角度，展示网络小说影视剧改编的特殊手段，凸显网络小说影视剧改编的独特魅力。

（12）李艳梅：《20世纪莎士比亚历史剧的演出与改编研究》

李艳梅著，上海社会科学院出版社2018年11月第1版。

李艳梅，内蒙古赤峰人，浙江工商大学人文与传播学院教师，著有《莎士比亚历史剧研究》等。

全书约171千字，共169页，其目录如下：

绪论//一、本书研究的对象/二、历史剧的真实与虚构/三、历史剧的创作方法与风格/四、经典的莎剧与先锋的莎剧

第一章　20世纪以降莎士比亚历史剧的演出//第一节 英国当代莎士比亚历史剧演出/第二节 法国当代莎士比亚历史剧演出/第三节 德国当代莎士比亚历史剧演出/第四节 美国当代莎士比亚历史剧演出/第五节 中国当代莎士比亚历史剧的改编和演出

第二章　20世纪以降莎士比亚历史剧的影视改编//第一节 银幕上的莎士比亚历史剧/第二节《亨利五世》的影视改编/第三节《理查三世》的影视改编/第四节 其他几部莎士比亚历史剧的影视改编/第五节 莎士比亚历史剧影视改编方法

第二章　莎士比亚历史剧中的政治//一、国与王/二、秩序的破与立/三、政治与美德/四、历史潮流与自我意识

第三章　莎士比亚历史剧中人物形象新解//第一节 崛起的亨利五世/第二节 行走世界的理查三世/第三节 女性形象：历史剧中失语的群体

第四章　消费文化中的莎士比亚历史剧//第一节 消费文化与文化消费/第二节 文化资本与莎士比亚戏剧经典的再构建/第三节 消费文化视域中的莎士比亚历史剧/结语

附录//莎士比亚历史剧中的影视改编

参考文献

后记

该著以莎士比亚历史剧演出与影视改编的情况为基础，关注20世纪以来莎士比亚历史剧的影视改编，论说20世纪莎士比亚戏剧的传播和影视改编所散发的消费文化气息。

结　语

综合本书所述内容，可以简单总结和描述国内外有关中国影视文学改编研究的基本特点和总体状况，体现在如下五个方面：

一是文学影视改编观念方法与风格的理论阐述，如罗姆的《文学与电影》、电影艺术编译社的《文学遗产与电影》、安德烈·戈德罗的《从文学到影片——叙事体系》、罗伯特·斯塔姆等的《文学和电影：电影改编理论与实践指南》、杰弗里·瓦格纳的《改编的三种方式》、约翰·M.德斯蒙德和彼得·霍克斯的《改编的艺术：从文学到电影》、周剑云和程步高的《编剧学》、陈犀禾主编的《电影改编理论问题》、夏衍的《写电影剧本的几个问题》《电影艺术》编辑部等编的《再创作——电影改编问题讨论集》、田莹的《从文学到电影：改编的九种可能性》、张冲的《文本与视觉的互动：英美文学电影改编的理论与应用》、汪流的《中国的电影改编》、赵凤翔和房莉的《名著的影视改编》、庞红梅的《论文学与电影》、赵孝思的《影视剧本的创作与改编》、姚晓鸥的《古典名著的电视剧改编》、张宗伟的《中外文学名著的影视改编》、厉震林主编的《网络母题——戏剧影视文学的网络小说改编研究》、黄会林的《"改编体"电视剧论》、仲呈祥的《应当"忠实于"什么？——略论从长篇小说到电视剧的改编》等。

二是电影文本与文学作品风格特性的横向比较，如乔治·布鲁斯东的《从小说到电影》、卡尔科－马赛尔和克莱尔的《电影与文学改编》、波高热娃的《文学作品的改编》、安德烈·巴赞的《非纯电影辩——为改编辩护》、克拉考尔的《电影和小说》、雅各布·卢特的《小说与电影中的叙事》、安德烈·戈德罗的《从文学到影片——叙事体系》、李欧梵的《不必然的对等——文学改编电影》、中国电影艺术编辑室的《电影的文学性讨论文选》、孟固的《电影艺术的文学解读》、刘明银的《改编：从文学到影像的审美转换》、毛凌滢的《从文字到影像：小说的电视剧改编研究》、申载春的《影视与小说》、陈林侠的《从小说到电影：影视改编的综合研究》、陈伟华的《中国现当代小说的电影改编与电影新类型的诞生》、常芳的《中国古典小说的视觉化再生产——从语言本位到影像本位》、於曼的《红色经典：从小说到电视剧》等。

三是中国影视改编通史或断代历史的系统撰写，如周晓明的《中国现代影视文学史》、李清的《中国影视文学改编史》、刘彬彬的《中国电视剧改编的历史嬗变与文化审视》、徐兆寿和刘京祥的《中国现当代文学电影改编概论》、徐红的《西文东渐与中国早期电影的跨文化改编（1913—1931）》、唐锡光的《从电影的革命到革命的电影：20世纪中国文学视野中的左翼电影》、阮青的《"十七年"文学经典的影视改编研究》、汪坚强的《文学这根拐杖——中国当代文学的影视改编研究》、龚金平的《开放视野下的多维对话关系的构建——作为历史与实践的中国当代电影改编》、赵庆超的《文学书写的影像转身：中国新时期电影改编研究》、周仲谋的《消费文化语境下的中国电影改编》、黄仪冠的《从文字书写到影像传播：台湾"文学电影"之跨媒介改编》等。

四是文学作品影视改编过程技巧的个案研讨，如中国电影出版社历年所编的《青春之歌——从小说到电影》《李双双——从小说到电影》《大河奔流——从剧本到影片》《巴山夜雨——从剧本到影片》《天云山传奇——从小说到电影》《城南旧事——从小说到电影》《人到中年——从小说到电影》《黑炮事件——从小说到电影》《野山：从小说到银幕》，解玺璋主编的《围城内外：从小说到电视剧》，王健主编的《再现群雄：〈三国演义〉从原著到屏幕》，赵群的《电视连续剧〈三国演义〉艺术评论集》，陈由歆的《话语权力再生产：〈红岩〉的成型过程及改编研究》，全荣哲的《狼图腾：视觉设计与叙事语言》，电视剧《白鹿原》剧组的《白鹿原一剧15年》，王静的《从文学创作到视听表达：电视连续剧〈借问英雄何处〉导演阐述》，吴辉的《影像莎士比亚：文学名著的电影改编》，王欣的《外国文学名著改编电影欣赏》，赵庆超和霍巧莲的《聊斋小说的当代电影改编研究》，汪坚强的《从文学到影视：中国现代文学经典的影视改编研究》等。

五是中国电影导演改编个性特质的多元审视，如陈墨的《陈凯歌电影论》《张艺谋电影论》、程惠哲的《电影对小说的跨越：张艺谋影片研究》、马军英的《媒介变化与叙事转换：以陈凯歌电影改编为例》、陶冶的《刀刃上的舞者：冯小刚电影研究》、霍康的《暧昧的品位：王家卫的电影世界》、墨娃和付会敏的《阅读李安》、叶基固的《李安电影的镜语表达：

从文本、文化到跨文化》、张玉霞的《从镜之像到灯之影——中国代际导演文学改编史论》、孔小彬的《改编的逻辑：电影导演与1980年以来的中国文学》、傅明根的《从文学到电影：第五代电影改编研究》等。

通过上述研究成果，尚可管窥百年中国影视文学改编研究的面貌和状况，学界围绕百年中国影视文学改编的文献整理与研究已取得了一些成果，在量与质上都有了可喜的突破和提升，对于百年中国影视文学改编文献整理与研究具有重要意义和价值，或奠定理论基础，或拓展研究视野，或激活学术观点，但因为各种环境和条件的限制，上述研究成果仍存有如下一些缺失，给后来者留下了进一步探讨、发展或突破的空间。

一是重影视文学改编的理论研究，轻影视文学改编的文献整理。学界有关百年中国影视的文学改编研究仅专著就有了不少，但关于文学影视改编的文献收集、整理和汇编的出版成果却很少，即使颇有分量的20世纪80年代前后中国电影出版社连续出版的"中国影片研究丛书"，目前也只有《黑炮事件——从小说到电影》《野山——从小说到银幕》等10余部文献著述，而对于改编文献予以研究的成果就更少了，虽然胡克的《中国电影理论史评》、李道新的《中国电影批评史》等批评史著作影响较大，但它们也没有着意从文学改编的基点来展开对影视文学改编文献的研究。因此，关于百年中国影视的文学改编文献整理与研究可以说才刚刚起步。

二是重本土文学影视改编的研究，轻外国文学影视改编的探讨。中外文学其实都是百年中国影视改编的对象，但学界的研究重心落在中国文学的影视改编探讨，而对外国文学的中国影视改编研究目前仅仅只有徐红的《西文东渐与中国早期电影的跨文化改编（1913—1931）》这部著作较为重要，其他一些与外国文学影视改编相关的著述所研究的基本都是国外影视对于外国文学作品的改编，与中国影视改编没有什么关联。

三是重中国现当代文学影视改编的阐释，轻中国古代文学影视改编的考察。古今中国文学自然是百年中国影视改编的主要资源，但学界关于中国文学影视改编的文献整理与研究之重点，却主要聚焦于中国现当代文学的影视改编，而对于中国古代文学影视改编的探讨还非常薄弱，主要集中在《红楼梦》《聊斋志异》等几部古典文学名著的影视改编上。而在中国现当代文学影视改编这一维度上，对于中国网络文学影视改编的研究也还只是简单涉及。

四是重中国电影的文学改编研究，轻中国电视剧的文学改编阐释。在学界已有文学改编研究的相关著述成果中，多集中于中国电影的文学改编研究，少有中国电视剧改编的探讨，即使一些将影视改编合在一起论述的著作其重心还是落在电影改编。

总之，学界有关中外文学影视改编的研究虽然在日趋学理化，但影视改编文献史料搜集、整理的薄弱却越来越限制和束缚了这一研究领域的拓展和深化，以致一些研究缺少全局性视野，无法具体而微和深入细致，甚至出现一些混淆事实和信口雌黄的弊端，这从一些著作（包括博士论文）在概览和综述有关影视改编文献整理和研究状况时大多蜻蜓点水简单涉及一些论著就可以见到。因此，中外文学影视改编研究成果虽然数量亦较可观，但现有研究成果囿于学科的边界，要么研究文学，要么研究影视，多数著述研究路径均大同小异，看不到它们内部存在的差异，也不能上升到对百年中国影视文学改编规律的总结，忽视了1905年以来中外文学和中国影视整一、合流的历史事实，不能展现现代中国这一特定历史语境中文学和影视相互濡养、相互激发、相互催生的特质，有的割裂了二者之间所具有的深刻的有机联系。由此可见，百年中国影视文学改编文献整理和研究这一课题具有相当广阔的拓展空间和持续深化的研究价值。

参考文献

[1] 北京图书馆书目编辑组 . 中国现代作家著译书目 ［M］. 北京：书目文献出版 社，1982.

[2] 北京图书馆书目编辑组 . 中国现代作家著译书目（续编）［M］. 北京：书目文献 出版社，1986.

[3] 贺修铭 . 社会科学文献检索教程 ［M］. 长沙：湖南人民出版社，1986.

[4] 北京图书馆 . 民国时期总书目·外国文学（1911—1949）［M］. 北京：书目文献 出版社，1987.

[5] 北京图书馆 . 民国时期总书目·文学理论、世界文学、中国文学（1911—1949）· （上下）［M］. 北京：书目文献出版社，1992.

[6] 中国艺术研究院戏曲研究所资料室 . 中国戏曲研究书目提要 ［M］. 北京：中国戏 剧出版社，1992.

[7] 北京图书馆 . 民国时期总书目·文化科学·艺术（1911—1949）［M］. 北京：书 目文献出版社，1994.

[8] 贾植芳 . 中国现代文学总书目 ［M］. 福州：福建教育出版社，1997.

[9] 余庆蓉，王晋卿 . 中国目录学思想史 ［M］. 长沙：湖南教育出版社，1998.

[10] 冯慧玲 . 档案文献检索 ［M］. 北京：高等教育出版社，1999.

[11] 陈飞 . 中国文学专史书目提要（上下卷）［M］. 郑州：大象出版社，2004.

[12] 程健 . 中国电影研究书目提要 ［M］. 香港：香港大学出版社，2004.

[13] 唐建清，詹悦兰 . 中国比较文学百年书目 ［M］. 北京：群言出版社，2006.

[14] 张三夕 . 中国古典文献学 ［M］. 武汉：华中师范大学出版社，2008.

[15] 潘树广，涂小马，黄镇伟 . 中国文学史料学（上下）［M］. 上海：华东师范大学 出版社，2012.

[16] 刘增杰 . 中国现代文学史料学 ［M］. 上海：中西书局，2012.

[17] 孙楷第 . 中国通俗小说书目（外二种）［M］. 北京：中华书局，2012.

[18] 张晓 . 近代汉译西学书目提要：明末至 1919 ［M］. 北京：北京大学出版 社，2012.

[19] 踪凡 . 中国古文献概论 ［M］. 北京：北京大学出版社，2015.

［20］吴秀明．中国当代文学史料问题研究［M］．北京：中国社会科学出版社，2016.

［21］严昌洪．中国近代史料学［M］．北京：北京大学出版社，2016.

［22］丁亚平．中国电影史学［M］．北京：中国广播影视出版社，2018.